フルトヴェングラーとカラヤン

クラシック音楽に未来はあるのか

小川榮太郎

啓文社書房

フルトヴェングラーとカラヤン

クラシック音楽に未来はあるのか

序

フルトヴェングラーとカラヤン――いづれも稀《まれ》に見る風貌の持ち主だつた。フルトヴェングラーは若い頃から禿頭《とくとう》だつたにも関はらず、後に古楽運動の旗手となつた女流音楽家スザンヌ・ブロッホによれば、その碧眼は「催眠術」のやうに彼女を呪縛し、部屋に彼が入るだけで「たいへんなオーラがあつた」といふ。(1)かうした証言は無数にある。夫人エリーザベトでさへ言つてゐるのだ。「その足元に身を投げ出す女性が何百人もゐ」た、と。(2)それでゐながら、晩年に至るに及び、その風貌はゴチックの聖堂からそのまま抜け出た中世の聖者のそれのやうな威厳と聖性を帯びてゆく。(3)一方、カラヤンの風貌の華麗さは、同時代の著名俳優らはもとより、歴史上の人物画などを想起しても、群を抜いてゐる。指揮者としてのカラヤンが余りにも我々に身近なので、他の姿によるカラヤンを想像するのは難しいが、あへて歴史の上に創造力を羽搏《はばた》かせれば、カラヤンの風貌が最も似つかわしいのは古代ローマ皇帝の塑像《そぞう》ではあるまいか。

ベートーヴェンは写実的な肖像画では、ハイドンがモンゴル人と揶揄《やゆ》したやうな団子鼻、団栗《どんぐり》まなこの容姿だつたが、神話化の過程で肖像画が写実を離れ、英雄的で華麗な風貌に変貌していつたことが、多くの研究で明らかにされてゐる。

だが、フルトヴェングラーとカラヤンは違つた。

彼らの風貌は、最初から「神話」だつた。彼らはベートーヴェンの場合のやうに作品が神話作用を放射するのでなく、その肉体からオーラを放つてゐたのである。

そして彼らがコンサートホールで放射する力もまた、「神話」の現前だつた。

血の理論とヨーロッパ征服によるドイツの栄光といふ悪夢を夢見てゐたアドルフ・ヒトラーが、フルトヴェングラー指揮の〈ニュルンベルクのマイスタージンガー〉やベートーヴェンの〈第九〉の公演のあと、どんなに子供のやうに眼を輝かせて感動してゐたかを、ヨゼフ・ゲッペルスは繰り返しその日記に書き留めてゐる。ヒトラーは、フルトヴェングラーの齎《もたら》す純潔無垢《むく》な「神話」の体験を重ねながら、自らの政治的悪夢を丹念に織り重ねていつたのだつた。

カラヤンはフルトヴェングラーの後を襲ひ、一九六〇年代にはヨーロッパ楽壇の帝王になり、その地位を没後三十年になる今日まで、事実上手放してゐない。

本文で明らかにしてゆくが、それは彼の指揮者としての――とりわけ実演で示される音楽的力量が他の有名な同業者たちより卓越してゐたからと言ふよりも、彼の存在そのものが一種の神話として機能し続けてきたからだ。

歴史上でも群を抜く、華麗で古代ローマ皇帝的な容姿と、カラヤンがクラシック音楽の象徴であり続けてゐる事実は切り離せない。彼のレコードの演奏内容が仮にそのままだつたとして、もしその風貌がカール・ベームのそれだつたり、クラウディオ・アバドのそれであつては、「カラヤン」は決して「神話」にならなかつたらう。

本書は、この二人がもつとも高度に象徴した指揮の藝術を、私がもつとも重要だと考へる数人の指揮者論の形を借りてさまざまな角度や文体を通じて描き、論じたものである。音楽論であるのみならず、人間論であり、文明論であり、新たな歴史観の提示でもあらうとした。狭義のフルトヴェングラー研究、カラヤン研究、あるいは作曲家論、作品論としても新しい仕事を含んでゐると思ふが、専門書といふよりは、あくまでも広い意味で、人間、歴史を描かうとしたものだ。

全体は三篇に分けてある。

1では、フルトヴェングラーとカラヤンの間で繰り広げられた「死闘」の意味を複層的に描いた。両者の関係は、カラヤン側の証人や何冊もの伝記によつて「嫉妬《しっと》深い老フルトヴェングラーに不当に妨害された若きカラヤン」といふ構図が流布《るふ》してゐるが、私はこの構図を解体し、両者を伝記的事実、歴史的布置、音楽的資質、人間論を通じ、新たな関係として再提示しようと試みてゐる。

2は、演奏史上最も重要と私が考へてゐる指揮者を様々なスタイルで論じた。「トスカニーニの現在」は、オーソドクスな演奏家論の形をとつてゐる。「カラヤンのレコード」は、1を推敲《すいこう》する過程で生まれた。カラヤンほどレコードによつて大をなした存在はゐないのに、そのレコードが纏《まと》めて論じられたことは殆《ほとん》どない。カラヤン論は殆どが伝記研究であり、欧米日で今日まで何冊も刊行されてゐる詳細なレコード研究は殆どいつもフルトヴェングラーを対象としたものだ。

セルジュ・チェリビダッケ論は二本収録した。一篇は、畏友《いゆう》で詩人の石村利勝と、一九九五年にチェリビダッケがミュンヘンフィルハーモニー管弦楽団を率いて来日する予定だつた時に行つた対談が、そのまゝ今日でも通ずるのでこれを収録した。その上で、チェリビダッケの「完璧さ」が「感動」に繋がらないといふ、いはばチェリビダッケを巡る典型的なアポリアを遠山一行のチェリビダッケ論を下敷きに展開したのが「歌を失つた時代、人はどのやうにして……」である。

「ダニエル・バレンボイム&ベルリン国立歌劇場の来日」はベルリン国立歌劇場との来日公演に一月近く通ひ続けた日録のスタイルを採る。オペラとは何か、〈ドン・ジョヴァンニ〉論、現代におけるベートーヴェンのリアリティ、バレンボイムの代表的業績と言へる〈トリスタン〉の卓越性の根拠などに、多角的に踏み込まうとした。

ティーレマン論も二編収録してゐる。一つ目はブラームスの第一交響曲のレコードに関するアナリーゼと、ブラームスの第一交響曲の音楽史的意味とを交差させた。二本目は、そのあと行はれた来日公演でのブラームスの一番の演奏批評によつて前論を補完しつつ、ブルックナーの第五交響曲の空前絶後の名演の批評を書き留めた。

3は現代音楽学に呈する疑問の一文である。二十世紀の音楽学は、研究対象として「演奏」を徹底的に冷遇しつつ、一方で古楽ブームを齎し、十九世紀からの伝統的な演奏を一貫して否定的に扱つてきた。

それは一つの態度であり、さういふ態度があつても無論かまはない。が、近年の音楽学が力説するやうに、現在のコンサートシステムが十九世紀に誕生した新しい枠組みであり、クラシック音楽そのものがこの枠組みによつて今日まで命を長らえてゐる以上、フルトヴェングラー、カラヤンに代表される演奏の神話作用をあへて無視、軽侮しようとする現代音楽学は、実はクラシック音楽の存続基盤を腐食する、イデオロギー的な危険を秘めてゐる。

私は、現在、著述家として多岐にわたる主題を抱へてをり、残念ながら本来の専門であつた音楽美学の精緻な議論を展開するだけの余力がない。そのため、この3は音楽社会学、音楽美学の諸成果の充分な検討、対話を展開するには至らず、あくまで「試論」に留まつてゐる。が、私の警告そのものは充分伝はると信じたい。ぜひ、音楽学の学徒諸氏に真面目に受け止めていたゞきたいと希望するものだ。

さあ、それでは、フルトヴェングラーとカラヤン、この二人の激しい人間劇、運命劇に、まづ読者をご招待するとしませう。

二〇一九年七月　ヘルベルト・フォン・カラヤン没後三十年に

註

（1）サム・H・白川著　藤岡啓介、加藤功泰、齋藤静代訳『フルトヴェングラー　悪魔の楽匠〈上巻〉』アルファベータ2004年、176～177頁
（2）前掲白川『フルトヴェングラー　悪魔の楽匠〈上巻〉』41頁
（3）記録映画『フルトヴェングラー　生涯の秘密』オスカー・ココシュカの発言

フルトヴェングラーとカラヤン　クラシック音楽に未来はあるのか　目次

1

フルトヴェングラーとカラヤン——葛藤の核にあるもの

I

先日、カラヤンの〈悲愴〉を全種類手許に置く必要ができて都心のレコード店に出向いたところ、驚いたことに、一九三九年の初録音から、ベルリンフィルとの最後のサントリーホールのライヴ録音まで全九種類が全て現役盤で入手できるのである。カラヤンの〈悲愴〉を聴くのに、戦後間もない頃のウィーンフィル盤やフィルハーモニア盤を買ふ人がさうゐるとは思へないが、それは私の思ひ込みで、カラヤンのレコード市場での人気には、想像以上のものがあるといふことなのだらうか。

CD何十枚、何百枚を纏めた「ボックス」がブームになつてから数年経つが、カラヤンの「ボックス」は、全集としての徹底の度合も売上げも、やはり多くの演奏家の中で群を抜いてゐると聞く。指揮者としての評価自体、毀誉褒貶《きよほうへん》入り乱れてゐた生前より、今の方が遥かに高くなつてゐるのは間違ひなさそうである。

〝カラヤン、ベーム、バーンスタイン〟と併称されたカール・ベームの没後の凋落《ちょうらく》は、今日でもさして回復してゐない。レナード・バーンスタインのレコード市場での定着の度合も、カラヤンとは大差で、勝負はすでにあつてゐよう。両者の晩年、クラシック・レーベルの名門・グラモフォンは、主としてカラヤンはベルリンフィル、バーンスタインはウィーンフィルを中心に同一レパートリーで華やかに新譜を競つてゐた。スタイリッシュなカラヤンと濃厚に音楽に沈潜する主情的なバーンスタイン――かつてのトスカニーニとフルトヴェングラーの対立を、商業的に演出し直したかのやうでもあつたが、三十年経つて、マーラー以外で、バーンスタインがどれほど聴かれ続けてゐるかは、かなり心許ないだらう。

音楽――ひとつひとつの音楽――は、かつては誰かのものだった。ベートーヴェン好きがいれば、それが嫌いな人がいるのが自然で、少くともクラシック音楽はそういう他者性の上に成立していた。

ベートーヴェンをすべての人に、というカラヤンの野心は、こうしたクラシック音楽の本質を深いところで否定するものだったと思われる。（略）

フルトヴェングラーのレコードは、主人の死後三十年以上もたってむしろ名聲を高めている。カラヤンのレコードが十年後にそうしたものとして残ることは、私には想像しにくいのである。（略）カラヤンの音楽は、彼の死とともに消えると私は思っているが、それがもし音楽における戦後の死ということになるなら、私はその死を静かに見送ることができる。

その先に来るものについて楽観する根拠を問われると正直にいって困るが、私共の周囲に良い芽が育っていないとは思っていない。(1)

これは、我が国を代表する音楽評論家、遠山一行（1922～2014）による、カラヤン死去時の時評の一節である。遠山は、吉田秀和とともに音楽批評を文藝に高めた稀有《けう》の批評家だが、今日では読まれることは稀になつてゐるであらう。インターネット上に多くの人のコメントやレビューが氾濫《はんらん》し、人々が欲するのは手軽な情報と評価だけといふやうな時代には、文章の力だけで立たうとする「批評」が、顧みられなくなるのは仕方ないのかもしれない。まして遠山は、寡作《かさく》な上、翡翠《ひすい》のやうに静かな光を放つその文章は、今の喧噪のなかで一層人目につきにくいだらう。だが、遠山の批評は、事柄の本質を射抜き、洞察の力で、彼の生き、書いた時代と現在を架橋する。「批評」の文章が、遠山の場合のやうに、永続的な古典としての静謐《せいひつ》さと批評的リアリティの双方を失はずにゐるのは、稀である。

遠山のこのカラヤン評は、では、どうか。

フルトヴェングラーの没後の名聲《めいせい》に比し、カラヤンは没後十年の名聲も保てまいとした予見は大きく外れたと言ふほかはない。

が、遠山のカラヤンの本質への肉薄そのものはやはり卓越してゐると言へるのではないか。遠山は、カラヤンの外面的な表象に一切躓《つまづ》くことなく、彼の野心を端的に「すべての人にベートーヴェンを」と要約し、この一見賞賛されるべき啓蒙主義を、「クラシック音楽の本質を深いところで否定する」とした。

固有性や独自性に深く分け入ることがなければ、モーツァルトもベートーヴェンも生れない。さうした固有性への抜き差しならぬ探求と、さうして発見された美の分かち合ひ、さういふ個性、地域性、時代性といふ一回性を守ることで、クラシック音楽の多様と自由は誕生し、守られてきた。カラヤンは、さうした、「自分のつかんだベートーヴェンを、分かち合へる人だけに」といふクラシック音楽のあり方を、誰にも届くベートーヴェンに置き換へることで「深いところで否定するもの」だといふ遠山の批判は、あとで詳しくみるやうに正鵠《せいこく》を射てゐる。

また、カラヤンの死と軌を一《いつ》にして音楽の「戦後」は急速に終りを告げた。ヨーロッパの没落は本格化し、クラシック音楽は、経済的な苦難を強ひられ始める。カラヤンのやうな時代を象徴するスーパースターを生む力を、西洋世界全般が失つた。その結果、文化圏全体の衰弱といふ代償を払ひながらも、確かにクラシック音楽はカラヤンといふ拘束から自由になつた。

カラヤンによる軛《くびき》から自由な芽が育ち、音楽は作曲、演奏ともに新しい時代に入つたと言つてゐゝ。その意味では、遠山の楽観も、カラヤン的な音楽のあり方への懐疑が生じるといふ予見も、いづれも正しかつた。

ところが、遠山は、カラヤン没後のレコード市場における圧倒的な名聲についてだけは読み誤つた。

この大き過ぎる落差は何なのか。

カラヤンはベートーヴェン固有の「音」、ドビュッシー固有の「音」を、どこでも誰にでも受け容《い》れられる共通語に置き換へた。その時、音楽は、美麗なオブジェになる。それはカラヤンの才の大きさを受けてあくまで輝かしく華麗ではあつたが、所詮、普遍的な生命現象ではなく、才人によつて加工された市場価値にすぎない。だから、「カラヤンをスターにした時代」といふ条件が終れば、その時、カラヤンの市場価値も同時に失はれる――いはば、遠山の議論の脈絡はそのやうなものだと考へてゐゝ。

かうした見方は決して遠山だけのものではなかつた。

トスカニーニの評伝作家、ハーヴェイ・サックスは『トスカニーニの時代』の中で、カラヤン死去時にジャーナリズムを賑《にぎ》わした「大いなる伝統の最後の継承者」「指揮台の巨人たちの末裔」といふ名誉の桂冠《けいかん》を悉《ことごと》く「無意味」と断じた上、かう述べてゐる。

カラヤンは〝偉大〟な指揮者だった。このことは、言葉の正確な意味で議論の余地はない。カラヤンは音楽を知り抜き、オーケストラの前に立てば、自分の意図もそれを達成する方法も心得ていた。(……だが) レパートリーの面から言へば、カラヤンは、器の小さな指揮者たちの鶏口を行く者ではあるが、最後の巨人ではない。(略)

カラヤンのレコーディングは、死後数十年を経たトスカニーニやフルトヴェングラーからはいまだに引き出せる音楽の本質に触合ふ議論の種にもならない。カラヤンのレコードは、ほとんどが磨かれすぎている。さながらレニ・リーフェンシュタールの映画や写真を音で置き換へたもののようだ。(2)

だが、遠山やサックスのカラヤン否定にもかゝはらず、「カラヤンの時代」が終つても、カラヤンの名聲は終らなかつた。カラヤン時代よりも音楽家の自由は増したが、その自由はクラシックの聴衆を広く説得し得てゐないのか、カラヤンのレコードは今や極めて高度な基準として機能してゐる。

本来のベートーヴェンのエートスを否定したと遠山が指摘したカラヤンのベートーヴェンは、フルトヴェングラーのそれとともに、いや市場価値としてはフルトヴェングラー以上に、没後三十年を経てさへ、普遍的な基準として機能してゐる。フルトヴェングラーは録音に余りにも難点があるからだと言ふのは確かだが、カラヤンのレコードは、ブルーノ・ヴァルター、オットー・クレンペラー、カール・ベーム、オイゲン・ヨッフムら、録音の良いカラヤンの大先輩たちを遥かに凌駕《りょうが》する評価を得てゐる。カラヤンは、リーフェンシュタールとは異なり、今日なほ音楽界の玉座に位してゐる。鶏頭を行く者に過ぎなかつたにしては、その鶏頭に続く者らの影はあまりにも薄い。牛後でないとするならば、猛牛達の多くを凌駕したまゝ進軍を続ける、カラヤン没後の勝利は、どう説明したらよいのか。

カラヤン批判を遠山やサックスと同じ形で繰返してみたところで、そのレコードが没後耀きを失はなかつたといふ事実は消えない。寧ろ、遠山やサックスのカラヤン批判が一見正鵠を射てみえる、その構造の内部にこそ、二人の正しさの内側にこそ、カラヤンの矛盾する意味、カラヤンの不毛と見える豊《ほう》饒《じょう》——豊饒の海！——の理由があるのではあるまいか。

同時代にゐては、遠山ほど卓越した批評家にもそれは見えなかつた。が、今やカラヤン没後早くも三十年、「時」といふものの、物事を捨象して本質をみせてくれる力を借りれば、フルトヴェングラーからカラヤンへとクラシック音楽の象徴が交代したことに含意されてゐたクラシック音楽の運命そのものが見えてくるのではあるまいか、私は、今、そのやうな予感に導かれて、この小論の筆をすゝめ始めてゐる。

II

サックスが言ふやうに、カラヤンの指揮者としての才能の卓絶は、議論の余地がない。私は、子供のころからカラヤンのレコードを好まず、フルトヴェングラーとセルジュ・チェリビダッケの藝術を熱愛し、必要として来た。が、さういふ事とカラヤンの才能を認めるかどうかは、全く別問題だらう。

フルトヴェングラーは一九五〇年にチェリビダッケに出した手紙で「Ka は技術的には進歩したやうですが、〈精神的〉には相変らずです。」と書いてゐる。(3) Ka はカラヤンの事だ。名前を言ふのも嫌《いや》がつたといふ説があるが、フルトヴェングラーの親しい人達は妻も含め、内輪の会話では彼を fu＝フーと呼んでゐる。ドイツ人の習慣に過ぎない。

それはともかく、手短ながら、これは、フルトヴェングラーにとつて腹蔵のないところだつたらう。或《ある》いは、カラヤンの「美しい音」は本当に美しいのかといふ問ひを、こゝに重ねてみてもいゝ。例へば遠山は、カラヤンの「美音」を、肉聲《にくせい》の表現の持つ倫理的な「美しさ」ではなく「無機的なハイ・ファイ音」だと言つたことがある。(4)

しかし、フルトヴェングラーがカラヤンの才能ははつきり認めてゐたことは、エリーザベト夫人が証言してゐる。

「カラヤンはずば抜けて能力のある男だ。(5)」

この人の指揮者としての才能の圧倒的な質を認めないとなれば、話は全く別になつてしまふだらう。

例へば宇野功芳は『フルトヴェングラーの名盤』の中で、「スターと言えば、すぐにカラヤンの名前が頭に浮かぶ。彼は政治力や世渡りの巧さのほかに、深刻な精神性を放棄した流麗なフレージングと、磨き抜かれたひびきの美しさでスターの座にのし上がった。」と書いてゐる。(6) 政治力と世渡りの巧さが主で、音楽的才能は付け足しに過ぎないと言はんばかりである。このやうな見方は中川右介氏の『カラヤンとフルトヴェングラー』といふ労作にも引き継がれてゐる。

フルトヴェングラーの音楽的才能を疑う者はいない。(……)カラヤンの音楽的才能については、疑う者がけっこういる。好き嫌いを別にして、多くの人が認めるのは、史上最大の指揮者、という点であろう。レコードの売り上げ枚数でカラヤンに敵う者は過去にも、そしておそらくこれからもいない。それなのに、というか、それゆえに、カラヤンの音楽は表面的に美しいだけだとよく評される。精神性に欠ける、解釈が浅い、人工的だ、などがカラヤンへの批判の典型例である。(7)

だが、かうした意味で、カラヤンの卓絶した「才能」そのものを疑ふのは、日本だけの現象だらう。日本では、「才能」といふ概念には懐疑が付纏《つきまと》ふ。中島敦の『名人伝』の弓の名人のやうに、藝道極まれば、弓を用ゐず鳥を落とせるのだし、更に極まれば、弓や矢を見ても、それが何であつたかを思ひ出せぬところまで解脱《げだつ》する、それこそが藝の極みなのだといふ禅風の気合は、私ども日本人の血液には古くから馴染《なじ》んで、色濃い。さうした日本人の藝術観に立てば、目に見えて巧みだといふやうなことは、寧《むし》ろ、藝の浅さに通ずるとされがちである。テクニックの安定は、称讃どころか、時に軽蔑《けいべつ》さへされかねない。藝達者といふ言葉は、例へば、達人などといふ言葉に較べ、明らかに侮蔑のニュアンスを含んでゐる。

カラヤン藝術の均質さ以上に、例へばハンス・クナッパーツブッシュの、無造作でありながら濃密で巨大な表現により大きな天才を認めるなどといふ日本の一部に根強い見方の背景に、かうした達人信仰が息づいてゐるのは疑へない。

指揮者は確かに自分で音を出さない。オーケストラの前で、三拍子や四拍子を振るだけなら子供でもできる。では、それとプロの指揮者の違ひは何なのか。プロの中でも知名度の低い指揮者と世界的な名聲のある指揮者の差は何なのか。更に言へば、クナッパーツブッシュとカラヤンとアバドの差は何なのか。

総じて、指揮者の「才能」とは何なのか。それはどこまで「技術」と関係し、どこからが「気合」や「存在感」などに属するのか。気合だけでピアノは弾けない。が、指揮者ならば気合だけで偉大さに到達できるとでもいふのか。また、才能と個性とはどう関係するのか。もし通常の倍の遅さで演奏したり、誰も採らないバランスでオーケストラを鳴らせば「個性」といふことになるのか。

そもそも、オーケストラ音楽は、十九世紀を通じて複雑化したが、それは、リヒャルト・ヴァーグナーの〈トリスタンとイゾルデ〉に至つて、従来の指揮技術では演奏不可能な域に楽曲が達した、それこそがハンス・フォン・ビューローによる、職業指揮者誕生の端的な意味であつたと言つてい〻(8)。

ヴァーグナーを振るといふ極度に困難な「技術」に対処する「才能」の必要から、指揮者といふ職業が始まつた。ヴァーグナーの、限界を超えたオーケストラパートの響きと歌手の聲との調整、跡切《とぎ》れなしに続く一時間前後の幕で、テンポを始めとする諸条件の統合と円滑とクライマックスと演奏家のコンディションを差配し、原作が要求する高揚を聴衆に体験させること——これが専業の指揮者といふ新たな職業に課された、最初の——そして今日に至るも困難な——課題だつたのである。

ヴァーグナーといふ途方もない大仰《おおぎょう》な作品が指揮といふジャンルを生んだ結果、ヴァーグナー以前の音楽、特にベートーヴェンからロマン派に掛けての交響曲レパートリーの指揮も、単なる合奏合はせではなく、指揮によつて美や感動の可能性を極度に拡大する道が開かれることになる。その嚆矢《こうし》となつたのも又、ヴァーグナー演奏で天才が開花した後、ヴァーグナーと決裂し、ブラームスの友人となつたビューローであつた。ビューローが事実上のベルリンフィルハーモニー管弦楽団の初代指揮者だつた事は、その象徴である。大きく事柄を省いて要約すれば、ビューローによつてヴァーグナーとブラームスの指揮の技術が開発され、それがミュンヘン歌劇場とベルリンフィルに刻印されたところから指揮者の歴史が始まつたのである。そして、指揮藝術の開花の中で、リヒャルト・シュトラウス、マーラー、プッチーニ、ドビュッシー、ストラヴィンスキーらの仕事が生まれた。天才的な職業指揮者の独自の高い表現能力抜きに、これらの人たちの作品は再現され得ない。

二十世紀前半、ヴァーグナー、ビューローの次世代に、アルトゥール・ニキシュ、グスタフ・マーラー、フェリックス・ヴァインガルトナー、アルトゥーロ・トスカニーニ、ウィレム・メンゲルベルクら巨匠指揮者の百花繚乱《ひゃっかりょうらん》時代が始まつたのは、ヴァーグナー藝術による要請の帰結であり、同時代の作曲家らとの深い交歓の中でのことだつた。

SP時代——二十世紀前半——の指揮者たちが如何《いか》に個性豊かだつたか、一人一人の指揮者が「聲」を持ち、作曲家らの固有の音と対話する意志を持つてゐたか。サックス流に言へば、「大いなる伝統の継承者」「指揮台の巨人」らの百花繚乱の時代だつたか。——さういふ失はれた楽園を嘆く聲は、無数の音楽評論に書かれてきたが、「技術」と「才能」は、さうした「個性」に当然先立たねばならない筈《はず》である。

無論、これらの大指揮者らは全員「個性」の前提となる「技術」と「才能」を所有してゐたであらう。が、話はさう簡単なわけではない。

フルトヴェングラーは、若い頃、「僕が学ぶことのできるのはニキシュだけだ」と言ひ、[9]最晩年までその見解は変らなかつた。[10]その一方、「ワーグナーが指揮について書いていること、および、他の人達が指揮者ワーグナーについて言っていることから推して、フルトヴェングラーは、ワーグナーこそ不世出の指揮者であったに違いないと思って」ゐた。[11]チャイコフスキー、クーセヴィツキー、ストコフスキーもニキシュの絶大な賞賛者だつた。[12]オットー・クレンペラーは、「トスカニーニはその世代のもっとも偉大な指揮者でしたが、マーラーは百倍も偉大でした」と語つてゐる。[13]カラヤン、ジョージ・セルは、異口同音に自分はトスカニーニとフルトヴェングラーの統合を目指したのだと語つてゐる。[14・15]

チェリビダッケはフルトヴェングラーを唯一無二の指揮者と言ひ、[16]ダニエル・バレンボイムも、「フルトヴェングラーはあらゆる場面でのロールモデルです。（略）他の100人の指揮者からよりも、彼ひとりから学ぶことがはるかに多いのですよ」とまで語る。[17]

同じやうな意味で、エリアフ・インバルはトスカニーニとフルトヴェングラーの名前を、[18]リッカルド・ムーティはトスカニーニとカラヤンの名前を挙げてゐる。

これら、それぞれの時代を代表する指揮者らが、皆、ごく僅かの同一の指揮者のみに規範としての価値を認めてきたのは、「個性」の問題ではなく、間違ひなく「技術」と「才能」の問題だつた筈である。ウィレム・メンゲルベルク、ピエール・モントゥー、セルゲイ・クーセヴィツキー、トマス・ビーチャム、ブルーノ・ヴァルター、レオポルド・ストコフスキー、エーリッヒ・クライバー、クレメンス・クラウス、オットー・クレンペラー、ハンス・クナッパーツブッシュらが、それぞれ全くユニークな素晴しい指揮者だつた事は、レコードで十分わかる。輝かしいトーンや個性的な解釈、豊かな歌、信じ難い名人藝が、他の誰とも間違ひやうのない刻印をそれぞれの大指揮者たちのレコードに与へてゐる。

彼らが「個性」の前提となる「技術」を高度に持つてゐたのも間違ひない。

が、その「技術」は、「個性」は担へても、後に続く指揮者らの「基準」とはならなかつたやうである。なぜ、ヴァーグナー、マーラー、ニキシュ、トスカニーニ、フルトヴェングラーは、様々な人によつて後世の規範として繰り返し名前が上るのに、他の人達はさうではないのか。

指揮者としてのヴァーグナー、マーラーについては、レコードがない以上判断できないが、トスカニーニ、フルトヴェングラーに関して言へば、彼らの「個性」が、他の人々に勝つてゐたとは思へない。「個性」を、ごく単純にユニークで高い価値を持つ特性だと定義しても、先に名前を上げた人達とこの二人を分つのが「個性」の濃淡や上下だとは思へない。寧ろ、個性の氾濫の中にあつて、この二人にだけは、指揮の藝術に関する「技術」や「才能」の領域での何か、他の大指揮者らとは――多分ほんの少しだけ、しかし決定的な――差違としての、普遍的な何かが伏在してゐたのではなかつたか。

逆に言へば、これら数人の指揮者が音楽史に決定的な役割を果した一方で、さうした歴史的な運命を、百花繚乱の「個性」的な指揮者たちは担はなかつた。彼らは、ヴァーグナー、フルトヴェングラーらが引き受けた歴史の主音の中で、自分の階調を自由に鳴らした幸福な人達だつた。

では、カラヤンは指揮の藝術に関する何らかの普遍的な基準の定立者の側にゐるのか、それとも「個性」の百花繚乱の側の一人なのか。いや、そのどちらからも漏れる単なる流行現象だつたのか。

遠山はカラヤンが音楽の戦後を象徴するとし、戦後の終りとともに忘れ去られるとした。サックスは、トスカニーニやフルトヴェングラーと違ひ、カラヤンのレコードは「音楽の本質に触合ふ議論の種にもならない」と書いた。

が、没後三十年近くに及び、カラヤンの死後の名聲が他を圧して持続してゐるのは事実である。音楽の本質に触れない一時代の表象、磨き抜かれた美音や世渡りだけで、そんな名聲が可能であるはずは、さすがにないだらう。どんなに流れの緩やかな時代でも三十年は「記憶」の大きな壁である。ましてやグローバリズムとインターネットの普及により迅速に消える無限の情報の中で、三十年の時に堪《た》へ、没後の名聲を確立し直したことが、何ら実質を伴つてゐないなどといふことはあり得まい。

繰り返すが、遠山のカラヤン批判は妥当だつた筈なのである。それにもかゝはらず、カラヤンのレコードが演奏思潮が変つた後にも基準たり続けてゐるとすれば、カラヤンの齎した変質は、遠山が考へてゐた射程を遥かに超えてゐたことになる。カラヤンは、一時代の風潮でもなく、リーフェンシュタールでもなく、豊かな「個性」の一人でもなかつた。

では、と私は問はざるを得ない。

カラヤンとは一体何者なのか。

III

カラヤン最初の録音は、一九三八年、三十歳の時、ベルリン国立歌劇場管絃楽団と吹込んだ〈魔笛〉序曲である。(19) 同年十月二十一日、カラヤンは、ベルリン国立歌劇場での〈トリスタンとイゾルデ〉で大成功を収め、「奇跡のカラヤン」として音楽史上に名高い新聞批評で絶讃された。(20) その後もカラヤンの快進撃は続き、同劇場での〈魔笛〉上演も絶賛された。それを受け、ドイツ・ポリドールがこの若者と契約を結び、十二月九日に収録されたのが、このレコードである。(21)

驚くべき事だと言ふべきだらう、この〈魔笛〉の指揮台に立つてゐるのは、既に、SP期の巨匠時代に於いてさへ最上位の指揮者である。序奏には神秘感が漂ひ、主部に入つての、対位法的書法のテクスチュアは、SPとは信じられない程透明だ。リズムは生気に溢れ、アンサンブルは精妙で清潔、しかも自然である。

実際にカラヤンが真に安定した力量を身に着け、本当の「奇跡」になるにはまだ二十年以上かかる。その間のカラヤンレコードは試行錯誤の記録ではある、が、これから見るやうにSPの一連の水準は、彼が最初から「奇跡のカラヤン」と言はれてもをかしくない指揮者だつたことを明らかに示してゐる。

カラヤン戦前の録音歴は、ポリドールもカラヤン自身も前向きであつたにもかゝはらず、彼が、後述するルドルフ・フェダーといふ詐欺師と組んでフルトヴェングラーに対抗し、それが主因となつて一九四二年に失脚した為、その時期でほゞ、をはりを告げた。が、それまでの短期間に吹込んだものだけでも、当時としては決して少ない分量ではない。大作だけでも、モーツァルトの三大交響曲、ベートーヴェンの〈第七〉、ブラームスの〈第一〉、チャイコフスキー〈悲愴〉、ドヴォルザークの〈第九〉とポピュラー名作七曲を網羅してゐる。トスカニーニと並称される二大指揮者として世界的名聲を確立してゐたフルトヴェングラーが、戦前、大作のレコードを〈悲愴〉とベートーヴェンの〈第五〉しか作らなかつたことを思へば、三〇歳を過ぎたばかりの駈出しのカラヤンが、当初から、どれ程、録音といふメディアを重視してゐたかが分らう。それにまた、彼さへその気になれば、レコード会社が契約を結んでくれるだけの、例外的な若手だつたことも。

　実際、これらの録音を一通り聴けば、青年期のカラヤンの才能と技術、加へて録音への理解の高さは、驚異的なのである。例へば、ベルリンフィルとの初レコーディングである、一九三九年四月の〈悲愴〉は、直前に吹込まれたフルトヴェングラー＝ベルリンフィルの〈悲愴〉とは、はつきり異なる音楽的主張に立ちながら、堂々と拮抗し得る優れた中身を既に持つてゐる。

　フルトヴェングラーの〈悲愴〉レコードは、戦前の彼の代表盤とされ、世評も高かつたが、この人の実演から想像されるやうな、激烈巨大な振り幅を持つ演奏ではない。寧ろ、不思議に静かな品位と、暗《あん》冥《めい》に降立つやうな神韻縹渺《しんいんひょうびょう》さで際立つてをり、ロマンティックな夢を織る優しさに溢れた演奏である。耳を傾けてゐると、音楽の演奏といふよりも、物語のやうに聴こえ出すのが面白い。が、録音は、フルトヴェングラーの演奏の力を充分に捉へてはゐない。近年原盤からの正規のSACDが作られ、状態の良い復刻が実現したが、音楽的香気はとらへられてゐても、彼の演奏を特徴づける力感は残念な程消えてゐる。良い録音でのフルトヴェングラーは流動性がそのまま異常な腰の強さ、リズムの精気の襲撃で聴き手を圧倒するが、この録音では鈍さや腰の弱さに聴こえてしまふのだ。

対するカラヤンの〈悲愴〉は、完全に録音に入りきつてゐる。〈魔笛〉同様、驚異的に透明なテクスチュアと清潔なリズムで、まづ聴き手の耳をそばだてる。フルトヴェングラーの序奏部を特徴附けてゐた、忍び寄る気配や和聲進行への鋭敏な感覚は消え、カラヤンは明晰な音そのものに語らせる事で、序奏を開始する。

アンサンブルに危なげな所は随所にある。だが、サウンドは明晰に煌《きら》めき、アレグロの主部では、精緻な音塊がアグレッシヴに疾駆し、燃え立つやうだ。第二主題は、フルトヴェングラー以上に感傷的なヴィブラートに包まれるが、テンポは崩さない。かうしたところに、フルトヴェングラーとは違ふ美学と技法に立つカラヤンの自己主張を読むのは、自然なことだらう。何よりもカラヤンがベルリンフィルから引き出す全奏の音が凄じい。これは真の才能がなければ不可能な音だ。

驚くべきことがある。後述するが、フルトヴェングラーはポリドールの録音が不満でエレクトローラに移籍して〈悲愴〉を収録したのに、ポリドール盤のカラヤンの方が音が明晰、克明なのだ。

一九四〇年三月にベルリンフィルを振つたドヴォルザークの〈新世界〉では、冒頭の神経の透けるやうな繊細さに、既に大指揮者の名人藝を感じる。アレグロの上滑りしないリズムと、フォルテの安定した響きの充実は、〈悲愴〉で証明済みだが、この曲では、弱音部分にはつきりと進境が見られる。こゝでのカラヤンの、念入りで深みのある弱音表現は、トスカニーニ、ストコフスキー、メンゲルベルクの

SPにはない。フルトヴェングラーから偸《ぬす》み取つたものであることは間違ひない。二楽章に、後年のカラヤンレコードから失はれる、思辨《しべん》性や内面性の気配が濃厚に漂ふのも興味深い。

一九四三年九月の、ブラームスの〈第一〉は、アムステルダム・コンセルトヘボウ管弦楽団を指揮したものだが、主部のかなり目立つテンポの変化、特に第二主題での大きなリタルランドは、カラヤンが、ドイツの音楽語法の中にゐることをはつきりと告げてゐる。カラヤンは後年、かうした、いはばフルトヴェングラー風な残滓《ざんし》を一掃するが、それは一九六〇年代に入つて、ポスト・フルトヴェングラー様式を確立するに当り選ばれた、意識的なスタイルだつたのである。

一方、モーツァルトの三大交響曲はトリノイタリア放送交響楽団を振つたものだ。巧いオケではない筈なのに、克明で、緊密な美のフォームが完成してゐる。モーツァルト、しかもSPとなれば、骨と皮ばかりに剥《む》かれたチキンのやうなもので、どんな誤魔化しもきくものではない。この演奏の、流れの雄大さを保持しながら、曲の規模をはみ出さぬ精緻な美しさは、SP期のモーツァルトとしては類がない。同じ時期にクナッパーツブッシュがウィーンフィルと入れた四〇番の、良く言つてノンシャランな、はつきり言へば締りの悪い芒洋たる演奏とは比較にならない。雰囲気に頼つたヴァルターの演奏よりもモーツァルトそのものの美しさを堪能できる。当時のドイツ人にカラヤンがどれ程鮮やかに感じられたかは、想像にかたくない。

かういふことが出来るといふことが、私のいふカラヤンの「才能」だ、これは答へになつてゐないと思はれるかもしれないが、藝術の評価の最後の一線は、どうあがいたところで、こゝを超えることはできないのである。ルノアールが、ゴッホの「才能」について、「画家と言はれるには、腕の達者な職人では足りない。」と評したといふ話を、いつか、小林秀雄の『近代繪畫』で読んで、私は不思議な得心に包まれたことがある。小林は「ゴッホほど腕の達者な職人から遠ざかつた画家はあるまい。それが、ルノアールの眼には、腕達者な職人画家と見えてゐたといふ事は余程面白い事だ。」と註してゐる。[22] ゴッホに欠けてゐたものに関するルノアールの不満を見れば、二人の個性の擦《す》れ違ひといふ落とし話にをはるだらうが、ゴッホに「才能」の所有に関する動かせなさを嗅ぎとつたルノアールの眼力を思へば、この話の興趣は息を吹き返しもするだらう。

カラヤンには、最初から、どのやうに彼の藝術の質を否定しようとしても、「才能」として底に残つてしまふ、身に付いて離れやうのない指揮者としての実質が具《そな》わつてゐる。まだ駆出しのこの男が実現してゐる「技術」は、それを裏付ける途轍《とてつ》もない「才能」抜きには、説明が付かない。

確かに、若いカラヤンのレコードは、フルトヴェングラーのやうに雄弁ではなく、トスカニーニやメンゲルベルク、ストコフスキー程強烈な印象は与へない。だが、アンサンブルの隅々まで清潔で、深く安定したその演奏は、充分それらに対抗する価値たり得てゐる。同じ時点での大先輩たち、ヴァルター、クライバー、クレンペラー、クナッパーツブッシュ、シューリヒトらを、凌駕してゐると言ひ換へてもいゝ（晩年のクレンペラーやクナッパーツブッシュの「偉大さ」や、ヴァルターの「円熟」は又全く別の話である。）。

ベルリンの新聞が、カラヤンを、フルトヴェングラーに次ぐドイツ指揮界の二番手と呼び始める迄に、さして時間は要らなかつた、これは「政治力」でも「世渡り」でもなく、彼の「才能」がさせたことだつたのである。

しかも彼は最初からスターだつた。録画で、三十代のカラヤンが長髪を靡《なび》かせながら指揮台上で陶酔し、歌ひ、激しく舞踊する様を見ればわかる。当時の大指揮者らの楽長風の指揮振りとはまるで違ふ。フルトヴェングラーの、全身を震はせ、又時に音を慰撫するやうな音楽への純粋な没入とも全く違ふ。カラヤンの指揮は、最初から視覚的に人を酔はせる演戯であり舞踊だつた。恐らく、これに範はない。

さうしたカラヤンが、フルトヴェングラーの目にどう映つてゐたか。これは多少誇張して言へば、音楽史の大きな問題だと言つてい丶だらう。フルトヴェングラーのカラヤン忌避反応程、極端で生々しい、大音楽家同士の反目と闘争は、音楽史上でも類を見ないものだつたからである。

フルトヴェングラーは非常に激し易い人だつた。カラヤン相手に限らず、フルトヴェングラーが批評に激怒したり、落胆したり、批評家と人前も憚《はばか》らず大喧嘩することは、若い頃から四六時中のことだつた。ウィーンフィルの楽団長を務めたオットー・シュトラッサーは、コンサートがハネた翌朝、ホテルにフルトヴェングラーを訪ねると、大概部屋中に新聞が散らかつてゐたと書いてゐる。昨晩の公演批評を読み漁つてゐるのである。批評が「公演の成功に見合うほど熱心に褒めていない時には、彼は——よくそうしたのだが——二度とウィーンには来ないと宣言」した。(23)

こんな子供のやうな男のことは、宥《なだ》め方を知らなければ、長年一緒に仕事などできるものではない。誰もが、皆、そこは心得たものだつたのである。

だが、フルトヴェングラーは、これから見てゆくやうに、トスカニーニの成功にも、チェリビダッケの成功にも、殆ど反応してゐない。トスカニーニの世界的成功はマスコミや財界の支援もあつて桁外れだつたし、チェリビダッケが戦後ベルリンで惹き起こした熱狂は、戦前のカラヤンの比ではなかつた。

戦前のレコード市場では、ヴィクターのトスカニーニ、ストコフスキー、クーセヴィツキー、テレフンケンのメンゲルベルクがライヴァルであつて、当時弱小会社だつたドイツグラモフォン専属のカラヤンは市場的ライヴァルではなかつた。

それなのに、なぜフルトヴェングラーにとつてはカラヤンだけが、やみ難いオブセッションの対象となつたのか。

……厖大《ぼうだい》な文獻や証言を再三読みながら、長年この問題を想像し続けてきた私には、フルトヴェングラーとカラヤンの〝闘争〟は、異なる軌跡を生きざるを得なかつた二つの狂気の、正面からのぶつかりあひのやうに見える。

フルトヴェングラーに於ける無垢《むく》といふ狂気と、カラヤンに於ける権力といふ狂気——二人の偉大な音楽家は、宿命のやうに、同じ領域内で並び立つことの不可能な、狂ほしい魂を所有してゐたのではなかつたか——。

二人の出会ひが平時であれば、現象は別の形を取つたであらう。カラヤンはベルリンやウィーンでフルトヴェングラーと死闘を演じる必要などない。イギリスとアメリカで地歩を築き、レコード市場に活路を開いてポンドとドルを稼ぎ、ポスト・フルトヴェングラーとしての名聲を、ドイツの外で自然にせり上げてゆけばよかつた筈だつたのである。

Ⅳ

事実、フルトヴェングラーはトスカニーニとは死闘など演じなかつた。トスカニーニも、ニューヨークからはフルトヴェングラーを追ひ出したが、(24)ベルリンを征服しようとは思はなかつた。バイロイトでもザルツブルクでも主としてトスカニーニ側からのフルトヴェングラーアレルギーはあつたものの、(25)両者は十九歳の年齢差を越えて、明らかに対等の敬意を持つてゐたと思はれる。

ヴァーグナーの孫娘で、率直な性格の持主だつたジークリンデ・ヴァーグナーは次のやうに述べてゐる。

トスカニーニは私がフルトヴェングラーの指揮についてどう思っているか、とても知りたがっていました。指揮についての私の印象は非常によいものでした。トスカニーニはフルトヴェングラーに対して悪口のような言葉は一度も口にしたことがありません。その後、私がフルトヴェングラーを訪ねたとき、彼もトスカニーニの演奏会についてどう思うかと尋ねました。質問はしましたが、トスカニーニについて批判めいたことは決して何も言いませんでした。トスカニーニがフルトヴェングラーやナチスについて述べたことは、メディア向けのものでした。二人は政治の事柄は別として、お互いに尊敬していました。(26)

一九三六年、トスカニーニがニューヨークフィルを辞任するに際して、ニューヨークフィルはナチス問題が燻《くすぶ》つてゐる最中にも関はらず、フルトヴェングラーを後任とする考へに固執してゐたやうである。トスカニーニもその判断を支持してゐた(27)。

一方、最晩年のフルトヴェングラーは手紙で次のやうに書いてゐる。

交換客演の依頼は、ナチスの時代からなんども私のところに舞い込んでおります。主催者側の立場を考えるとよくわかるのですが、私個人といたしましては御断りしたいと存じます。たぶんトスカニーニだけは別として、私自身はだれとも交換不可能であるというのが私の立場なのです。(一九五四年五月二十二日付)(28)

最盛期のこの二人の実演が放つアウラと聴衆に与へる狂熱は圧倒的で、若きカラヤンの「才能」で追ひつく代物ではなかつた。無数の証言とライヴ録音がそれを示してゐる。

ニューヨークフィルからの引退が告げられた後のトスカニーニの「さよならコンサート」では、当日一四〇〇枚の立見券を求めて五〇〇〇人の行列がホールを取り巻いた(29)。

片や、テオドール・アドルノは一九一九年、まだマンハイム歌劇場の指揮者だつた三十三歳のフルトヴェングラーについて次のやうに書いてゐる。

当時作曲を習っていたベルンハルト・ゼークレスから、今晩の〈トリスタン〉にぜひとも行くようにと言われた。マンハイムから来たヴィルヘルム・フルトヴェングラーという若い指揮者だが、前代未聞のものだという。私は行って完全に圧倒された。この時フルトヴェングラーはまだまったく無名だったと言い添えてもよいかもしれない。彼の指揮には命を吹きこむ力があり、それが音楽のすみずみ、動機の最小の単位にまでゆき渡っていた。死んでいる音符は一つもなかった。(30)

後に二〇世紀前衛音楽のみならず戦後思潮の理論的支柱となるこの人のフルトヴェングラーへの絶賛は、生涯続く。

一九三一年、バイロイトの女王ヴィニフレート・ヴァーグナー(リヒャルトの息子ジークフリートの妻)の秘書だつたリーゼロッテ・シュミットは次のやうに書いてゐる。

フルトヴェングラーはけた外れです。まったく思いがけないことでした。情熱と切迫感があり、一小節一小節が大変な経験です。口うるさいおばさま方も、はじめは驚きのあまり何も言えなくなりましたが、今では本当に夢中に感想を言い合っています。トスカニーニの〈トリスタン〉のあとで、まだこんな演奏ができるとは、夢にも思わなかったのでしょう。

この「おばさま方」はヴァーグナーやビューローの娘たちで、父親の指揮も、マーラー、ニキシュら歴代の大指揮者も聴いてゐる。その上で聴いたトスカニーニは彼女たちを圧倒し、その後で聴いたフルトヴェングラーは更に彼女らを驚倒させたといふことだ。

かうしたトスカニーニとフルトヴェングラーが一九二六年から一九三七年まで、ニューヨーク、ミラノ・スカラ座、ベルリン、バイロイト、ザルツブルクで火花を散らしてきたのだ。「奇跡のカラヤン」は二人がザルツブルク音楽祭に揃ひ踏みし、相譲らぬ演奏史の壮観を呈した翌年のことだ。トスカニーニの〈マイスタージンガー〉とフルトヴェングラーの〈第九〉が眩《まばゆ》いばかりの高峰をなしてゐた丁度その時だ。

実際、三十年代後半から四十年代前半のフルトヴェングラーの演奏がどれ程輝かしいものだつたか。それは、近年ベルリンフィルハーモニー自身が監修した〈フルトヴェングラー 帝国放送局（RRG）アーカイヴ 1939-45（Furtwangler | Berliner Philharmoniker | RRG）〉の素晴らしい復刻で聴けば明らかだらう。ここで聴かれるベートーヴェンの〈第五〉〈第七〉〈第九〉、序曲〈コリオラン〉、ヴァイオリン協奏曲、シューベルトの〈第八〉〈第九〉、ブラームスの〈第四〉、ピアノ協奏曲の〈第二〉、シューマンのピアノ協奏曲、ブルックナーの〈第九〉……。これらの壮麗な美しさと強烈な力動性、自在な揺らぎ、歌の深さこそは、演奏史上の「奇跡」といふ他はない。他の同僚全てを圧倒し、世界中の音楽シーンと世界のマスコミの環視の中でトスカニーニと伝説的な競演を繰り広げ、現在聴ける古ぼけた録音にさへこれだけの演奏が刻まれてゐる五十代前半の男が、よりによつて三十歳の地方音楽監督カラヤンを怖れる謂《いわ》れなどあつたであらうか。

ましてや、年を追ふ毎《ごと》に、フルトヴェングラーは指揮を控へ作曲に専念したかつた。将来自分と同格になり得る後継者の出現といふだけならば、忌避するよりは、歓迎さへしたであらう。

が、二人が出会つた舞台が、ナチスドイツといふ政治的磁場だつた事が、双方の壮絶な傷となる闘争を生んだ。私はさう見る。

*

十九世紀後半、ヴァーグナーとヴェルディ以来、音楽は、ナショナリズムと結びつき、政治的局面で異例なまでに重視される時代に突入してゐた。端的にそれを示すのは、〈マイスタージンガー〉と〈アイーダ〉であり、ブラームスにさへ普仏戦争を祝した〈勝利の歌〉がある。

さうした音楽の政治性は、第一次世界大戦とロシア革命を経て、両大戦間期に至ると、単なる国家・民族的自尊のシンボルから、イデオロギーとの結びつきへと傾斜し始める。

この間、ロマノフ朝、ハプスブルク朝、プロイセン王国を始め数々の王朝が途絶えた。

敗戦ドイツは英仏から法外な賠償を強要された上、戦争犯罪の汚名を着せられ、戦勝国と敗戦国の間にはかつてない相互不信が生まれてゐた。ドイツの政治経済は極度に不安定化したのに、文化的には爛《らん》熟《じゆく》期に入つてゐた事が、問題を更に難しくした。爛熟ドイツの文化は、ユダヤ的なグローバリズム、自然科学の発達、パリから主舞台を移した前衛と、怨恨を伴ふ極端なドイツ至上主義との、奇妙な混血児となつた。かうした文化の爛熟と政治・経済の壊滅状況の矛盾が激化し続ける中、反ユダヤ主義の情念に点火したのがヒトラーだつた。

一方、ソ連はまだ、知識人たちの夢であつた。

かうしてヨーロッパの知識人社会では、共産主義、ユダヤ問題、前衛、ナショナリズムが臨界点に向けて沸騰する一方で、アメリカは富と自由を独占的なイデオロギーと化し始めてゐた。

共産主義、ナチズム、リベラリズムが、それぞれに教条と化し、プロパガンダとアカデミズムが激しく交錯し、大衆を動員して熱狂を生み出すこの季節に、音楽は空前絶後の政治性を帯び始める。とりわけ、ナチスの指導者ヒトラーが、熱烈なヴァグネリアンだつたことが、音楽の政治性を否応《いやおう》なしに高めてしまつた。スターリンにとつて藝術など政治の奴隷に過ぎず、ルーズベルトにとつては精々文化的イメージで身を飾る手段に過ぎなかつたらうが、ヒトラーにとつては、思想と行動の源泉にこそ、ヴァーグナーがゐたのである。(31)

このやうな、思想的熱狂と政治的熱狂が深く手を結びながら、大衆の情念に点火する時代が、舞台上の独裁者である指揮者への熱狂をも又生み出したと言ふのは、さほど誇張ではないだらう。書斎で書かれたヴァーグナーやヴェルディの「作品」が生んだ十九世紀後半の熱狂から、目の前で音楽を生み出す指揮者といふ「カリスマ」の「アウラ」への熱狂に、音楽の主軸は移動した。作曲家ドビュッシーもラベルも、シェーンベルク、ストラヴィンスキーも、最早、時代の音楽的パワーの主軸にはゐない。寧ろ、この時代に、音楽的熱狂と政治的熱狂の結節点にゐたのは、大作曲家ではなく、トスカニーニとフルトヴェングラーといふ指揮者だつたのである。

当初イタリアファシスト党に共鳴しながら、すぐに見切りをつけて、アメリカでの成功を手に入れたトスカニーニの行動様式は単純だつた。メトロポリタン歌劇場とニューヨークフィルによる多年の成功の上に、反ファシズムといふ標語を身に帯びても、彼の音楽は別段傷つかない。彼は必要とあらばどのやうな政治性を体することもできたであらう。

別章で取り上げるが、トスカニーニは革命の闘士崩れを父親に持つ、パルマ下層階級の出だ。生涯の事績や言動を見る限り、ヴェルディよりもヴァーグナーとベートーヴェンをより尊敬してゐたと言つてかまふまい。「イタリア」は彼の固執しなければならぬ精神的風土でも、藝術や教養の中核価値でもなかつた。しかも、当時「ミラノ・スカラ座のオーケストラといえども、オーケストラの訓練は全くいい加減なもの」だつた。トスカニーニは、故国イタリアでは、アンサンブルの整備の為に苦闘を演じねばならなかつたのである。(32)

一方、アメリカでは世界中から集められた超一流の奏者と歌手が彼の元に参集し、資本家とマスコミが彼を伝説で彩り続けてくれてゐた。ニューヨークフィルハーモニーといふスーパーオーケストラを自由に振り、アメリカメディアの寵児《ちょうじ》となつた時、彼にとつて祖国イタリアが固執すべき生命線だつたとは考へがたい。

フルトヴェングラーではさうはゆかない。

彼の出自であるゲーテ、ベートーヴェンを中核価値とするドイツ教養主義は、何よりもそれが成熟した場所であるドイツの風土と結び付いてゐる。その上、彼は敗戦国民だつた。第一次世界大戦で深い傷を負つた故国への愛は当時アメリカが体現し始めてゐた国際秩序への不信と切り離せなかつた筈である。しかも、フルトヴェングラーがキャリアを積んだワイマール時代のベルリンは、ヨーロッパ文化史上の最盛期と言ふべく知と美と爛熟の街であつた。文化共同体として掛け替へのないオーケストラや歌劇場、劇場、出版文化が蝟集《いしゅう》してゐた。ドイツ＝オーストリアにはさうした文化サークルが幾つも存在し、他国に求め得ない聴衆がゐた。

これらは全てトスカニーニの全く与《あず》かり知らぬ、しかしフルトヴェングラーにとつては死活的に重要な所与だつたのである。

フルトヴェングラーにとつてドイツ音楽の固有性を守ることは、楽譜を携へてさへゐれば世界中どこでも再現できる抽象的な行為ではなかつた。ドイツで音楽し続けることこそが、アメリカが象徴してゐた政治・経済のグローバリズムから、価値の領域を守ることを意味してゐた。ナチスの出現以前から、それがフルトヴェングラーの基本的な姿勢だつたのである。

フルトヴェングラーは語つてゐる。


アメリカのオーケストラが究極的には金、それも多額の金によって入手されたものを提供しているのに対し、ウィーン・フィルハーモニーは、現在も見られるように、およそ金では得難く、補充し難い何物かです。(33)


アメリカのオケが、故国のそれとは別格に魅力的だつたトスカニーニと、アメリカにそもそも価値を認めてゐないフルトヴェングラーの行動が、根本的なベクトルとして正反対を向くのは当然だつたらう。

これら全てが「フルトヴェングラー問題」をやつかいなものにしてゐる。

フルトヴェングラーが政治信条としてナチスでなかつたことは、宣伝大臣のヨーゼフ・ゲッペルスでさへ次のやうにはつきり認識してゐた。


彼は決して国家社会主義者ではなかったし、それを何一つ隠しだてしなかった。(略)だが彼はベルリン空襲の間も、そのほか大勢の藝術家のように逃げなかっただけでなく、多難な日々、その藝術の全てをベルリンの被災者や軍需工場労働者に捧げた。(34)

他方、さうだからと言つて、フルトヴェングラーはアメリカの政治についても又、全く共感してをらず、アメリカの文明は、はつきりと軽蔑してゐた。フルトヴェングラーが、かうした根底的な意味でのアメリカ侮蔑者だつた事は、当時、連合国側メディアや知識人に看取されてゐたであらう。そして、それはそのまま、フルトヴェングラーが、連合国主導の戦後レジーム──グローバリズム、開かれた世界、音楽に国境はない等々のイデオロギー──への、根底的な懐疑者であることをも意味する。

没後六十年以上経つた今でさへ、フルトヴェングラーが戦後トーマス・マンに宛て書いた次の書簡のやうな「二つのドイツ論」が、厳しい批判に晒《さら》されるのは、彼の思想、彼の存在、彼のナチス時代の生き方の全てが、戦後イデオロギーへの根底的な批判としていまだに機能してゐるからだ、私たちは、もうそろそろ、そのやうに話の主体を逆転させる必要があるのではないか。

たとえば貴下は、ベートーヴェンのフィデリオはヒムラーのドイツで演奏されてはならないとおっしゃったことがありましたが、今もそのお考えに固執してはおられないでしょう。ヒムラーのドイツなどあったためしはなく、ただヒムラーによって支配されたドイツがあったにすぎないのですから。そのような状況のなかで、あれほどドイツ的な作品が──いったい、この作品のもつ内的な可能性を、どこかほかの民族がいつ啓示しえたというのでしょう——演奏されてはならないとは、およそ無意味なことではないでしょうか。(35)

しかし、フルトヴェングラーの意に反して、今なほフルトヴェングラーを弾劾する論者の声は鳴りやまない。

何故か。

フルトヴェングラーがヒムラーのドイツを否定する時、その論理は、連合国の正義をも否定することになるからだ。ナチス時代のドイツが、「ヒムラーによつて支配されたドイツ」に過ぎないなら、アメリカは「アメリカンデモクラシーといふイデオロギーによつて支配されたアメリカ」に過ぎないことになる。

フルトヴェングラーが「ヒムラーのドイツ」を相対化した時、彼はまた、「連合国の正義」をも「戦後的価値観の正義」をも相対化してしまふ。これは、価値中立的な普遍性を自称し、その事を通じて、結局は政治にこそ自らの道徳性の究極の根拠を置かうとする連合国民主主義＝戦後デモクラシーを、根底から脅かす思想である。

実は、戦後から今日に至るフルトヴェングラー断罪者たちとそつくり同じ論法でフルトヴェングラーを批判した人間がナチス時代にもゐた。先にも引用したゲッペルスである。

「自己を芸術家として感じ、事物を徹頭徹尾、芸術家の見地からごらんになるのは、あなたの権利といえましょう」――とゲッペルスは書いている――「しかしだからといって、今ドイツで行われている全体の動きに、あなたが非政治的な態度で臨んでよいということにはなりません。政治もまた芸術であり、恐らく最高の、最も包括的な芸術であります。[36]」

西側の、そして戦後の論者は誰しもこの発言を嘲笑しようとする。だが、デモクラシーの絶対性や中立性の主張を通じてフルトヴェングラーを断罪する人たちの姿勢は、ゲッペルスの政治の優越性の議論と結局のところ同じ地平にゐるといふ他はない。

ゲッペルスはフルトヴェングラーに対し、政治こそ最高の藝術なのだから、君は政治に屈服しろと言つた。連合国の論理に立つてフルトヴェングラーを今なほ断罪する人たちも同様、西側の政治空間こそ人間の良心の基準なのだから、君はその空間に屈服――亡命すべきだつたと言つてゐることになるからだ。

しかし本当にさうだつたのか。

フルトヴェングラーは、既に書いたやうに世界的大指揮者であるのみならず、世界的な影響力を持つ文化人だつた。彼の去就――訪米やバイロイト音楽祭への出演、ベルリン国立歌劇場音楽監督就任などの情報――は、しばしば欧米メディアの文化欄のトップニュース、いや一面記事にさへなつた。[37] さうした国際的な文化人だつたからこそ、彼は、ナチスの文化政策からオーケストラとユダヤ人音楽家を守り、ドイツ楽壇を守り得たのではなかつたのか。フルトヴェングラーがゐなければ現に多くのユダヤ人音楽家は命を落としてゐた。更に、ベルリンフィル、ウィーンフィルともに、オーケストラの崩壊や解散の危機を、フルトヴェングラーは何度も救つてゐる。(38)その恩恵は、フルトヴェングラー批判者を含む両オーケストラ全ての関係者と全世界の聴衆が現在もなほ享受してゐるのである。

フルトヴェングラーが亡命し、アメリカで成功者になり、アメリカの放送局のマイクの前でナチスの悪口を言ひ立てれば、後世の歴史家の覚えは目出度《めでた》かつたといふことには、確かになつたらう。

だがその時、フルトヴェングラーの戦時中のベルリンとウィーンでの政治と楽壇での駆引き、いや、その背後にあつた政治と純粋な藝術の狭間での彼の葛藤はなかつたことになり、空襲下でのコンサートも、そのライヴ録音も存在せず、それを聴いた無数の聴衆の慰謝もなかつたことになり、戦後、ベルリン、ウィーンのオーケストラや聴衆らとフルトヴェングラーとの絆は、間違ひなく取り戻し得なかつたらう。

その時、フルトヴェングラーは、既に私たちの知るフルトヴェングラーではなくなつてゐる。良心的な藝術家といふタイトルは得られたらうが、そこからは本当の意味での良心の問題は消え、彼もまた、誰かを断罪して自らの正義を担保しようとする似非《えせ》ヒューマニストの一人に成り下がつてしまつてゐたことだらう。

フルトヴェングラーは戦争直後に執筆された未公開手記で、一九三四年六月三十日、エルンスト・レームら最側近や幹部を一気に処刑した「血の粛清事件」の後に、なほナチス政府上層に抵抗しながらドイツに留まる決断をするに至つた経緯を次のやうに記してゐる。

私は我が身の行く末をめぐって、ひしひしと不安を感じざるをえなかった。この時期、私には世界各国から魅力的な申し出が来ていた。多くのドイツ人同様、私も移住したいという気持ちを強く抱いていたし、多くの場合に移住だけが可能な解決であることを認めるのもやぶさかではなかった。

だが、考えれば考えるほど、私には他の道が一切絶たれていると決め付けてしまってはならないように思えてきた。どうして私のような根っからのドイツ人が、帰国できる当てもないのに愛する祖国から離れねばならないのか？（略）

ドイツが乗り越えるべき最大の危機にあって、自分の同胞たちを見捨ててゆくことは、責任からの逃避ではあるまいか？　状況が改善できる見込みはないのだろうか？　そのような時期の間、そのために協力することこそ私の義務ではあるまいか？　最も困難を極める状況にあってさえ、積極的かつ毅然とした態度を取り、途方に暮れている同胞たちの中に残り続けるほうが、多かれ少なかれ理想主義的な抗議を国境の彼方から送るだけよりは、ずっと有益であり有効ではなかろうか？(39)

「血の粛清事件」の後、ナチス政権下で身の安全の確実な人間は事実上ゐなくなつてゐた。このことの重みをまるで顧慮しないフルトヴェングラー断罪が無数に重ねられてきたことに、私は驚きを禁じ得ない。ヴァーグナー一族のやうに、ヒトラーの個人的な庇護下にあつたのならともかく、フルトヴェングラーはナチス幹部と、ユダヤ人救済や楽壇庇護の為に容赦ない口論や交渉を重ねながら、その実、政権有力者間に個人的な友人は一人もゐなかつた。現在でもウラジーミル・プーチンや習近平に口論を仕掛け、面と向かつて政治的決定に異を唱へながら、ロシアや中国に残りたいと思ふ人間はゐまい。まして、この頃のドイツは敗戦国で、異常なインフレ、極左と極右の台頭、不況と政変によつて疲弊してをり、その果てにナチスの恐怖政治の季節を迎へてゐた。最高の世界的名声を持つ四十代の男が、一身の利害において残りたい国かどうか、少し冷静に考へれば誰にも分らうはずではないのか。

彼は、全く不利益で、生命の危険のある選択だつたにも関はらず、彼自身の良心を守る為に、ドイツを離れてはならなかつたのである。政治的に無知だからドイツに残つたのではなく、自覚的にドイツに残ることを選びとつたのである。

故国と藝術、故国とアイデンティティがさほど重ならない人もゐる。最も典型的なのはユダヤ人であり、土着としての国土を喪つた後、旧約聖書を核に、つひにアイデンティティを全うした強靭さは、驚嘆に値する。しかし土地と結びついた民族性や藝術、良心といふものも又あるのであつて、アメリカに亡命することこそが不道徳だといふフルトヴェングラーの倫理観は尊重されるに値すると、私は思ふ。

例へば、フルトヴェングラーと対照的に、亡命先のアメリカでナチスドイツを断罪し続け、今日のイデオロギー的立場から賞賛されてきたトーマス・マンは、ヴァイマル共和国成立の十一月革命当時の日記に、かう書いてゐる。


エッセンの皇帝演説、バイアーの演説、ブーリアン覚書についての協商側の新聞報道、むかつき、絶望的。いったいどうしようというのだ。われわれが「民主主義に順応する」ために、われわれからゲーテ、ルター、フリードリヒ、ビスマルクの体験を一掃するという。（一九一八年九月十六日）(40)

デモ行進が行われた。赤旗、さまざまな場所で「演説」してきた一人の兵士が人々に担がれている。「王朝を打せ！」「共和制を！」の叫び声。愚かな下衆ども。――食後、再刊された「ディ・ツークンフト」の第一号を読む。理想主義、平和主義、高貴な信念があふれて滴るほどだ。不純な喜劇役者よ、おまえの言うことがいま信じるに値するものであろうとなかろうと、おまえを信じられようか。（一九一八年十一月七日）(41)

文字通り革命を憎悪する文化保守主義者の呪詛である。

ブルーノ・フランクも、ヴィルヘルム・ヘルツォークも「評議会」に所属している。ミュンヘンは、バイエルンもそうだが、ユダヤ人の文士に支配されているのだ。いつまでこんなことに我慢していられるのか？（略）われわれのところではヘルツォークのような薄汚い文学闇商人が共同指導者だ。この男は何年もある花形映画女優のヒモになっており、精神は金もうけ主義で商売人、大都会のユダヤ人の若造の気障ったらしさで、いつもオデーオンのバーで昼食をとるが、自分の入れ歯を部分的に直したチェコーニに治療代は支払わなかったような奴だ。これが革命だ！（一九一八年十一月八日）(42)

こゝでのマンは、革命憎悪がそのまま典型的な反ユダヤ主義者の言辞となつてゐる。

私は、出来つつあると思われる大ドイツ社会共和国ドイツに対してまったく宥和的で肯定的な気持ちになっている。それは新しいもの、ドイツの線上にあるもので、この敗戦によってドイツが政治的発展で明らかに先頭に立つのは、敗戦の肯定的部分である。社会共和国は西側のブルジョア共和国や金権政治を凌駕してその先を行くものであり、初めてフランスは政治的にドイツのあとを追うことになる。（一九一八年十一月十二日付）(43)

こゝに来て突如マンは新たな共和国を肯定し、先進国のブルジョア金権体質を批判する一方で、ドイツが進歩的な国になる事に国粋的優越感を覚え始めてゐる。

ウィルスンの講和会議についてのひじょうに専断的な演説が伝えられている。しかしこの男が大口をたたいている間に、ドイツの戦争責任者や戦争犯罪の裁判といった偽善的な愚行が決定されるのだ。（一九一九年一月二十七日）(44)

……革命を憎悪し、ユダヤ人を軽蔑し、やがて共和制を肯定し、一方でヴェルサイユ講和会議での米大統領の偽善や、不当な戦争裁判（!!）をドイツ人として怒つてゐる。『非政治的人間の考察』を著したこの大作家の、政治的な動揺と悪口雑言の数々には驚く他はない。そして、同じ人物が、後年、亡命先のアメリカから執拗で良識ぶつたドイツ人批判を続けたのだつた。そしてその人は又、日米戦争、原爆開発、日本への無差別爆撃、戦後の共産圏の世界的拡大に大きな責任のあるフランクリン・ルーズベルトを偉人として称揚し、アメリカ国籍を取得した時、「私は世界市民だ」とさへ述べた。(45)

「世界市民」などといふ国家暴力と無縁の空間が、よりによつて不必要な原爆投下の当事者であるアメリカにあるはずがあつたらうか？　何たる政治状況への従属だらう。何たる「非政治的人間」である事か！

フルトヴェングラーの手記や伝聞される発言を幾ら辿つてみても、ユダヤ人嫌悪も革命憎悪も、政治的国粋主義もナチスへの親近感も、逆に共和制への共感もアメリカの偉大さへの御世辞も、何一つ伺へない。政治的ならざるドイツ、よき藝術、音楽の最良の母体としてのドイツへの信念だけが、若い日から、ナチス時代、戦後晩年まで一貫してゐる。

フルトヴェングラーは政治を糾弾したり、身を擦り寄せたりする事を良心的だとは考へなかつた。彼は政治をあくまで相対的な条件と考へ、音楽といふ価値を守る事を倫理とする音楽家として可能な限り良心的に、状況を生きた。

だからこそ、フルトヴェングラーはドイツ国内でのナチスとの闘ひと妥協、共存に苦しみ抜いた。フルトヴェングラーのドイツへの固執は、国外からはナチスの同調者と見做《みな》される一方で、国内ではナチス政権から音楽家を守る闘争となつて、この正真正銘の「非政治的人間」を、十二年間にわたつて、「政治的」に著しく消耗させたのである。(46)

かうした、極めて本質的で、しかも生命の危険さへ伴ふ闘ひの最中、フルトヴェングラーの目の前に、自分のキャリアのことだけを考へる三十歳の才人が現れた。

それがヘルベルト・フォン・カラヤンだつたのである。

V

野心に燃えた若きカラヤンは、音楽と職と名聲を求め、必死にあがいてゐた。一九三一年、この若者は苦労を重ねてやうやくウルム歌劇場の席を得る。オケの人数がたつた三十四名の歌劇場だ。スコアから聞こえる響きと目の前のオケが鳴らす響きの差に絶望しながら、カラヤンは格闘し続け、そのキャリアの終りには、より規模の大きな都市の歌劇場に劣らぬところまで仕上げた。が、解雇される。苦しい失業の後、カラヤンはアーヘンでの地位を得た。ウルムとは比較にならない大きな都市だ。このアーヘンでキャリアを始めて間もなく、彼はベルリンで「奇跡」となつたのだ。

この時点でのカラヤンは、後年からは想像のつかぬ不遇と不安定な境遇の若者に過ぎない。

さういふ若者が、やつと手に入れた成功への手掛りが、「奇跡のカラヤン」といふ批評だつた。が、ナチスドイツ下での「奇跡」は国際パスポートにはならない。ましてカラヤンはナチス党員だつた。英米でキャリアを作れる筈はない。

かうして、フルトヴェングラーが倫理的な決断としてドイツに留まつた一方、カラヤンは、ドイツを離れてキャリアを築くことが不可能な状況にあつた。

その結果、フルトヴェングラーは三重の戦ひを強いられるに至つたのだ、ドイツ音楽の価値をグローバリズムから守る戦ひと、ナチスから楽壇を庇護する戦ひに加へ、自分のキャリアをカラヤンの挑戦から守る戦ひといふ三重の戦ひを。

代表的なカラヤン伝の著者、リチャード・オズボーンは、カラヤンは「フルトヴェングラーに対する純粋な尊敬の気持ち」を持ち、「心の奥底では情緒的な（感傷的ではないにしても）人間だった」からフルトヴェングラーとの和解を、戦後も模索し続けたとしてゐる。(47) だが、フルトヴェングラーはさうは見てゐなかつた。

エリーザベト・フルトヴェングラー　「（……）その上、とても信頼していた友人たちまでやって来たのです。その一人は、フェリシア・ディートリッヒといって、大変音楽の才のある老婦人でした。彼女はヘルベルト・フォン・カラヤンと是非一度お会いなさい、素晴しい指揮者ですよ、と彼に言ったのです。彼は貴方をとても尊敬しています、と。そこでフルトヴェングラーは尋ねました。どうして彼の方からやって来ないのです？　私の方が年長なのですよ。私のコンサートでは必ず真ん中の八列目に座っているとおっしゃいますが、それなら何故、演奏会の終わった後で私のところに来ないのですか？」(48)

かう言つた時、フルトヴェングラーは、自分が先輩のアルトゥール・ニキシュを初めて聴いて強い感銘を受け楽屋を訪れた、二十六歳の時のことを思ひ出してゐた筈である。ニキシュは、若きフルトヴェングラーに微笑みかけ、「これから夜食を一緒にどうです？　それともお若い方だから、ひとりで街をぶらつかれる方が宜しいのかな？」と尋ねてくれた。緊張の余り、何を言つてい〻か分らなかつたフルトヴェングラーは、思はず「無論さうです」と答へてしまひ、さう答へた自分に驚いて、その場を逃出してしまつたのだつた。その後、自分の馬鹿さ加減を責める思ひに打ちひしがれて街をうろついたあの二時間の、辛く長かつたこと……。(49)

ヘルベルト・フォン・カラヤン――自分の若い時とは、何と違ふ若者だらう！　自分を呼出さうといふのか？　一体何を考へてゐる？　ウブなところのまるでなさゝうな、抜目のない男。狙ひ澄ましたやうに額縁に収まるその美麗な演奏。スター気取り……。

二人の闘争の詳細は、多数刊行されてゐる双方の伝記に委《まか》せよう。私がこゝで注意してみたいのは、フルトヴェングラーの前にかうして出現したカラヤンの、権力志向の面構へがどういふものだつたかである。

例へば、カラヤンは、仕事上、どんな人間と組んだのか。

戦前、ベルリンで地歩を築く為に選んだ代理人は、ルドルフ・フェッダーといふ人物である。この人のことは、フレート・プリーベルクの『巨匠フルトヴェングラー』や、オズボーンの『ヘルベルト・フォン・カラヤン』に詳述されてゐる。まず後者から引かう。

ルドルフ・フェッダーののし上がり方は尋常ではなかつた。アーティストのギャラを着服したかどで、ピアノメーカーのスタインウェイ社をくびになったあと、彼は一九二七年にみずから音楽事務所を始めた。そして一九三五年七月、彼はナチスが新たに設立した帝国文化院から営業許可を取り消された。彼の事務所と手を切ろうとしたアーティストを脅迫しようとしたためだった。(50)

オズボーンのカラヤン伝は、力作ではあるが、精密に偽造されたカラヤン讃の趣が強い。特に、前半では、フルトヴェングラーが才気溢れるカラヤンを妨害する落ち目の老悪役として各章ごとに登場し、辟易《へきえき》させられる。例へばある場面ではカラヤンへの嫉妬《しっと》で「顔を真っ赤にして興奮したフルトヴェングラー」が登場する。[51] が、その原典であるオットー・シュトラッサーの著書にはそんな記述はない。シュトラッサーの原文は次のやうになつてゐる。

ある休憩時間に彼は、楽友協会の室内楽ホールの前の通路で、私の腕を捉えて訊ねた。一体、カラヤンの録音したレコードがあれほどの成功を収めるのは何か特別の秘訣でもあるのか、と。私は最初この率直な質問に些か驚いたが、すぐに気を取り直して答えた。[52]

シュトラッサーの描くフルトヴェングラーは「顔を真っ赤にして興奮」などしてゐない。寧《むし》ろ彼の、子供のやうな率直さにシュトラッサーは驚いたのだ。こゝに限らず、オズボーンの伝記は、フルトヴェングラーを貶《おとし》める潤色、殊更惨めに描く底意が甚だしい。

繰り返すやうだが、アーヘンの楽長に過ぎない三十歳のカラヤンがフルトヴェングラーの目の前に現れた時、フルトヴェングラーはまだ五十二歳、落ち目どころか七十一歳の伝説の巨匠トスカニーニと全く互角に世界で競演を続けてゐる若い世代の第一人者だつた。さうしたフルトヴェングラーを、顔を真つ赤にして若者に嫉妬する老人のやうに描くのは、さすがにいかがなものであらうか。

そのオズボーンですら、フェッダーが犯罪者だつた事は隠してゐない。

が、隠してゐることもある。フェッダーが、ヒトラーが政権を取る前から「非公式にナチ秘密警察である親衛隊のハインリヒ・ヒムラーの親密な仲間の一員になっていた」ことである。(53)実際、フルトヴェングラーはフェッダーを警戒して決して近づけなかつた。

ところが、フェッダーはそのことを怨みに思ひ、カラヤンを使つてフルトヴェングラーに復讐を仕掛けたのである。これは、全てのフルトヴェングラー伝のみならずオズボーンも概ね認めてゐる。(54) フェッダーは、この頃営業許可を再び取り直し、ドイツ第一の音楽事務所に伸《の》し上がつてゐた。フルトヴェングラーが信頼してマネージメントを一切任せてゐた才女ベルタ・ガイスマールはユダヤ人だつた為、一九三五年イギリスに亡命してをり、長年フルトヴェングラーが所属し、ベルリン楽壇の主宰者だつたルイーゼ・ヴォルフ事務所は解散してゐた。(55) かうして丁度この時期、フルトヴェングラーはマネージメントの上で全く無防備になつてゐた。そこに、ナチスと親密な詐欺師がベルリン楽壇の実権を握り、敵意を剥き出しにしながら新たなスターを擁して挑戦してくる。これは大変な脅威だつたであらう。

しかも、カラヤンを擁してのフルトヴェングラー包囲網は広範だつた。ドイツ楽壇の影の権力者で国立歌劇場の実権を握つてゐた演出家のハインツ・ティーチェンは、フルトヴェングラーとはひどく折合が悪かつた。ティーチェンがカラヤンをフルトヴェングラーの対抗馬として利用した事は、後年カラヤン自身が認めてゐる。(56) しかも、ティーチェンの背後には国立歌劇場の管轄大臣ゲーリングがゐた。

この大きな包囲網の中に、先に紹介した「奇跡のカラヤン」といふ新聞批評を置くと、フルトヴェングラーの目にカラヤンが何者として映じたか、はつきりするだらう。

「奇跡のカラヤン」は、批評家フォン・デア・ニュルの筆になる。一般には、その中にフルトヴェングラーへの当てこすりがあり、フルトヴェングラーを痛く刺激したとされてきた。

我々は、ひとつの奇跡に遭遇しているのだ。この男は、今世紀の最も衝撃的な指揮者だ。（略）弱冠三十歳の人間が、われらが五十代の人間のうらやんで然るべきような演奏をしてきせたのである。(57)

戦後の非ナチ化法廷でも、フルトヴェングラーに仕掛けられた陰謀か否か、フルトヴェングラーが意趣返しでニュルを「軍務につか」せようと動いたのではないかが争はれた。(58)だが、ことは、一批評家によるフルトヴェングラーへの当てこすりなどではなかつた。ニュルの批評がカラヤンを絶賛してゐるのはいゝとして、同じ論評の中で、彼がティーチェンへの過度な賞賛を書き込んでゐるのは如何にも奇妙な話だらう。

最初に感謝すべきはカラヤンに大きなチャンスを与えた人物、枢密顧問官で総監督のハインツ・ティーチェンである。カラヤンに仕事を与えるべく、彼がどれほどエネルギーを費やして政治面・運営面のハードルを乗り越えたか、筆者がよく承知している。昨夜の公演は、偉大な芸術家としての、また運営者としてのティーチェンに、二重の満足をもたらしたに違いない。
一、彼はベルリン州立歌劇場での仕事に相性のいいパートナーを得た。
二、世界的な指揮者に求めらるものをすでに身に着けている人物がここにいる。（略）昨夜の演奏は、想像を絶する域に達している。[59]

これは音楽批評とは呼べまい。ティーチェンによるカラヤン抜擢を促進する露骨な政治的キャンペーンといふ他はない。

事実、ティーチェンがニュルに語つたとされる次のやうな言葉がヘルベルト・ハフナーによるフルトヴェングラー伝に紹介されてゐる。

フルトヴェングラーに目にものを見せる時がやって来た。今ここに若い素晴らしい指揮者がいる。どうか、ご自分で聞いてみてください。あなたが絶妙にお書きくださることを確信しています。どうか、彼がフルトヴェングラーより見事だという方向でコメント下さい。[60]

戦後、非ナチ化裁判でも、ニュルの同僚だつたアンナリーゼ・タイラーは次のやうに証言してゐる。

彼は私に対して、ときどき「カラヤンのための闘い」、すなわち「フルトヴェングラーに対抗する闘い」は、ヘルマン・ゲーリング一派の支援によって生み出されたのであり、ということはつまり、自分はこの「闘い」において、彼ら一派から支援されている、ということで、そればかりか、カラヤンをフルトヴェングラーの対抗馬として担ぎ出すことになれば、それは言ってみれば、「ヘルマン内閣」自身の仕事なのだとさえ言いました。[61]

かうして、ゲーリング—ティーチェンといふ上層部が、マスコミの駒としてニュルといふ批評家を使つてカラヤンキャンペーンを張り、フェッダーのやうな詐欺師がカラヤンを押し立てゝフルトヴェングラー失脚を狙つた時、その役割をカラヤンが何も知らずに演じさせられただけだと、フルトヴェングラーの目に映じることがあり得ようか。

フルトヴェングラーはカラヤンの成功に嫉妬したのではあるまい。

カラヤンの役回りに激怒したのだ。何よりもフルトヴェングラーを怒らせたのは、ドイツ音楽の為の国内外の政治闘争に心身を消耗してゐる最中に、無防備な自分を的《まと》にした大人たちの陰謀に乗つた、カラヤンの節操のなさだつたのではなかつたか。

カラヤンは、晩年になつても、詐欺師フェッダーの事を、「荒っぽい面もあったが、優秀なビジネスマンだった」と語つてゐる。(62)

更に、オズボーンによれば、カラヤンは、「ある仕事に十人の応募者が来たとして、なかにひとり隠れた犯罪歴をもつ者がいたとすると、自分はその犯罪者を選んでしまうだろうといったことがある」(63)。カラヤンらしい率直さだが、フルトヴェングラーが直接こんな発言を聞いたなら、返す言葉もなかつたであらう。

戦後になつて、長年カラヤンの側近を務めたアンドレ・フォン・マットーニに、フェッダーのやうに犯罪歴があつたかどうかは分らない。

が、マットーニの相貌も又、次のやうなものだつた。

マットーニは、顔だちは極めて端正、身だしなみは完璧、物腰は貴族的という紳士だった。トーキー時代の初期のころ、ハリウッドでいくつか端役を演じたが、スキャンダルめいたいかがわしい噂が広がって、カリフォルニアから追い出された。（……）彼はいかにも慇懃に、好ましからざる人びとをカラヤンから遠ざけたが、『ご主人《マスター》』と本当に会う必要のある、あるいは会う価値のある相手には、手筈を整えた。ときどきマスターが、自分の靴の泥を誰かのズボンで拭き取りたくなると、マットーニはちょっと顔をしかめるだけで、ドアマットの役目を引き受けた。彼はおそらく世界じゅうの誰よりもカラヤンについてよく知っていたが、完璧につつしみを心得ていた。ほかの指揮者や歌手については面白がってうわさ話をしたが、カラヤンのことになると、しっかりと口を閉ざした。(64)

VI

カラヤンがキャリアを作る上で身を固めた世界——それは、フルトヴェングラーを取巻くゲーテ以来のドイツ知識人社会のそれとも、マーラーのケルン市民や、クナッパーツブッシュの場合のミュンヘン市民とも、全く異質だつた。

確かに舞台藝術には陰謀が絶えず、裏では社会の暗部とも通じてゐるであらう。それに又、指揮者といふ職業が権力的な立場を取るのも事実である。

が、音楽史上最大の悪漢と言ひ得るヴァーグナーでも、フェッダーやマットーニのやうな人間を仕事仲間とはしてゐない。ましてフルトヴェングラーは、少年時代以来、ホメロス、シェイクスピア、ゲーテ、ベートーヴェンの弦楽四重奏やミサ・ソレムニスを耽読し、孤独な散策を通じて、己の藝術を育てた人だ。時代が、彼を政治的な音楽家にしてしまつたが、本来、興行とも権力とも異質な世界の住人である。

無論、フルトヴェングラーが世俗的な成功や名聲に無頓着だつた訳ではない。自負心もキャリアへの熱意も人並み外れて強くなければ、時代を代表する舞台藝術家になれる筈はないだらう。

例へばブルーノ・ヴァルターは、ニキシュが死んだ折、ベルリンフィルのポストを手に入れようと躍起になつてゐるフルトヴェングラーの姿を、手紙で次のやうに書いてゐる。

　まじめに考慮されるのは二人だけで、フルトヴェングラーと僕です。フルトヴェングラーの方は、ニキシュが死んでからベルリンに根を下ろし、天国に地獄にその他あらゆる手段を動員して、この地位を得ようと躍起になっています。(65)

だが、フルトヴェングラーは尊敬するニキシュの地位を脅かさうとは夢にも考へなかつた。たゞ、ニキシュが死んだ以上、その後継の地位を欲しいと思つただけだ。

ヴァルターの筆には悪意があるが、フルトヴェングラーに邪気はない。

ベルリン楽壇の主宰者だつたルイーゼ・ヴォルフの娘、エーディト・シュタルガルト＝ヴォルフが一九五四年に出した回顧録『大音楽家たちの開拓者』によれば、ニキシュの死後、ベルリンフィルの後継者の提案権を持つてゐたルイーゼはこの問題に幾夜も眠れぬ程頭を悩ませてゐたといふ。ニキシュの後継にふさはしい圧倒的な個性はゐるのか。ベルリンフィルはニキシュなしでもドイツを牽引するコンサートオーケストラであり続けるべきなのか……。

次の指揮者について考へあぐね、可能な限り速やかな決断が求められてゐた丁度その時、ウィルヘルム・フルトヴェングラーが——デウス・エクス・マキナのやうに——母の事務所に談判に来たのだつた。母は、ニキシュのメモリアルコンサートをフルトヴェングラーに託してはゐたもの丶、フルトヴェングラーには国立歌劇場での契約の縛りがあり、そこでシンフォニーコンサートを指揮してゐたので、後継者の勘定には入れてゐなかつた。だから、フルトヴェングラー自ら、ニキシュの後任に名乗り出た事には猶更驚いたのである。彼がベルリンフィルの地位の方が国立歌劇場の現職より望ましいと考へたのは明らかだつた。（略）国立歌劇場との契約について母に説明し、支配人と円満かつ速やかにこの問題を解決する為なら、なんでもするつもりだと言つた。彼の提案は魅力的だつた。こ丶に偉大な天才若手指揮者がゐる。その男がニキシュの後継者になる為なら、国立歌劇場の魅力的な地位を放棄したいといふのだ。どの道、彼は世界的な名声にまで上り詰めるに違ひない。運命自らが、時代を画すべく役割を演じたといふべきだつたのだらう。検討の余地はなかつた。然るべき人物が然るべき時に見出されたのだ。オーケストラはこの提案に熱狂し、満場

一致で同意した。(66)

この記述に明らかなやうに、フルトヴェングラーは「天国に地獄にその他あらゆる手段を動員」などしてゐない。直接、提案権のあるルイーゼ・ヴォルフに自己推薦しに出向いたのだ。エーディトは書いてゐないが、ヴォルフ家の人々は、何よりもまづ自薦してきたフルトヴェングラーの子供のやうな率直さに驚いたに違ひない。その上で、更に驚いたのが、引用箇所に明らかなやうにベルリン国立歌劇場のコンサート音楽監督の地位を棄て、ベルリンフィルのポストに名乗り出た事だつた。国立歌劇場は創立が一七四〇年、この頃の音楽監督は一八九二年から一九一二年がカール・ムック、一八九九年から一九一三年がリヒャルト・シュトラウス、一九一三年から一九二〇年がレオ・ブレッヒである。

一方のベルリンフィルはまだ創立四十年、ニキシュのお蔭で名声は既に大きかつたが、世界最高のブランドになつた現在から、当時のベルリンフィルを測つてはならない。二者択一で国立歌劇場を捨ててベルリンフィルを選ぶのは、当時の楽壇常識からは考へ難く、だからこそルイーゼはフルトヴェングラーを後任候補から外してゐたのだ。

つまり、フルトヴェングラーはベルリンフィルの指揮者といふ「ポスト」や「名声」、まして「権力」が欲しかつたのではない。

彼は、ニキシュの遺産と、伝説的なフィルハーモニーホールの響きが欲しかつた。ベルタ・ガイスマールによると「国立歌劇場の音響効果は、大編成の雄大な交響曲の音響をにぶいものにしがちで」、フルトヴェングラーは「しばしば演奏が終った後、自分の藝術的意図が完璧に実現できなかったことの失望を私に漏らした」といふ。(67)そして又、恐らくフルトヴェングラーは、オペラ指揮者でなく、シンフォニー指揮者だといふ明確な位置付けが欲しかつた。当時はまだオペラ優位の時代だつたが、フルトヴェングラーは本質的にオペラの人ではない。フルトヴェングラーは、シュトラウスら大先輩とともにオペラ小屋を牽引する役割ではなく、生粋のコンサート指揮者ニキシュその人の後継者としての地位が欲しかつたのであらう。(68)

更にもう一つ、三十六歳で進取の気性に富んでゐたフルトヴェングラーは、前衛藝術の拠点だつたベルリンで、国立のオペラ小屋より遥かに自由な藝術上の実験がしたかつた。事実、ベルリンフィルの音楽監督就任後、フルトヴェングラーはニキシュ時代の古典的なレパートリーから同時代音楽の紹介へと、一気にプログラムを拡大してゐる。最初のシーズンで早くもフルトヴェングラーは、スクリャービン、ムソルグスキー、グラズノフ、シェーンベルク、マーラー、シベリウスを取り上げてゐる。ちなみに、ベルリンフィル、ニューヨークフィルともに、〈春の祭典〉の初演指揮者はフルトヴェングラーである。

フルトヴェングラーはニキシュの権威を簒奪《さんだつ》しようとは決してしなかつた。だが、後継者としての椅子はどうしても欲しかつたから単刀直入に行動した。

カラヤンは違つた。

カラヤンは、端的にフルトヴェングラーに取つて代はらうとした。

ティーチェンの庇護の下で、フェッダーと組んで、音楽といふ土俵の上でなく、外からフルトヴェングラーの政治的な切り崩しを図つた。

このカラヤンからの挑発は更に続く。

「奇跡のカラヤン」の一年後、Ⅲで既に触れてゐる〈悲愴〉のレコーディングがそれである。これは、カラヤンがベルリンフィルと組んだ最初のレコーディングだが、同じベルリンフィルを指揮して、フルトヴェングラーが〈悲愴〉をレコーディングしたのは、たつた五ヵ月前のことだつたのである。

フルトヴェングラーの〈悲愴〉はHMVから、カラヤンの〈悲愴〉はドイツグラモフォンから出てゐる。既に少し書いたが、フルトヴェングラーは、直前までグラモフォンと契約してゐたが、丁度この時期、イギリスのHMVに移籍したのだつた。敵性国家のレコード会社への移籍だつた為、長年謎の行動とされてきたが、ごく最近、HMVでは長時間録音が可能で、音質もグラモフォンを凌ぐと判断した為だといふことが明らかになつた。以下は、最近公開されたフルトヴェングラーからドイツグラモフォンに宛て書かれた手紙の一節である。

すでにお伝えしているように、グラモフォンでの全指揮活動は、私にとっては何よりも純粋に芸術的な問題である。ロンドンでベルリンフィルを指揮した際、エレクトローラ(訳注・EMIのドイツ支社)によるリハーサル録音を聴く機会を得た。これは今まで私が聴いた録音を遥かに凌駕しており、目下のところエレクトローラと契約すれば、私の希望が一番叶うだろうと思う。(69)

かうして、音楽的条件を理由に、フルトヴェングラーがエレクトローラに移籍し、その二作目として〈悲愴〉を録音した直後、ドイツグラモフォンがベルリンフィルをカラヤンに振らせて同じ〈悲愴〉を録音したのである。

喧嘩を売るに等しい所業である。

後年のカラヤンが、自分がベートーヴェン全集を収録した直後に、ベルリンフィルでバーンスタインに同じ録音を許す事などあり得るだらうか？　あるいは今日でも、サイモン・ラトルが〈展覧会の絵〉を出した五ヵ月後に、ベルリンフィルで、ゲルギエフやパッパーノが同じ曲をレコーディングするなどといふことがあるだらうか？

ましてこれは、レコードがまだ全く一般化してゐない戦前の話である。

異例のことだ。

グラモフォンが、フルトヴェングラーに意趣返ししたのだらうか。

さうは考へ難い。

戦前のグラモフォンはドイツ内の弱小レーベルだつた。移籍の理由が専《もっぱ》ら技術上の問題だつたのは今の引用からも明らかだ。会社がドイツ第一の指揮者に喧嘩を売る理由は全くない。技術開発によつて再びフルトヴェングラーを取り戻せばいゝだけのことなのである。事実、戦後フルトヴェングラーは、音質の点で逆にグラモフォン盤に優位を認めるやうになり、数枚だが記念碑的な録音を残してゐる。互ひに旧怨があつたとは見えない。

寧ろ、音質上の理由でフルトヴェングラーが移籍した事情を聞き知つたカラヤンが、自分から〈悲愴〉の録音を提案し、グラモフォンでもフルトヴェングラー以上の音のレコードを作れる事を証明しようとしたのではなかつたらうか。

カラヤンが、フルトヴェングラーの〈悲愴〉を詳細に検討した上で、自分のレコードを作つたのは間違ひない。先行するフルトヴェングラーの録音の、不安定さや技術上の不完全さをどう取り除くかを、カラヤンが周到に考へ抜き、実践してゐることは録音を聴けばはつきり分るからだ。それは仕事への当然の責務だとカラヤンなら言ふだらうが、フルトヴェングラーはさう取らなかつたに違ひない。

煌《きら》びやかで極度に有能な音楽家、指揮台上のスター、何者とも結託する非倫理的な権力主義――。カラヤンの場合、音楽と政治が出会ふのは、彼の外側ではない。彼の内側で、音楽と政治が出会つてゐる。音楽の卓越した才能と権力への強烈な志向が、倫理的な抑制なしに結合してゐる。この両者から作り出されるパワーで、カラヤンは地歩を築かうとした。

そして、その時、カラヤンの「目標」は端的にフルトヴェングラーその人だつたのである。

自身の地歩の簒奪が狙はれてゐる。しかも、彼の体現してきた価値やあり方が否定される形で。――事実カラヤンの〈悲愴〉レコードは、フルトヴェングラーの体現する音楽の不安定な揺らぎを、精緻でマッシヴな音の力で粉砕しようとするものだつた。

フルトヴェングラーがカラヤンの公演を聴いた確かな記録はないやうだが、このレコードは間違ひなく聴いただらう。

そしてフルトヴェングラーはこゝに、カラヤンのあからさまな挑戦を聴いた。

カラヤンはフルトヴェングラーの中で、このレコードを通じて、さうしたパワーの象徴となつたのではなかつたか。

フルトヴェングラーは、戦後になり、カラヤンと個人的に会ふ機会があつたが、その都度不信感を募らせたやうである。

ＥＭＩのプロデューサー、ウォルター・レッグは一九四七年の両者の出会ひを次のやうに回想してゐる。

フルトヴェングラーとカラヤンの間に休戦協定を結ばせようとした私の試みは失敗に終わった。二人のライヴァルとその夫人たち、そして私が、ザルツブルクのホテルで晩餐をともにし、永遠の友情を誓った。次の日の早朝、当時ザルツブルク音楽祭のディレクターだったエゴン・ヒルベルトを呼び出したフルトヴェングラーは、自分が生きている限りカラヤンを出演させないという条件で毎年ザルツブルクでタクトを振る、という契約を結んだ。（略）カラヤンが騙されたと知ったのは数日たってからのことだった。(70)

フルトヴェングラーによる姦策、裏切りとして名高い場面である。カラヤン伝の全てが引用しフルトヴェングラーの嫉妬と陰謀を書き立てゝきた。実際、一九四七年七月十二日付の、両夫妻とレッグの署名が残つてゐる。(71)

だが、永遠の友情を誓ひあつたといふ証言はレッグによつてなされてゐるだけである。署名が残つてゐるのだから、レッグが両者の友情について語り、二人が口頭でそれに同意したのは間違ひないだらう。

だが、フルトヴェングラーはこの会見自体を全くさう見なかつたのではないか。詳しくは後述するが、レッグは誰も知る公然たるカラヤン派だつた。戦後、レッグの同僚だつたアンソニー・C・グリフィスは「レッグはフルトヴェングラーを放り出せるよう、カラヤンが早く出世することを本当に待ち望んでいたと思います」と語つてゐる。[72] レッグの人柄は「横柄」「陰険で、目的の為には人を裏切ることもあ」るといふ種類の人間だつた。[73]

戦前のカラヤンが、権力ゲームに乗つて自分を追ひ落とさうとしてゐたと認識してゐるフルトヴェングラーが、同じく権力志向でカラヤン派のレッグによる「仲介」など、どうして信じることができようか。寧ろ、フルトヴェングラーは、レッグが中立と見せかけて、この会食をカラヤンとともに仕組み、音楽祭の運営を事実上牛耳らうとした、それ自体陰謀と見做したのではなかつたか。

実は、フルトヴェングラーは、ザルツブルクとウィーンフィルからはカラヤンを排除したものの、戦後ベルリンフィルに招聘《しょうへい》することには熱心だつた。フルトヴェングラーは、ベルリンフィルの理事会長であるエルンスト・フィッシャーに宛てた幾つもの書簡でカラヤンをもつと起用するやう提言してゐるのである。

カラヤンがベルリンに来る際には、国立歌劇場でなく、カイルベルトらのやうにベルリンフィルに来演する事が絶対に必要だと思つてゐます。(1950・1・31)

次のシーズンの客演旅行をどこへ、また誰と行ふ事になるのか、今一度お知らせ下さい。私に異議のある唯一の同僚は勿論カラヤンです。彼がベルリンでフィルハーモニーを指揮する事は、当然

の事で言ふまでもありません。しかし彼との演奏旅行はお勧めしたくありません。（1950年2月28日）[74]

チェリビダッケとカラヤンには、彼らが望み、スケジュールの許す限り多くのコンサートを任せる事をお勧めしたいと思ひます。（1952・4・2）[75]

カラヤンのベルリンへの来演は積極的に提案してゐるが、ベルリンフィルとの演奏旅行は拒否してゐる。これは当然である。カラヤンにしたところで、バーンスタインやショルティ、C・クライバーにベルリンフィルの演奏旅行を任せたことはない。

つまり、フルトヴェングラーがカラヤンを排除した場面は、まづ音楽祭であり、次にウィーンといふ音楽的陰謀の渦巻く街であり、第三に演奏旅行だつた。御膝元のベルリンには寧ろ招聘しようとしてゐる。ならば、フルトヴェングラーが、音楽家としてのカラヤンではなく、権力志向者としてのカラヤンを警戒してゐたのは明らかではないか。

とりわけ、一九四七年にザルツブルク音楽祭からカラヤンを排除したのは、カラヤンが音楽祭の運営権そのものを自分を差し置いて奪はうとしてゐた事を嗅ぎ取つたからだらう。この頃、カラヤンが、〈ダントンの死〉で当りを取つた若手作曲家ゴットフリート・フォン・アイネムに宛てた次のやうな居丈高な手紙を見れば、フルトヴェングラーとの会話でさへカラヤンから滲み出てゐた野心を推測するのはさほど困難ではない。

ザルツブルク音楽祭の責務がどこにあるか、私はあなた以上に明確に理解しています。あなたは最近のことしか目にしていませんが、私はほぼ草創期から音楽祭にかかわり、それが変化に対応してきた姿を見てきたからです。あなたが見ていない、あるいは見ようとしないのは、ザルツブルク音楽祭がになっている非常に重要な使命です。（略）調和と美の感覚を藝術的表現として再創造する事です。それこそが最大の原則です。（1947年12月付）(76)

アイネムの革新的な新音楽路線への批判はわかる。アイネムは二十九歳の若造だつた。だがカラヤンも三十九歳の若造だつたのであり、フルトヴェングラーはこの時六十一歳だつたのである。ザルツブルクの理念は、カラヤンよりフルトヴェングラーが一層「明確に理解」してゐたであらう。それにも関はらず、フルトヴェングラーはアイネムとの共同作業を受け入れてゐた。率直な議論や批判はしても、カラヤンのやうに威圧などしてゐない。それどころか保守的な理事会がアイネム批判を強めた時に、フルトヴェングラーは弁護の論陣を張つてさへゐる。(77)

フルトヴェングラーは、会食中、自分の目の前でザルツブルグ音楽祭を語るカラヤンの口調に、越権的で傲慢な調子を見出し、レッグとカラヤンがザルツブルクに乗り込んで運営権を簒奪する未来をはつきり予見したのではなかつたか。

レッグはカラヤンより先に死んだが、レッグの妻——二十世紀を代表するソプラノ歌手だつた——エリーザベト・シュヴァルツコップは、カラヤンの死の翌年、カラヤンへの思ひを次のやうな激烈な言葉で語つてゐる。

カラヤンと私は一緒に実に見事な仕事をしています、その点は、やはり認めなければなりませんよ。でも率直に言いますと、カラヤンはまったくたちの悪い人物でした。私にも夫にも、本当にまったくひどいものでした。指揮者としてはすぐれていたかもしれませんが、カラヤンの振る舞い方を思えば、亡くなった後でさえ、偉大な人だったなどと言う理由はこれっぽっちもありませんよ。偉大な人ではなかったのです。他の人には誰に向かっても権力を振るうというタイプです。事実そういった「権力」の持主でした。しかもその権力を何ともおぞましいやり方で行使したわけです。(78)

一方、戦後を代表するヴァーグナーソプラノのビルギット・ニルソンが、やはりカラヤン没後のインタビューで次のやうに語つてゐるのを見れば、権力の行使者としてのカラヤンの「おぞましいやり方」は人間性の深い所に根差してゐると考へざるを得ないだらう。

ニルソン：彼は私を何度も殺そうとしました。
デア・シュピーゲル：え、なんですって？
ニルソン：オーケストラを使ってです！　マエストロの不興をかった歌手が歌う段になると、演奏が猛烈に速くなります。美しい聲をだす余裕を与えないようにね。楽屋でスピーカーごしに公演を聴いていると、いま彼が誰を気に入り、誰を嫌っているか、すぐにわかったものです。誓って本当のことです。

デア・シュピーゲル：カラヤンは何を嫌っていたんでしょう。

ニルソン：抵抗です。[79]

カラヤンが、気に入らない歌手に対して、オペラの上演中に、音量やテンポ、フレージングで嫌がらせをする話は他にも証言がある。彼の中で、音楽と権力とが、演奏の瞬間にさへ関与しあつてゐたことの、これは証左だらう。

伝説的なショルティの〈指輪〉を生み出したレコードプロデューサー、ジョン・カルショーは、カラヤンをクナッパーツブッシュと並ぶ「超絶的な音楽家」とまで称賛してゐるが[80]、同時に「こんな性格的欠陥がこんなにも力強い音楽性と調和するのは不可能だろうと感じた」と書いてゐる。[81]

フルトヴェングラーも欠点の多い人間だつた。しかし、彼は歌手から解釈上の異議を申し立てられる事を「抵抗」などとは決して考へなかつた。仕事場では取り巻きを一人も持たず、歌手ともオーケストラの団員とも自由に議論した。いつも多数の追従者に囲まれたカラヤンは共演者とは絶対に議論などしなかつた。[82]

＊

カラヤンとフルトヴェングラーの争ひを考へる時、私は、いつも、義理の娘カトリン・フルトヴェングラーが語る次の逸話を連想する。

フルトヴェングラーはとても優しく素晴しい人でした。今になって思うのですが、彼自身、とても子どもっぽいところがあったのです。私たちと遊ぶ時でも、他の大人たちのように、わざと勝たせたりしませんでした。(……)私の知る限り、わざと勝たせたりしなかったのはフルトヴェングラーだけでした。それもそういう主義とか教育上の理由からではなく、自分が勝ちたかったからなのです。だからゲームはいつも手に汗を握るようで、はらはらし、楽しいものでした。彼がたまたま負けて大きな雷を落としながらその場を去っていったケースもいくつか記憶に残っています。ドアを大きな音をたてて閉め、いつも後には負けたゲームの道具が散乱していました。ひどいものでした。(83)

想像していたゞきたい。写真で馴染深い、六十を過ぎた禿頭の「巨匠」が、小学生を相手に本気でゲームに興じ、負けると癇癪《かんしゃく》を起して道具をめちゃくちゃにして立ち去る姿を。

この話は、どこか、中世の寓話めいてゐる。

子供に邪心がないなどといふのは嘘である。記憶を繙《ひもと》きさへすれば、誰も立ち所に思ひ当らう。子供が自己の弱さの自覚の中で身に着ける保身こそが、邪心の由来だとすれば、フルトヴェングラーの無垢は、邪心と無縁だからこそ、時に極度の残酷さの原因になり得たのではなかつたか。

この人の生涯が、深過ぎる無垢の生む罪の匂ひに付き纏はれてゐるやうに、その音楽は、人間の秘密が肌に直《じか》に触れてくるやうな異常な直截性を帯びてゐる。恰《あたか》も、音で演じられた「偉大なる罪人の生涯」のやうだ。その演奏の無垢の輝きは、暗冥の地の、底の見えぬ湖のやうに、透明で暗い。

邪心がないといふことは、世間を秤《はか》る度量衡を持たずに生きるといふことだ。

フルトヴェングラーは大人の奸智を以《もっ》てカラヤンを退けようとしたのではなかつた、さう考へてみてはどうだらう。興じてゐる音楽といふゲームに闖入《ちんにゅう》してきたこの邪魔者にかんかんに腹を立て、子供のやうな無邪気さで彼を自分の庭から排除しようとしただけだつた、といふ風に。

子供とゲームに夢中になつて癇癪を起すカラヤンを想像するのは不可能だ。カラヤンのゲームは、子供相手ではない。出世に必要なら、詐欺師と結託し、気に入らなければ歌手を破滅させ、不要になれば盟友のレッグを切り捨てる事も辞さない。それがカラヤンのゲームだ。

キャリアを巡る二人の葛藤は、邪心なき子供の残酷さと、権力を体質の核に持つ者の冷酷さの争ひだつたのではないか。フルトヴェングラーは自分の残酷さを自覚せず、カラヤンは自分の体質を自覚してゐない。何がこゝまで相手を傷つけることになつたのか、おそらく、互ひに理解せずに、相手に深手を負はせあつたのが二人の関係であつた。

だが——。音楽史の上での、真の問題は、人間としての両者が繰り広げた血みどろの闘ひにはない。そのもう一つ裏には、表面上見えるのと恰度《ちょうど》逆の関係——フルトヴェングラーが、高度に批評的な感度によつてカラヤンが音楽の歴史に与へる「運命」に抱いてゐた危惧と、カラヤンが、表面で見せる冷静な態度の裏側に烈しく抱いてゐたフルトヴェングラーの天才への嫉妬が、おそらく、隠されてゐる。そして、このもう一つ奥の次元で闘はれた葛藤こそが、二人の関係を、個人的なものから、寧ろ音楽の運命そのものへと拡大してゆくのである。個人としての彼らは、さうした時代的な運命に操られ、己の大才のゆゑに苦しまなければならなかつたあはれな道化《どうけ》に過ぎぬ、さう言ひ切つていゝ程苛烈なものが、この二人の音楽的運命の巨大さの背後には横たはつてゐる。

次節から、それを見たい。

Ⅶ

指揮者に天才といふものがあるとすれば、フルトヴェングラーこそそれに該当するといふのは、今日でも、欧米では定着した考へとは言へない。だが、セルジュ・チェリビダッケ、ディートリヒ・フィッシャー・ディスカウ、アルフレート・ブレンデル、ダニエル・バレンボイムら、ドイツ音楽の最高の継承者らの次のやうな証言に、凡百の——特に英米の——評論家の見解以上の真実があると言ふことは許されるだらう。

セルジュ・チェリビダッケ

フルトヴェングラーは独特の現象だった。現象論で垂直圧力とよぶもの、すなわち今の瞬間にわれわれにはたらきかけているすべての因子の総体に対する感受性を発達させていた最初で最後の人、ただ一人の人がフルトヴェングラーだった。彼はまたこの垂直圧力を水平圧力、すなわち今も作用しているが

今は現れていないすべての因子の総体に関連づけて感じ取っていたただ一人の人でもあった。(84)

ディートリヒ・フィッシャー・ディスカウ

交響曲の流れの緊張に身を委ねることが、正しい位置で停まってそれから先の進行をきめるためにどれほど必要であるかを、彼は話してくれた。このような前代未聞の厳格さの結果、たいていの場合、演奏家と聴衆が、他の指揮者の演奏では見たことがない程全面的に変化した。それでいて様式はほとんど顧慮されなかった。フルトヴェングラーの演奏の仕方自体が自ら様式を作りだした。（略）技術を越えたもの、結局のところ、フルトヴェングラーの成功の根拠であったものは生前からすでに多くの観察者の知覚能力の及ばないところにあった。レコード録音を聴いても、コンサートでフルトヴェングラーを聴いたことのある人にしかわからないであろう。(85)

アルフレート・ブレンデル

直接聞いた指揮者の中では、フルトヴェングラーが今も私にはいちばん大切である。彼の音楽の仕方から受けた印象は交響曲に関する文献の枠をはるかに超えるものだった。とりわけ私の職業上の基準を彼から教えられたとおもっている。(86)

ダニエル・バレンボイム

ダイナミックスやテンポに関する彼の書き込みを注意深く見れば、フルトヴェングラーの指揮をあれほど独特なものにしていたのはなんだったのかということを理解できる。フルトヴェングラーには用語の独自な使い方があったが、それは彼の演奏には欠かせないものだった。彼の書込みを見る時に重要なのは、単に虫眼鏡で「crescendo」という単語のCを見つけることではなく、そこにいたるまでの心理的な準備段階そのものを読み取り、クレッシェンドの始まりが、曲の構造上、建築学的な、ほとんど解剖学的とさえ言ってよい位置にあることに気づくことである。(87)

チェリビダッケの文章は難解だが、フルトヴェングラーの演奏では、この瞬間に鳴つてゐる音が前後と全的に関係づけて感じられてゐたと要約していゝであらう。ある瞬間の音が、必然の結果として生まれ、それが次の音を創り出してゆくといふことであり、それはディスカウの「交響曲の流れに身を委ねること」の「前代未聞の厳格さ」といふ指摘とほゞ完全に一致する。フルトヴェングラーでは流れの自然さが大切にされたが、その自然さは大雑把や気紛《きまぐ》れとは対極の、極度の「厳格」な感受性によつて齎されると、ドイツ・リートの最も「厳格」な解釈者だつたディスカウは言ふのである。それをバレンボイムは音楽の進行に関する具体的な技法として指摘してゐる。

実際、フルトヴェングラーの優れたライヴ録音に聴かれる、精妙極まるアンサンブルが、何の力みもない自然さで信じ難い高揚と沈静のドラマを生成してゆくあの魔法に及ぶ者は誰もゐまい。フルトヴェングラーの指揮では、自由が、精妙な秩序の源となつてゐる。精密な秩序や構造を達成する為に、音楽的な自由を犠牲にする殆《ほとん》どの指揮者の中で、彼だけが、どうして、あんな風に自由に、自発的にオーケストラを歌はせることができたのであらう。今のところ、誰一人あの〈自由〉の技法を偸めた者はゐない。

エリーザベト・シュヴァルツコップは、「私たちはカラヤンと親密でしたから、フルトヴェングラーが成し遂げたことについて、カラヤンがどんなに羨ましく、妬ましく思っているかをよく話していたことは覚えています。」と証言してゐる。(88) カラヤン伝の伝へる話と、逆の話だが、これが、指揮者としての両者の端的な関係だつた。少なくとも一九五四年までのカラヤンのレコードを聴けば、二人の実力差に疑問の余地はない。

シュヴァルツコップによれば、カラヤンは決してフルトヴェングラーについて陰口をきかなかつた。だが、トスカニーニから学んだことは、繰返しあけすけに語つたカラヤンのフルトヴェングラーへの賛辞は、生涯にわたり控へ目なものだ。フルトヴェングラーをさほど重んじてはゐないといふ冷淡さがしばしば装はれる。揶揄や嘲笑が必ず加はる。公平たらうと努めてゐるが、そこにはいつも、自分に嫉妬するフルトヴェングラーといふ固定観念を内心反覆することで、心の釣合ひを取らうとする動揺が感じられる。

カラヤンのフルトヴェングラーへの言及は、生涯にわたり、必ず次のやうな調子を伴つた。

デモが予告されていて、実際ホールでも、誰かがフルトヴェングラー出演に反対の演説をしていた。あらゆる予期された抗議が行われ、いつも落ち着きのない人間だったフルトヴェングラーは、どうふるまっていいのか、まるでわからなかった。(89)

フルトヴェングラーはほとんどなにごとにつけても、どちらかといえば優柔不断な人間だった。たとえば彼のコンサートの曲目のことで、これはどうも変えたほうがいいのじゃないかと、しょっちゅう頭を悩ませていた。これが高じてくると、ポスターの印刷はまるでできないし、曲目のパンフレットもとても期日に間に合わなかった。(90)

カラヤン程の大才に、身近で繰返し聴いたフルトヴェングラーの、己の及ばぬ技術と天才が、見えてゐなかつた筈はない。カラヤンのフルトヴェングラーに関する発言が、他の人びとの回想に較べ、著しく戯画化されてゐることは、恐らく自己検閲による記憶の変容だらう。それは、フルトヴェングラーに、自分の藝術を全く認めてもらへなかつた傷心と、フルトヴェングラーへの嫉妬によるものではなかつたか。

カラヤンは、ある時「静かに、しかし熱気をこめて、自分が本当に欲しかったのはベルリンフィルだったとつぶやいた」とメトロポリタン歌劇場の総支配人スカイラー・チェイピンは書いてゐる。(91)そしてまた、カラヤンはしばしばベルリンフィルを「いつもたれかかれる壁のようなオーケストラだ」と語つてゐる。(92)

だが、その「壁」はフルトヴェングラーが創り出した楽器だつたのではなかつたか。

川口マーン恵美氏の労作『証言・フルトヴェングラーかカラヤンか』は、二人の指揮を経験したベルリンフィルの元楽団員たちがどれ程フルトヴェングラーを絶対視し、カラヤンを相対的にしか評価してゐないかを示してゐる。この本が書かれたのはカラヤンの死から二十年近く経つてのことだ。団員達の

証言は、二人の指揮の体験を充分消化した上での、生涯の結論と見做してよからう。(93)

フルトヴェングラーの指揮するベルリンフィルは、単なる正確無比なアンサンブルでもなければ、ドイツの伝統的な響きでもなかつた。前者ならカラヤン自身が作れるし、後者なら、ドレスデンやミュンヘンのオーケストラが実現してゐる。

ベルリンフィルによつて名聲が欲しかつたわけでもない。カラヤンのイギリスでの名聲はフィルハーモニア管弦楽団によつて既に充分だつた。それを足場にアメリカで名聲を作る選択肢もあり得たらう。独墺圏でのオーケストラならウィーンフィルハーモニーもある。こちらは政治的にはベルリンより傷は少ない。

が、彼が執着したのはあくまでもベルリンフィルだつた。

何故だつたのか。

例へばフルトヴェングラーが指揮したベルリンフィルとの正規録音、一九五一年のシューベルトの第九（七）交響曲――今は〈第八〉だが、私は〈第九〉としておく、子供の頃からの習慣を尊重したい感傷に過ぎないが――を聴いてみよう。フルトヴェングラーのベルリンフィルとの大曲の正規録音は、戦前の〈悲愴〉と〈運命〉以外に、戦後でさへこのシューベルトの〈第九〉とフルトヴェングラー自身の交響曲第二番、そしてシューマンの〈第四〉しかない。戦後の活動中止期間を挟んでゐるとは言へ三十二年間事実上の音楽監督として君臨したベルリンフィルとの正規録音が――二十程の小品を除けば――これだけである。トスカニーニが一九三九年から一九五四年に吹き込んだＮＢＣ交響楽団との録音が二百点に及ぶことを思へば、痛恨事だつたといふ他はない。

が、このシューベルトの〈第九〉だけでも、これ程のサウンドとアンサンブルの奇跡は、録音史上に殆どないと言へる。

堅牢でありながら全く指揮の手綱《たづな》を感じさせない合奏の自発性、輝かしくも底深い全奏の響き、異様なまでのリズムの精気、序奏部からアレグロへ移行する時に高揚するサウンドの、説明不能な極彩色……。翌年のウィーンフィルとの〈エロイカ〉が偉容と明るく拡散的な響きを捉へた名盤として知られるが、それはベルリンフィル盤の吸引的なアウラとは異質の魅力である。自由で闊達《かったつ》で音楽の豊かな実りがそこにはある。が、決定的で一回的で唯一の解決、ただ一度の経験といふ突き詰められた世界ではない。

一方、シューベルトの〈第九〉は、恐ろしいまでに厳格で、恐ろしいまでに自由だ。音の運命の必然があまりに深い為、それを生きてゐる人達の自由が殆ど無限に感じられる。

その上、こゝでのベルリンフィルには暗い熱狂がある。途轍《とてつ》もない光沢がある。自発性と強い統御の極端な合一がある。

演奏の一回性といふ事は気紛れや即興によるアンサンブルの不正確を意味しない。音楽としての一回性が極まると、そこには寧ろ、他にあり得ない程堅固なフォルムが現出するのである。トスカニーニの外から強制された正確さとは全く違ふ。内側から打ち立てられた流動する塑像だ。そして、これは指揮者の偉大さだけでは達成できない。それができたのは、録音で確認できる限り、フルトヴェングラーであつても、ベルリンフィルだけだつた。

それがチェリビダッケの言ふ「独特の現象」であり、ディスカウの言ふ「前代未聞の厳格さ」である。

そして、カラヤンにもその秘儀の価値は充分わかつてゐた。
チェリビダッケは、一度ザルツブルクでカラヤンと長時間議論した挙句、次のやうに言ひ放つたといふ。

「フォン・カラヤンさん、フルトヴェングラーの指揮するシューマンの交響曲第四番第三楽章から終楽章へ移行する時、音楽的に本当に何が起きたのか、あなたには夢想だにできないでしょうね。あなたは何もお分かりになってないので。(94)」

いや、さうではあるまい。まさにカラヤンは分つてゐた、自分でそれを作り出すのは不可能だといふことを。

事実、シューマンの四番でのカラヤン盤は、フルトヴェングラーとは全く異質だが、極めて美しく、見事な演奏だ。三楽章も重厚で正攻法の美しい名演だが、チェリビダッケが問題にした移行部は、レガーティッシモで重々しく、グレーな抑へた色調の耽美《たんび》的な世界が現出する。感情の転変はなく、色彩は抑制的だが非常に美しい。四楽章も抑へた調子が続く。展開部に入る直前の、明らかにミキシングで操作されたクレッシェンドをアクセントに、展開部はバロックな壮麗さで屹立《きつりつ》する。音の襞《ひだ》は、隅々まで微光を発しながら艶めかしい。ここまで音色を抑へながら、陰影と光沢が両立する世界はフィルハーモニア時代のカラヤンに作り出せる音像ではない。これこそベルリンフィルでなければ生み出し得ない美だつたであらう。

しかし、続けてフルトヴェングラーを聴くと、テンションの異次元の強さに、衝撃を受ける。三楽章のリズムが渦のやうに聴き手を一瞬で巻き込む。体ごと音楽のうねりに持つてゆかれる感じである。美を嘆賞してゐる余裕がない程の高揚だ。チェリビダッケが指摘した移行部は、弦の和聲による転変と緊張が尋常ではなく、それが消えると音楽が蠢《うごめ》きだす。カラヤンが微光を発しながら美の絵巻を繰り広げた同じ個所が、椅子にじつとしてゐられないやうな感情と美の入り乱れ、息を呑むやうな音の劇となる。四楽章の主部以後の精気は言ふまでもない。リズムの強靭さと豪気なサウンドに圧倒される。シューマン独特のオーケストレーション、とりわけ弦と管を重ねて曇りガラスごしの光のやうに鈍く光る部分で、フルトヴェングラーはしばしば木管をカットし、より明晰な表現に置き換へてゐるが、それがシューマンを損ねてはゐない。生々しさがそのまま限りない気品の高さと同居してゐる。

それにしても、一人一人の団員が自分の音楽を自由に歌ひながら、全体として鋼《はがね》のやうに引き締まつてゐる様はどうだらう。こんな自由と強靭な全体性が両立してゐる百人のアンサンブルなどといふことがどうして可能だつたのか。

カラヤンにそんなことはできない。だが、カラヤンは、間違ひなくフルトヴェングラーを極めて深く理解してゐた。だからこそ、自覚的に、それと別の美を、しかもベルリンフィルとでなければ不可能な美を、作り出してゐるのである。シューマン本来のオーケストレーションの曇り硝子《がらす》越しの微光は、カラヤンの美学とは遠い。だが、彼はその道を積極的に推し進め、フルトヴェングラーと異なつたシューマンの耽美的な、しかし堅固なバスと深みある響きに支へられた表現を達成してゐる。

権力志向者カラヤンではなく、音楽家カラヤンにとつてのフルトヴェングラーは、内心における大きな傷であり、及び難い天才であり、ベルリンフィルを奇跡の楽器にした当事者であり、別の工夫をベルリンフィルに施す事で、音楽的に対抗し、成熟する触媒でもあつた。

だが、それならば、フルトヴェングラーにとつて音楽家カラヤンとは何者だつたのか。トスカニーニを始めとするどんな同僚に対しも見られないフルトヴェングラーの異常なカラヤン忌避は、前節に書いたやうな権力的な体質に対する怒りだけでなく、その音楽の質と深く切り結ぶ現象でもあつたのではなかつたのか。

実は、それを考へる上での、恰好な素材がある。

戦後、彗星《すいせい》のやうに現れ、ベルリンでカラヤンを上回る成功を収めたチェリビダッケである。

Ⅷ

チェリビダッケは、職業指揮者が全員消えてしまつた戦後ベルリンの空白期に、政治的に無傷であつたために、突如抜擢された人だ。ベルリンフィルの指揮台に立つた時、フルオーケストラの指揮経験はなく、三十三歳の無名の若者だつた。だが、焼け野原のベルリンで、食ふ物を我慢してでも音楽を求めた聴衆達は、突如登場したこの若い天才に、心酔し、熱狂した。この無名、無経験の若者はベルリンフィルの音楽監督に就任し、年間二百回の公演をこなすことになつたのである。

クラウス・ヴァイラーによる『評伝チェリビダッケ』には、ヴァイラーが、ベルリンフィルのコンサートマスターだつたハンス・バスティアーンから「チェリビダッケの演奏会には絶対に行かなきゃダメだ。あれはなにしろ素晴しい指揮者だ。こんなのは今まで見たこともない。君もきっと夢中になることだろう。」と度々誘はれたことが書かれてゐる。ヴァイラーが初めて聴いたチェリビダッケは〈悲愴〉で、一九四六年一月六日のことだ。

最後の音がホールから消え去った後は、震撼と長い沈黙、やっとためらいがちの拍手、そしてそれが一挙に経験したこともない大喝采へとふくれあがった。人々は客席の前へと殺到し、呆然としていた私は気づいたときには指揮台のすぐ真下でもみくちゃにされていた。それまで私は、演奏会が終わってこんなに熱狂した拍手喝采が起るのを体験したことはなかった。オーケストラがとっくに舞台を立ち去ったあとチェリビダッケが何度舞台に呼ばれたか、私はもう覚えていない。[95]

ヴァイラーの伝記は、チェリビダッケに心酔し過ぎてゐて、値引いて読まねばならない箇所も多いが、この記述に誇張はあるまい。僅かに残る一九四五年から数年間のチェリビダッケのベルリンフィルとの録音を聴けば、厳正で引き締まつたアンサンブルで気宇壮大なロマンを歌ひ、音楽をかり立ててゆく若きチェリビダッケの魅力は、強烈だ。焼野原の中で、心の饑餓《きが》を満たさうとする聴衆が、この若い天才の出現にどれ程熱狂したかは想像が付く。

「奇跡のカラヤン」はオペラでの勝利だが、チェリビダッケが戦後巻起した旋風は、ベルリンフィルでのシンフォニーコンサートである。指揮者フルトヴェングラーの本領は交響曲演奏にあつた。彼の本拠地は国立歌劇場ではなく、ベルリンフィルだつた。
もし、本当に、国立歌劇場での「奇跡のカラヤン」の批評一つから、フルトヴェングラーの「嫉妬」が始まつたのなら、ベルリンフィルでのチェリビダッケへの聴衆の熱狂と、新聞の絶讃が、何故、フルトヴェングラーを逆上させなかつたのだらう。フルトヴェングラー不在中のベルリンフィルで、途轍もない熱狂を生み出してゐるこの若者に、フルトヴェングラーは嫉妬を示すどころか、再三感謝の意を表明し、信頼してゐたのである。[96]

例へばチェリビダッケが指揮者デビューしてまだ三か月しか経つてゐない一九四五年ベルリンフィルとのブラームスの第四交響曲を聴くがいゝ。彼が引き出してゐる響きは、フルトヴェングラーさながらだ。崩れるやうな後期ロマン派の、底深く暗い音である。一楽章はフルトヴェングラーほどテンポ変化を用ゐないが、絶唱といふべく歌ひあげられてゆく高まりも移行も巧みで、劇性に溢れてゐる。二楽章は深遠な内省と真の歌に横溢《おういつ》する。フルトヴェングラーのエピゴーネンどころか独立独歩の巨匠の藝だ。三楽章はフルトヴェングラーよりも冴えた進行で聴かせ、四楽章はパッサカリアを極力反映させようと低弦を強調し、中間部のフルートソロを極限的なスローテンポで歌はせ、雄大な進行でクライマックスを作るなど、後年の解釈をすでに伺はせる。もしフルトヴェングラーの嫉妬なるものが、自分の陣地内に入り込む若い才能に向けられるものだつたなら、彼は狂気のやうにチェリビダッケをベルリンから追ひ出さねばならなかつただらう。

チェリビダッケの演奏を特長づけるのは、序奏部やアダージョなどで取られる極端なスローテンポである。同時期のハイドンの九四番の一楽章やレオノーレ序曲三番の序奏部などは、後年の彼でさへ取らない程遅いテンポで始まる。これは如何にも極端で、特にハイドンでは音楽の性格を破壊してゐる。音楽が、本来持つてゐない重みや思弁性を帯びてしまひ、主部の無邪気な愉悦へと繋がらないからだ。

注目すべきはフルトヴェングラーにこのやうな過度な形而上性への志向はなかつたことだ。他の当時の大指揮者達にもない。晩年のチェリビダッケはこの方法を全面的に展開したが、それはデビュー時の彼が早くも志向してゐた独自の新しい美学だつたのである。

カラヤンにも一九四三年に録音が残つてゐる〈レオノーレ序曲第三番〉を較べれば、二人の資質の違ひは鮮明になる。一九四六年十一月にベルリンフィルを指揮したチェリビダッケのライヴ録音は、限界を超えたスローテンポで始まる。深遠で内省的な没入が続く。アレグロへの移行はフルトヴェングラーさながら手探りで進む。しかし主部は輝かしく、響きは解放的、リズムは克明に刻まれる。チェリビダッケは実に見事にベルリンフィルを鳴らす。ファンファーレでの物々しい減速、歌ひまはしの深さなど、フルトヴェングラーを一層構造化してゐると言へるだらう。

一方、この頃のカラヤンの演奏は後年に較べると、序奏から主部への移行の内面的な集中や、アレグロへのアッチェルランド、又ファンファーレの場面の思はせぶりな進行など、明らかにドイツ楽派の流儀に従つてゐる。それでも、カラヤンの演奏は、チェリビダッケの極端な「挑戦」のあとに聴くと、殆ど俗物的なまでに美麗で安定してゐる。悪口ではない。克明で平明で清潔で、表出の上ではみ出たところがない。かと言つて平凡でも退屈でもない。当時の大指揮者たちのレコードがしばしば強烈な誇張を伴ふものだつたことから見れば、三十六歳のカラヤンがベートーヴェンでこれだけ安定した充実を生み出してゐるのは、これも又新しい指揮の方法だつた。

戦後の両者を比較するならば、チャイコフスキーの第五交響曲がある。一九四七年にロンドンフィルを指揮したチェリビダッケのデッカ盤と、一九五三年にフィルハーモニア管弦楽団を指揮したカラヤンのEMI盤である。チェリビダッケの序奏部の深刻な吐息の限りなく暗い世界は、バーンスタイン晩年のレコードを凌駕《りょうが》してゐるが、主部に入つても序奏のテンポを引きずる不自然さには閉口させられる。これは晩年まで彼が取り続けた不可解な解釈だが、ここを我慢すれば、演奏は冴え渡り、鮮やかなアレグロの疾駆と、第二主題の徹底的な歌ひぶり、ブラスの痛烈な響きの奔流となる。音楽を内面的にとらへつゝも、旋律線の自然な浮沈、音色の鮮やかさ、音楽の流れ、いづれも第一級だ。

この曲でデビューしたカラヤンが寧ろ、曲をとらへきれてゐないのが興味深い。戦前の〈悲愴〉よりも迷ひが多く、音楽の進行がよく見えない、冴えない指揮である。一方、同じ時期に収録された〈くるみ割り人形〉となるとチェリビダッケの凝り過ぎな演奏よりもカラヤンの品格と天性の伸びやかさに多くの聴き手は軍配を上げるだらう。

かうして若い二人の指揮を次々に聴き比べてゐる内に、私は微笑を禁じ得なくなつた。フルトヴェングラー学校の二大英才による、鍛錬と才能の懸命の競ひ合ひに聞こえてきたからだ。群を抜いた鮮やかな指揮、退屈さの全くない表現の強さ、しかし、まだ、自分の音楽をはつきり掴めてをらず、自分が語るべき音楽に向け、暗中模索で才能をぶつけてゐる二人の姿が、そこには浮び上る。

まだ修行中であることも、並外れて突出した才能も、公演が呼び覚ます熱狂も共通してゐる。ベルリンといふフルトヴェングラーの牙城に飛び込んできた次世代の競合者であることも共通してゐる。それならば、なぜ、フルトヴェングラーは、カラヤンにだけ過剰反応し続けたのか。

チェリビダッケになくてカラヤンにあつたアレルゲンは何だつたのか。

それが、指揮の才能や公演の成功の上での差異でなかつたとすれば、前章で見たやうなカラヤンの権力志向も、充分にカラヤン強迫症を説明することにはならない筈だ。権力志向であらうとなからうと、天才的な後輩が、自分の本拠地で熱狂を巻き起こせば、脅威であることに変りはないからだ。

だからこそ、我々は、改めて、カラヤンの音楽そのものにこそフルトヴェングラーが感じた激しい拒絶を、想像し直してみなければならないのではあるまいか。

チェリビダッケにあつて、カラヤンになかつたものがある。それは音楽する個人の聲であり、自分の音楽を探求する、しばしば無理で無謀な「挑戦」である。

逆に、カラヤンにだけあつたものは何か——。標準的で滑らかな、模範演技的な解決、音楽的効果への適性である。表現や葛藤の代りに、スポーツや最新の機械技術にまがふ、新たなテクノロジー時代の洗煉である。

トスカニーニは自分の美学に殉じて、フルトヴェングラーの理想とするベートーヴェンのありやうと真つ向から対決したが、カラヤンには、さういふ対立や対決がない。チェリビダッケも、自分の音楽を持ち、それをどう表現に持ち込むかに悪戦苦闘してゐた。ところがカラヤンには、技術的な解決への模索はあつても、表現に「挑戦」がない。滑らかにベートーヴェンに接合してしまふ。彼は自分の音楽と格闘してゐない。演奏家の誰もが、自分の聲で作曲家のエートスを歌はうと悪戦苦闘してゐたあの時代に、カラヤンは、「模範解答」を音楽に齎さうとしてゐた。

多くの人は、天才的な若者の登場をそこに見ただけだが、フルトヴェングラーは恐らくさうではなかつたのである。マーラーの新しさ、リヒャルト・シュトラウスの新しさ、トスカニーニの新しさ、アメリカのオーケストラの新しさ、そしてフルトヴェングラー自身の新しさとは決定的に違ふ質を、おそらくフルトヴェングラーはカラヤンに感じた。

技術的な平板化による「模範解答」志向の美学は、市場伝播的、市場支配的な「権力への意志」をその根柢に孕《はら》んでゐる。カラヤンの能力、カラヤンの美学、カラヤンのレコード志向、カラヤンの権力への意志は、かうして一連の事業となる。カラヤンの死から四半世紀以上経つた今、我々は、それを通覧できる。

まだその萌芽しか見てゐないフルトヴェングラーは、それを見通すことはできなかつた。カラヤンにおいて何が生じてゐるかを、彼は生涯うまく説明はできなかつた。だからこそ、彼はカラヤンに苛立ち続けたのではなかつたか。

かなり後年、この問題に端的な答へを出したのは、指揮者のエルンスト・アンセルメである。

フルトヴェングラーはカラヤンに対していかなる嫉妬も感じていませんでした。なにしろ彼は自分がカラヤンよりは数段上だと感じていたからです。ただ、彼はカラヤンの成功には気分を害していました。というのは、その成功が、彼にとって最も大切な「価値」に対する聴衆の側からの否認を意味していたからです。それに納得していただくには、次のことを思い出していただくだけで十分です。すなわち、音楽を前にしたフルトヴェングラーのほとんど宗教的とも言える態度が、彼の演奏をもって、ベートーヴェン、ブラームス、ワグナーの啓示、さらに一般的に言えば、演奏するべき作品と「音楽的なメッセージ」の啓示となっているのに対し、カラヤンの「手品師」のような態度は何よりも、彼自身の存在とその権力を引き立たせているのです。これほど相反している二種類の表現の次元を聴衆が同一平面上に並べてしまえるような時代が来たという事が、フルトヴェングラーに今日の世界は、少なくともある種の世界は、自分とは疎遠になってしまったと痛感させたのです。そのせいで彼は死にそうなほど衰弱しました。(97)

フルトヴェングラーはカラヤンといふ個人に嫉妬したのではない。彼は、カラヤンの体現してゐる時代の宿命に、意気阻喪したのである。

カラヤンは、音楽がメディア＝情報と化する時代の運命とともに登場した。カラヤンを通じて、おそらく、音楽家は、音楽する人から、情報の支配者へと、変質するだらう。その時、音楽は、作曲をベースに進む創造と受容のリズムを失ひ、遺産の管財人としての指揮者が支配する凍結された美の世界の中で、死に瀕《ひん》するだらう。

もし、フルトヴェングラーが時代を読み、勝利したかつたのなら、――後にカラヤン自身がしたやうに――ベルリンフィルとの商業録音を量産すればよかつたのである。どんな粗雑な耳でもあのシューベルトの〈第九〉やシューマンの〈第四〉が、他の指揮者たちのレコードと次元が違ふことは聴き分けられる。仮にフルトヴェングラーが、あの水準のサウンドと完成度で、ベルリンフィルと、ベートーヴェンとブラームスの交響曲全集を完成させ、モーツァルト、チャイコフスキー、リヒャルト・シュトラウスの主要作品のレコードを作つておけば、カラヤンに「嫉妬」する必要など露ほどもなかつたに違ひない。フィルハーモニア時代のカラヤンのレコードでは勝負にもならない。当時世界を風靡《ふうび》してゐたトスカニーニのレコードも、フルトヴェングラー&ベルリンフィルのベートーヴェン全集が出れば、全く敵し得なかつたに違ひない。

ところが、フルトヴェングラーはさうしなかつた。次節以後で辿るやうに、レコードはあくまでもフルトヴェングラーにとつて副次的な手段に過ぎなかつた。

要するに、こゝで生じてゐるのは、フルトヴェングラーが、自身の本質的な反時代性に敗れたといふ事態に他ならない。美麗に録音されたレコード一枚に百回の公演の成功で立ち向かつても「成功」の次元がまるで違ふ。だが、フルトヴェングラーはレコードを戦略の基軸にしようとはしなかつた。頑迷だつたからである。頑迷でなければあんな演奏ができるものではない。人は聡明であることと天才であることを同時に選択はできないのである。

実際、フルトヴェングラーは死に突進するかのやうに公演旅行に明け暮れ、寿命を縮めた。全ての天才がさうであるやうに、自分が立ち向かつてゐるものが時代の趨勢であることに気付かずに、カラヤンへの「嫉妬」に苦しみながら。

……後から振り返つてみれば、カラヤンが帯びた時流の先駆者としての宿命は余りに巨大だつたと云ふ他はない。どのやうな抵抗も、カラヤン個人の前にではなく、この人の運命の前には敗れざるをえない、フルトヴェングラーをかり立てたのは、さうした必敗の闘ひだつた。カラヤンは、彼の野心によつて導かれたのではなく、結果として見れば、彼の運命そのものによつて守り導かれた。この人の人生には、たつた一かけらの偶然さへない、全ては必然だつた。フルトヴェングラーが時代の激浪にあらゆる抵抗を試み、殆ど全身に傷を帯び続けた一方で、カラヤンは絶えず波の先穂に乗りながら時代を滑走し続けた。反時代の道化と、時流の道化と――。「いはば気紛れな悪戯児《いたずらっこ》の目に留つた夏の虫、それこそ、神々の目に映じた吾らの姿であらう」とはゴネリルに目を抉られたグロスター伯爵の台詞《セリフ》である。

IX

そもそもカラヤンが、ナチスドイツ下で一九四二年以後不遇を託《かこ》つてゐたといふ強運からして、あとから考へれば、たゞごとではない。

Vで書いたやうに、彼は、当初、楽壇とナチス上層から、フルトヴェングラーの対抗馬として、最大限利用されてゐた上、ナチスに二度入党してゐたが、一九四二年、事実上、失脚したのである。

この勝負師が、もし、内心期待したやうな出世をナチス時代に実現してしまつてゐたら、戦後の運命は全く狂つてしまつてゐたことだらう。彼は一九三五年、アーヘンでドイツ最年少音楽総監督に就任し、母親に自慢の手紙を寄越してゐる。

一年目の給料は一万四千マルク、二年目は一万五千マルク、三年目は一万六千マルクです。三年間の契約が結ばれました。というわけで、望みがかなったのです。十二月に話し合いがあったときは、給料はたったの七千マルクでした……いまやこのアーヘンの音楽総監督として、市長より沢山の給料がもらえるのです。われながら、頭のいい外交官です。（略）この先もこんな具合だといいのですが。カールスルーエの支配人は、私の演奏に信じられないほど感動し、私を獲得しそこねて涙にくれながら、こう言いました「二年もたてば、あなたはきっとドイツ最高の指揮者のひとりになります。」どうです、こんな息子をもって幸せですか？[98]

ところが、「こんな具合」は――幸ひにも――続かなかつた。とりわけ、ナチスドイツの命運が決定的に曇る一九四二年、カラヤンに不遇が重なつたのである。

カラヤンが根城としつゝあつたベルリン国立歌劇場にフルトヴェングラーが戻り、庇護者だつたティーチェンに「フルトヴェングラーが家に戻つてきたら、君は裏口から出ていくしかない」と言はれたのがこの年の春である。[99]ところが、やうやく橋頭堡を築き掛けてゐたベルリンから切られたのとほゞ時を同じくして、不在がちを理由にアーヘン歌劇場の音楽総監督の地位も更迭された。丁度、ドレスデンのポストが空いたがカラヤンは選ばれなかつた。その上、カラヤンはユダヤの血の混つた女性アニータと再婚した。アニータは結婚に当り、ゲッペルスに照会し、ゲッペルスはこの結婚を問題にしないとの手紙をカラヤンに送つたやうだが、実際には、この結婚もカラヤンのキャリアに悪影響を与へたとみてよさゝうである。

これらの一連の不遇は、その強い野心と権力欲が、この時期のカラヤンの実力と年齢に不相応だつた為に、しつペ返しを食らつたと、一応言へるだらう。アーヘンが不在を理由にカラヤンを馘《くび》にしたのは、カラヤン側に契約や地位を大切にする姿勢がなかつたからだし、フェッダーやティーチェンと組んで、ベルリンでフルトヴェングラーに張り合ふのは、質の悪い出世主義と言ふ他はない。

だが、不遇の最大の理由は、指揮者としてのカラヤンそのものがヒトラーに嫌はれてゐたことだつた。カラヤンは一九三九年ヒトラー列席の〈マイスタージンガー〉を暗譜で指揮した為に、酔つて出演した主役の歌手ルドルフ・ボッケルマンのミスを収拾出来ないといふ失態を犯してゐたのである。


ヒトラーは激怒した。ボッケルマンの大ファンだった彼は、「ケルル（若造）」カラヤンの無能さと暗譜で指揮などという彼の「思い上がり」を罵った。彼はまたカラヤンが軽量級の音楽家で、ワグナーの扱い方が充分に「ドイツ的」ではないと断じた。（これは一時的な不興ではなかった。一九四〇年の末、ゲッペルスは日記（十一月二日）に「総統はカラヤンとその指揮を非常に低く評価している」と記している。(100)）

ヒトラーが、映像ではリーフェンシュタールの流線型の美学を気に入つてゐたのに、それを音楽に移したやうなカラヤンを全く認めず、フルトヴェングラーを高く評価してゐたのは不思議である。ヒトラー自身の美学はリーフェンシュタールやカラヤンの側に近かつた。例へばベルリン五輪そのものをヒトラーの作品と見なせばそれは明白だらう。機械化や合理化を強力に推し進めた技術開発やインフラの整備も又、カラヤンと共通の傾向である。

一方、ヒトラーのヴァーグナー理解の水準は実際に高く、その心酔は純藝術的な根底を持つてゐた。(101)

ヒトラーは政権樹立後、ヴィニフレート・ヴァーグナーの懇願を受けてトスカニーニにバイロイト出演依頼の手紙を出し、トスカニーニも受諾に傾いてゐたやうである。(102)それどころか政治日程の極度の多忙の中で〈トリスタン〉や〈ニーベルングの指輪〉全シーンの舞台美術の草案を自ら作画さへしてゐた。(103)

ヒトラーの中では、自分の資質や政治的能力と、ヴァーグナー的＝ゲルマン的至高の価値観は二元的に同居してゐた。ヒトラーはフルトヴェングラーの演奏の神話的アウラに心底惹かれてをり、ゲッペルスの日記には、フルトヴェングラーコンサートの後の激しい感動の様子がしばしば記されてゐる。(104)フルトヴェングラーに深く心酔するヒトラーがカラヤンの指揮を評価しないのは当然だらう。

カラヤンにとつて、かうしたヒトラーの、藝術的評価に基づく根深い不興ほどの強運はなかつた。カラヤンの藝術が、もしヒトラーに愛されてゐたら、彼が、第三帝国における音楽政治のボスにのし上がつたのは間違ひない。入党してゐたにもかゝはらず、後半ナチスから冷遇されたからこそ、戦後のカラヤンの追放は二年半で済んだのである。もしヒトラーの寵児《ちょうじ》となつてしまつてゐたなら、カラヤンの戦後は、リーフェンシュタールのそれと似た運命を辿つたに違ひない。

が、実際にはさうならなかつた。

ヒトラーが彼を評価しなかつた上、常軌を逸した上昇志向がフルトヴェングラーを必要以上に警戒させ、更に、折角彼を使はうとしたティーチェンを、法外なギャラの要求で怒らせたのだつた。(105)

かうして、カラヤンは不遇の人となる。

だが、カラヤンは焦らない。不遇な時には動かず、力を蓄へる芯の強さがこの人の身上である。ジーメンス社の社長と親密になり、録音についての知見を深めたのも、放送録音に習熟したのもこの不遇時代である。(106)イタリア語を習得したのは、終戦の時に暫《しば》くイタリアに逃避した最も厳しい時期だつた。(107)これは、後にフルトヴェングラーにはない強み——ドイツ最高の指揮者が、イタリアオペラでも頂点を極め、トスカニーニの後継者でもあるといふ——を身に着ける上で決定的だつた。

終戦時、カラヤンは既に三十八歳だつた。歌劇場の定職をふいにしたまゝ、ベルリンでの地歩も海外での地歩も築けてゐない。貧窮の上、先の見えない人生が続く。が、それがカラヤンを鍛へ、カラヤンを寧ろ守つた。

そして、一九四六年の一月、カラヤンは、レコードの契約アーティストを捜《さが》しにウィーンに来てゐたウォルター・レッグと偶然出会ふ。

これこそが、「戦後」とともにカラヤンの運命が劇的に好転する一歩だつた。

出会ひが一日ずれれば、カラヤンの運命は完成されなかつただらう。

レッグは、フルトヴェングラーと契約するのが目的でウィーンを訪れてゐたのだつたが、必ずしも好感触ではなかつた。ところが、フルトヴェングラーを訪問したウィーンで、レッグは偶然にもカラヤンのリハーサルを初めて聴いたのである。[108] やゝ誇張した言ひ方をするなら、この出会ひが、その後の音楽史を決定したと言っていゝ。レッグはリハーサルでのカラヤンに熱狂した。演奏の出来のみならず、仕事運びの手際よさとリーダーシップに魅了されたに違ひない。これはレッグのやうな仕事中毒症の人間が、協働する仕事仲間を探す時には、極めて重要な要素である。

レッグは、元来が蓄音機で育つた「トスカニーニ党」で、フルトヴェングラーの音楽には共感を覚えてゐなかつた。彼が、音楽の趣味判断の上で、最も影響を受けたのは、『ヴァーグナー伝』を代表作に持つアーネスト・ニューマンだが、ニューマンは、長年フルトヴェングラーの「主観的演奏」批判の急

先鋒だつたのである。(109)

カラヤンとレッグとが、まづ意気投合したのは、トスカニーニを賞讃するといふ一点だつた。(110) ドイツの敗北は、ドイツ的価値の敗北とみなされた。フルトヴェングラーは政治的にも文化的にもその敗北の体現者だつた。トスカニーニを賞賛する新世代のレコードプロデューサーと指揮者が、戦争直後に出会ふ。これが時流の必然といふものであつたのだらう。

それにしても、出会ひは危いタイミングだつた。レッグがカラヤンをリハーサルで聴いた翌朝、カラヤンは、ソ連軍からコンサートでの指揮を禁じられ、それは一九四七年八月まで続くことになるからだ。

カラヤンに惚れこんだレッグは、公開演奏禁止といふ条項を逆手に取り、レコード録音は非公開なので禁止されるいはれがないと主張して、カラヤンのレコード録音をスタートさせた。(111) もし、レッグのウィーン到着が一日ずれれば、彼は一年半後の活動再開までカラヤンを聴く事が出来ず、従つて、カラヤンの戦後のスタートは遥かに遅れたらう。又、レッグ程押しの強い人物でなければ、公演を禁じられたカラヤンとのレコード作りを決断できなかつたらう。しかもレッグはイギリス人、連合国の人間だつたが、カラヤンは仕事を急がない。レッグとレコード戦略を充分に練り、契約も熟考した上で、九月十三日から集中的に録音を開始する。(112)

ベートーヴェンの〈第八〉、シューベルトの〈第九〉を皮切りに、モーツァルトの小品、ウィンナワルツを集中的に録音し始めたが、やはり追放の裏をかいた録音は当局の許可するところでなく、十一月四日、カラヤンは活動の全てを禁止された。追放解除は一九四七年八月、独墺圏の指揮者で最も遅かつたのだから、カラヤンは、コンサートを指揮せぬレコード録音指揮者といふ変則的な形で、戦後のキャリアをスタートさせたことになる。

これも又、運命的だ。

レッグといふ、録音の実地の教師を得て、レコードの技術的、商業的な可能性を充分に探究出来たからだ。レコード独自の表現力も、コンサートを振らずともレコードだけで国際的な知名度が上がるといふ事情も、この変則的な条件でこそ、カラヤンは肌身で知る事になつた筈である。レコードの先行したカラヤンへの待望も広がつた。宙に浮いたキャリアのまゝ、カラヤンは、レッグとともに、野心を研ぎ澄ました。

とりわけ、当時、鮮やかな新星だつたカラヤンとチェリビダッケの内、レッグがカラヤンに賭けたことは、音楽史を先回りした選択だつたらう。

フルトヴェングラーはレッグにチェリビダッケを紹介してゐる。(113) だが、レッグが欲しかつたのは、レコードといふメディアを颯爽と着こなす優美な洗煉と、このメディアが与へる固有のインパクトを理解する人間だつた。効率よく合理的な人間だつた。自己の音楽理念に固執する音楽家ではなかつた。

かうして、フルトヴェングラーが活動を禁止され、チェリビダッケがベルリンの焼野原で音楽家と聴衆のフィルハーモニーといふ古典的な音楽体験に夢中だつた時に、聴衆不在のスタジオで、二人の「権力者の魂」が新しい価値と権力場を創造しつつあつたのである。

一九四五年から数年間、レッグとカラヤンの共同制作は、まづウィーンフィルとの間で試される。最初に出したのはベートーヴェンの〈第八〉だつた。同じウィーンフィルを振つたヴァインガルトナー指揮の優美で推進力溢れた名盤はあるが、それを除けば線のきつすぎるトスカニーニ盤以外、目ぼしいレコードがなかつた。カラヤン盤は、明快に割切つてゆく正確なダイナミズムで、新味をアピールしてゐる。さらに、この頃の録音では、ベートーヴェンの〈第五〉の、気迫の籠つた柄の大きな演奏と、追放解除後第一作の〈ドイツレクイエム〉が、とりわけ印象的である。前者の二楽章のたゆたふロマンや四楽章の雄大な音楽は、後年のカラヤンが自ら禁じたものだ。

混乱期が去り、それとともにウィーンフィルとの関係が悪化した一九五〇年代に入ると、カラヤンは、レッグの創設したフィルハーモニア管弦楽団との、主要レパートリーの録音に取り掛かる。ヴァルター・ギーゼキングやディヌ・リパッティとの共演、ベートーヴェンの〈第七〉、ヘンデル〈水上の音楽〉、シベリウスの〈第五〉、バルトーク〈管弦楽の為の協奏曲〉、リヒャルト・シュトラウス〈ドン・ファン〉、チャイコフスキー〈第五〉、ストラヴィンスキー〈カルタ遊び〉、ブラームス〈第一〉といつた順番で、矢継ぎ早の録音セッションに入つた。数日で仕上がるものもあれば、バルトークの場合のやうに足掛け三年、数回にわたつてとり直した上で発表された作もある。この間、カラヤンは、ウィーンフィルからは、フルトヴェングラーによつて締出しを食つてゐるが、レコーディングを続けながら、ウィーン交響楽団のコンサートを振り続け、またカラスとの共演などを通じ、スカラ座で大きな成功を収めた。

後から振り返れば、これもカラヤンの強運だつた。

何よりも、ベルリンフィルやウィーンフィルのやうに、多年フルトヴェングラーの薫陶を受け、既に練り上がつてゐるオーケストラに寄りかからずに、フィルハーモニア管弦楽団やウィーン交響楽団のやうな未成のオーケストラによつて、一から自分の音楽を作れたことは大きい。これらのオーケストラを短期間に一流に育てたことが、カラヤンの聲望を高めたのも間違ひない。若きチェリビダッケが如何に成功しようと、それは必ずベルリンフィルの名聲によつて差し引いて見られた。フルトヴェングラーが指揮台に戻つてくれば、容赦ない比較にさらされる。だが、カラヤンがウィーン交響楽団とのコンサートを熱狂に導けば、全ての功は彼のものになるのである。

生演奏でのフルトヴェングラーの偉大さがどうあれ、レコードでは、それとは別種の価値を、自分は作り出すことが出来る、フルトヴェングラーによる手厳しい締出しの中で、カラヤンが掴んだのは、その自信だつたらう。「戦後」とは、藝術が人間の発する複製できないアウラを放つもの(114)から、消費されるオブジェと化す時代だが、カラヤンが、後年何の躊躇《ためら》ひもなく、さうしたオブジェの時代へ身を投ずることが出来たのは、この時期に予行演習と試行錯誤をし尽くしてゐたからだつたのである。

更に録音を巡るカラヤンの強運――フルトヴェングラーの信じ難い悪運――は、熱烈なカラヤン派のレッグが、よりによつてこの時期、この二人と独占契約を結んだ事だ。ＨＭＶは、フルトヴェングラーの戦前の録音の印税を保管してをり、レッグはこれを八万スイスフランで支払ふことを契約の条件にした。戦後フルトヴェングラーは無収入で借金が嵩《かさ》んでゐたのである(115)。ところが、レッグはカラヤンとの熱心な共同作業を続ける一方、フルトヴェングラーの神経を事ある毎に逆立てる。その上、フルトヴェングラーが再三要求するベートーヴェン全集、〈ミサ・ソレムニス〉、〈指環〉などを後回しにし続け、結局いづれも実現を見なかつた(116)。

フルトヴェングラーにしてみれば、まるで嫌がらせをされるために契約を結んだやうなものだつた。

しかもこの頃のＨＭＶは、トップブランドだつたにも関はらず、戦前の同社や、同時期のライバル会社に較べても音が悪い。テレフンケンやヴィクターなど戦前から高音質を誇るレーベルで言へば、まるで一九二〇年代前半の音だ。

一九四七年五月二十日にフルトヴェングラーは、カラヤンとヴァインガルトナーのレコードを試聴したのち、レッグに、いちど自分と一緒にこれらのレコードを聴いてほしいと伝へる手紙を出してゐる。

> 私がレコードに何を期待しているか、あなたにはっきり分かってもらうためです。でも、この期待は実現されないでしょう。(117)

フルトヴェングラーはこの段階ですでにレッグに極めて手厳しい。これまで多く公表されてきた事務上の書簡を見ても、フルトヴェングラーは一般にこんな不躾《ぶしつけ》な手紙を出す人ではない。既に紹介したザルツブルク音楽祭の件でも、フルトヴェングラーはレッグをカラヤンと組んだ陰謀家と見てゐた。しかし、それ以前に、レッグのレコードプロデューサーとしての仕事ぶりに疑念を持つてゐたのである。

フルトヴェングラーのこの不安は的中する。

フルトヴェングラーとレッグは、一九四七年十一月、ウィーンフィルとの〈エロイカ〉から録音プロジェクトをスタートさせたが、実際に仕上がつた試聴盤を聴いたフルトヴェングラーはレッグに強い不満を伝へた上で、上司のフレッド・ガイスベルクにかう補足してゐる。

議論の余地なく全く冷静に断言できますが、このレコードは私の水準と要求を満たしていません。……一部は私に不備がありますが、一部は技術的なものです。例えば大規模で重要なフォルテのパッセージがエンジニアによって滑らかなものに減じられてしまったので、レコードという形ではまったく印象を残さなくなってしまいました。(118)

実際、この言ひ方はまだ控へ目だといふべきだ。この〈エロイカ〉の音の劣悪さは度外れてゐる。フルトヴェングラーが、ウィーンフィルとの〈エロイカ〉で、戦後の第一声を放つて復活する意図や意欲を、根本からぶちのめすひどさである。戦前同じ会社から出したベートーヴェンの〈第五〉と〈悲愴〉に較べてさへ遥かに貧弱な音だ。

一方、同じ時期にレッグがカラヤン指揮ウィーンフィルと収録し、カラヤンの戦後の門出を飾つたベートーヴェンの〈第八〉や〈第五〉は遥かに音が良い。

なぜこんなことになるのか。

さうなつた原因が、フルトヴェングラーが機械音痴だつたからだといふ俗説は信じ難い。

フルトヴェングラーは一九三九年から一九四五年にかけてのベルリンフィルとの戦時録音の際に、録音技師フリードリッヒ・シュナップと緊密な共同作業を成功させてゐる。

私たちの間柄はとても親しくなり、最後にはお互いに友愛と呼べるような感情が芽生えるところまで発展した。戦時下のドイツで、私は彼のコンサートを放送し続けた。彼はいつも私に批評を求めた。そして彼は批評を見事に受け入れた。ただしそれは如才なくやらなければならなかった。彼はお世辞を見抜いたし、それを嫌った。[119]

一連の録音の内、例へば一九四四年十月に収録されたブルックナーの〈第九〉は四日間、十一時間掛けて録音されてゐる。フルトヴェングラーは納得さへすれば録音に不熱心だつたわけではない。そして、ライヴ収録も含めシュナップによる一連の録音の多くは、一九五一年の〈皇帝〉以前のレッグとの録音よりも音質は遥かに良い。

戦後ドイツ・グラモフォンで理想的な仕事をしたこともすでに書いた。フルトヴェングラーはシューベルトの〈第九〉、自作の第二交響曲、ハイドンの〈V字〉に非常に満足し、HMVとの契約を打ち切り、グラモフォンと仕事をしたがつてゐた。一九五二年三月二十一日付のグラモフォン社宛書簡にはかうある。

このレコード製作は、私にとっても大きな喜びでした。仕事はまったく順調で、実務的にも藝術的にも、貴社スタッフの協力でスムーズに進行しました。(…)すでにご存じのように、数年前から独占契約を結んできたHMVと新たな契約について交渉しました。決定するのは、私にはとてもつらいものでした。(略)私がHMVの申し出を受け入れる決心をする必要に迫られたのは、私が詳細についてここでお話したくない多くの理由があったということです。私の個人的な好みでは、ドイツ・グラモフォン社と契約を結びたかったというのが本音です。[120]

「話したくない多くの理由」とは何か。当時戦勝国イギリスに本社を置くトップレーベルだつたHMVは多額の契約金を積んだと推測される。フルトヴェングラーは六十六歳になつてをり、一九四三年に再婚した二度目の妻エリーザベトとの子供はまだ七歳だつた。引退後、あるいは死後の事を考へたに違ひない。その上、フルトヴェングラーには非嫡子が多数をり、戦前から収入の多くを何人もの愛人たちに分配し続けてゐたといふ。(121) しかも彼は作曲に専念したかつた。契約の主な理由が経済的なものであつたとしても全くをかしくはない。

たゞし、フルトヴェングラーにも譲れない一線があつた。レッグの処遇だ。

レッグ氏の私に敵対する言動を貴社の側で禁じない場合、私は契約書の署名を撤回するつもりであります。(一九五二年四月二十五日付)(122)

かうして確約を取つた上、HMVとの契約を更新する際に、フルトヴェングラーはレッグを担当から外すやう強硬に要求し、イギリスの指揮者でこの頃プロデューサーでもあつたローレンス・コリングウッドに替へさせた。(123) コリングウッドとの共同作業は、一九五二年十一月の〈エロイカ〉に始まる。五年前に録音したばかりのレパートリーから録り直すのは異例である。フルトヴェングラーはあの屈辱的な〈エロイカ〉を真先に新盤で置き換へたかつたのに違ひない。事実これは別物のやうな見事さに仕上がつた。以後、フルトヴェングラー盤の音質は目に見えて向上してゐる。HMVがテープ録音に切り替へたことが最大の原因だらうが、それだけかどうか、私は疑つてゐる。レッグは、この交替劇の二年前、フルトヴェングラーが一九四九年／一九五〇年のザルツブルク音楽祭で上演した〈魔笛〉を、ウィーンフィルから歌手まで同一スタッフで、フルトヴェングラーに隠してカラヤン指揮で録音してゐる。下稽古を付けさせられたやうな待遇に、当然、フルトヴェングラーは激しく傷ついた。

> 私に知らせずにザルツブルクの〈魔笛〉をカラヤン指揮で録音したことが分かりました。それは「信頼関係に対する常軌を逸した個人的違反」であることを示しています。（略）私はこのレコードを発売する行為が、私に対するきわめて悪質な公の屈辱と私的な侮辱を認めざるを得ません。ザルツブルクでの〈魔笛〉が過去数年間にわたって私の名前に結びついているからです。
>
> 貴職は誰か別の人と一緒に録音した〈魔笛〉を私の背後で故意に隠しました。これは数年間私が「ザルツブルクで」準備し、指揮していたものです……私は貴社では一流の総監督としてではなく、一種のリハーサル助手として扱われているように感じられます。[124]

はつきりしてゐることがある。

フルトヴェングラーは一九四七年の段階で、その頃大手の中で最も音の悪いレーベルだつたＨＭＶと独占契約を結ばざるを得なかつた。担当のレッグは、露骨なカラヤン派で、フルトヴェングラーは気持よい共同作業を全くできなかつた。音にはいつも不満だつたが、それは戦前のシュナップの音より、又、同じレッグが収録するカラヤンの音より劣悪だつたからだ。レッグにはフルトヴェングラーの音楽の質を最善の形で収録する技術か誠意のどちらかが、あるいはどちらもが欠けてゐた。フルトヴェングラーが再三リクエストしたベートーヴェン全集、〈指環〉、〈ミサ・ソレムニス〉は後回しにされ、実現しなかつた。フルトヴェングラーのザルツブルク音楽祭のレパートリーさへカラヤンに割り振られた。フルトヴェングラーはグラモフォンとの契約を望んでゐたが、多分経済的な理由でＨＭＶとの契約を優先せざるを得なかつた。

しかも、一九五二年七月のＨＭＶでの記念碑的な〈トリスタン〉レコードの後、やうやくレッグを担当から外し、他社との契約も自由となつた[125]フルトヴェングラーは、翌八月に肺炎で危篤に陥り、治療に使はれた抗生物質が原因で難聴となつてしまふ。レッグから解放され、他社との録音が可能になつた正にその瞬間、彼は指揮者として致命傷を負ひ、気力と体力を急激に消耗する最晩年を迎へてしまふのである。

＊

……これほどの悪運の重なりとなれば、最早、カラヤンやレッグの悪意にその因を帰することはできまい。

これこそがフルトヴェングラーの宿命であつたと言ふ他はなく、それに応じるやうに、このフルトヴェングラーの悪運、難聴、早逝は、カラヤンの宿命であつたとさへ、私には思はれる。

X

フルトヴェングラーは、その苦悩の生涯を映して、晩年の相貌は八十歳を過ぎて見えるが、実際には六十八歳で亡くなつてゐる。体力の衰へは懸念されてゐたものゝ、死は急のことであつた。事実、亡くなつた一九五四年のフルトヴェングラーは、例年通りの激務で、数ヵ月の療養生活から復帰した三月十二日のロンドン公演から、ラストコンサートとなる九月二十日のベルリンフィルハーモニー定期演奏会までに、オペラも含め、三十都市、六十五公演をこなしてゐる。三日に一日は公演があつた事になる上、演奏旅行だらけで、中にはヴェネズエラへの客演さへ含まれてゐる。[126] 当時の交通事情は衰弱してゐたフルトヴェングラーには堪《こた》へたらう。移動とリハーサルで殆ど休日はなかつたと思はれる。[127]

ところが、レコーディングとなると、ウィーンフィルを起用してのベートーヴェンの〈第五〉と〈ヴァルキューレ〉を除けば小品ばかりで、合計十三点に過ぎない。この〈第五〉と〈ヴァルキューレ〉は最新のSACDで聴くと、フルトヴェングラーの偉大さがつぶさに音に刻み込まれてゐる名盤だが、相変はらず録音数の少なさには唖然《あぜん》とする他はない。

画家のオスカー・ココシュカによると、夏のザルツブルクでは、翌一九五五年の〈魔笛〉の舞台美術の依頼を、フルトヴェングラーから受けてゐたといふ。[128] フルトヴェングラーは、ザルツブルクに相応《ふさわ》しくないと不評だつた〈魔弾の射手〉上演の擁護にも意気軒昂《いきけんこう》に論争で応へてゐる。[129] 音楽映画〈ドン・ジョヴァンニ〉は、蒼白で頬もそげ、眼だけが異様に光つてゐるフルトヴェングラーの姿をとらへてゐるが、本人の意欲に、この時点で衰へはなかつた。
フルトヴェングラーの内面で、何かが決定的に終はつたのは、おそらく、九月十九日、二十日のベルリンで、自作の第二交響曲を指揮した時に、自作を振る興奮から難聴がひどくなり、指揮に難渋したことである。公演は満席にならなかつた。その晩、フルトヴェングラーを自宅に招いた伝記作者のクルト・リースは、普通の会話が全く通じない程難聴の進んでゐるフルトヴェングラーに衝撃を受け、席を外し「子供のころ以来したことがないほど大声を上げた泣いた」と回想してゐる。[130]
その直後、ベルリンフィルとの練習で、補聴器を付けて指揮する実験がなされた。雑音ばかりでうまくゆかず、フルトヴェングラーはをはりに一言「ありがたう、もう充分です。皆さん、さよなら」と言つて指揮台を去つた。これが、ベルリンフィルが彼を見た最後であつた。[131]
絲が切れたやうに、フルトヴェングラーの中の何かが死へと滑り出す。このリハーサルが恐らく九月下旬、その後、ウィーンでの〈ヴァルキューレ〉の録音が九月二十八日から十月六日までで、夫人によると、この時には耳がよく聴こえ、フルトヴェングラーも喜び、みるみる若返つたといふことだ。[132]演奏は偉大といふ他はない。フルトヴェングラーの〈指環〉全曲がこの水準で残されてゐれば、どれ程の富がレコードに加はつた事だつたらう。
しかし、この録音後に風邪を引いたフルトヴェングラーは、寝床で休むやう懇願する夫人の言葉を聞かずに、長時間の散歩に毎日出た。十一月六日の夜、夫人を起した彼は「この風邪でぼくは死ぬだろう、非常に楽に死ねるのではないかな。しばらくずっとそばにいておくれ。」と語りかけたといふ。[133]強い不安を覚えた夫人の願ひを聞き入れ、フルトヴェングラーがバーデンバーデンのサナトリウムに入院したのは十一月十二日である。痩せ細つた写真が何枚も残されゐる。笑顔の写真が多いが、明らかに死相である。二年前の六月に肺炎を患つて以来、大病を繰り返したが、年代を追つて写真を見ても、これまでフルトヴェングラーに死相が出たことはない。八月のザルツブルクで夫人やアントワーヌ・ド・バヴィエらと歓談してゐる写真は精悍だし、バイロイトでも元気な舞台姿が写真に残つてゐる。体調の衰へは二年前からだが、死は寧ろ、八月と九月の狭間に突如、フルトヴェングラーを抱きすくめたのだ。(134)

フルトヴェングラーは、バーデンバーデンに到着して、改めて夫人に「自分はこゝに死ぬ為に来たので、治る為ではない」と語つてゐる。医者は気管支炎で死ぬ人間など今どきゐないと否定したが、病状は悪化の一途をたどつた。(135)

彼の死を自殺に近いと語つたのはカール・ベームである。

「……その年の秋、スイスの彼の家から、彼は零下十度の寒さだというのに、オーバーも着ずに散歩に出て帰ってきた時にはもう熱があり、肺炎になって死んだわけだが、この時の散歩は死を覚悟してわざとオーバー無しで出掛けたらしいというのが本当のところで、彼が亡くなる前に当時のベルリンフィルの事務局長ヴェスターマン博士に、自分は指揮ができなくなったら、生きている意味がないとつねづねもらしていたということだ(136)」

一九八一年、この見解を、志鳥栄八郎から直接質されたエリーザベト夫人はそれを強く否定したが、話は微妙なのである。

「死期が来たら、従容として死につく、と言っておりました。死を恐れず、死期が来たら静かに死んでいくというのと、自らの命を縮める自殺というのとでは、大変な距離があるのではないでしょうか。[137]」

「一日一日を充実して送っていた主人が、耳が聞こえなくなったぐらいで、この世が嫌になって自殺するなんてことは、全くあり得ないことなのです[138]」

フルトヴェングラーは抗生物質により難聴になつた直後、既に引退を考へ、夫人が近年亡くなるまで守り続けてきたスイス・クラランの家を購入したのだと言ふ。

死ぬ前の二年間で、たった一度だけ、主人は私にこう言いました。「わたしは自殺なんかできない。お前や子供たちのことを考えたら、わたしは絶対に死ぬわけにはいかないだ」と。しかし、こんな事を口にしたのは、たった一回だけでした。[139]

が、一方で、フルトヴェングラーが翌一九五五年の春、ベルリンフィルとともに予定されてゐたアメリカ公演を非常に恐れてゐたことも夫人は語つてゐる。志鳥のインタビューから十年後、一九九一年に行はれたサム・白川氏のインタビューでは夫人の発言は次のやうに変化してゐるのである。

彼はよく言っていました。「もし行き先が日本とかそのほかの国のように、直接ドイツ語で話す必要がないところだったらよかったのに。アメリカに行けば、アメリカにいる亡命者たちが私に話しかけて来るだろう。私はあの人たちの言う事を聞きたくないのだ。それに、結局わかってしまうだろう……連中はあの事を知るだろう……。」たしかにあの聴力減退が生き続ける意思を本当に砕いてしまったと思います。彼はあの状態で巡業に行くことよりも、むしろ死を望んだのです。(140)

フルトヴェングラーの聴力の衰へはベルリンフィルやウィーンフィルの団員には既に広く知られてゐた。シンフォニーコンサートでさへ、アンサンブルが乱れる場合があつた。オペラでは、練習での歌手との意思疎通は難しく、上演も危険だつた。(141) それでも、フルトヴェングラーは死の直前の八月まで、オペラ上演を拒絶してゐない。この時の〈ドン・ジョヴァンニ〉と〈魔弾の射手〉は歴史的名盤だ。アルフレッド・コルトーとのシューマンのピアノコンチェルトの録音が予定されてゐた。(142) ウィーンフィルとの〈指環〉録音の完成を以て七十歳を期して引退する計画だつたともいふ。恐らくは、アメリカ公演と翌年のザルツブルク祝祭大劇場のこけら落とし、そして〈指環〉の録音完成を花道に引退する計画があつたのではないか。(143)

が、九月のベルリンフィルとのシーズン開幕の自作自演で、彼は、耳の疾患の進行が予想を超えて悪化してゐることに愕然とした。ナチスの音楽家といふ悪評を負つたままアメリカを訪れ、難聴の暴露によつて致命的な嘲笑を受けるかもしれぬといふ不安が、彼には突如耐え難くなり始めたといふ想像には、充分な根拠がある。

公演活動は引退し、レコード録音だけを続け、〈指環〉やベートーヴェンの交響曲全集を完成させるといふ道は、この人にはあり得なかつた。ここまで書いてきたやうに、フルトヴェングラーにとつてレコードはあくまでも副次的なものに過ぎなかつたからだ。あれほど固執してゐた作曲の仕事を続ければよかつたが、実際には、演奏家としての終りが生の意欲の消滅となつた。作曲への情念は、晩年には、失はれた可能性への返済責務に近く、溢れるやうな衝動は第二交響曲完成の後には、失はれてゐたやうに見える。夫人や子供たちへの遺産の見通しも、この頃、ほゞ立つたのであらう。

自殺ではないにせよ、自ら選んだ死であつた。

キリストの愛について話合つたのが、夫人との最後の会話だつたといふ。十一月三十日、フルトヴェングラーは死ぬ。親しかつた知人の訃報に接したフルトヴェングラーが、「ついこのあいだまでお元気で御活躍なさっておられたという以外、なにもうかがっておりませんでした。そして今はもう、この世の人ではないとは?」と悔みを書いたのは、十一月七日付の手紙である。(144) 前日には、夫人に死を予告してゐる。自らの近い死を重ね合はせた悔みだつたのであらう。

フルトヴェングラーの最期は妻に看取られてであつた。


(……)手を握ったまま、どのくらい経ったか、覚えていません。何だか短かったような気がします。突然彼はこころもち身を起すようにして、深く息を吸込み、さらに長くそれを吐き出したと思うと、もはや帰らぬ人となってしまいました。

不思議といえば不思議ですが、私はまず何かに感謝したい気持でした。横たわっている彼の死顔は美しく、安らぎに充ちていました。もう誰も彼を傷つけることはできないのです。この十数年は彼にとって闘いの日々であり、これ以上戦闘を続けてゆく力はもはや残されていないのでした。今や私ははっきりとそう思いました。音楽だけが幸福の泉でしたが。それももうじき聴けなくなることを、気遣わなければならなかったのです。(145)

XI

かうしたフルトヴェングラーの死が、楽壇から見れば、唐突だつたのは当然である。

「彼がこの世にいないなんて……仕事を変えたいよ」と誰かが言った。その言葉は当時とおなじように、今でも私の胸を打つ。想像してみてほしい――ブラームスやベートーヴェンや、全ての交響曲がまだ存在するのに、何百人もの指揮者がいるのに、突然、何もかも全てが失われたように思えたのだ。(146)

あるベルリンフィルの団員の回想だ。

かうした突然の巨大な不在は、ベルリンフィルの後継者に関する合意が、彼の死去の時点で全くなかつたことをも意味した。

ニキシュが死んだ時、ルイーゼはフルトヴェングラーの自薦をたゞちに受け入れたが、今度はそのやうな指揮者はゐない。

ペーター・ムックが編纂した浩瀚《こうかん》な資料集『ベルリンフィル百年史』を繙くと、その頃の雑誌の、フルトヴェングラーの後継者に関する下馬評が紹介されてをり、興味深い。ヨーゼフ・カイルベルト「誠意ある〈音楽家〉」、カール・ベーム「エレガントでエネルギッシュ」となつてゐる中で、チェリビダッケは「天才」、対するカラヤンは「神秘：魅惑」とされてゐる。(147)当時のベルリンフィルの公演記録を見ると、ゲオルク・ショルティが驚く程沢山指揮してゐる他、オイゲン・ヨッフム、ギュンター・ヴァント、イーゴリ・マルケヴィッチなども、相当数のコンサートを指揮してゐる。フェレンツ・フリッチャイ、ラファエル・クーベリックの名前もあるが、(148)彼らはこの頃、活動拠点をアメリカに置いてゐた。いづれにせよ、これらの名は下馬評にない。

チェリビダッケについてこの下馬評は次のやうに書いてゐる。


彼の記憶力は、全くの曲芸で、作曲家のボリス・ブラッハーが彼に〈管弦楽のためのパガニーニ変奏曲〉のスコアを託したところ、翌日には暗譜でピアノを弾いてみせた。その指揮振りは、力とエレガンス、響きのセンス、霊性が一体となつてゐる。指揮者としての天賦の才は疑ふ余地がない。

一方カラヤンはどうか。

彼は指揮台に乗り込む。目を閉ぢて、トランス状態に陥り、そして美しい手で魅惑的な形を空に描く。すると奇跡が起きる。オーケストラが響き、楽団員は音の強度や響きの美によつて最大限の能力を発揮する。ヘルベルト・フォン・カラヤン――一筋縄ではゆかぬ多義的な個性があり、その魅力は並外れてゐる。

いづれも絶賛と言ふべきであらう。今日、カラヤンの名前は余りに深くベルリンフィルと結び付いてゐるので、その音楽監督就任は、充分な必然性があつたと錯覚されがちだが、戦後になつてカラヤンがベルリンフィルの指揮台に立つたのは、一九五三年九月八日、一九五四年九月二三日、十一月二十一・二十二日の四公演に過ぎない。最後の公演を除き、成功とは言へなかつた。

一方、戦後、この時点までに、ベルリンフィルを一番多く指揮してゐたのは、チェリビダッケで、十年間に指揮した公演回数は、実に四百十四回を数へる。(149) デビューから数年の絶賛の後、一九五〇年前後には、指揮台での大仰なアクションや叱咤《しつた》する聲が批評家から叩かれる反動期もあつたが、さうした試練を経て、この一九五四年の段階で、彼の「天才」は評価として定着してゐたのである。

フルーティストで、一九五〇年からベルリンフィルに属してゐたオーレル・ニコレは「演奏会の指揮者はたいていフルトヴェングラーかチェリビダッケだつた――想像もつかないぐらい豊かな時代だつた。」と述べてゐる。(150) 別のところでは、「フルトヴェングラーの指揮でブラームスの一番を、そしてチェリビダッケで〈火の鳥〉を初めて理解した」と語り、音楽的にこの二人を同列に並べてゐる。(151)

この時期、チェリビダッケのベルリンでの成功は圧倒的なものだつた。
一九五三年六月のモーツァルト〈ジュピター〉について、当時を代表する音楽学者、評論家のウェルナー・エールマンは次のやうに論評している。

演奏会において音楽が、これまで一度も聞いたことがない、したがって未曽有の途方もないものが出現したように感じられる瞬間は、滅多にない。しかし、セルジュ・チェリビダッケの〈ジュピター〉の第二楽章はまさにそれであった。そこでは、ふだん聞き手が漠然と思い描くある種の「完全性」というものが、実際の音として、あらゆる細部に至るまで彫琢された現実となって出現したのである。(152)

同じコンサートでハンス・ハインツ・シュトゥッケンシュミットは次のやうな論評を出してゐる。彼も又、二十世紀中葉から後半にかけてドイツ批評界の最高権威である。

セルジュ・チェリビダッケが行うことのすべては、尋常の域を超えており、極めて高い技術的・芸術的要求水準を誇っている。彼においては、解釈は一種絶対的なものへと高められ、演奏は時に作品自身をも凌駕して独自の世界を繰り広げる。(153)

シュトゥッケンシュミットは、一九五三年十月のベートーヴェンの〈第七〉は次のやうに評してゐる。

チェリビダッケは彼のロマン主義的芸術性の深みから「舞踏の権化」を現出させた。いたるところで、とりわけ両端楽章とスケルツォにおいて、演奏者の天才的な才能が稲妻のように煌めいた。[154]

エールマンは一九七四年に刊行された『ベルリンフィル物語』において、チェリビダッケの「ベートーヴェンの演奏はベルリン時代の終り頃にはフルトヴェングラーのそれに匹敵した」とさへ書いてゐる。[155] カラヤン時代が既に二十年を経過してゐたにもかゝはらず、この著書の中でカラヤンに対してエールマンは、このやうな賛辞を捧げてゐない。

チェリビダッケの問題は、才能ではなく、明らかにオーケストラとの関係にあつた。晩年は鉾《ほこ》を収める術《すべ》を身に着けたが、三十代の彼は、戦争とユダヤ人追放の痛手で質が低下してゐたベルリンフィルに容赦ない要求を突付け、技量の低い楽団員の解雇を要求し、次第に団員との対立を深めて行つたのである。

ニコレはかう言つてゐる。「チェリビダッケはとても若かったのです。彼は音楽に熱狂し、歌い、踊ったのです。私はチェリビダッケを心から崇拝していたのですが、一度彼と大喧嘩になったことがあります。練習の時に彼のところへ行き、チェリさん、どうしてそういふ風に練習するのですか、時間の浪費じゃないですか、と言ったのです。十回もオーケストラ練習を要求されますが、四六時中踊ったり叫んだりしているだけじゃないですか、と」。

一方、「カラヤンには能率よく迅速に練習を進め、オーケストラにも思う存分演奏させる力量があった」[156]。

ベルリンフィルは自主投票によつて、音楽監督を選出する。聴衆は指揮台上の天才に酔ゑばそれでいゝ。が、オーケストラにとつてはさうはゆかない。多大な練習時間を要求し、攻撃的で、自分たちの解雇さへ公然と主張するやうな人間を、シェフにするゑたいかどうかは、考へるまでもなからう。

チェリビダッケは、フルトヴェングラーの重態が伝へられた頃のリハーサルで、オーケストラと大衝突する。フルトヴェングラーの深刻な病状へのショックの為ともされるが、いづれにせよ、楽団は――彼の支持者さへ――この騒動でチェリビダッケと仕事を続けるのは不可能と判断した。奇《く》しくもチェリビダッケは、フルトヴェングラーが亡くなる四日前、ベルリンフィルハーモニーと〈ドイツレクイエム〉を指揮する。

演奏は絶賛された。報道陣も、指揮者とオーケストラの決裂に気づかなかつたやうだ。聴衆と批評家による称賛の花束と、オーケストラからの冷淡な離縁状とに送られながら、チェリビダッケは、フルトヴェングラーの死と時を同じくしてベルリンから姿を消すことになつた。

そして、その数日後の定期演奏会に招かれてゐたのが、カラヤンだつたのである。ベルリンフィルの指揮台への、戦後四度目の登場に過ぎない。

これも又運命だつたとしか言ひやうがなからう。

カラヤン自身はフルトヴェングラーの死を伝へ聞いた時の事を次のやうに語つてゐる。

わたしがローマに滞在していたとき、発信人の名のない次の電報が来た。

Le roi est mort,vive le roi!（王様は死んだ。新王万歳！）

わたしの秘書のマットーニは新聞を買いに出ていった。新聞には『フルトヴェングラー死す』とあった。(157)

この映画のやうな逸話は、その後の全てのカラヤン伝によつて検証抜きで紹介されてゐる。が、妙な話ではなからうか。誰もカラヤンとベルリンフィルの繫がりを感じてゐなかつた当時、よりによつてイタリアのホテルの彼の部屋まで、フルトヴェングラーの死を即座に電報で知らせる人間が本当にゐたのだらうか。フルトヴェングラーはroi（王様）ではなかつた。この頃、音楽家が「王様」になるとは誰も思つてゐなかつた。帝位交代といふ発想が音楽関係者に生じるのはカラヤンが「帝王」になつたあとではなかつたのか。

だが、事実としての真偽はどうあれ、音楽史の紙片には確かにカラヤンの名前が書かれてゐたのである。フルトヴェングラーの死の直前にチェリビダッケが〈ドイツレクイエム〉を指揮してオケと決裂し、死後最初のリハーサルをオケとの縁の殆どなかつたカラヤンが持つといふ偶然は、神の見えざる手が手帖に書き込みでもしなければ、あり得ない話だつたであらう。

カラヤンのリハーサルは、ニコレの証言通り、団員の支持を直ちに得た。勿論、この時のカラヤンはとりわけ紳士的であつたに違ひない。フルトヴェングラーの死に打ちひしがれ、「天才」チェリビダッケとの軋轢《あつれき》に消耗してゐたオーケストラの目の前に、紳士的で、仕事を熟知した「魅惑」が現れたのだ。

ベルリンの新聞批評も、この時やうやく、戦後初めての絶讃をカラヤンに捧げた。

もしチェリビダッケが、晩年身に着けたやうに、慇懃《いんぎん》さを装ふことも出来る「紳士」だつたら、この賽《さい》の目はどう出ただらう。

更に又、カラヤンがベルリンフィルを振る日程が、フルトヴェングラーの死去の直後に組まれてゐなかつたなら、どうであつたか。ベルリンフィルは、歴史上初めてのアメリカへの演奏旅行を、たつた四ヵ月後に控へてゐたのである。

アメリカの代理店――コロンビアアーツ――は、カラヤンに電話を掛け、フルトヴェングラーの代理はカラヤンでなければ、ツアー自体を中止したいと申入れてきたといふ。ところがこれも又カラヤン自身の証言しかない。(158) 下馬評に上がつてゐる指揮者たちの中で、カラヤンだけがレコードアーティストで、国際的な知名度がすでにあつたのは事実である。しかし彼のレコードのアメリカでの売れ行きは芳しくなかつた。そこでは、トスカニーニ、クーセヴィツキー、ストコフスキー、オーマンディらが市場を占めてゐた。その上、カラヤンはナチス党員だつた。招聘リスクは大きい。

当時、フルトヴェングラーは、知名度と存在の大きさで、桁違ひだつた。その代理に、アメリカで声望も市場もまだない、元ナチス党員のカラヤンを、代理店が専一で指名するのは考へ難いのではないか。実際、ベルリンフィルのすぐ後に同じくフルトヴェングラー指揮の訪米を企画してゐたウィーンフィルは、エーリッヒ・クライバーに代役を依頼、そのクライバーまでもが急逝した後には、カール・シューリヒトとアンドレ・クリュイタンスの指揮で、訪米を大成功させてゐる。(159) 公演を成功させる為に、フルトヴェングラーの代役がカラヤンである必然性は、この頃、事実の上でもなかつたのである。

もつとも、この時点で、ベルリンフィル側がカラヤンを同行指揮者のファーストチョイスに考へてゐるたのは事実である。チェリビダッケとは決裂したばかりであり、常任指揮者を置かないウィーンフィルと違ひ、集客力のある音楽監督を頂く事はベルリンフィルにとつては死活問題だつたからである。

カラヤンはそこに着目した。アメリカ旅行の同行を依頼してきたベルリンフィルに対して、自分をフルトヴェングラーの正式の後継者として指名した上でなければ、アメリカに同行するつもりはないと答へたのである。(160) フルトヴェングラーは殆ど契約にしばられない家父長のやうな全権委任型の音楽総監督で、任期もなかつた。フルトヴェングラーは気紛れではあつたが、危急の時にはオーケストラを救ひ、契約を悪用したことは一度もなかつた。だが、ベルリンフィルは、カラヤンに対しては明らかに深く用心を置くことにしたやうだ。

口頭でカラヤンの要求を呑みながら、契約書は交はさなかつたのである。かはりに記者会見を開いた。ベルリン市長が「アメリカ公演後、ベルリンフィルの音楽監督になる気持はあるか」と質問し、カラヤンが「千の喜びを持つて」と答へる——かういふ政治的な演出をして、正式な契約ではないが、カラヤンは事実上のベルリンフィルのポストを手に入れたのだつた。

最晩年、カラヤンはひどいしつぺ返しを食らふことになる。ベルリンフィルと諍《いさか》ひが重なる中で、契約書を確認したところ、フルトヴェングラーには与へられてゐた人事上の全権的委任が、自分との契約では「相談」へと、遥かに格下げされてゐることに気付いたのである。(161)

＊

それにしても、フルトヴェングラーの早逝がなかつたら、カラヤンの命運はどうなつてゐたであらうか。元々頑健だつたフルトヴェングラーが、長年のナチスとの確執、戦後は逆にナチス加担の非難、カラヤン――レッグとの覇権争ひ、薬害による難聴など、度重なる打撃に衰弱しければ、長寿に恵まれた可能性は充分ある。仮にフルトヴェングラーが、トスカニーニと同じ八十七歳まで活躍したとすれば、フルトヴェングラーの引退は一九七三年だ。カラヤンは既に六十五歳である。カラヤンに追ひやられるフルトヴェングラーが想像出来ぬやうに、六十五歳までイギリスとヴィーン交響楽団に避難し続けて、二次的なキャリアに甘んじるカラヤンも想像が付かない。

何よりも、フルトヴェングラーの演奏がステレオで収録され始めれば、カラヤンはドイツ音楽の覇者になる最大の根拠――状態のよいベルリンフィルとの大量のレコード――を失ふのである。

だが、歴史の美神は、カラヤンに微笑んだ。

フルトヴェングラーは、消耗と意気阻喪と難聴の中で、早逝した。傷跡の深く、復興への明るい兆しのないドイツの「戦後」を背に残して。

……それでよかつたのであらう。

戦後の時代相の劇変に、フルトヴェングラーは耐えられなかつたに違ひないからだ。人はコンサートホールやスタジオの中だけで生きてゆくわけではない。フルトヴェングラーは音楽の社会性に関して、両大戦期を象徴する人間だつた。ヴァーグナーとヴェルディの後、音楽と国家とが、舞台と政治とを跨《また》ぎながら熱狂を生んだ時代の音楽の社会性を体現した人であつた。戦後の大衆社会の中で、消費される商標となる生き方に、この人が転身できたとは思へない。例へばクレンペラーのやうな非社会的な音楽家が一九六〇年代以後、「最後の巨匠」として無理なく「戦後」の額縁に収まりながら、実際に偉大な円熟を遂げていつたやうには、フルトヴェングラーの収まる時空はそこにはなかつた筈だ。一九七三年に新作を発表するトーマス・マンやヘルマン・ヘッセが想像付かぬやうに。……

一九五四年にフルトヴェングラーが死を迎へたことは、カラヤンにとつても個人的な好運以上のものであつたが、フルトヴェングラーにおいてこそ、摂理であり、恩寵といふべきだつたのである。

XII

さて、フルトヴェングラーの没後、ほゞ瞬時にベルリンフィルとウィーン国立歌劇場を手に入れ、さらにはミラノ・スカラ座の監督をも引き受けるに至つて、カラヤンは、ヨーロッパ楽壇の「帝王」と呼ばれるに至る。が、カラヤンはコンサートを基盤とするフルトヴェングラーのやうな意味での楽壇の主宰者では、最早ない。すでに見たやうに、戦後の九年間は、この人物に、あらゆる方向から、メディア時代の音楽主宰者となる為の予行演習の機会を与へた。この、聡明な人物は、フルトヴェングラーが、最晩年まで、餓ゑた人のやうに闇雲に音楽を求め、音楽に捧げ果てたやうな生き方はしない。

彼の作り出す音楽も同様だつた。

それは、明るく拡散的に響き、滑らかで華麗だつた。

フルトヴェングラーが死の年にやつてゐた音楽、例へば五月のパリでの〈未完成〉のやうな途方もない闇と絶望の吹きすさぶ世界や、八月のルツェルンの〈第九〉のやうな彼岸の光の降り注ぐ世界への飛翔とは、それは対極にあつた。

カラヤンの演奏――とりわけそのレコードは、戦後の復興期に、過去を忘却させてくれる、未来へのヴィジョンだつたと言ひ換へてもいゝだらう。フルトヴェングラーの演奏は、戦後の時を経てもなほ、あの戦争を生んだヨーロッパとは何か、人間の罪業とは何か、救済とは何かといふ問ひを聴衆に突き付ける暗い力に満ちてゐたが、カラヤンの演奏も、カラヤンの容姿も、カラヤンの野心さへ、ヨーロッパ人にとつて、寧ろ忘却の為の悪魔祓ひだつた。

ナチスといふ凶事と欧州全土に渡る戦禍、広大な共産圏の出現によつて、疲弊し、自信を喪失したヨーロッパにとつて、カラヤン＝レコードスターがドイツを代表する巨匠になることは、ヨーロッパ文化の中核に、新たな世界の盟主アメリカの富と技術に対抗し得る偶像の誕生を予感させたからだ。

カラヤンは、音楽の国家学を、宿命によつて引き受けさせられたフルトヴェングラーの役割の否定者として出現する。カラヤンはドイツ国家を引き受けてはならず、さういふ局面にまで追ひ詰められたヨーロッパの人文学伝統を引き継いではならなかつた。

寧ろ、戦勝国アメリカの若い物量の輝きに匹敵する、ヨーロッパ側の自己更新の側にゐなければならなかつた。

その意味で、カラヤンはフルトヴェングラーの音を継承してはならなかつた。新しい音は、物量と最新技術に物を言はせたアメリカをこそ圧倒する性質を帯びてゐるべきだつた。レコードジャケットさへも、それ自体新たな美意識を体現してゐなければならなかつた。容姿はハリウッドのスターのやうであるべきだつたし、ビング・クロスビー、フランク・シナトラ、ルイ・アームストロング、オスカー・ピーターソンらと競へる市場性を持ちながら、しかし、確実にヨーロッパの伝統のチャンピオンたり得てゐなければならなかつた。

確かこの頃、吉田秀和は、カラヤンの指揮する〈田園〉を聴いて、最新型の自動車でハイウェイを疾走するやうだと評したのではなかつたか。この譬喩《ひゆ》には、卓抜といふ以上のものがある。カラヤンがフルトヴェングラーの後を継いだ時、彼がクラシック音楽にもたらした「戦後」は、純粋に音楽内部、精神的な領域に限られた変化ではなかつたからだ。「戦争」――葛藤と破壊と創造こそはヨーロッパの宿命、ヨーロッパの強さだつた――を速やかに忘れ、やがて生活の隅々にまで行きわたることになる科学技術による新しい美意識と生活感情こそが、カラヤンの体現したものだつたからだ。

その意味では、同時期の作曲家らによる、ミュージックコンクレートや偶然性の音楽、電子音楽に較べても、カラヤンの美学は、一層根底《こんてい》的な時代思潮の更新だつたと言つてよい。第二次大戦後に出現した音楽の前衛は、近代藝術といふ聖域を破壊しようと努めた。さうした破壊ならいつか創造に転じる可能性はある。が、カラヤンは、聖化された藝術といふクレジットを、そのまゝ技術と消費の論理に転用し、音楽史上類例のない成功者となつた。カラヤンは「破壊」も「解体」もしなかつた。あとから見るやうにレコードといふ複製された音楽――それ自体、音楽の根本的な変質――に、普遍性の神話を齎し、藝術の聖域を「完成」させたのである。

彼はレコードに目を付けて出世や商売の道具にしたのではない。カラヤンはレコードを利用する小商人などではなく、これから見てゆくやうに、カラヤンこそがレコードといふメディアの文化的構造の完成者だつたのである。

カラヤンがレコードといふメディアの構造を完成させて以後、クラシック音楽は、演奏家も聴衆も――つまり音楽社会そのものが――この人の作り出した構造に捕縛されるに至つた。変化はあつても、破壊も創造も機能しない無限循環の衰弱といふ構造に……。

〝帝王〟〝カラヤンサーカス〟〝流線形のスポーツカー〟……カラヤンを巡る比喩が、いづれも従来のヨーロッパの藝術伝統から程遠いものばかりである事は、彼が、フルトヴェングラーの後継者だつたからこそ、逆説的な力を持つた。同じ事をストコフスキーが一九二〇年代にフィラデルフィアで試みたが、それは指揮の天才によるメディアの先駆的活用に留まつた。フルトヴェングラーの王冠の継承者が、メディアを単なる音質の改良ではなく、音楽を聴く構造の改変へと用ゐた時、音楽史は近代たることを停止し、塗り替へられることになつたのである。

*

ベルリンフィルを手に入れたあとも、カラヤンは仕事を急がうとはしない。このオーケストラを、過激に「改良」しようとしたチェリビダッケとは対照的に、彼は、さながら用心深い猟犬のやうにオーケストラに近づいてゆく。フルトヴェングラーの代はりにカラヤンが率ゐたアメリカツアーで、ベルリンフィルを指揮したブラームス〈第一〉のライヴ録音を聴くと、彼が、フルトヴェングラー風のアゴーギグをオーケストラに許し、演奏を殆ど彼らに委ねてゐる様が、はつきり見てとれる。準備不足だつた訳では全くない。リハーサルは充分取られ、ドイツ国内への短い試験旅行さへ行はれてゐる。(162) カラヤンは、フルトヴェングラーを失ひ、チェリビダッケとの闘ひに傷ついたオーケストラの自尊心を慮《おもんぱか》つたのだ。彼らの自尊心と闘ふのではなく、自然に自分のオーケストラに作り変へること——これは、狡《こう》猾《かつ》さなのか、それとも音楽への愛、オーケストラへの愛なのか。

が、一方で、カラヤンは切るべき過去は冷酷に清算した。

ベルリンフィルを手に入れたことで、カラヤンはレッグとの盟友関係を断ち切つたのである。フルトヴェングラーの死に伴ふ、カラヤンの立場の変化は劇的だつた。戦後のカラヤンはレッグとの親密な関係によつて地位を築いたが、今や、カラヤンはヨーロッパ楽壇の「帝王」である。レッグは録音の師匠であり苦難の日の友だつたが、録音のみならず音楽的な注文さへ平気でカラヤンに付ける人だつた。内心苦々しかつたことだらう。フルトヴェングラーが死に、ベルリンとウィーンとスカラ座を手に入れれば、イギリスの一プロデューサーに用はない。レッグとのフィルハーモニア管弦楽団の契約をカラヤンは更改しなかつた。

一方、フルトヴェングラーの死によつて、カラヤンはウィーンフィルとの関係も回復したが、録音はデッカと契約し、伝説的なプロデューサー、ジョン・カルショーを起用した。これも又、露骨なレッグ外しだらう。レッグとウィーンフィルとの仕事は長かつた。いや、そもそも戦後のカラヤンをウィーンフィル指揮でデビューさせたのはレッグだつたではないか。

が、カルショーとの仕事も一時的なものだつた。カラヤンはベルリンフィルとの録音計画を、グラモフォンと結び、一九五九年の〈英雄の生涯〉の、衝撃的な演奏＝録音で、生涯にわたる強固で圧倒的なサウンドと網羅的な大プロジェクトをスタートすることになる。

この〈英雄の生涯〉こそは、レッグとの共同作業での音作り、音楽作りとは全く異質な、カラヤンの美学の鮮烈な第一聲であつた。

レッグの音作りは——音質が改善されたあとでも——あくまでも伝統的な音、ホールトーンを含めた自然なソノリティによる、輪郭のふくよかな、肉筆感のあるものだ。室内楽の親密なサロンに立ち会ふやうな音の肌触りの延長にオーケストラサウンドがイメージされた。鋭敏さや鮮明さや音の独創性はない。悪く言へば微温的で、音の焦点が甘い。

この〈英雄の生涯〉はさうしたレッグの音作りとは対極にある。驚異的な音響の炸裂、低温が唸りを上げてリスニングルームを揺るがす衝撃に始まり、つんざくやうに聴き手を直撃するトランペットとティンパニの強奏、ダイナミクスレンジは極限的、音空間のパースペクティブは広大で、コンサートホールといふよりも宇宙空間に放り出されたやうでさへある。ベルリンフィルの音は黒光りする強烈な光沢で耳を射る。室内楽や肉筆感の徹底的な拒否だ。レッグどころかカルショーとの録音とさへ別人の指揮かといふ程の、電子工学的なパンチ力が蔵されてゐる。今日でもこれ以上輝かしいサウンドで開始される〈英雄の生涯〉はない。比類ない音であり、オーケストラのパワーであり、指揮者の強靭な統御である。

これが、カラヤンの「挨拶」だつた。

フルトヴェングラー——のシューベルトの〈第九〉やシューマンの〈第四〉のレコード——への挑戦だつた。

優れた指揮者が、フルトヴェングラーの後に、自分の個性を多少付け加へるといふやうな話ではない。フルトヴェングラーの劇的なサウンドと解釈に、フィルハーモニア時代のカラヤン＝レッグの音で、優美さを付け加へても何にならう。

フルトヴェングラーの音楽的な深みを根底から粉砕し、驚愕すべきサウンドと合奏で世界を威嚇すること——そこまで徹底しない限り、フルトヴェングラーの時代を終らせ、カラヤンの名前をベルリンフィルのサウンドに刻印し、新しい時代の聲となることはできない。

そして、こゝでの「レコードのサウンド」の発明こそが、カラヤンの歴史的な意義となつたのである。自分はいゝ演奏をし、優れたレコードプロデューサーがそれを録音し、音を作るといふシステムでは、「カラヤンの音楽」は完成しなかつた。

カラヤンのレコードは、優れた演奏の優れた録音ではなく、優れたレコードでなければならない。いや、それでも足りない。それ自体が音の経験として完結し、コンサート以上の音楽的な満足と強烈な印象を与へねばならない。

それはコンサートの代用品ではない。

レコードこそが、新しい音楽体験の場である。

先ほど、宇宙空間に放り出されたやうな、と書いたが、実際、カラヤンが〈英雄の生涯〉で初めて打ち出したサウンドは、聴き手を音場の真つ只中に置く。目をつぶつて聴くと、定位置を見失ふ全方位的な音像である。奏者たちの肉聲は消去され、高度なシステムとしての管弦楽が唸りを上げて響く。指揮者の感情も奏者らの感情も意図的に排除される。それは人間の聲の延長としての管弦楽でも、個人的な歌の集積としての管弦楽でもない。人工的で極彩色のサウンドを作り出す機能としての管弦楽である。

その意味で、このレコードは音楽的な意味での革命であり、しかも、今から振り返れば、恐ろしい程早く、時代を先取りしてゐた。

それはフルトヴェングラーの、リズムと音色と歌の饗宴、壮麗な音響が、個人的な聲でありながら、それを超えた精神のデグニティーの極致に至る世界とは、まるで別物だ。フルトヴェングラーのレコードは究極の一枚であつた。今聴いてゐるこの瞬間の体験の一回性といふコンサートの特質が、そのまま最上の形でレコードに刻印されてゐる。一回限りのコンサートの延長に、フルトヴェングラーの一枚限りのレコードがある。

精神の劇をもう一人の精神が追ふといふ、心の内密な劇が、演奏者を媒介にして、作曲者と聴衆を結びつける。さうした内的な営みが豊かな音彩として奔出するのが、フルトヴェングラーのレコードである。

カラヤンの〈英雄の生涯〉はさうではない。フルトヴェングラーのリヒャルト・シュトラウスにあつた濃密な陶酔、たゆたひ、強靭なリズムの高ぶりはない。この曲を献呈されたウィレム・メンゲルベルクが指揮したアムステルダム・コンセルトヘボウ管弦楽団とのレコード（一九四一）の、秘法を尽くした呪縛と殴打のあの原初的な迫力はない。

総じて録音を超えて迫る音楽の力はこゝにはない。逆に、こゝにあるのは、録音が齎す音響の力の最も効果的な運用である。

音楽の一回性の喜びや演奏の天才の齎す揺らぎは、意図的に排除されてゐる。スコアの綿密で安定的な処理が目指され、それが、演奏といふ行為を一回性の領域から、標準性、規範性の領域へと移し変へてゐる。

しかも、凡庸さからは程遠い。こゝでは、標準性が、そのまゝ魔性にさへなつてゐる。魔性のやうに輝く規範性——カラヤンに、ベルリンフィルがどうしても必要だつた理由は、正にこれだつた。フィルハーモニア管弦楽団やウィーンフィルとの録音には、音楽的な豊かさやエレガントさは充分にあるが、安定感と圧倒的なサウンドの力が不足してゐる。ウィーンフィルはクナッパーツブッシュの指揮では濃厚な音を出してゐたし、後年フィルハーモニア管弦楽団はクレンペラーにより比類なく壮麗な響きを歌ひあげてゐる。だが、この当時のカラヤンには、ベルリンフィルなしに、強烈なサウンドによる規範性を作り出す技量はなかつた。フィルハーモニア時代のカラヤンの音は人間的だが、サウンドそのもので聴き手を圧倒する力はない。

だが、ベルリンフィルを得たカラヤンの、その用ゐ方の、そのサウンドの作り方のなんと革命的なことだつたゞらう。

レコードに刻まれた音楽の力で聴き手を動かすのではなく、音の表面張力の輝きと美で聴き手の聴覚を射抜くこと——こんな徹底的な音の革命家は、かつて一人もゐなかつたのである。ちなみに、後年カラヤンは一九七〇年頃から一緒に仕事を始めたプロデューサーのミシェル・グロッセを「自分と同じ耳を持つ男」と賞賛し続ける。(163) だが、カラヤンの音はグロッセと出会ふ遥か前の独創であり、しかもカラヤンはそれを、レッグ、カルショーといふ最も著名な二人のプロデューサーさへ全く思ひ及ばぬ途方もない「録音の音」の創造として提示したのである。

かうしてグラモフォンとのベルリンフィルレコーディングは、一九五九年三月の〈英雄の生涯〉で、革命的な一歩を踏み出した。翌年にはフィルハーモニア管弦楽団との録音セッションを終了し、以後、カラヤンのレコードは僅かな例外を除き、ベルリンフィルのみが起用される。晩年、ベルリンフィルとの関係が悪化し、ウィーンフィルとの録音が再開されるまでこの状態が続いた。

初めは慎重に、年に数点といふ控へ目な速度で、程なく怒濤の勢ひで、カラヤン＝ベルリンフィルのセッション録音は進行することになる。

さうしたカラヤンレコードの歴程の中で、決定的なメルクマールになつたのが、一九六二年のベートーヴェン交響曲全集だつた事は疑ひない。ＬＰの高価な全集を出すなど前例のないことで、これでグラモフォンは潰れるのではないかとさへ、噂された。

XIII

傍観していたＥＭＩのデイヴィッド・ビックネルは、ドイツ・グラモフォンが「莫大な財政赤字」を抱え込むだろうと予言した。約一五〇〇万ドイツマルクと見積もられた投資を埋め合わせるには、十万セット以上売る必要があった。ほかの経済分析家たちも一様に懐疑的で、ジーメンスの重役会は神経を尖らせた。(164)

が、結果は大吉と出た。グラモフォンは潰れるどころか、驚異的な売り上げを示したのである。批評も絶賛だつた。いや、それどころかこの全集は、今日に至るまでベートーヴェン全集の規範であり、ロングセラーであり続けることになつた。

ものすごい「プロモーション」でドイツの市場に送り出された最初のシリーズがこれだつた。あまりにもすごかつたので、事実、二つ目のシリーズが出るまで——そして、それを越えて現在にいたるも——ほかのどの指揮者もオーケストラも、レコード店に根を下すことができなかつたほどである。(165)

このレコードの意味は、興行上の、又名聲の上での決定的な成功を齎し得るところまで、カラヤンが自らの賭けを研ぎ澄まし、見通しきつたところにある。

全く前例がなかつた訳ではない。トスカニーニのラジオ放送とレコードが一九五〇年代に新たなメディアの可能性を示唆してゐた。一九五七年からは、デッカがショルティの〈ニーベルングの指環〉の全曲レコードで、大曲の革命的なサウンドによるレコードを成功させてゐた。ショルティは、当時第一級の名聲があつたとは言ひ難い。寧ろ、このレコードで生涯のキャリアを買つたと言つてい丶。この成功は、レコードにはそれだけの可能性がある事をカラヤンに改めて教へたに違ひない。

かうしたトスカニーニやショルティを横目に睨みながら、一気に音楽シーンで覇権を確立するには何が必要かを、カラヤンは考へ抜く。

わたしは、私の望むところのものそのものを手に入れるまでは、鳴りをひそめている。そしてい

つも、絶対的自由への要求を持ち出し、それが満たされるようになるまで待っている。(166)

何よりも、カラヤン＝ベルリンフィルによる記念碑を樹立するには、ベートーヴェンでなければならなかった。

しかし、後に見るやうに、優れたベートーヴェンの全曲レコードなら、この時点でさへすでに何組もあつた。彼自身のフィルハーモニア管弦楽団との全集も評価は高かつた。それは優美で柄の大きな良質のレコードである。

さうした中で、カラヤンがベルリンフィルを得て、新たに全集を世に問ふ以上、それはレコードにおける祝祭であるべきだ――カラヤンはさう思考する。

音は既に〈英雄の生涯〉で創り出してゐる。あの音の力を、ベートーヴェンにどう適用するかは、しかし、必ずしも易しい問題ではない。元々が管弦楽的な秘術の凝縮と言ふべき〈英雄の生涯〉でのマジックをそのまゝベートーヴェンに用ゐても、空疎で大仰なものにしかなるまい。

必要なのは時だつた。カラヤン自身の音楽家としての成熟と、ベルリンフィルとの関係の成熟といふ元手の掛かる時の力が必要だつた。

カラヤンは待つ。

ベートーヴェンの交響曲を「全集」として一気に世に問ふといふ、かつて誰も試みたことのない決断は、既に指摘したやうに危険な賭けだつたのであり、商略としてなされたものではない。

カラヤンこそが、世界に冠たるドイツ音楽伝統の頂点に君臨することを証明する決定的な一打が狙はれたに違ひない。

だが、単にフルトヴェングラーの後継者の名乗りを上げるのでは意味がない。寧ろ、逆に、ベルリンフィルに付纏つてゐるフルトヴェングラーといふ権威を完全に払拭し得る規範が、明白峻烈に言ひ表されてゐなければならない。しかも、それはトスカニーニのやうな非慣習的な行き方であつてはならないのであつた。

全く新しい、しかし正統なベートーヴェン像の、この上なく鮮烈な提出――カラヤンの狙ひはそこにあつたと見ていゝであらう。

自分の好む音楽を、最上の形で録音すればいゝのではない。

コンサート体験の一回性、その延長にあるかけがへのない一枚のレコード――カラヤンはその感傷と幻想を捨て去る。

レコードとは、明確で組織的な計画の上に成立する、藝術上の財産目録であり、この規範的な美の目録を完成させるには、演奏家は、コンサートホールでの成功とは全く異なる方程式を解かなくてはならない。その意味で、この全集は、彼のレゾンデートルを証立てるレコードであるのと同じくらゐ、レコード産業時代に放たれた、カラヤンによる新時代のマニフェストでもあつた。

カラヤンは、この時、ベルリンフィルの指揮者に就任して既に八年、この日まで、ベートーヴェンのレコードを一枚も出してゐない。決して短い時間ではない。それどころか、今日では、八年続く音楽監督は決して多くはないのである。フルトヴェングラーの後を襲つたカラヤンが、手つ取り早くアイデンティティを図るなら、出来るだけ早くベートーヴェンの〈第五〉や〈第七〉で、颯爽たる就任挨拶を世界に贈るべきだつたらう。実際、カラヤンは、戦前、ポリドールとの契約では録音二年目に〈第七〉、戦後レッグとの第一作は〈第八〉、フィルハーモニアとも最初期に〈第七〉から、録音セッションをスタートさせてゐるのだ。

ところが、カラヤンは、ベルリンフィルとのレコーディングに関しては、ベートーヴェンを出すのに八年も待つた。しかも全集のセットで、それは一気呵成に世に放たれた。

結果はどうだつたか。

圧倒的なものだつたと言つてい丶。

重厚と流麗、安定と優美と迫力が高度に融合してゐる。弛緩する瞬間のない壮大な山脈のやうだ。フルトヴェングラーにはない優美さが、峻烈なクライマックスと無理なく連なつてゐる。内的な沈潜も音楽の陰りもありながら、如何にも新鮮で若い。何よりも、九曲がしなやかな一貫性において貫かれ、〈第一〉から〈第九〉まで一瀉千里《いっしゃせんり》に寄り切る流れの強さがある。全集が、個々の交響曲の名演の寄せ集めではなく、それ自体一つのイデーを表現する「作品」となつてゐるのである。

カラヤンは、レコードのあり方としても演奏の美学としても、全く新たな正統を樹立し得たと言つてい丶だらう。

試みに、カラヤンの指揮した一つ前のベートーヴェンである、フィルハーモニア盤と、このベルリンの全集盤とを、つぶさに聴き較べてみるがい丶。フィルハーモニア盤に聴かれた、音響上や技術上、解釈上の様々な曖昧さや逡巡が、ベルリン盤では、峻烈豪奢《ごうしゃ》な音響と無類の安定によつて、一挙に割切られ、吹き飛ばされてゐるのが分かるだらう。磐石《ばんじゃく》の低弦重心の上で、どのやうな速いテンポも、またどのやうなニュアンスも、一瞬たりとも弛緩せず、型崩れを見せてゐない。

第一交響曲は大きく優美に始まる。主部のアレグロも悠然とし、音楽の姿が高く、安定してゐる。トスカニーニからカンタービレを学んではゐても、彼の非慣習的な行き方は一切採つてゐない。確かに、カラヤンの指揮にはフルトヴェングラー（ウィーンフィル 一九五二）の自発性と音楽の湧出、微妙なテンポ変化の魔法も、リズムや音色の愉悦もない。だが、こゝには別種の巨匠がゐる。フィルハーモニア時代にはなかつた高度な安定があり、ベルリンフィルによつて手に入れた響きの品格の高さがある。第二楽章の素朴な美しさも、第四楽章の精気溢れる太い持続の立派さもカラヤンがかつて実現できなかつたものだ。

第二交響曲もさうした性格に変化はない。数年前に出たブルーノ・ヴァルターのレコードの円やかで晴朗な音楽の祝祭は、カラヤンにはない。気品とアンサンブルの練度は眼を惹くが、音楽は標準化されてゐる。レガートが目立ち、初期ベートーヴェンの古典的な鋭さよりも、柄の大きさと優美さを強調する行き方も一番と同様である。第一楽章第二主題の前に、非常に目立つマルカートとテンポダウンがあるやうに、随所に表現の工夫があるが、フィルハーモニア時代までにあつたやうな迷ひや悪戦苦闘は消えてゐる。あらゆる表現が、滑らかさの中に接合されてゐる。無論、さうは言つてもスケルツォの諧《かい》謔《ぎゃく》や四楽章の瞬発力は充分に表現されてゐる。

第三交響曲で、カラヤンの美学は初めて全面的な勝利を収めてゐる。第一楽章は中庸なテンポで始まり、響きも音楽の作りも寧ろ地味である。後年のカラヤンのやうに、異常に速いメトロノーム指示に近づける努力はなされてゐない。音楽の統御が優先されるが精気に欠ける。例へば、ベルリンフィルとの最初のベートーヴェン全集である一九五七年のアンドレ・クリュイタンス盤——この頃、ベルリンで大層な人気だつた——は、より鮮烈な演奏だ。テンポも速く、オーケストラは自然に歌ひ、内側から燃焼し、ソノリティは豊かに色づく。クリュイタンスのフランス的な色彩感覚がベルリンフィルの表現の幅を広げ、テンペラメントの自由な飛翔感と明るさがある。これに較べればカラヤンの音は寧ろ暗い。

カラヤンが高く評価してゐた同僚のジョージ・セルの〈第三〉もカラヤンの全集に先立つが、峻厳、鮮烈、清潔な演奏で、カラヤンのものより印象的に始まる。第二主題で驚くほどテンポを落とし色濃く歌はせる辺りには、トスカニーニとフルトヴェングラーの融合といふ、この人の理想への意欲が感じられる。カラヤンもよく同じことを口にしてゐたが、セルとは行き方が全く異なる。セルは、アンサンブルに関してはトスカニーニ流儀だが、和聲進行や音楽の構造に対するフルトヴェングラーの方法を巧みに導入した。カラヤンはフルトヴェングラーのさうした和聲的、構造的洞察を寧ろ意図的に排除してゐる。実際、カラヤンの第一楽章は、和聲進行の論理を追はず、構造を明示するテンポ変化もなく、テンペラメントも抑制されてゐる。ところが、コーダに至つて、カラヤンは初めて音楽を強烈な広がりと解放に導くのである。そこまで音楽が徹底的に抑制されてきただけに、一気に訪れたカタルシスは強い。

第二楽章は悠然と構へ、感情に溺れず、高貴だ。一〇五小節からの展開部はマッシヴな迫力で押し切り、強烈な印象を残す。その後、徐々に第一主題の再帰となり、音楽が沈黙に帰る箇所も素晴らしい。

カラヤンの演奏はオペラ的だと言つてゐる。フルトヴェングラーはオペラでさへ和聲進行と構造から発想するが、カラヤンは交響曲の論理を寧ろオペラのドラマトゥルギーで塗り替へる。和聲の論理は背後に退き、エピソードによる虹が、音楽を美しく荘厳する。クライマックスは和聲の論理の積み重ねからくるのではなく、エピソードの累積の後に感情的なカタルシスとして齎されるのである。この楽章は交響的な展開ではなく、オペラの叙事的な悲劇の一場面をみるやうだ。

第三楽章は盤石、ホルンはデニス・ブレインのゐたフィルハーモニア時代に較べ、ほの暗いが音楽は御影石のやうな滑らかさを獲得してゐる。第四楽章は第一楽章とは対照的に鮮烈に開始されるが、フルトヴェングラーのやうに展開に明確な志向性がなくエピソードの連結になつてゐる。が、それぞれの変奏は流れの中に溶かし込まれ、安定してゐる。コーダ直前の悲劇的な高まりを示す四一八小節からのffで弦が異様な程高ぶり、その直後のpと強烈なコントラストをなす。かうして終結に向け聴き手の感情を強く刺激したカラヤンは、コーダで抜群の高揚を生み出し、聴き手は長時間のシンフォニーの美を堪能した充足感に浸ることになる。

カラヤンは、コンサートとは全く異質なレコードでのカタルシスを計算してゐる。コンサートで聴かれるやうな演奏をレコードにしても聴き手の感情は途中で消耗してしまふ。聴き手はコンサートホールでのやうに集中してはゐない。微妙過ぎる表現や、和聲の論理はしばしば聴き逃され、激しい感情表出は、聴き手を飽きさせる。カラヤンは、抑制された長い弧で、安定と気品を生み、クライマックスは厚みのあるサウンドで聴き手の感情を刺激する。スタジオでの彼や奏者達の高揚ではなく、レコードの聴き手の感情を計算した音楽作りと言へるであらう。

第四交響曲は成功してゐない。勿論、演奏の均質性と、ベルリンフィルのサウンドの高貴な重厚さに変りはない。だが、序奏部は陰鬱なだけで和聲的な彷徨感がなく、ヴィヴァーチェになつても目が覚めるやうな明るさはない。展開部の終りのPPで推移する部分などは――後年まで引きずる癖だが――音楽が単なる弱音の中に陥没して、死んでゐる。ピエール・モントゥーが直前に出した〈第四〉の精彩と音楽の漲《みなぎ》りを並べると、藝格の聴き劣りは甚だしい。まだカラヤンが成長途上の指揮者である事を思はせる。

第二楽章は美しいが、全体に、この〈第四〉は、モントゥーやヴァルター、クリュイタンス、セルら、この数年に出た全集の中でも凡庸な部類に属する。〈エロイカ〉と違ひ、〈第四〉では、テンペラメントやエスプリを排せば、音楽の最も大切な味はひも消える。カラヤンの行き方は、別の表現の強さを手に入れぬ限りうまくゆくまい。事実、カラヤンがこの曲でさうした彼一流の新しい解決に到達するのは一九八〇年代、晩年のことであつた。

ところが第五、第六交響曲となると、事情は一変する。

こゝでも和聲の論理や歌は排されるが、音楽は巨大な塑像のやうに輝いてゐる。〈第五〉は快速だが、それを感じさせない程息の長いレガートで歌ひ抜かれる。トスカニーニや後のカルロス・クライバーらのブリオとは違ふ。このレコードの直前に、フルトヴェングラーが戦後復帰した一九四七年の歴史的演奏会のライヴが出たが、その伸縮自在の重厚で圧倒的な押出しとも対極的だ。フルトヴェングラーは音楽の中に入り込み、音楽を生きる。カラヤンはその行き方は採らないが、ここでは叙事詩となつて〈第五〉が蘇つてゐる。第二楽章の変奏も、変奏ごとのコントラストよりも、流れの自在さと構への大きさが際立つ。没入の代りに俯瞰《ふかん》がある。曲の美しさ自身が語つてゐる。

第三楽章は流れの中に溶け込み、低弦の迫力に満ちたトリオから四楽章への運びには特筆すべきところはない。

が、第四楽章が素晴らしいのである。突出したサウンドや躍動感は避け、レガーティッシモで歌はれるのに、その充実した運びは並大抵ではない。コーダでテンポを一度大きく落とし、再び頂点に向けて昇り詰める構築は、音楽の姿をそゝり立つやうに大きくしてゐる。偉大な演奏である。

一方、次の〈第六〉のコンセプトが、この〈第五〉と明らかに同じ志向なのは興味深い。〈第五〉と〈第六〉は同時に作曲された。対照的な曲想だが、主題の提示、動機やリズムの活用法、第三楽章から終楽章まで休みなしに続く構成も、双生児と言つてゐゝ。この二曲の音楽の丈を、もし同じだと見たらどう響くか。この頃の〈第六〉の競合盤では、ヴァルターが有名だし、エーリッヒ・クライバーやモントゥーも素晴らしいが、カラヤンは、〈第五〉と対極的な魅力を求めたこの人たちのロマンティックで明るい表題音楽的な〈田園〉の系譜にはゐない。丈高く、叙事的で、壮大な〈田園〉である。

このコンセプトは後期の三つの交響曲に引き継がれる。〈第七〉の出だしは平凡で、音の力もさほどないが、序奏で弦の上行音型が繰り広げられ、管と対位法をなし始めると、快速で豊かな音彩が溢れる。主部も非の打ち所がない。リズムと対位法は精緻でしかも豪放だ。第二楽章のレガート過剰な扱ひは議論を呼ぶだらう。全体にカラヤンのこの楽章はアダージョ的な悲劇でもなければ、アレグレットにこだはるトスカニーニらのやうなアポロ的な非劇でもない。微睡のエレジーである。性格のとらへ方に違和感がある。

が、それでも第一主題が繰り返され、高潮した挙句七五小節でffになる持つてゆき方は類を見ない程巧みだ。このffは、感情の高揚と実際の音が充分に重ならず、いはば絶唱崩れを起こし易いが、カラヤンはファーストヴァイオリンを抜けるやうに高らかに歌はせ、管の和聲進行と絶妙なバランスを取ることで、感情と音の高揚を一致させてゐる。

第四楽章はこの全集の頂点をなす大熱演だが、カラヤン藝術の完成であると同時に、オーケストラがカラヤン藝術の部品に聞こえ始める頽廃《たいはい》の気配もある。再現部直前にコントラバスの印象的なエピソードがあるが、明らかにミキシングで誇張されてゐる。七〇年代のカラヤンのレコードの多くを駄目にしてゐるのは、音を機械でいぢる手つきが露骨に見えてしまふからだが、これはその先駆けとなつてゐる。それにしても、この四楽章で痛感するのは、音そのものが単なる安定とも、フルトヴェングラーのテンペラメントとも違ふ、特別な耳の快感になつてゐることだ。魔術的と言つていゝ。

この曲ではこの時期、他を圧するベストレコードだつたらう。クレンペラーの重厚な演奏は今だに光つてゐるが、特殊な味はひである。フルトヴェングラーの有名なウィーンフィル盤（一九五〇）は音が悪過ぎる。冒頭の数小節を対比すれば、カラヤンが凡庸にしか聴こえない豊かな表現だが、キンキンする高音と饐《す》ゑた音に閉口する。全体に録音が、弦や強奏部でのニュアンスを全く拾へてゐない。シューベルトの〈第九〉と同時期にベルリンフィルとの正規録音があればと惜しまれる。

続く〈第八〉も豪気な大交響曲となつてゐる。第一楽章のアレグロは、テンポの速い勢ひのいゝ演奏だが、スケールは大きく、一方、第三楽章のメヌエットは限界的に遅い。第四楽章は名人藝的なプレストで、破綻も隙もない強烈な進撃で押し通してゐる。フィルハーモニア管とのレコードが第一楽章冒頭からフレージングや響きの微細な不安定さを克服できず、第四楽章も設定したテンポに、オケも――指揮者自身も！――充分についていてこれてゐない様と較べれば、次元の違ふ巨匠の姿がこゝにあると言つていゝであらう。

〈第九〉も掉尾《とうび》を飾る名演だ。今度聴き直して驚いたのは第三楽章の音楽的な豊かさである。変奏を滑らかに接続してゆくのはいつもの流儀だが、落ち着いたテンポで歌に溢れてゐる。後年のカラヤンのこの楽章の演奏からは失はれたものだ。第四楽章では聲楽パートに疑問が残るが、圧倒的な集中力で全曲を演じきる。既に発売されてゐたフルトヴェングラーのバイロイトの〈第九〉に競合できる、この時点で唯一の〈第九〉であらう。トスカニーニ盤はあまりにも非慣習的であり、クレンペラー盤は晩年の巨大な藝風にまだ達してゐない。

かうしてカラヤンは、この全集で、フィルハーモニア盤のみならず、既出の先輩らのレコードを、美の「総合的完成」として乗り越えたのだつた。

より魅力的な演奏も、より壮大な演奏も、より深みのある演奏もある。愛好家がレコードを集める、あるいは好きな曲を聴きたいときに、カラヤンの全集を選ぶかどうかは疑問である。私ならば、例へば、〈第一〉はフルトヴェングラー、〈エロイカ〉はエーリッヒ・クライバー、〈第四〉はモントゥー、〈第五〉はベーム、〈第七〉はストコフスキー、〈第八〉はシューリヒト……といふ風になるかもしれない。別の日には別のレコードが聴きたくなるだらう。

その中にカラヤンのレコードが入ることは余りありさうにない。

優れてゐる事は明らかだが、音楽としては一度聴けばわかつてしまふつまらなさがある。音楽に触れるのは、その脆《もろ》さゆゑだ、カラヤンはその脆さを排除した時、決定的な成功と決定的な失敗をともに背負ひこんだ。たとひレコードは何度でも聴けるものだらうと、聴く側の人生や、聴く時の心境は毎回変はる。さうしたものに寄り添ひ、ときに慰め、ときに鼓舞し、ときに会話する相手としては、カラヤンのレコードは完結した美であり過ぎ、スコアの諸問題や音楽としての曲の謎や奥行きを解決してゐ過ぎるのである。

私はカラヤンのこの全集を通して聴く内に奇妙なことに気付いた。スコアに殆ど書き込みを入れる余地がないのだ。メンゲルベルクやフルトヴェングラーのみならず、バーンスタインやベーム、近年のシャイーやラトルでも、スコアを見ながら聴いてゐれば、解釈上の特色に始終出食はし、スコアにメモを付けるのが私の習はしだ。が、この全集を聴き、感心したり感動したりしてゐてさへ、私は殆ど書き込みを入れる気にならないのだつた。(167)

カラヤンのレコードは私の中の「批評」を凍結させるのである。

単なる精緻な合奏でも完璧主義でもない。主観的、主情的演奏に対する客観的な演奏といふのとも違ふ。カラヤンは、こゝで、あらゆる偉大な先輩達に比肩し、しばしば凌駕さへする美と感動を創り出してゐるからである。

それにもかゝはらず、聴き手にとつて一回的な音楽体験となるカラヤンの音楽家としての痕跡は全て除去されてゐる。

これこそがカラヤンの独自で歴史的な意味だつたのではなかつたか。

節を改めて考へてみたい。

XIV

そもく「ベートーヴェン全集」とは何だつたのか。

一九六〇年代、日本でもどれだけ百科事典や文学全集、数十巻の歴史書が、鎬《しのぎ》を削つて世に送り出されたことだらう。こゝでのカラヤンの仕事は、正に、さうした総花的な教養の所有を求める時代の要請に応へる、クラシック音楽最良の教養全書だつた。

実際、カラヤンの、完璧で正統、オーディオ的には豪奢で重厚な行き方は、革の背表紙に金文字を焼き付けた重々しい百科事典を連想させる。和聲進行への思慮や歌の揺らぎを排除して、アンサンブルの完璧な美しさとクライマックスへの設計で感動を「約束」するカラヤンの演奏の質も、大衆教養主義にふさはしいものだ。

この頃解放された「教養」は、戦後の経済成長に伴つて出現した中流層の所有欲の反映だつた。戦後の豊かさが欧米日の、広範な人々に分たれてゆく中で、人々は、音楽への渇望からではなく、教養の目録を一わたり所有する為に音楽に近づく事を覚えたのだつた。

大きな歴史的文脈で言へば、この時期に、消費と教養が出会ふことによつて近代社会は完成し、同時に急激に解体し始めたのである。

西洋において教養は長い期間、消費とは交はらなかつた。

十九世紀に成立した市民社会がその最初の交点となつたが、あくまでも市民は創造的な参加者として、学問や藝術を支へたので、単なる消費者ではなかつた。ドイツ市民社会の一般家庭は、リートや室内楽を演奏する事で音楽家と共同体をなしてゐた。彼らはレコードの消費者ではなく楽譜を買つて演奏する側だつた。ブラームスは楽譜の印税収入で富をなした。イタリアオペラも又、言ふまでもなく町中に流れる歌聲から活力をくみ上げ、ロッシーニやヴェルディのメロディーは、オペラハウスから再び酒場へと戻つていつた。

二十世紀前半に、さうした市民社会は、高度技術社会と大戦と金融経済によつて破壊され続ける。音楽もヴァーグナー以後、巨大な興行へと道が開かれた。そして、IIで書いたやうに、経済史と文明史と音楽史の交点に出現したのが、指揮者といふスターだつたのである。市民社会的な共同体は急激に解体し、専門の音楽家と沈黙し音楽を受容する聴衆といふ構図が誕生する。むろん、コンサートでの聴衆は単なる受容者ではない。が、共同の創造者と言へば誇張になるだらう。批評的な関与ではあつても創造的な関与でない。それが二十世紀前半の聴衆の地位だつた。

カラヤンは、その祭祀役の頂点だつたフルトヴェングラーの美学や音楽性の否定者を演じつゝ、実は完成者でもあつた。

二十世紀の後半、音楽はコンサートの聴衆から、各家庭の居間で好きな時に好きなレコードを掛けて、教養を手軽に消費する世界中の数百万人の中産階級の手に一気に解放される。

これは音楽聴の普及といふ意味では、二十世紀前半の音楽の運命の完成だつたからだ。

一方、この時、コンサートでの集中聴といふ批評的な関与は終り、レコードの不注意で受け身な聴衆が無数に誕生する。先程、カラヤンのレコードは聴き手の批評を凍結すると書いたが、批評の凍結によつて初めて、レコードは大量に普及し得るものとなるといふこととの、それは表裏一体の現象であらう。決定的、一回的な音楽体験は、教養として所有され得ない。「所有」は寧ろ、さうした生々しい体験ではなく、安楽椅子での快楽に対応する快適で精密で贅沢なものでなければならない。繰返し聴いても粗《あら》の見えない精密さが求められる一方、不注意な聞き方にも快く応じられなければならない。

個人的な藝術であつてはならないが、凡庸ではなほいけない。教養の提供は、人類の精神的業績の頂点への招待である。その招き手であるカラヤンは、決定的に非凡でなければならない。

だが、非個人的な非凡さとは何なのか。

解釈や様式において規範的でありながら、音響や技術で聴き手を圧倒する達成が、それだらう。さうした非凡さは、藝術家より、記録といふ無色の観念に挑戦するアスリートのそれに近い。カラヤンが狙ひを定めたのは、誰にでもたゞちに理解され、衝撃を与へられる種類の卓越である。レコードを所有してゐるだけで、持主が、教養を手に入れたと思ひ込める確実性が、カラヤンが欲し、また、彼のみに作り出せる新たな価値だつた。その正統性と確実性と物理的衝撃力こそが、カラヤンのレコードを、単なる藝術でもなければ商品でもない、世界的に通用する高度な教養といふ全く新しい存在にしたのだつた。

かうした新たな普遍性への志向は、必ずしも、元来のカラヤンの音楽性からの帰結だとは言ひ難い。戦前のみならず、フィルハーモニア管との録音にまで、迷ひや試行錯誤、大胆な内的な沈潜への志向は聴かれるからだ。カラヤンメトードといふべき均質と流線形の美学は、寧ろ、このベートーヴェン全集で、カラヤンが自らの音楽的流露を封印して造作したものなのである。

かうした技術的な基準といふものは、一たび達成されてしまへば、容易なものに聴こえ易い。アスリートの記録が、誰によつても塗り替へ可能なことで、意味を持つてゐるやうに、カラヤンの美学も、一層の洗煉や豪華さへと塗り替へられる非個人性に、演奏藝術の道を拓いたのは事実である。

しかし、誰もさうした均質性に着眼した者のない中で、自身の揺れる音楽的資質を高度な均質性に馴致《じゅんち》してゆく道のりは長く峻《けわ》しかつたに違ひない。カラヤンの才能が本物だつたからだ。こゝで聴かれる均質性は、自分の中の、自然に歌ひ、不安に揺れ動く天性の音楽家を、カラヤンが自覚的に扼殺《やくさつ》し、永年の試行錯誤によつてやうやく手に入れたものなのである。

以後、カラヤンは、こゝで確立した美学を多領域に応用し、また同一レパートリーでも一層の流麗さを追求しつゝ、厖大《ぼうだい》なディスコグラフィーを構築することになる。オペラを別にすれば、通常の管弦楽レパートリーの録音を終へた一九七〇年代初頭以後、カラヤンは、コンサートでは取上げることのない曲も含めた主要な作曲家の全集を、幅広く完成させてゆく。モーツァルトの主要交響曲集、シューマン、メンデルスゾーン、シューベルト、チャイコフスキー、ブルックナーの交響曲全集、ハイドンのパリセットとロンドンセットが、八十年代冒頭までの十年間に録音された。リヒャルト・シュトラウスの主要管弦楽曲集もそれに加へていゝだらう。カラヤンが殊《こと》の外《ほか》愛したシベリウスは全集にならなかつたが、残された録音は、カラヤンの管絃楽レパートリーの最良の達成の一つだ。

オペラの序曲集、ウィンナワルツ集から、スッペやレスピーギ、ホルストの〈惑星〉など、彼以前の大指揮者が取り上げなかつた通俗曲も、カラヤンは網羅した。バッハ、ヘンデルも取り上げた。一方、新ウィーン楽派の管弦楽曲集も、カラヤン以後、未だ誰も全集的な企画に再挑戦する指揮者は一人もゐない。

オペラの録音に関しては、初期のカラヤンが、当代の大歌手たちと共演してきた——カラス、シュヴァルツコップ、テバルディ、モナコ、ベルゴンツィ、エーデルマン等々——のに対し、七十年代からは、カラヤンの詳細な指示——それは到底舞台では不可能な発声、発語、抑揚の細部に及ぶ——に従ふ歌手のみを採用し、精妙に語られる交響楽的演劇の趣を呈するやうになる。オペラの猥雑で自由な空間が、カラヤンのレコードでは、音と言葉とで編まれた精妙な言語空間に変容する。レコードにより歌唱の細部を拾はなければ到底不可能な世界である。

いづれにせよ、オペラのレコードは、シンフォニーよりも遥かに慎重に作られ、生涯を通じて、一通りのレパートリーをやうやく完成させることが出来た。例へば、〈フィガロ〉の初録音は一九四九年なのに、〈ドン・ジョヴァンニ〉の初録音は一九八五年である。カラヤンはその四年後に亡くなる。「奇跡のカラヤン」と言はれた決定的なレパートリーである筈の〈トリスタン〉も一度だけである。〈パルジファル〉は一九八二年と晩年になつて初めて録音されてゐる。イタリアオペラは再録音が多いが、それらは交響楽的な台詞劇として、いはば全体にヴァーグナー化してゐる。

一方、バッハの〈マタイ〉〈ロ短調ミサ〉以降の主要な合唱大曲も、カラヤンは、ほゞ全て録音してゐる。これらは、日本で考へられてゐる以上に、今日でも、ヨーロッパのレコード批評では、評価の基準点である。これら聲楽曲のカラヤンは、感情的な燃焼度が高い。カラヤンがとりわけ好んだブラームスの〈ドイツ・レクイエム〉では、戦後直ぐのウィーンフィル、シュヴァルツコップ、ホッターの名盤が、カラヤンらしい清潔なアンサンブルの上に、手放しの慟哭《どうこく》を歌つてゐる。自身では全く満足してゐるないやうだが、ベルリンフィルとの〈ロ短調ミサ〉（1973年）も素晴らしい。(168) カラヤンのバッハは絢《けん》爛《らん》豪華なだけの「空疎」な代物で、様式的にも精神的にも見当外れだとの通説が行はれてゐるが、これだけ真実の感情が溢れる〈ロ短調ミサ〉は、さう多くないだらう。

かうして、バッハ以降、二十世紀前半までの主要レパートリーの全領域が、膨大な音の記録となつて収められた。カラヤンによる、レコードライブラリーの完成であり、中産階級の為の、新たな教養大系の完成である。

一方、カラヤンは、主要レパートリーに関しては、七十年代以後、飽く事なく同一曲の再録音を始める。私たちは、カラヤン指揮によるベートーヴェンとブラームスの交響曲全集やチャイコフスキーの後期三大交響曲集を、五十年代のフィルハーモニア、六十年代、七十年代、八十年代のベルリンフィル乃《な》至《い》ウィーンフィルとのレコードで聴くことが出来る。

先程書いた六十年代の全集セッションが、カラヤンレコードのマニフェストであつたとすれば、七十年代のそれは、カラヤン美学の完成を意味するのだらう。こゝに至つて、安定的な音像、自動車からファッションに至るあらゆる高級銘柄に通じる、拡大された優雅さ、威圧的な富裕と豪奢により、カラヤンのレコード藝術は「完成」したのである。

が、その完成は藝術の深化ではなく、美の腐臭といふべき異様な方向に進んだものでもあつた。カラヤンのレコードが詰まらないといふ聲は、今日でも止むことはないが、その評価を決定的にしたのは七十年代に再録音された主要レパートリーのレコードだらう。そこでのカラヤンは、殆ど演奏家であることを止めてゐる。音響といふオブジェを用ゐてベートーヴェンやブラームスの外皮を滑走してゐるだけだ。意匠は六十年代のレコードと変らない。だが、新たな達成の為の緊張に溢れた六十年代に較べ、七十年代のカラヤンは、意匠を自動滑走できるベルリンフィルをいぢる音響技師に堕してゐる。最初の一撃で音響上圧倒された耳が慣れてくると、数分後にはもう、音楽は、レールの上を滑るやうにオートマティックに進む。

もし、この段階で、カラヤンが亡くなつてゐたら、遠山一行の「予言」は当つてゐただらう。カラヤンがフルトヴェングラーと同い年で没したとすれば、一九七六年に亡くなる勘定になるのである。もし、一九七六年でカラヤンの盤歴が終止符を打つてゐたら、後世、その業績が、ゲオルク・ショルティやレナード・バーンスタインと比べ、傑出してゐると見做されることは難しかつたらう。

だが、こゝでもカラヤンは、強運を発揮する。

七十年代後半から、カラヤンは、相次ぐ大病に見舞はれ、また「帝国」とさへ呼ばれてゐたその支配権が、膝下のベルリンフィルから崩れ始める。カラヤンの指揮は優美に見えて実際には脊椎《せきつい》に負担を掛ける無理な動作が多い。垂直の振り下ろしと手を横に大きく広げながらアレグロを指揮するなどはその代表で、晩年は再三手術を受けたが、結果は芳《かんば》しくなく、激痛に堪えながら指揮を続けた。(169) 一九七八年には脳梗塞も患つてをり、八十三年の脊髄手術後は、指揮台の枠に特殊な背凭《せもた》れを設へ、長年目を瞑《つむ》つて指揮する習慣も改め、目を開けて指揮するやうになつた。

一九八三年には、女性クラリネット奏者ザビーネ・マイヤーの入団を巡りベルリンフィルが激しくカラヤンに抵抗し、以後、カラヤンはウィーンフィルを重用するやうになる。(170) ベルリンフィル内での反カラヤン派はヴェルナー・テーリヒェンらフルトヴェングラー派でもあつた。ベルリンフィルの名聲も団員の生活向上も、全てカラヤンの貢献である。それだけに、晩年、監督権のみならず音楽観も含めた公然たる抵抗が、ベルリンフィルの内部から起きた屈辱は大きかつたであらう。[171]

ところが、さうした不如意の中で、カラヤンの音楽からは、個人的な「肉聲」が、はつきり聴こえてくるやうになるのである。出来不出来の波はそれまでのカラヤンに似ず多発する。が、一方で八十年代のベートーヴェンやブラームスなどは、真正な魂の発露の音楽となつてゐる。全力を尽くしてゐる奏者たち一人一人の生気がはつきりと聴きとれる。カラヤンは、かうして最晩年の不幸の中で音響のプロデューサーではなく、音楽の内面に踏み込まうとする一人の稀有な音楽家になつた。

晩年のカラヤンが単に傷ついた孤独な老人になつて、内面的な歌を歌ふに至つたといふのとは少し違ふ。それどころか今まで以上に依怙地《いこじ》になり、権力を行使しようとし、多年の援助者だつたベルリンフィルの支配人シュトレーゼマンを侮辱し、[172]ベルリンフィルとのコンサート契約を履行せずにウィーンフィルとの演奏旅行や数々の映像作品に注力した。[173]シュピーゲル誌には「お金の魔術師」と書かれ、[174]彼を正当に評価する楽団員さへ「カラヤンの最後は、不名誉な、恥ずべきものだった」[175]と評する程、楽団員から軽侮された。

だが、その時、彼の音楽はかつての全業績が足元に霞む程、内面的な尊厳に輝き始めてもゐたのだつた。音楽が、今こそ、やうやく、彼自身の生にどうしても必要なものになつたのだつた。事業ではなく、個人的な聲で、歌はねば生が支へられぬやうな、必要不可欠な糧《かて》になつたのであつた。

彼が足元のベルリンフィルの団員たちに軽蔑さへされる老醜の人となつた時、彼は真の大音楽家になつた。権力者の魂の最後の固執が、彼を追ひ込んだ孤独の中で、彼は最も叡智に富んだ深い境地を歌ひあげる。

最晩年のブラームスの〈第三〉〈第四〉は内的な探求と深遠さにおいてフルトヴェングラーに並び、あるいは越える。同じ時期の〈ミサ・ソレムニス〉やブルックナー〈第八〉〈第九〉、最後の来日となつたサントリーホールでのチャイコフスキー〈悲愴〉、ブラームス〈第一〉などは、絶唱である。

これら晩年の個人的な藝術によつて、カラヤンは、教養の棚を充《み》たすライブラリーの高度な製作者から、音楽を愛する者たちが切に必要とする、正真正銘の大演奏家の仲間入りを果したのである。

XV

長くなつた。カラヤンについて、こんなに書くことがあるとは思はなかつた。この節で終はりにしようと思ふ。私自身は、元々カラヤンを好んでこなかつた。長年、彼が自分にとつて必要な音楽家だつたこともない。だが、今回、書くことになつて丁寧に聴き込むにつれ、カラヤンの音楽家としての運命の大きさは、その演奏の器の大きさとしてはつきり現れてゐると感じるに至つた。

生前彼のライバルだつたベームやバーンスタインのレコードが、店頭からほゞ消えてしまふことはあり得るだらう。だが、カラヤンのレコードが店頭から消えるとは、クラシック音楽の市場的命脈が尽きた事と殆ど等価であり、その事情は今後も結局変はらないのではないか。

カラヤンが他の二人とは冠絶した音楽家だからではない。

こゝまで述べてきた音楽史の運命が彼に刻印されてゐる、その深さが尋常ではないからであり、カラヤンが生涯尋常でない傷を負ひ続けながら、音楽史そのものを引き受けた刻印こそが、彼の全レコードだからである。

実際問題として、カラヤンの音楽史的意味は、その没後に明瞭に姿を現した。

カラヤン帝国の全盛期には、何人もの有力な対立教皇が――ポピュラリティーでは勿論誰一人敵はなかつたが――ゐた。カラヤンレコードの売上は他を圧倒したが、彼一人が傑出した指揮者でなかつた事は、コンサートに行けば誰にでもわかることだつた。

カラヤンは「帝王」になつた後も、先輩のモントゥー、ストコフスキー、アンセルメ、クレンペラー、クナッパーツブッシュ、ベーム、ミュンシュ、同年輩のセル、クリュイタンス、ムラヴィンスキー、チェリビダッケ、ショルティ、やゝ年は離れるが、バーンスタイン、カルロス・クライバーらによつて絶えず相対化されてゐた。その上、当代第一の名聲の代償として、また、レコードを普及させたことで、すでに亡い巨匠達と絶えず比較される宿命を初めて正面から引受けたのも、カラヤン自身だつたのである。激しい賛否両論の中で、カラヤンは、一層醇化されたカラヤンたらうとする激しい緊張を強ひられ、それが、最後まで、カラヤンの仕事を、また、同時代の演奏活動全般を、表出意欲に溢れたものにしてゐた。

カラヤンその人が音楽も音楽家としてのありやうも批判に晒《さら》され続け、その結果、カラヤンに内在する病理は、音楽社会に瀰漫《びまん》することはなかつた。カラヤンの音楽史的に孤絶した意味も表面に現れはしなかつた。

カラヤンは、表層的な意味で時代の繁栄と堕落との中心だつたのではない。トスカニーニ＝フルトヴェングラーの世代の指揮者が、巨大な政治と戦争・イデオロギーの葛藤、そしてカリスマ的な神話作用による、いはば国家事業を強制されたのに対し、戦後の西側社会は、経済成長による世俗化が進む一方で、国家や民族的エートス、それが齎す思想的、藝術的創造力の解体期に入る。カラヤンは、その時代に生じた、藝術上の深刻な諸問題――作曲の枯渇、レコード技術の異常発達、商業主義、音楽的土着性の消失、コンクールによる技術的平準化、精神の平板化、広くは西洋の没落といふ諸現象に、才能ある音楽家たちが対処に追はれた、その生き生きとした混乱の中心をなしてゐた。

カラヤンは音楽の社会的な意味の変質を体現し、その変質に応答し続けた。カラヤン時代を通じて、フルトヴェングラーを称讃し、カラヤンに西洋音楽のエートスの消失を見る文明史的な批評が世界中で書かれ続けたことが、時代を象徴するカラヤンの巨大さを、何よりも証明してゐる。

今日、サイモン・ラトルと文明のエートスを結び付けて、議論が沸騰することは最早ない。文化や知的な営為が、時代を象徴しにくくなつたからばかりではないだらう。

音楽といふ謎めいた魅惑への、違和感と共振とが大きければ大きい程、表現への欲望は、切実になる。表現とは、近代藝術に限らず、美への、降伏と反抗とに揺れ続ける心が夢見る、純粋《じゅんすい》な邪心による冒険だ。カラヤン後の数十年、自己の内部に社会的要請の核心を見る真の才能と野心を持つた音楽家が出現しない程にまで、楽壇そのものの力が、落ちてしまつてゐたのではなかつたか。

ポスト冷戦、欧州統合の奇妙な無秩序感の中、社会の激変に翻弄されながら、大多数の音楽家は、カラヤンの美学に依存するか、それに反撥《はんぱつ》してピリオド奏法を取入れるかといふ矮小化《わいしょうか》された反応に終始する月日が続いた。

カラヤン後の世代で、フルトヴェングラーからの影響を語る指揮者は多いが、カラヤンシステムの中で、批評を凍結したまゝ、フルトヴェングラーの表現技法を参考にしても大した意味はない。こゝまで書いてきたやうにフルトヴェングラーとカラヤンは、ともに、時代との対決の中で、自らの全能力を傾けて音楽の砦となることで決定的な表現を得た人達だからである。

言ふまでもなく、フルトヴェングラーは理想的な音楽環境を生きたわけではない。音楽家としての全盛期はナチス政権と完全に重なる。一人の一生としてみれば最大の不運であらう。しかも、ナチスとの戦ひの後には連合軍との戦ひが続き、やつと政治から解放された時には実年齢より十歳以上も老け、レコード時代に適応できぬまゝカラヤンとレッグの野心に傷つき、六十六歳で難聴となり、六十八歳で自殺同然の仕方で死んだ。彼は、社会と音楽といふ主題に死に物狂ひで取り組み続け、聴衆から神格化される一方で、その美学は生涯を通じて批評やアカデミズムから頑迷な保守主義者、アナクロニストとして嘲笑され続けた。

他方、カラヤンも又、時流の後から付いてゆき、才能を時代と妥協させたオポチュニストではない。元来、ドイツの小さなオペラ小屋から出発したカペルマイスターだつた男が、再三の不運と運命の転変に耐え、潰されずに身を処し、自分の直覚で読み取つた新しい時代の波頭を泳ぎ続けた。それがカラヤンの人生だ。彼の方から身を乗出すやうに、時代を先取りしたのが、均質性の美学であり、レコードのサウンドの発明であり、大衆教養主義への神話的な滲透《しんとう》であつたので、時代が彼の成功を準備した訳ではない。カラヤンは、危険な賭けを決断し、徹底的に戦略を立て、周到極まる準備を経た上で、新たな価値体系の構築へと驀進《ばくしん》したのである。

華々し過ぎる成功が、カラヤンの営為がどんなに危険で、孤独で、創造的だつたかを忘れさせる。その意味で、「カラヤン問題」が深刻な様相を呈し始めたのは、カラヤンが亡くなつてからだつた。彼の緊迫した個性や時代との闘争が、検討も継承もされずに、カラヤンによつて肥大化した音楽産業の中で、カラヤンの余光を消費する時代が続いたからだ。

カラヤンは、彼自身が、大衆社会と教養主義を接続したので、何らかの既存の構図の中で成功を享受したのではない。彼は、自らの天才と構想によつて、クラシック音楽の世界から一歩も出ず、大衆に迎合せずに、ビートルズ、フランク・シナトラ、マリリン・モンロー、J・F・ケネディ、或いは日本ならば、美空ひばり、三船敏郎、長嶋茂雄らと同じ、大衆社会のスーパースターとなつた極めて異例の人間だつた。

これらのスーパースターたちが担つた全人的な表象価値は、藝術界のみならず、今日では映画界にもスポーツ界にも政界にも、最早出現することはあるまい。彼らは、単にその分野で優れた才人だつたのではない。戦前まで、各社会で持続してゐた、教養伝統、知的な、或いは父性的なヒエラルキーが、大衆社会の中に溶解し、揺らぎ始めた中で、新たに出現した中流階級の自画像を理想化した存在だつた。彼らは、高度産業社会の生んだ、中流階級の未来への自信と希望の反映だつた。

カラヤンは、さうした時代に、クラシック音楽といふ、聴き手に大きな要求を突付けるジャンルを、最高度の質の達成を通じて、華やかな夢へと変質させたのである。

カラヤンのレコードの売上げは生前一億枚に達してゐたとされる。最高度の質と網羅性、そして大衆への浸透が同時に達成された。空前絶後の現象だつたと言ふべきだらう。かうした「現象」を批判する事は易しいが、超克することは難しい。それは時代の要求への真摯な回答に他ならないからだ。

その証拠にベルリンを去つた後、一貫して時流の全否定者となつたチェリビダッケが、どれ程峻しい人生を選び続けて、カラヤンを否定してきたか。カラヤンと同等の才能を持つ同世代唯一の指揮者だつた彼は、レコード録音を生涯拒絶し続けた。一億枚対ゼロ――何と苛烈極まる「抵抗」であることか。人生全てを賭けた「時代」との対決であつたことか。が、逆に彼以外の誰が、かうした傷を負ひ、時代と音楽との真の対話を敢行しようとしただらうか。いや、次の世代は、もつと自然な音楽への身の委ねによつて、新たな時代を拓きつつある、さう言つてよいのかもしれない。

ダニエル・バレンボイムがさうであるやうに、レコードによる世界制覇ではなく、ベルリンといふ街の藝術の主宰者たる事に拘《こだわ》り、又、ウェスト＝イースト・ディヴァン管弦楽団のやうに、音楽と社会の関係について、原理的な思考に戻ることから何かが始まることは充分あり得るだらう。グスターボ・ドゥダメルの演奏に、その社会的な問ひが音楽の豊かさを生む後裔《こうえい》を夢見ることは、まだできさうである。

ニコラウス・アーノンクールらの古楽奏法は、普及の過程で、音楽よりイデオロギーが先行した時期が続いた。だが、カラヤンを美学的に否定するその姿勢は、三世代目に入つて、新たな才能を刺激し、またバロック以前の音楽の大幅な復活を生んでゐる。その影響は、反発の形でクリスティアン・ティーレマンの成長期を極めて復古的なものにし、カペルマイスターの伝統が辛うじて継承されることとなつたが、現在はリッカルド・シャイー、エサ＝ペッカ・サロネンらの世代の消化を経て、アンドリス・ネルソンスのやうな若い世代の巨匠誕生の可能性を促し始めてゐる。

一方、カラヤン後の空位時代の中、クラウディオ・アバドやサイモン・ラトル、バレンボイムらが若手の自由な成長を許した寛容さが、音楽市場の衰微と相俟《あいま》つて、若い世代の音楽家たちに、自分の聲を大事に育てる傾向を取り戻しつゝあるのも確かだらう。イタリアを中心にオペラ小屋から素晴らしい若手指揮者が多数登場し始めてもゐる。概して、レコードスターシステムの解体が、演奏家の才能を開放することになつてゐるのは興味深い。

が、解決してゐない問題もある。

さうした新たな演奏の自由の開花の中でも、厳然と市場にそゝり立つカラヤンレコードはどうしたらいゝのか。

演奏といふ一回性の藝術が、カラヤンのレコードにおいて、古びずに、規範とされ続ける現象を誰も塗り替へられないとしたら、それはどのやうな意味を持つ現象なのか。

＊

遠山一行が、カラヤン死去の折、カラヤンの忘却を予言したにもかゝはらず、それが大きく外れたことへの、私なりの解を出すことが、この稿を起した一つの意図だつたが、今となれば、答へはかなり明白である気がしてゐる。

一九八〇年代までの遠山が呼吸してゐたのは、日本でもヨーロッパでも、伝承されてきた文化的土壌が解体する「戦後」の途上だつた。その頃はまだ、成熟した文化共同体の残り香は、日欧ともに充分漂つてゐた。

遠山自身、旧制高校、大学で知的青春を過ごし、音楽批評の師は河上徹太郎である。[176] 吉田健一が兄弟子に当り、吉田秀和は音楽批評の先輩になる。河上は小林秀雄とともに文藝批評を確立した人だが、彼らのフランス象徴詩、アンドレ・ジード、ポール・ヴァレリー、更にはドストエフスキー受容は同時代の西洋の水準を、寧ろ抜く。また、遠山は戦後、二度パリに留学し、妻となるピアニストの慶子はアルフレッド・コルトーの高弟だつた。[177] 遠山の音楽体験の原型は生演奏で聴いたフルトヴェングラー、コルトー、エトヴィン・フィッシャーらである。[178]

遠山は、日欧の近代の最も高みを知る爛熟の子だつた。さうした遠山の見たカラヤンは、クラシック音楽界に、効果と商略を持つて踏み入つてきた文化の簒奪者であり、簒奪の手段はレコード、その野心は、均質化してゆく大衆文化としてのクラシック音楽の支配だと映じたのも不思議はない。遠山が、カラヤンに感じた胡散臭《うさんくさ》さと危惧は、フルトヴェングラーの肌感覚に間違ひなく近かつた筈なのである。だが、その後、日本でもヨーロッパでも、文化的土壌は解体の一途を辿り、恐ろしいスピードで漂流を続けるに至つた。

さうした中、カラヤンは文化の簒奪者ではなく、寧ろ、文化の強力な防護壁へと役割を百八十度転換するに至つたのではなかつたか。

カラヤンが今なほ売れ続け、クラシック音楽の基準であり、象徴であり続けてゐるとすれば、それは、冷戦後の、金融グローバリズム、インターネットによる音楽の情報化への強力な抗体として、カラヤンが質を担保する側に立つてゐるのは明らかだからである。

カラヤンとその音楽の、「戦後」のスーパースターとしての耀《かがや》きは伝説となり、その伝説が、市場を守り続けることになつてゐる。カラヤンの華麗な風貌、圧倒的な音響の勝利、そして、彼がレコードに教養主義的な基盤を齎したこと、ブランドとして経済効果を幅広く持ち続けてゐること――生前には文化破壊に見えたそれらの諸特徴こそが、実は、逆に今日、クラシック音楽のぎりぎりの砦になりつゝある。

クラシック音楽が大衆文化の中に溶解してしまふこと、高い質へのこだはりを音楽家側が失ふこと、音楽がデジタル情報と化して真面目な集中聴の対象でなくなること――さうした破滅的な傾向に対して、商業ベースで拮抗し得て、なほ、最高度の技術的藝術的達成を誇れるレコードブランドは、今日でも依然としてカラヤンだけだからである。

戦後クラシック界を象徴するのが、仮に、現実よりも遥かに長生きした老フルトヴェングラーであつたならば、その藝術の、人文的な伝統ゆゑに、また、個人の天才ゆゑに、ゲルマン的風貌ゆゑに、ポスト冷戦の荒波の中でクラシック音楽の防波堤となる広汎な市場価値は発揮できなかつたらう。

おそらく、カラヤンのレコードは、現代といふ、文化史上最大級の混乱の時代の後、クラシック音楽に再生の時があるなら、それまでの無明長夜《むみょうぢょうや》を照す、重要な松明《たいまつ》であり続けてくれる筈である。

だが、こゝで最後の問ひを出さう、なぜ、それがカラヤンでなければならないのか。

なぜ、彼の後に、カラヤンを塗り替へる指導的指揮者が出現しないのか。

偉大な演奏を成し遂げることと、レコードといふジャンルを確立することは別のことだ――これこそが、フルトヴェングラーとトスカニーニに象徴される大指揮者時代の後、カラヤンがベルリンフィルと証明した最大のテーゼであつた。

ところが、カラヤン後、レコード市場の縮小や次世代の指揮者の魅力の陥没によつて、レコードが大きな衰退局面に入つてしまふ。とりわけ、ポストカラヤン世代の指揮者に魅力ある個性が圧倒的に不足してゐたこと、ベルリンフィルの後継者だつたアバドとラトルが非力だつたことは痛かつた。一方、バレンボイム、ティーレマンの実演は、コンサートホールでは、カラヤン以上の達成が日常的になつてゐるのに、レコードはその実力を全く反映し得てゐない。

レコードの質的魅力が三十年にもわたつて低調であれば、スタジオ録音は商業的に成立しなくなる。スタジオ録音といふ形でレコード藝術を実現する技術やエートスも又、急激に失はれる。レコード一つ一つが、高い水準の完成品——オーディオ的にも、演奏内容でも——としての魅力をかつてのやうに追求しなくなつた。

経済的に不可能だといふのは理由にならない。少なくともカラヤンが「帝王」になる前、フィルハーモニア管弦楽団時代に工夫を重ねたレコード作りは金の力に任せたものではない。いや、経済効率無視のカラヤンの努力は「帝王」後も続く。ベートーヴェン全集や新ウィーン楽派集でも楽章や変奏によつてオケの配置換へをするなどの偏執ぶりである。録音への執着と演奏家としての天才とが一人の人間の中で協働して、初めて、カラヤンの録音は可能になつたのである。

では、「レコード藝術」はカラヤンに始まり、カラヤンに終り、その後の音楽家はコンサートを中心とした個人的な発言に戻る——それで本当にいゝのか。

レコードは広範な知名度や市場価値や熱狂の対象にはもうならない。ネットから音源が簡単にダウンロードでき、複製できる時代に、レコードの神話は不可能だ――さういふ風に割り切つてしまつてゐいゝのか。

それは違ふだらう。

レコードといふ媒体を改めて活性化する試みは、クラシック音楽にやうやく再び目覚ましい才能が出現し始めた今こそ、必要ではないのか。

レコードがインターネットによる音楽の安易な聴き方の流通への防波堤となり、魅力的な生演奏への媒介となること――その新たな象徴となるだけの魅力的なレコードアーティストの出現は不可欠ではないのか。

指揮者らの表現能力が、ポストカラヤン時代の落ち込みから回復してきた今こそ、録音に野心と新たな事業性を持ち込む大指揮者が必要ではないのか。

レコードの音を作り出すとはどういふことか。

レコードで市場を作り出すとはどういふことか。

カラヤンレコードが、なぜ超越的な現象となり、トレンドを超え続けてゐるのか。

カラヤンがクラシック音楽に持ち込んだレコードの美学の衰弱した踏襲ではなく、乗り越えの可能性を見出す事は可能ではないのか。

フルトヴェングラーが体現してゐた演奏の自由や天才、揺らぎや内的凝縮を、新たな表現として更新したバレンボイムやティーレマンが出現しても、彼らのレコードにそれを伝達する力がなければ、音楽市場は縮小を続けざるを得ないだらう。

その意味で、新しい世代から、再び表現の新次元と録音を事業の可能性として接続する別種の天才の出現は、やはり切実に待望されるのではあるまいか。

先程挙げたエサ＝ペッカ・サロネンや、ヤニック・ネゼ＝セガンなどには、強烈なサウンドと才能がある。彼らが録音を個別的な技藝ではなく、事業としてとらへれば、音楽の新たな時代が拓かれる可能性はあり得るだらう。アンドリス・ネルソンスはすでにブラームスの交響曲全集、ブルックナー、ショスタコーヴィチの交響曲で、カラヤン以後最も安定し、しかも才能の点で、歴代の巨匠らと同格のずば抜けたレコードを仕上げ始めてゐる。一九七八年生れ、まだ四十歳であるとは信じ難い。カラヤン以上の規範性を打ち立て得る今一番の指揮者かもしれない。

新たな「奇跡のカラヤン」の出現は、最近作曲界でやうやく芽吹き出した十二音音階の自由な乗り越えと呼応し、二十世紀といふ演奏の世紀を終らせ、作曲と演奏が拮抗する新たな生産的な時代への起爆剤にさへなるかもしれない。

その意味で、今やフルトヴェングラーではなく、カラヤンこそが未完の神話だと言つていゝのである。

註

（1）遠山一行著『考える耳考える目』青土社1990年所収「戦後の死」208頁～211頁
（2）ハーヴェイ・サックス著高久暁訳『トスカニーニの時代』音楽之友社1995年9、11頁　引用の都合で一部訳文を変へてある。
(3) クラウス・ラング著齋藤純一郎訳『チェリビダッケとフルトヴェングラー』音楽之友社1990年、209頁
(4)『遠山一行著作集』四巻、新潮社1987年所収「カラヤン再説」1967年、30頁
(5) クラウス・ラング著野口剛夫訳『フルトヴェングラー夫妻、愛の往復書簡』藝術現代社2013年、81頁
(6) 宇野功芳著『フルトヴェングラーの名盤』芸術現代社1977年、13頁
(7) 中川右介著『カラヤンとフルトヴェングラー』幻冬舎新書2007年、9〜10頁
(8) ジョージ・R・マレック著伊藤欣二訳『ワーグナーの妻コジマ』中公文庫1988年、125頁、227頁
デイヴィド・ウルドリッヂ著小林利行訳『名指揮者たち』東京創元社1981年73頁
ルーペルト・シュトレ著喜多尾道冬訳『指揮台の神々』音楽之友社2003年27頁
(9) エリーザベト・フルトヴェングラー著仙北谷晃一訳『回想のフルトヴェングラー』白水社1982年、30頁
(10) フランク・ティース編仙北谷晃一訳『フルトヴェングラーの手紙』白水社1972年、290頁1954年1月22日付、死の年の書簡より「およそ堅苦しさを持たない唯一の指揮者は、ニキシュでした。私はこの点で彼の弟子であろうと努めています。」290頁
(11) 前掲E・フルトヴェングラー『回想のフルトヴェングラー』35〜36頁
(12) 前掲ウルドリッヂ『名指揮者たち』151頁、191頁
(13) ピーター・ヘイワーズ編佐藤章訳『クレンペラーとの対話』白水社1976年、46頁
(14) カラヤンについてはフランツ・エンドラー著吉田仙太郎訳『カラヤン自伝を語る』白水社1989年、152頁
(15) セルについては前掲サックス『トスカニーニの時代』10頁
(16) ゴッドフリート・クラウス編野村美紀子訳『フルトヴェングラーを讃えて』音楽之友社1989年、209頁
(17) 2005年ベルリン国立歌劇場日本公演プログラム
(18) 前掲クラウス編『フルトヴェングラーを讃えて』353頁
(19) カラヤンの膨大なレコードについては、私は以下のサイトを信頼している。初出盤の画像、制作日時、製

作スタッフを詳述した大変な労作である。ただし近年情報は更新されてゐない模様である。The Archives of Herbert von Karajan
http://www.karajan.info/cgi/recordings.cgi?keys29=R&print=10&tid=&did=&p=9#R095
(20) リチャード・オズボーン著木村博江訳『ヘルベルト・フォン・カラヤン』(上) 白水社2005年、166頁
(21) 前掲オズボーン『ヘルベルト・フォン・カラヤン』(上) 180頁
(22)『小林秀雄全集』第十一巻、新潮社2002年、393頁、394頁
(23) オットー・シュトラッサー著芹沢純子訳『栄光のウィーン・フィル—前楽団長が語る半世紀の歴史』音楽之友社1977年、88頁
(24) ダニエル・ギリス著『フルトヴェングラーとアメリカ』日本フルトヴェングラー協会1979年、7〜20頁
(25) 前掲白川『フルトヴェングラー　悪魔の楽匠〈上巻〉』214〜215頁
(26) 前掲白川『フルトヴェングラー　悪魔の楽匠〈上巻〉』351〜352頁
(27) 山田治生著『トスカニーニ　大指揮者の生涯とその時代』アルファベータ2009年、187〜188頁
(28) 前掲ティース編『フルトヴェングラーの手紙』278頁
(29) 前掲山田『トスカニーニ　大指揮者の生涯とその時代』189頁
(30) 前掲クラウス編『フルトヴェングラーを讃えて』108頁
(31) 音楽と政治については、ナチス施政下の音楽家らを断罪する多くの研究があるが、十九世紀からの根深い反ユダヤ主義とドイツの民族主義の結びつきなどを冷静に描いてバランスのよい、しかも伝記として画期的な著作としてここではブリギッテ・ハーマン著吉田真監訳鶴見真理訳『ヒトラーとバイロイト音楽祭　ヴィニフレート・ワーグナーの生涯　上・下』アルファベータ2010年を挙げておく。彼女はヴィニフレートのみならずヒトラーさへも断罪してゐない。そのまゝ等身大に描く。その結果歴史の不条理、解決不可能な謎は愈々確かに、愈々《いよいよ》切なく読者の心に迫る。断罪はそれ自体あるイデオロギーの内部に著者自身を閉じ込

め、歴史を真っ直ぐに見る事を妨げる。ナチス時代を扱った著作で本書のやうなイデオロギー的裁断から自由な良書はまだ稀少である。
(32)前掲山田『トスカニーニ　大指揮者の生涯とその時代』128頁　指揮者トゥリオ・セラフィンの証言
(33)ヴィルヘルム・フルトヴェングラー著芦津丈夫訳『音と言葉』白水社1978年、195頁「ウィーン・フィルハーモニー」
(34)ヘルベルト・ハフナー著最上英明訳『巨匠フルトヴェングラーの生涯』アルファベータ2010年、363頁、引用省略の都合で一部訳文を変へた。
(35)前掲ティース編『フルトヴェングラーの手紙』196頁
(36)クルト・リース著八木浩・芦津丈夫訳『フルトヴェングラー　音楽と政治』みすず書房1966年、79頁
(37)ジェラール・ジュファン著下沢和義訳『ヴィルヘルム・フルトヴェングラー　権力と栄光』音楽之友社2007年、12頁
(38)前掲ハフナー『巨匠フルトヴェングラーの生涯』179頁にベルリンフィルの存続を救った記述、320頁に団員の招集によるベルリンフィルの「崩壊」を救つた記述がある。また、前掲シュトラッサー『栄光のウィーン・フィル』172～174頁、サム・H・白川『フルトヴェングラー　悪魔の楽匠〈下巻〉』16頁によるシュトラッサー晩年の直話として、フルトヴェングラーの尽力でウィーンフィルがナチスによつてドイツ帝国管理下に置かれる事を阻止した件の記述がある。
(39)前掲ジュファン著『ヴィルヘルム・フルトヴェングラー　権力と栄光』所収未公開手記「私は屈服しなかった」177～178頁
(40)森川敏夫他共訳『トーマス・マン日記　1918-1921』紀伊國屋書店2016年、12～13頁
(41)前掲『トーマス・マン日記　1918-1921』81～82頁
(42)前掲『トーマス・マン日記　1918-1921』84頁
(43)前掲『トーマス・マン日記　1918-1921』97～98頁

(44) 前掲『トーマス・マン日記　1918-1921』181頁

(45) トーマス・マン著青木順三訳『ドイツとドイツ人』岩波文庫1990年、7頁

(46) フレート・K・プリーベルク著香川檀訳『巨匠フルトヴェングラー　ナチ時代の音楽闘争』音楽之友社1998年――が、その全貌を精密に描いて圧巻だ。

原題は『kraft probe』つまり、ナチス政権とフルトヴェングラーの「力比べ」である。全編息詰まる両者の政治抗争を描いてゐる。記述は極めて精細だが、前掲ハフナー『巨匠フルトヴェングラーの生涯』で、ニュルの記事に関して新聞に掲載されてゐない写真を掲載されてゐるとする「荒唐無稽な作り話」(289頁)が指摘されるなど、細部への疑義は存在する。マイケル・H・ケイター著明石政紀訳『第三帝国と音楽家たち』(アルファベータ2003年224頁)は、プリーベルクが記録の残存してゐる範囲でもフルトヴェングラーが亡命など命を助けたユダヤ人は80名に上るとする事に――明確な根拠は示してゐないが――疑問を呈してゐる。前掲白川『フルトヴェングラー　悪魔の楽匠〈下巻〉』203～204頁は、それに対するプリーベルクの次のやうな直話を紹介してゐる。「ユダヤ人の生命の価値とは何でしょうか。いったいフルトヴェングラーがユダヤ人を何名助けるべきだったというのですか。彼が助けたのがたった一人のユダヤ人だったとしても、そう、「本当にただの一人」だけだったとしても、それだけで彼がドイツに残った意味があったはずです。」

ナチス政権とフルトヴェングラーの確執については現在まで評価は確定してゐない。さうした中、奥波一秀氏『フルトヴェングラー』(筑摩選書2011年)は、この三十年間に書かれた欧米の評伝の全てより問題設定は遥かに精妙な点を穿《うが》ち、政治的にデリケートな初出資料を独自の視点から発掘、駆使した見事な研究だ。フルトヴェングラーその人といふより、「フルトヴェングラー問題」=「ドイツ忌避問題」といふ戦後精神史の主題そのものに肉薄した試みとしても、フルトヴェングラーの「ドイツ」をドイツ音楽絶対史観、調性肯定、ナチス、ナショナリズム、反ユダヤ主義を貫く思想問題として扱つた点でも画期的な業績である。まだ試論の趣が強いので詳細な次作を期待したい。

(47) 前掲オズボーン『ヘルベルト・フォン・カラヤン』(上)327頁

(48) 前掲ラング『チェリビダッケとフルトヴェングラー』58頁
(49) マルティーン・ヒュルリマン編芦津丈夫、仙北谷晃一訳『フルトヴェングラーを語る』白水社1974年、160頁
(50) 前掲オズボーン『ヘルベルト・フォン・カラヤン』(上) 211頁
(51) 前掲オズボーン『ヘルベルト・フォン・カラヤン』(上) 183頁
(52) 前掲シュトラッサー『栄光のウィーンフィル』276頁。ついでに言へばオズボーンの訳者木村博江氏はシュトラッサーの著書名『und dafür wird man noch bezahlt』を『そして人はなおもそれを償う』と訳してゐるがこれは余りにも初歩的な誤訳だ。これは前掲書12頁によれば、あるフルトヴェングラー指揮のコンサートに感激したシュトラッサーの同僚でクラリネット奏者エルンスト・ウラッハが思はず終演後に漏らした言葉である。こんな感激を味はひ、「その上報酬まで貰へるなんて!」といふ意味だ。Man と bezahlt を訳し損ねてゐる。ドイツ語の監修者を持つべきだつたらう。
(53) 前掲白川『フルトヴェングラー　悪魔の楽匠〈上巻〉』397頁
(54) 前掲ハフナー『巨匠フルトヴェングラーの生涯』293頁
(55) 前掲オズボーン『ヘルベルト・フォン・カラヤン』(上) 210〜213頁
(56) 前掲エンドラー『カラヤン自伝を語る』81〜82頁
(57) 前掲ハフナー『巨匠フルトヴェングラーの生涯』288頁　ハフナーはこれまで書かれた各種評伝の「奇跡のカラヤン」に関する「記述はほとんど誤り」だとして再整理を試みてゐる。妥当な記述だと思はれる。
(58) 前掲白川『フルトヴェングラー　悪魔の楽匠〈上巻〉』124〜136頁
(59) 前掲ハフナー『巨匠フルトヴェングラーの生涯』292頁
(60) 前掲ハフナー『巨匠フルトヴェングラーの生涯』292頁
(61) 前掲ハフナー『巨匠フルトヴェングラーの生涯』393〜394頁
(62) 前掲オズボーン『ヘルベルト・フォン・カラヤン』(上) 211頁

(63) 前掲オズボーン『ヘルベルト・フォン・カラヤン』(上) 390頁
(64) ジョン・カルショー著山崎浩太郎訳『レコードはまっすぐに あるプロデューサーの回想』学習研究社２００５年、389頁
(65) ロッテ・ワルーター・リント編土田修代訳『ブルーノ・ワルターの手紙』白水社１９７６年、189頁
(66) Stargardt-Wolff,Edith/Translated by Edmund Sallis[Pathfinder of Grate musicians]Page Publishing,inc NY 2017. P220
(67) ベルタ・ガイスマール著筒井圭訳『フルトヴェングラーと共に』東京創元社１９７８年、33頁
(68) ニキシュはベルリンフィル、ゲヴァントハウス管弦楽団、ボストン交響楽団、ロンドン交響楽団などの首席指揮者、音楽監督は歴任したが、オペラハウスの責任者は若い頃のライプツィヒ歌劇場のみである。リヒャルト・シュトラウス、マーラー、トスカニーニ、ヴァインガルトナーらと違ふ新時代の指揮者像だつた。
(69) ＳＡＣＤ「ベルリンフィルハーモニー管弦楽団 ヴィルヘルム・フルトヴェングラー ドイツ帝国放送局1939-1945」解説冊子エリック・シュルツ著西田紘子・堀邦平訳「帝国放送局 アーカイヴの歴史的背景」40頁
(70) エリーザベト・シュヴァルツコップ著河村錠一郎訳『レッグ&シュヴァルツコップ回想録 レコードうら・おもて』音楽之友社１９９８年、384頁
(71) フランツ・エンドラー著高辻知義訳『カラヤンの生涯』福武書店１９９４年、390頁に実物が掲載されてゐる。
(72) 前掲白川『フルトヴェングラー 悪魔の楽匠〈下巻〉』226頁
(73) 前掲白川『フルトヴェングラー 悪魔の楽匠〈下巻〉』234頁
(74) Peter Muck [Einhundert Jahre Berliner Philharmonisches Orchester] Band2 p232
(75) 前掲 Muck [Einhundert Jahre Berliner Philharmonisches Orchester] Band2 P246
(76) 前掲オズボーン『ヘルベルト・フォン・カラヤン』(上) 347頁
(77) 前掲ハフナー『巨匠フルトヴェングラー』426頁、前掲ティース編『フルトヴェングラーの手紙』262～263頁、

270～271頁
(78)前掲白川『フルトヴェングラー　悪魔の楽匠〈下巻〉』229～230頁
(79)前掲オズボーン『ヘルベルト・フォン・カラヤン』(下)82頁
(80)前掲カルショー『レコードはまっすぐに』145頁
(81)前掲カルショー『レコードはまっすぐに』278頁
(82)前掲白川『フルトヴェングラー　悪魔の楽匠〈下巻〉』225頁、前掲クラウス編『フルトヴェングラーを讃えて』232～234頁オーレル・ニコレ、242頁イルムガルト・ゼーフリート。前掲カルショー『レコードはまっすぐに』276頁
(83)前掲ラング『チェリビダッケとフルトヴェングラー』101頁
(84)前掲クラウス編『フルトヴェングラーを讃えて』209頁
(85)前掲クラウス編『フルトヴェングラーを讃えて』121頁
(86)前掲クラウス編『フルトヴェングラーを讃えて』272頁
(87)ダニエル・バレンボイム著蓑田洋子訳『ダニエル・バレンボイム自伝』音楽之友社2003年、51～52頁
(88)前掲白川『フルトヴェングラー　悪魔の楽匠〈下巻〉』228頁
(89)前掲エンドラー『カラヤン自伝を語る』112頁
(90)前掲エンドラー『カラヤン自伝を語る』116頁
(91)前掲オズボーン『ヘルベルト・フォン・カラヤン』(上)556頁
(92)前掲エンドラー「カラヤン自伝を語る」121頁
(93)川口・マーン・恵美著『証言・フルトヴェングラーかカラヤンか』新潮社2008年、31頁、51頁、138頁、197頁など
(94)クラウス・ウムバッハ著斎藤純一郎訳『異端のマエストロ　チェリビダッケ』音楽之友社1998年、127頁

(95) クラウス・ヴァイラー著相沢啓一訳『評伝チェリビダッケ』春秋社1998年、19頁
(96) 前掲ラング『チェリビダッケとフルトヴェングラー』63頁「ベルリンフィルを貴方の手に委ねられるのはどんなに心強いことでしょうか。」1946年7月22日付フルトヴェングラー書簡他、99~100頁、125~126頁
E・フルトヴェングラーの証言等参照
(97) 前掲ジュファン『ヴィルヘルム・フルトヴェングラー 権力と栄光』233頁
(98) 前掲オズボーン『ヘルベルト・フォン・カラヤン』(上) 124頁
(99) 前掲オズボーン『ヘルベルト・フォン・カラヤン』(上) 232頁
(100) 前掲オズボーン『ヘルベルト・フォン・カラヤン』(上) 194頁
(101) 前掲ハーマン『ヒトラーとバイロイト音楽祭 ヴィニフレート・ワーグナーの生涯』(上) 90頁、379頁など
(102) 前掲ハーマン『ヒトラーとバイロイト音楽祭 ヴィニフレート・ワーグナーの生涯』(上) 287頁~288頁
(103) 前掲ハーマン『ヒトラーとバイロイト音楽祭 ヴィニフレート・ワーグナーの生涯』(上) 363頁
(104) 前掲ハフナー「巨匠フルトヴェングラーの生涯」258頁、259頁、300頁、323頁
前掲白川『フルトヴェングラー 悪魔の楽匠〈下巻〉』56頁~58頁
前掲ハーマン『ヒトラーとバイロイト音楽祭 ヴィニフレート・ワーグナーの生涯』(上) 382~383頁、等
(105) 前掲ハフナー『巨匠フルトヴェングラーの生涯』301頁
(106) 前掲オズボーン『ヘルベルト・フォン・カラヤン』(上) 228~231頁
(107) 前掲オズボーン『ヘルベルト・フォン・カラヤン』(上) 265頁
(108) 前掲シュヴァルツコップ『レッグ&シュヴァルツコップ回想録 レコードうら・おもて』105頁、374頁
(109) 前掲白川『フルトヴェングラー 悪魔の楽匠〈下巻〉』216~217頁他、前掲ハフナー『巨匠フルトヴェングラーの生涯』263頁
(110) 前掲オズボーン『ヘルベルト・フォン・カラヤン』(上) 307頁
(111) 前掲シュヴァルツコップ『レッグ&シュヴァルツコップ回想録 レコードうら・おもて』108頁

(112)前掲シュヴァルツコップ『レッグ&シュヴァルツコップ回想録　レコードうら・おもて』375～376頁
(113)前掲ラング『チェリビダッケとフルトヴェングラー』94～95頁
(114)ヴァルター・ベンヤミン著野村修訳『ボードレール 他五篇　ベンヤミンの仕事2』岩波文庫1994年所収「複製技術の時代における芸術作品」87頁
(115)前掲白川『フルトヴェングラー　悪魔の楽匠〈下巻〉』217～218頁、前掲ハフナー『巨匠フルトヴェングラーの生涯』384頁
(116)前掲SACD「ベルリンフィルハーモニー管弦楽団　ヴィルヘルム・フルトヴェングラー　ドイツ帝国放送局1939-1945」解説冊子40頁
(117)前掲SACD「ベルリンフィルハーモニー管弦楽団　ヴィルヘルム・フルトヴェングラー　ドイツ帝国放送局1939-1945」解説冊子42頁
(118)前掲SACD「ベルリンフィルハーモニー管弦楽団　ヴィルヘルム・フルトヴェングラー　ドイツ帝国放送局1939-1945」解説冊子41頁
(119)前掲SACD「ベルリンフィルハーモニー管弦楽団　ヴィルヘルム・フルトヴェングラー　ドイツ帝国放送局1939-1945」解説冊子80頁
(120)前掲ハフナー『巨匠フルトヴェングラーの生涯』456～457頁
(121)前掲ハフナー『巨匠フルトヴェングラーの生涯』145頁
(122)前掲白川『フルトヴェングラー　悪魔の楽匠〈下巻〉』241頁
(123)前掲白川『フルトヴェングラー　悪魔の楽匠〈下巻〉』236頁
(124)前掲白川『フルトヴェングラー　悪魔の楽匠〈下巻〉』233頁、235頁
(125)前掲白川『フルトヴェングラー　悪魔の楽匠〈下巻〉』291頁
(126)『ヴィルヘルム・フルトヴェングラー指揮1947年～1954年全公演記録』日本フルトヴェングラー協会編1986年改訂版

(127) 前掲E・フルトヴェングラー『回想のフルトヴェングラー』202頁「彼の死に至るまでの、過密としかいいようのない演奏日程をごらんいただければ、私の心を締め付けた不安と心配がお分かりいただけるでしょう。」
(128) 映像作品『フルトヴェングラー　その生涯の秘密』(1971年監督フローリアン・フルトヴェングラー、ドイツ・テレプール社他制作)におけるココシュカ自身の証言
(129) 前掲フルトヴェングラー『音と言葉』所収「魔弾の射手について」1954年
(130) 前掲クラウス編『フルトヴェングラーを讃えて』237頁
(131) 前掲ラング『フルトヴェングラーとチェリビダッケ』304～305頁
(132) 前掲E・フルトヴェングラー『回想のフルトヴェングラー』204頁
(133) 前掲E・フルトヴェングラー『回想のフルトヴェングラー』205頁
(134)『写真集　フルトヴェングラー家のアルバム』(ドリームライフ・クラシックス2012年)が八月のバイロイト、ザルツブルクと十月のバーデンバーデン入り後の驚くべき容貌の変化を捉へてゐる。
(135) 前掲E・フルトヴェングラー『回想のフルトヴェングラー』204頁
(136)『音楽の友』一九七一年二月号125頁、大町陽一郎「カール・ベーム　大いに語る」
(137) 志鳥栄八郎著『人間フルトヴェングラー』音楽之友社1984年、24頁
(138) 前掲志鳥『人間フルトヴェングラー』26頁
(139) 前掲志鳥『人間フルトヴェングラー』184頁
(140) 前掲白川『フルトヴェングラー　悪魔の楽匠〈下巻〉』387頁、1991年8月23日の発言
(141) 前掲ハフナー『巨匠フルトヴェングラーの生涯』466頁、前掲『音楽の友』125頁、大町「カール・ベーム大いに語る」などに証言がある。
(142) 前掲ヒュルリマン編『フルトヴェングラーを語る』29頁
(143) どこかで読んだ記憶があるので書き込んだが、現時点では資料未詳。ご存知の方がゐれば教示頂けると有難い。

(144) 前掲ティース『フルトヴェングラーの手紙』312頁
(145) 前掲E・フルトヴェングラー『回想のフルトヴェングラー』210頁
(146) ヘルベルト・ハフナー著市原和子訳『ベルリンフィル　あるオーケストラの自伝』春秋社2009年、229頁
(147) 前掲 Muck [Einhundert Jahre Berliner Philharmonisches Orchester] Band2 p271
(148) Peter Muck [Einhundert Jahre Berliner Philharmonisches Orchester] Band3　1950年〜1955年シーズンの公演記録を参照
(149) 前掲ラング『フルトヴェングラーとチェリビダッケ』374〜375頁
(150) 前掲クラウス編『フルトヴェングラーを讃えて』313頁
(151) 前掲ラング『チェリビダッケとフルトヴェングラー』314頁
(152) 前掲ヴァイラー『評伝チェリビダッケ』58頁
(153) 前掲ヴァイラー『評伝チェリビダッケ』59頁
(154) 前掲ヴァイラー『評伝チェリビダッケ』59頁
(155) ウェルナー・エールマン著福原信夫訳『ベルリン・フィル物語』立風書房1977年、157頁
(156) 前掲ラング『チェリビダッケとフルトヴェングラー』315〜316頁
(157) エルンスト・ホイサーマン著猿田悳訳『カラヤン―人と芸術』東京創元社1971年、167〜168頁
(158) 前掲エンドラー『カラヤン自伝を語る』125頁
(159) 前掲シュトラッサー『栄光のウィーン・フィル』290頁〜299頁
(160) 前掲エンドラー『カラヤン自伝を語る』126頁
(161) 前掲エンドラー『カラヤン自伝を語る』126〜145頁にカラヤン自身による経緯の説明がある。
(162) 前掲ハフナー『ベルリンフィル　あるオーケストラの自伝』239頁
(163) 前掲『カラヤン自伝を語る』227頁
(164) 前掲オズボーン『ヘルベルト・フォン・カラヤン』(下) 128頁

(165) フランツ・エンドラー著高辻知義訳『カラヤンの生涯』福武書店1994年、169頁
(166) 前掲エンドラー『カラヤン自伝を語る』208頁
(167) 前掲オズボーン『ヘルベルト・フォン・カラヤン』(下) 429頁には「彼はスコアを読んだが、けっして書き込みはしなかった。ひたすら吸収し、熟考したのだ。」とある。
(168) 前掲オズボーン『ヘルベルト・フォン・カラヤン』(下) 278頁
(169) 前掲オズボーン『ヘルベルト・フォン・カラヤン』(下)、1975年に手術、1983年には「脊髄の再手術を受けなければ、車椅子の生活しかなくなる」393頁「これ以上遅れていたら、命にかかわったと思われる」395頁といふところまで悪化。
(170) 前掲オズボーン『ヘルベルト・フォン・カラヤン』(下) 387〜388頁
(171) クラウス・ラング著村上彩訳『カラヤン調書』アルファベータ2001年、32章〜38章が客観的で詳しい。この辺りの晩年の対立やスキャンダルはオズボーン他、カラヤンを神話化する他の伝記では殆ど出てこない。
(172) 前掲ラング『カラヤン調書』304頁、306頁
(173) 前掲ラング『カラヤン調書』304頁、308頁
(174) 前掲ラング『カラヤン調書』313頁
(175) 前掲川口『証言・フルトヴェングラーかカラヤンか』50頁
(176) 遠山一行著『語られた自叙伝』作品社2015年、50頁
(177) 前掲遠山『語られた自叙伝』62頁
(178) 前掲遠山『語られた自叙伝』57〜58頁

2

トスカニーニの現在——輝き増すリアリティ

正月にふと、レイモンド・チャンドラーの『長いお別れ』を楽しんでゐたら、以前読み飛ばしてゐた面白い一節に出会つた。村上春樹氏の新訳が出て以来、些《いささ》か分が悪いやうだが、この美しい物語に関しては、私は今でも、多年親しんできた清水俊二訳で読むのが習はしである。念の為、原文に当ると、清水氏の訳の該当箇所にはちよつとした訳し飛ばしがある。昔の名訳者には往々この「省き」の藝当があるから、珍しいことではないが、その箇所を拙訳で書き写すと以下のやうになる。主人公の私立探偵、フィリップ・マーロウが素晴しい金髪の〝夢の女〟、アイリーン・ウェイドを、ホテルのバーで初めて見掛け、心の中で、金髪女性の様々な類型を反芻《はんすう》する場面で、まるで魅力のないのは、こんな種類の女だといふのである。

かうしたたちの女は、如何にも無気力さうで影が薄く、どこで話してゐるか分らない程低聲で物を言ひ、誰も手を出す気にはなれないだらう。一つには、こちらにさういふ気が起らないからだが、もう一つの理由は、彼女がいつも『荒地』やら原書のダンテ、さうでなければカフカかキュルケゴールを読んでゐるか、プロヴァンス語を勉強してゐるからだ。彼女は音楽が大好きで、ニューヨークフィルがヒンデミットを演奏してゐる時に、六人のコントラバスのうちの誰が四分の一拍おくれたかを指摘できる。トスカニーニもそれが出来るさうだ。つまりこの世にはそんな藝当の出来る人間が、少くとも二人はゐるわけだ。[1]

この作品は、ハードボイルドの古典的な傑作とされ、醇乎《じゅんこ》たる詩情は、チャンドラーの作でも、際立つてゐる。私は、ハードボイルドにも、チャンドラーにも一向に明るくないが、チャンドラーは、本来、「純文学」で成功したかつた人なのだといふ話を、どこかで読んだことがある。アメリカに生れながら、両親の離婚がきつかけで、母に従つてイギリスに渡つた後、パリ、ミュンヘンの学校で青春期を過ごした。両者とも、ヨーロッパの学藝の中心地なのは、偶然ではあるまい。歴史は、彼に、ハードボイルドの巨匠といふ月桂冠を与へ、その栄光は、「純文学」の殆どの作家より遥か遠くに及ぶ光を放つてはゐる。が、その成功が、彼を充分安んじさせることは、晩年に至るまで結局なかつたのではあるまいか。伝記に暗いのだから、証拠があつて言つてゐるのではない。だが、その作品は、晩年に至つて益々、どんな素材を扱ひ、アメリカ俗語を如何にふんだんに使おうと、ヨーロッパの教養伝統に通ふほの暗い気品が漂ふ。一言で言へば、決して典型的に、アメリカ臭くはならないのである。デリケートな香りにまで抽象され、どの瞬間も絵画のやうに静かで、しかしアメリカ人の或る純化された肖像は、確かに、沈《ちん》黙《もく》の裡《うち》に浮び上がつてくる。沈黙と香りからなるアメリカ、それはしかしアメリカなのだらうか。……

『長いお別れ』が発表されたのは一九五三年である。この時点で、ハードボイルドの大家の作品の一週に登場する、クラシック音楽の代名詞は、アルトゥーロ・トスカニーニだつた、先の引例が示してゐるのは、そのことだ。トスカニーニこそは、ハードボイルド小説に名前を覗かせて読者に違和感を抱かせない程、アメリカ人の意識に圧倒的な根を下すクラシックの「顔」だつたのである。ディテールの香りだけで組立てられたやうなこの小説の中に、恰度かつちり納まるクラシック界の大物の名前が、ジョージ・ガーシュインを指揮するレナード・バーンスタインではなく、ヒンデミットとトスカニーニの組合せだつたといふのは興味深い。

ヒンデミットは、一九四〇年、ナチス・ドイツからの亡命先にアメリカを選び、『長いお別れ』の書かれた当時は、エール大学の教授である。一九四九年から五〇年にかけて、ハーバード大学の著名な連続講演、チャールズ・エリオット・ノートン講座を担当し、その講義録『作曲家の世界』はよく読まれた。だが言ふまでもなく作曲家としての盛名は、ストラヴィンスキーやバルトークに及ぶものではないし、私の知る限りトスカニーニがヒンデミットを指揮した記録はない。（グイード・カンテッリが指揮するヒンデミット作曲『画家マチス』のリハーサルに立ち会つた記録はある。(2)）

そんな作曲家の名前をたちどころに思ひ付けるマーロウは、ひどく衒学的《げんがくてき》な「私立探偵」と言ふべきだらう。そして、衒学性を象徴する名前としてヒンデミットが出されたとすれば、トスカニーニは、クラシック界一の著名人として引かれたのに違ひない。

トスカニーニは言ふまでもなく、イタリア出身の上、この時既に八十六歳といふ大変な高齢だ。だが、その老トスカニーニこそは、あの愛国的な時代の、若いスーパースターを凌駕《りょうが》する、アメリカ社会でのクラシックの象徴だつた。その名前は、ペダンティズムにも応ずるが、時代の風景にぴたりと収まる絵柄にもなつた。

余りにさゝやかな例だと言はれゝば、その通りである。

だが、フィリップ・マーロウの軽いジョークにトスカニーニの名を出す事で、読者の心に、チャンドラーの狙つたある音調が響いた。この事実は、さゝやかな一節だからこそ、かへつて重たい文化的真実なのだと、私は思ふ。

この小説が書かれてから四年後の一九五七年の一月十六日、トスカニーニは、八十九歳で長逝する。アメリカ社会は、これを最大級の事件と見なして追悼し、あらゆる讃辞がジャーナリズムを覆つた。翌日のニューヨーク・タイムズは、その死去を一面最上段に写真入りで伝へた上、文化面一頁を費やし、力の籠つた追悼記事を掲載してゐる。そこには、大統領アイゼンハワーの弔詞《ちょうじ》を始め、指揮者のディミトリー・ミトロプーロス、ユージン・オーマンディ、ピエール・モントゥー、レナード・バーンスタイン、ブルーノ・ヴァルター、歌手のラウリッツ・メルヒオールやロッテ・レーマンの追悼の辞が列記されてゐる。

アルトゥーロ・トスカニーニの死去に深い悲しみを覚えます。人間としても音楽家としても、彼は世界中で称讃を浴びました。音楽といふ普遍的な言葉で語つたのみならず、どんな場所でも、自由な人間としての発言を守つたからです。その生み出した音楽と同様、この人の専制政治への憎しみも又、私たちの時代の伝説なのであります。(3)

アイゼンハワー大統領の弔詞の一節である。

マンハッタンでの葬儀には三五〇〇人が参列した。イタリアに帰国した遺体は、二月十八日、スカラ座ロビーに安置され、四万人が弔問に訪れた。その後、葬列は、トスカニーニ邸を周つて、ミラノの大聖堂に到着し、改めてミサが執り行はれた。ミサを立てたのは、後にローマ教皇パウロ六世となるモンティニ枢機卿である。ミサを済ませた亡骸《なきがら》は、著名人の多く眠る彫刻墓地に埋葬された。(4) 因みに、いつ建てられたかは知らないが、トスカニーニの墓は、トスカニーニ廟と言ふべき壮麗な建築物になつてゐて、些か奇妙なことに、トスカニーニの女婿《むすめむこ》であつた大ピアニスト、ウラディーミル・ホロヴィッツも、凡《およ》そ三十年後に、この廟に、一緒に這入《はい》ることになる。もつとも、一緒に這入ると言ふ表現が適切かどうか。ホロヴィッツの妻のワンダの意嚮《いこう》に違ひないし、亡命者のホロヴィッツがこゝでトスカニーニ家の一員として永眠するのは、寧ろ幸せと言ふべきなのだらう。たゞ、私は、ホロヴィッツのドキュメンタリー映像で、この廟を見た時に、世紀の大ピアニストが、如何に義父とは言へ他人の墓の一隅に、さゝやかな場所を分けてもらつて這入るといふ事実に、無垢なこの人の痛々しい秘密を見るやうな気がして、胸を衝かれたものである。(5)

脱線したが、ともかくも、生前これだけ神格化されてゐたトスカニーニの評価が、その没後、フルトヴェングラーの名聲が上昇して、徐々に逆転し、長期的な、しかし確実な、下落傾向を辿つたのは、レコードファンにはよく知られてゐるところだらう。

フルトヴェングラーが亡くなつた時、世界の新聞の多くは、その名前をナチスと結び付けて報じた。

藝術家の多くが死の直後に経験する月桂樹の戴冠は、この人にはなかつた。西ドイツのアデナウアー首相は、アイゼンハワー大統領とは異なり、全く型通りの、二行ばかりの弔電を、未亡人に打つただけだつた。その葬儀は友人とオーケストラの団員が参加して葬送音楽が奏でられる地味なもので、数千人の参列も数万人の弔問もなかつた。亡骸はハイデルベルクの郊外の一族の墓地の母親の隣に埋葬され、今もひつそりと、無論廟など立つてはゐない。

フルトヴェングラーにとって、最大の、そして後半生には唯一のライバルになったアルトゥーロ・トスカニーニは、国際市場価値ではフルトヴェングラーにはるかに優り、十九歳も年下のフルトヴェングラーの死後も活動を続けていた。だが、トスカニーニは音楽の神話にならなかった。（一九五五・十二）

フルトヴェングラーが、四〇年代と五〇年代に指揮者として多くの侮辱と冷遇を受けた後、また、フルトヴェングラーの偉大なライバルでニューヨークの音楽生活にかぎらず支配権をふるっていたアルトゥーロ・トスカニーニが、西欧の眼で見ればすさまじいフルトヴェングラーとの対決で勝利を収めたように思われた後――このようなすべてのあとで、一九五四年に亡くなったヴィルヘルム・フルトヴェングラーが今日、(6) 現代最大と言わないまでもきわめて偉大な演奏家として認められるようになってきた。（一九八〇・一）

前者はハンス・ハインツ・シュトゥッケンシュミット、後者はヨアヒム・カイザーと、いづれもドイツを代表する批評家のフルトヴェングラー論から採つた言葉だが、四半世紀を隔てて二人の批評家の架けた橋は、その後、数十年の歴史に堪へて世界的なフルトヴェングラールネッサンスへと拡大し、CDによる過去の名盤の洪水によつても埋没せずに、二十一世紀に入つてやうやく定着した。

たゞし、二人の優れた批評家に、かつてトスカニーニには付きまとつてゐた無条件な称讃のマントで、フルトヴェングラーを覆ふ意図がないことははつきりしてゐる。シュトゥッケンシュミットは、同じ文中ではつきりと「フルトヴェングラーは極めて主観的なタイプの藝術家、痛烈な反論を招くことがしばしばあり、しかも多方面から多数の反論を受けるやうな音楽家だつた。」と評してゐる。二人が、フルトヴェングラーの藝術の、議論を呼ぶ大胆な性格にこそ着目して、この人物の偉大さを称讃してゐるのは間違ひない。トスカニーニは「市場価値」であり、「支配者」だつたが、つひにさうであつたに過ぎないのではないかといふ底意は、この短い引用からも明らかだ。

トスカニーニの死後、文字通り、「市場価値」となり、「支配者」となつて、クラシック界の帝王と呼ばれたのは、言ふまでもなくヘルベルト・フォン・カラヤンである。彼は、トスカニーニが基準を示した正確無比な合奏をベルリンフィルとともに実現し、トスカニーニよりも、遥かに大衆的な滲透性を持つ、美麗でダイナミックな表現によつて、厖大な曲目の規範的なレコードを作り続けた。

後にカラヤンの人気を「コカ・コーラと同じだ。」と言つて物議を醸《かも》したのはセルジュ・チェリビダッケである。事実、カラヤンが商標として通用する、その世界的な感染性の強さは、藝術事象よりも、大衆消費財のそれに近く見える。その複雑な意味は1で書いたから繰り返さないが、クラシックの通用性の象徴が、トスカニーニからカラヤンに取つて代はられたのは間違ひない。そして、トスカニーニは徐々に忘れられ、カラヤンの表現からは抜け落ちてしまつた重大な価値の体現者としてのフルトヴェングラーが、その反時代性＝アンチ・カラヤン的性格ゆゑに、逆に、大きく評価を上げ続けたのは、当然のことであつたらう。

カラヤンは、若い無名時代、トスカニーニの生演奏に接する為に、任地だつたウルムからバイロイトまで、二〇〇キロ余を遠しともせず、自転車で聴きに出掛けてゐる。一九三〇年の夏、トスカニーニがバイロイトに初登場して〈タンホイザー〉を振つた時のことである。カラヤンは伝記作者のフランツ・エンドラーに「なんども話したことなのだが、わたしがバイロイトの夏からウルムへ戻ってくると、オーケストラの団員たちは、なんのことはない、前よりもうまく弾くのだ。わたしがより大きな要求を土産に指揮台に立ったことを、彼らが感じとったからなのだ。」と語つてゐる。(7)

そのカラヤンが初めてフルトヴェングラーを聴いたのは、それより三年前の、一九二七年五月の事である。以来、トスカニーニよりもしばしば聴く機会のあつたフルトヴェングラーについて、カラヤンは、このやうな言葉を一つも残してゐない。フリッツ・ライナー、ユージン・オーマンディ、ゲオルク・ショルティなど、二十世紀前半に青春を送つた指揮者で、トスカニーニの背中を追つた者は数多い。後にこの潮流の最大の成功者となつたのがカラヤンだつた。差し当たり、さう言ふ事は許されるだらう。

それから、一世紀近い歳月が流れた今日、世界的な指揮者の多数は、演奏傾向に様々な違ひがあるにもかゝはらず、フルトヴェングラーを賞讃し、研究してゐる点で、幅広い一致を見てゐる。ダニエル・バレンボイムやクリスティアン・ティーレマンのやうに、その音楽が、はつきりと、フルトヴェングラーの後継者の刻印を帯びた者ばかりではない。ニコラウス・アーノンクール、ロリン・マゼール、クラウディオ・アバドら近年物故した大家から、クリストフ・エッシェンバッハ、サイモン・ラトル、パーヴォ・ヤルヴィ、ダニエル・ハーディングに至る、フルトヴェングラーと異なる美学に立つ指揮者達も、フルトヴェングラーから受けた強い影響を認めてゐる。

翻つて、トスカニーニに、オマージュを捧げる聲は、年毎に低くなり、型どほりになり続ける一方だ。

……

歳月を閲《けみ》しての評価の転倒には、それだけの意味はあるのだらう。トスカニーニの忘却が確実に進んでゐるとしたら、それは、確かに何かを意味はしてゐるのだらう。

過去が静かに時の堆積の中で埋づまつてゆくのは悪い事ではない。その時代には大切に思はれ、掛替《かけがへ》がないと信じられてゐた多くの事や物が、リアリティを失つてゆくといふ事態にこそ、時間の本質はあるのだらう。さうした歴史の古層に、無数の人々の生の記憶が沈澱してゐる。それらは、個々の顔や聲を失ふ事によつて、寧ろ、地下水脈に融け込んだ鉱物《こうぶつ》のやうに、新たな歴史の出現を、目に見えない力として、助けてゐるだらう。トスカニーニが、静かにさうした歴史の古層へと溶解してゆくとすれば、それはそれで構はないのかもしれない。

だが、疑問もある。

先のドイツの批評家の引用に明らかなやうに、トスカニーニとフルトヴェングラーとは、生前のみならず没後も長い間、その遺産を通じてさへライバル関係にあり続けた。カイザーの言ふやうに、二人の関係は、「西欧の眼で見ればすさまじい対決」で、それは、政治への態度の相違以上に、演奏行為そのものを巡る、意味論的な「対決」だつた。その意義は大きい。対決者の一方が、歴史の中で神格化され、もう一方が、五十年で、実質的な聴衆を失ふとなれば、フルトヴェングラーの体現してゐた価値も、曖昧で軽いものだといふ事にならないであらうか。

＊

それに答へるのは、今となつては、トスカニーニのレコードしかない。

私は、トスカニーニのレコードを纏めて丁寧に聴くことは、平生余りない。主要なレコードは皆持つてゐるが、音楽を聴きたい時に、この人のレコードを取り出すことは稀である。正直な処、NBC交響楽団とのがちやがちやする音は好きではない。音は悪くとも「中身」はあると思はうとして取出したレコードが、結局、リズムの弾力のなさや、音楽的な内容へのそつけない態度によつて、私を撥ねつける事も、何度か経験してきた。

だが、藝術には、本当に親身になつて交はらうとしなければ、決して見えてこない何かがある。トスカニーニの価値に関して、余り真面目に考へた事がなかつた私の前を素通りしてゐた、何か、大切なものが、今、心してこの人と向かひ合へば聴こえてこないとも限らない。

何を聴くかは少し迷つた。が、結局、最晩年に録音されたNBC交響楽団との一連の演奏で、ベートーヴェンの全集を通して聴いてみることに決めた。

無論、言ふまでもなく、トスカニーニはイタリア人で、パルマの下層階級の出だ。街の藝術愛好熱は高く、「パルマの歌劇場の弦楽部門は当時のヴェルディがイタリアで最高のものと呼んだほど高いレヴェルにあった」[8]。この少年の才能が見出されるのにさして手間は掛からなかつたが、周囲に満ちてゐた音楽は勿論同時代のイタリアオペラで、ベートーヴェンを始めとするドイツ音楽ではない。それでも当時イタリアで稀だつたヴァーグナー演奏で、ミラノ、ボローニャに次ぎ〈ローエングリーン〉が演じられたのはパルマだつた[9]。

九歳で、音楽院に入り、チェロを専攻した。卒業時にはチェロのみならず作曲でも最優秀の成績であつたのは、この人の資質が指揮者にふさはしいものだつたことを示してゐるだらう。卒業後にオペラ座つきのオーケストラに加はり、チェロ奏者として、南米に演奏旅行に出掛けたことが、トスカニーニにとり、人生最大の転機となる。リオ・デ・ジャネイロでの〈アイーダ〉上演の時、予定の指揮者が聴衆の野次で退場してしまひ、この曲を暗譜してゐたチェロ奏者のトスカニーニが代役を見事にこなして、指揮者デビューを果たしたからである。十九歳の時のことだ。サックスの伝記によると、この時の歌手陣には、〈カルメン〉初演のドン・ホセ役を始めとする優れた歌手が、何人か含まれてゐたさうである。トスカニーニはオペラそのものを呼吸しながら音楽家になつた人なのだ[10]。

だが、話は単純ではない。プッチーニの最も重要な初演者であつたが、彼のプッチーニへの態度は、必ずしも敬意を感じさせるものではない。プッチーニはトスカニーニを天才と絶賛してゐたが、トスカニーニは、寧ろ「同年代の作曲家のなかでは、カタラーニを評価してゐた」[11]。

ヴェルディの事は、トスカニーニは、さすがに敬意を以て遇してはゐる。〈オテロ〉の初演でチェロを弾き、〈アイーダ〉の代役指揮でデビューを飾り、直接の親交もあつた。

だが、若き日の上演記録を見れば、オペラ指揮者トスカニーニが、別格扱ひしてゐたのは明らかにヴァーグナーである。

トリノ王立歌劇場の音楽監督就任公演で〈神々の黄昏〉を上演し、その後、〈トリスタンとイゾルデ〉と〈ワルキューレ〉を取り上げる。スカラ座の音楽監督就任公演は〈ニュールンベルクのマイスタージンガー〉であり、〈ジークフリート〉、〈ローエングリーン〉、〈トリスタンとイゾルデ〉とわずか三年間に四つもワグナー作品を手掛けた。(12)

一方その間取り上げたヴェルディは〈オテロ〉と〈ファルスタッフ〉のみだつた。トリノとミラノで、である。

しかし、その後、トスカニーニがメトロポリタンとイタリアでキャリアを重ねる過程は、ヴェルディ、プッチーニ、ボーイト、カタラーニ、ジョルダーノ、ビゼーなどイタリアを中心としたオペラ上演の明け暮れだつた。

トスカニーニの中でのヴァーグナーとイタリア（ラテン）オペラとの相克は続く。一九三〇年にはバイロイトにフルトヴェングラーとともにデビューし、伝説的な競演となつてゐる。

それでも、残された録音を聴く限り、やはり――NBC交響楽団との演奏会形式の録音で、歌手に難をいふ人が多いのは承知してゐるが――イタリアオペラにトスカニーニが見せる音楽性と演劇性との燦然《さんぜん》たる混淆《こんこう》は無類で、全く他の追随を許さない。何でもいゝが、例へば『椿姫』。あの有名な前奏曲から、この人のレコード程、全てが歌の巨大な奔出であるやうな演奏は、他にない。評判の高いカルロス・クライバーや、イタリアの名匠セラフィンの指揮も、この人が出演者全員に掛けてしまふ歌心の魔術の前には、小綺麗なだけだ。

一方、トスカニーニがシンフォニーレパートリーに本格的に着手するのは、六十一歳でニューヨークフィルハーモニーの常任指揮者になつてからだと言つてよい。例へば彼がベートーヴェンの〈第七〉を始めて指揮したのは四十九歳だつた。(13)

にもかゝはらず、私が、今回、ベートーヴェン全集を選んだのは、近年、この分野で古楽イデオロギーが滲透を見せ、一見、トスカニーニの後裔と思はれるやうな快速調のベートーヴェンが増える中で、この人の音楽の力と意味とを、考へてみたかつたからだ。トスカニーニは、生前、楽譜に忠実といふイデオロギーの代表者と看做されてゐたし、今日の古楽派は、最新の原典版とベートーヴェン当時の演奏慣習の研究に基く、新しい「忠実派」と言つていゝだらう。実際、メトロノーム指定へのこだはりや、削ぎ落とした鋭角的な響きは、両者の近親性を明らかに示してゐると言つてよい。

更に言へば、1でカラヤンの六十年代のベートーヴェン全集と対決した事もある。トスカニーニから別の何が聴こえてくるか、またフルトヴェングラーとの音楽観の対決が聴こえてくるなら、それがカラヤンの体現してゐたものとどう違ふかといふ興味もある。

聴くレコードには、SP時代のものではなく、最晩年に収録され、全集にもなつてゐる一九五〇年代のNBC交響楽団とのものを選んだ。これらトスカニーニ八十代半ばの録音には、老年特有の硬直が見られ、若い頃の神話的な名聲を伝へるには不十分とする意見は承知してゐる。その人達は、SP時代の、より若いトスカニーニ――と言つても七十歳前後だが――を薦めるが、私は、この意見は取れない。トスカニーニのSPは、音の多彩なニュアンスが全く録れてゐない。演奏自体も、己に忠実になり続けて行つた末に、極端な解釈に達したNBC盤は、彼の音楽的結論だとしていゝ。SP期の演奏が、ドイツの伝統に近いのに対し、NBC盤の多くは、同時代の演奏慣習を過激に黙殺したものだからである。メトロノーム指定を意識した超快速のテンポや、容赦ないまでに非伝統的な楽器間のバランスは、SP期には聴かれないものだ。若い頃、慣習に頼れぬまゝベートーヴェンを指揮した後、六十歳以降、多くのドイツ人指揮者の演奏を聴く機会を持つた結果、それに妥協してゐた時期がSP期だつたのではあるまいか。そして、後年、充分な交響曲演奏の指揮経験を積む中で、今度は、はつきりと自覚して、改めて慣習から離れ、自己の遺言としたのが、NBCのレコードなのではなかつたか。サックスのやうなトスカニーニの最も熱烈な擁護者が、晩年の録音に留保を付けるのは、私には奇妙に思へる[14]。この一見奇矯《ききょう》な音と思考の徹底は、欠点ではなく、天才の熟達のみに許された自由だと考へては、何故いけないのだらう。

　私は、そのNBC交響楽団とのベートーヴェンから、まづ〈エロイカ〉を取り出した。LPで初めて聴いた時以来、特に印象に残つてゐるものだからだ。久しぶりに聴くこの演奏が、どのくらゐ、今の私に生な感銘を与へ得るか。音の出るのを待ち構へた私がいさゝか半信半疑であつたことは、言つておかなければならない。が、答へは立ち所に来た。灼熱のエネルギーが目の前で、炎を吹いて弾けたかといふやうな序奏の和音の輝きが、殆ど顔面を殴打《おうだ》するやうに音の矢を投げかけて来たかと思ふと、息を飲む間もなく、第一主題の豊かな歌の奔流が、私の身体を浸しながら、滔々《とうとう》と流れてゆく。この呼吸の切り換へだけで、私は完全に圧倒されたからである。

この一楽章について、ナポレオンに纏るエピソードを一切無視したトスカニーニが、「これはたゞのアレグロ・コン・ブリオに過ぎない!」と叫んで、棒を振り下ろしたといふ逸話がある。さう、なるほど、この演奏は、たゞのアレグロ・コン・ブリオだ。さう言ひ切つて、他のあらゆる暗示や知識を黙殺しようと固く決意した男にだけ可能な、直截《ちょくせつ》と果断の音楽である。だが、それならば、たゞのアレグロ・コン・ブリオとは、何と鮮烈で、何と鋭利に切込む力に満ち、その上また、これ程快速なのに、何とスケールの大きな轟きでさへあることだらう!

スコアリーディングのオーセンティシティを細部に於て競ひ合ふ今日のベートーヴェン演奏からは想像もつかない、この強大な表現のエネルギーと、その無私な真実性を、どう評すればいゝだらう。細部に拘泥《こうでい》してゐないのに、がさつさが微塵もない。剛毅が、そのまゝ極度の美に高まつてゐる。構造の見通しは的確だ。第一主題が徐々に壮大な全貌を表はしてゆく高潮や、第二主題への転調の過程の色彩の移ひ、第二主題でのたゆたひの伸びやかさと、百小節からのスタッカートに始まり、クレッシェンドしながら疾驅《しっく》してゆく小気味良さ、全貌を表した提示部末尾の推進力の晴れやかなこと——これは部分的な印象ではなく、全体を統合するロゴスへの、この指揮者の強靭な意志力の音化なのである。

この人の音楽には、フルトヴェングラーにはあれ程漂つてゐた、音楽の内側に沈みこんでゆく濃厚な気配は、微塵もない。深い記憶の井戸の底から汲上げられてくる深い闇もなければ、それから解放された時の、夥《おびただ》しい光子が重量を持つた光の束のやうに伸しかかつてくる、あの呪縛力もない。奥行といふ観念を、聴き手に連想させることは、トスカニーニでは全く生じない。全ての思想が表面張力にのみ、輝いてゐる。聴き手はたゞならぬ緊張の中に置かれるが、それは絶えず、味爽《まいそう》の太陽のやうに、音楽をも私たち聴き手をも、隈《くま》なく照し出す新鮮極まる光である。

それでゐて、第二楽章の葬送行進曲のやうな音楽もまた、些かも皮相に流れない。冒頭のオーボエソロの美しさから、私は胸を打たれたが、この二楽章の、緊迫して弛緩のない流れは、同時に、言ひやうのない程感情に満ちた歌にもなつてゐる。その歌は、感傷のよりや滓《おり》をとゞめないが、音だけを信じたものの空疎とは無縁である。多くの指揮者が作品の解釈に腐心し、美音や効果に気を取られてゐる時に、トスカニーニは、音楽そのものの語るところを直截に歌ふ。そのベートーヴェンは、聴く者を、無心にする。聴こえてくるのは、かつてない程簡潔に引絞られ、凝縮され、誤解の余地を残さぬオーケストラの音である。だが、この夾雑物《きょうざつぶつ》のない音楽が、聴き手の心を流れてゆく内に、無心になつた聴き手の心は、純一な、或る悲劇的な情感の経験を生きてもゐるのである。

葬送行進曲は、形式分類上は割切れない作りになつてゐて、研究者によつて議論が分れる。だが、普通に音楽を味はふ上で、大きく三部形式風に理解するとすれば、Aの部分が、葬送行進曲、悲嘆と激情との葛藤で（一小節～六十八小節）、Bは対位法やフガートが多用され、古代ギリシアの大理石像のやうな、悲劇の客観化が見られる長大な部分（六十九小節～一七二小節）、その後、再現部に相当する一七三小節以後を、再帰したA'とするのが、自然だらう。トスカニーニは、Aの部分の悲嘆を充分に堪能させながら、崇高なものにし、Bの部分を、大空に向つて解き放たれるやうな壮大さに高める。さうした中で、何度か、この最初の葬送主題に戻るところ（一〇五小節、一五四小節）。ベートーヴェンはその都度ソット・ヴォーチェと書込んでゐるが、トスカニーニで聴く、その優しさの深いこと！　壮大な悲劇の後には、取り残された個人的な感情の悲哀が埋め合せられねばならない。その悲しみへの渇望の歌の、こゝでの何といふやはらかさだらう。しかも、かうしたソット・ヴォーチェから始まる音楽を、ベートーヴェンは、また、何度、あの壮大な悲劇の深淵へと叩きこめば気が済むのか。その時のトスカニーニの阿修羅のやうに激変する表情の厳しさは、或る意味で音楽の表現力の限界にまで達してゐる。

一体、これのどこが客観的な演奏などであらうか。トスカニーニは、信じてゐるところに従ひ、ベートーヴェンのスコアといふ、音との格闘の記録の、凄絶と昂揚と美の輝きに、しこたま酔ひ癡《し》れてゐる。トスカニーニの演奏の、この酩酊の深さ、強烈な痺れ、トスカニーニのヴィジョネールとしての圧倒的な視力――その外側に、楽譜に忠実な演奏などといふ貧血症のスローガンを幾らさがしても、トスカニーニのベートーヴェンを成立させてゐる当の物を見出すことは、決してできまい。

トスカニーニの〈エロイカ〉――印象はそゝり立つばかりに圧倒的であり、その音楽は、正に本物の衝撃であつた。

だが、この衝撃は、〈エロイカ〉にとゞまらない。他の交響曲を聴きすゝむ内に、その都度、全く初めて聴く大胆な音と思想の洗礼を立て続けに受けたかのやうな衝撃が、私の心を、突き刺してくる。それは音楽によつて、幸福に満たされる経験や、心が潤ふやうな経験とは全く違ふ。トスカニーニのベートーヴェンは、全篇が、真実の聲となつて、生命ごとこちらの胸に飛込んでくる。それは、全的に受容するか、全的に拒絶する他のない、糾問に近い何かだ。

〈第四〉では、序奏部のアダージョが空気の掴みの深さでフルトヴェングラーにをさをさ引けを取らないことに驚いた。主部はヴィヴァーチェらしい生気は凄じく豊かだが、生気の過剰が、純粋な喜悦やユーモアを寧ろ奪つてしまふ。これは不満だつた。だが、次の二楽章が、雪の日の暖爐《だんろ》のやうに、温さと甘い追憶に人を誘ふあの素晴しい詩情を微塵も漂はすことなく、シンフォニックな大きさを歌つてゆくのを聴く内に、私は愉快になつてきた。この引き締まつた美には、心底嘘がない。虚偽のロマンティズムがない。たうたうと流れる歌は、幻想曲風に響かない代はりに、燦《きら》めく星空のやうに壮大だ。三楽章の鷲掴《わしづか》みされたフォルティッシモの音の束の見事な厚みと音彩、そして、四楽章では自在なテンポの変化を駆使して、推進力の力動感そのものを楽しんでゐる。だが、器用さはない。これは、巨人の疾走だ。この曲には限界的に速いメトロノーム指定があるが、最近の流行りのやうに、その指定に物理的に忠実であることより遥かに重要なのは、不器用で重い、巨人の疾走の印象である。この常動曲がモーツアルトの美学の延長に書かれたと思ふ者はゐまい。この音楽は、一楽章の晴朗な喜悦を超え、デーモンの哄笑の領域に片足を突つ込んでゐる。トスカニーニの演奏から聴こえてくるのは、正に、哄笑の高らかさである。

フルトヴェングラーの〈第四〉が、〈エロイカ〉よりも一層深刻な曉闇《ぎょうあん》の重たさで、聴き手を抱き竦《すく》めるのに対して、トスカニーニのそれが、巨大な疾驅の輝かしさによる偉大なアンチテーゼを実現してゐるとすれば、トスカニーニの〈第五〉は、容赦なき忿怒《ふんぬ》の爆発である。だが、これはまた、何と崇高な怒りであらう。何と下卑たがさつな、横暴なところのまるでない、人間の真実に真つ直ぐ根を下した怒りであらう。この曲が、ベートーヴェンといふ天才の、人間的に生なものへの直截な肉薄であることを、これ程明らかに、これ程虚偽なく、これ程低徊《ていかい》の跡なく、これ程、衒学的な意匠を剥ぎ取つて示した演奏が、他にあつたらうか。この人は、音楽を人生の化粧にしてゐない。多くの知識で身を固め、多くの技術的手段で身を固めることが、一流の演奏家の条件になつた今日、これだけ率直に音楽そのものに打込み、音楽そのものを信ずることの出来る人は、最早出現しないだらう。

第四楽章が、灼熱のひたむきとカラフルな色彩との奇跡の統合の中で猛烈な終止音を鳴らし切つた時、私は、この人が生前、フルトヴェングラーと並び称されてゐたのは当然だと、腹の底から納得した。レコードで聴く限り、こゝまで生な真実をオーケストラから引き出すことの出来た指揮者は、フルトヴェングラー以外、私には思ひ出せない。この二人以上の音色、音程、技巧、鮮烈、ユーモア、洗煉《せんれん》、効果、知性を持つた指揮者はゐるかもしれない。だが、この二人程、音楽そのものに奉仕してゐることが、その演奏の強烈な迫力の直《じか》な淵源となつてゐるやうな指揮者は、他にゐない。私は、この〈第五〉には、心底脱帽せざるを得なかつた。トスカニーニの指揮の、これだけの音楽的真実に対して、これまで、真摯に耳を傾けることの余りに少なかつたことが、恥かしくさへ思はれた。

その感想は、それ以外のナンバーを聴いても減ずることはない。〈第六〉のカンティレーナな一楽章が、実によく寛いで歌はれてゐるのは、新しい印象だ。二楽章の弛緩の後とゞめぬカンタービレ、四楽章の掟破りと言ひたいやうな嵐の爆発、そして五楽章の燃焼する感動を味はつたのは、いつ以来だつたらうか。的確な、それでゐて、これはウィーンの森よりも、燦然たる地中海のやうに広々として、その葡萄酒色の色彩の燦爛《さんらん》に、私は船に酔つたやうになつてしまふ。……

全九曲、どの曲を聴いても、この上なく多彩で、それぞれの音楽が、完全に自立した、他と異なる鮮やかな肖像の態《てい》をなしてゐる。リズムの支へる推進力は一見厳格な中で、その実、天性の自由に満ち溢れ、音色もカラフルで、アンサンブル上の技巧の様々な手腕による解決も、単調さとは無限に遠い。

だが、フルトヴェングラーは、トスカニーニのベートーヴェンをさうは聴かなかつた。大指揮者による他の指揮者の演奏会評として極めて珍しい、フルトヴェングラーによるトスカニーニのベートーヴェン評が、実は残つてゐる。それは詳細を極めた全面否定と言ふべく、まことに手厳しいものなのである。

（トスカニーニによる〈エロイカ〉の演奏は）本来の交響的音楽の根本的な要求の一つである有機的生成の要求、すべての旋律的、リズム的、和聲的な形象化を先行するものから生き生きと有機的に成長させるという要求に対する無理解と、素朴な無知とを示している。ほかならぬ〈エロイカ〉の第一楽章で目立ったのは、騒々しい、粗野な弾力的活力を示すトゥッティであった。それが、たいていは軽い当惑と一抹の感傷性をもって奏されるカンタービレの部分と、すぐ隣合って現われたのである。この二つの対立物、それ以外には……何もなかった。ベートーヴェンの音楽の本来の内容を決定するすべてのもの、すなわち有機的なものとか、一つのものが別のものに移行する経過とかは、トスカニーニにとって存在しない。（……）われわれは、彼がかなりの年齢にいたるまでイタリアのオペラ指揮者にほかならなかったこと、絶えずイタリア・オペラ音楽の諸形式の枠内で思考し、彼にとっては一方では、トゥッティが、他方では純粋にホモフォニー的なアリアが音楽の基本概念であったということを思い起こす。さらにわれわれは、イタリア音楽がスカルラッティ以来、絶対音楽の形式に立つ作曲家をただ一人しか生み出していないこと、そしてソナタの本質と意味に対する無理解がまさしくイタリア音楽の特徴となっていることを思い起こす。(15)

これは、一九三〇年、トスカニーニがニューヨークフィルハーモニーを率ゐてヨーロッパに演奏旅行をした折の、ベルリン公演を聴いたフルトヴェングラーの論評の一節である。全文十頁余り、ハイドン、ドビュッシー、リヒャルト・シュトラウスなど全演目を元に、演奏細部の描写や、音響特性からテンポ設定に至るまで、驚く程精緻な批評が施されてゐる。改めて言ふのは滑稽のやうではあるが、一回の公演だけで、微細な部分から全体の印象までを的確に聞き取り、文化史的な卓見を導く、フルトヴェングラーの批評家としての力量は驚くべきものだ。

私が、先にトスカニーニのベートーヴェンへの最大級の讃辞を捧げながら、フルトヴェングラーによる、その同じベートーヴェンへの全面否定の批評を御紹介するのを、訝しがる読者がゐるかもしれない。だが、これこそは、絶妙この上ない、文化の機微の、格好の実例なのである。私の、今回のトスカニーニオマージュは、フルトヴェングラーのレコードで少年時代から耳を作つてきた私が、フルトヴェングラーによるトスカニーニ批判の意味を理解した上でなほ、受けた感動を率直に述べたものだ。逆に言へば、フルトヴェングラーもまた、このトスカニーニによるドイツ公演と、評論界での絶讃の嵐が、最大級の文化事象だと感じたから、こゝまで徹底して具体的な否定を書かねばゐられなかつたのである。

フルトヴェングラーの批評は、発表されなかつたが、仮に発表されても当時充分理解されたかどうか、疑はしい。だが、今日なら、この批評は、殆ど注釈の必要もない程自明なものと言つていゝだらう。全文を読んで貰へれば一層はつきりするのだが、こゝには、同僚への嫉妬から来る曲解や誇張は、いさゝかも含まれてゐない。寧ろ、音楽批評史を通じて——そんなものがあると言へればの話だが——公正な批評の、目覚しい実例である。

トスカニーニは、ベートーヴェンと、まづスコアの上で出会ひ、イタリアオペラの解釈者として、ドイツ音楽の伝統と異質なイタリアとアメリカで〝世界的大指揮者〟と呼ばれる存在になつた。その才能量が膨大であればある程、彼の犯す文化的な誤訳もまた、群を抜いて根柢的であらざるを得なかつたのは寧ろ当然だらう。

だからこそ、それにも関はらず、雪崩《なだれ》を打つてトスカニーニの天才への称讃に堰《せき》を切つた、当時のドイツ音楽界の思潮の弱さこそは、フルトヴェングラーにとつて、深刻な文化の自己喪失と思へたに違ひない。

フルトヴェングラーが、同時代の誰よりもはつきりと見抜いてゐたのは、トスカニーニの一見目覚しい勝利が内実秘めてゐた文化的誤訳の、根の深さである。同じ文化圏に属する優れた指揮者で、知識人としても第一級だつたブルーノ・ヴァルターやオットー・クレンペラーさへもが、指揮者トスカニーニに、単純な讃嘆の聲を放つてゐた。まして、トスカニーニ・アンサンブルの強大なパワーに目眩《めくら》ましされた、当時の音楽学者や批評家らの無内容な讃辞の洪水は、今日となつては目を覆ひたくなる種類のものだつたのである。

称讃が悪いのではない。それらが、不正確な聴取に基く、雑駁《ざつぱく》な、主としてトスカニーニの名聲、アンサンブルの輝かしい轟き、機械的正確さへの追従でしかないことが、知的に不潔だと、私は言ふのである。アルフレート・アインシュタイン（独→米）、エルンスト・ニューマン（英）、オーリン・ダウンズ（米）ら、二十世紀前半最大級の影響力を持つた音楽学者＝音楽批評家らは、こぞつてフルトヴェングラーを難じ、トスカニーニを称讃したが、彼らが展開した批評は、客観的で楽譜に忠実なトスカニーニと、主観的で楽曲を歪曲するフルトヴェングラーといふ対比に基く、凡そ陳腐極まる饒舌《じょうぜつ》を一歩も出ることはなかつた。

二人の天才が体現した音楽的意味に、実のところまるで対応しない、このやうなステレオタイプは、今日では、素人評論家ですら使はないだらう。当時最も権威のあつた音楽評論界の法皇たちは、フルトヴェングラーが指摘したトスカニーニの文化的誤訳を理解する能力に、そもそも欠けてゐたと考へざるを得ない。

一方、トスカニーニの文化的な誤訳の意味は理解したフルトヴェングラーも、その誤訳が持つてゐた積極的な意義は見えなかつた。フルトヴェングラーが、ベートーヴェンの中に濃厚な意味を感じる、正にその核心部分でトスカニーニは盲目だつたからである。これを容認できたら、フルトヴェングラーが、あの高みに達する事はなかつたに違ひない。その誤訳を正確に理解出来る卓抜な批評眼を持ちながら、しかも、それを頭から拒絶する生き方こそが、フルトヴェングラーのベートーヴェンの真実性を保証するのである。

だが、一方、トスカニーニが、そこまで文化伝統の核心と冠絶したところで生まれ、育つた天才だつたからこそ、そのベートーヴェンは、ドイツ系の殆どの大指揮者が及ばない、詩と真実を語り得たのである。これが文化的誤訳の意味といふものだ。或る文化が成熟の峰を更に拡大するのに不可欠なのは、文化伝統の意味を深みから汲み尽し得る天才と、文化的な誤訳に己の真実を賭ける、蠻勇《ばんゆう》の天才である。二十世紀前半のクラシック演奏が、その両者を所有し得たのは、幸ひであつた。

それに較べれば、トスカニーニを旗頭に、しかしこの人の藝術を成立たせてゐる肝心要の力の源泉から遠ざかつた「楽譜に忠実」といふスローガンや、反ドイツロマン派的な快速調の演奏は、二十世紀後半以後、何と音楽的な衰微の原因となつてしまつたことだらう。トスカニーニを範に仰いだ指揮者は数知れないが、ドイツで、その美学を受け継ぐ者と目されたのは、若き日のヘルベルト・フォン・カラヤンである。カラヤンが、ナチスにより、フルトヴェングラーの対抗馬として重宝《ちょうほう》される一方、トスカラヤンと綽名《あだな》される程、トスカニーニに近い音楽家と目されてゐたことは、よく知られてゐる。カラヤン自身は、『カラヤン　自伝を語る』[16]の中で、フルトヴェングラーとトスカニーニの意図を結び付けることが夢だつたと語つてゐるが、カラヤン美学の完成期である七十年代に実現したところは、トスカニーニを特色づけてゐた、最高速度と最大抵抗力とを掛合はせた緊張と白熱の代はりに、流線形の、機械工学的な滑らかな美的虚無への自己退行だつた。

　トスカニーニが誤訳をしてでも、ベートーヴェンの真実を己の真実として物したかつた、さうした情念によつて、あの雄勁《ゆうけい》で虚偽のない音楽像を樹立したとすれば、カラヤンは、今日隆盛を見る、あらゆる誤訳・誤読への恐怖症の嚆矢《こうし》だつた。カラヤン自身が晩年そこからどう脱却したかは既に1で書いたが、今日演奏家を強力に縛る、作品の時代様式に忠実といふ強迫観念は、今日の音楽活動から、根源性を奪つてゐる。カラヤン以後、快速の美学は、カルロス・クライバーの洗煉と優美を経て、古楽派による、超快速・小編成のベートーヴェン演奏へと転落した。『仮面の告白』から藉《か》りれば、ベートーヴェン演奏は、二十世紀後半を通じて、「鼻歌交じりと言ひたいほどの気楽な速度で、傾斜の上を辷《すべ》り」続けたのである。

　ニコラウス・アーノンクールの、外側から加へられた暴力に近いスフォルツァートと、トスカニーニの、内側から噴出するマグマの眩ゆいばかりに美しい音の鞭《むち》とを、較べてみるがいゝ。ましてや、エリオットー・ガーディナー、デイヴィッド・ジンマン、ロジャー・ノリントン、サイモン・ラトル、パーヴォ・ヤルヴィ……。彼らのどこに、ベートーヴェンを内側から燃焼させてゐたあの力を求めたらいゝのか。ベートーヴェンの時代を領してゐた精神の炎や、全人的な緊張は失はれ、演奏のエートスは、今日風のマシュマロヒューマニズムと、情報に転換された音による記号の中に解消されてしまつてゐる。

トスカニーニの偉大さは、その文化的な誤訳を支へて余りある、人間と音楽への情熱的な確信である。この男は人間と音楽を信頼するがゆゑに、びた一文たりとも、それらにすり寄り、媚を売り、猫かはいがりし、おまけをしようといふ素振りを見せない。この勇気は、あらゆる失敗と誤解の源になつたかもしれないが、彼に、真に新しい抒情と雄叫《おたけ》びとを発見させた。

レコード第一世代のトスカニーニとフルトヴェングラーの演奏の、異常なまでのリアリティは、その後の、どんな才能も超える事が出来なかつた。その輝きは、レコードを掛ける度に、音が光の形をとつて、眼を射るやうだ。それは、その後の音楽家を照す鏡になり得たのか、それともまぶし過ぎる光で、彼らの行く手をかへつて見え難くしてしまつたのか。

演奏は、瞬時に消えてなくなる。演奏は再現も保存もされ得ない。楽譜と伝承、記録や批評以外、音楽を後世に伝へる手段はなかつた。「音」が残らないこと——これこそが音楽の本質だつた。演奏が消えなくなり、保存され、有名な演奏家が研究の対象になることは、演奏の初発の喜び、音を出す、音をあはせる、その貴重さ、新鮮さを著しく奪ふ。演奏家は演奏の現場のリアリティではなく、情報の最尖端にゐなければならなくなる。

フルトヴェングラーが、ヴァーグナーの演奏を聴けなかつたことは、彼がニキシュやプフィッツナーの演奏をつぶさに聴くことが出来たのと同じくらゐ、おそらく、意味があることだつた。トスカニーニがベートーヴェンの演奏を聴けなかつたことは、彼がヴェルディやマーラーの指揮を聴くことが出来たのと同様、大変に意味あることだつた。

レコードは、さうした時間の不可逆さの歎きや過去の蓄積からの自由と、想像力を、音楽家から奪ふ。音楽の生命力の発現にとつて、おそらく、これ程迄に難解な謎は、かつて人類が経験しなかつたであらう。

トスカニーニの生命力が、何よりも皮肉に思はれるのは、我々の時代の音楽がレコード＝記録の為に、衰頽を余儀なくされてゐるその事態の、彼の名聲とレコードこそは出発点であるのに、今や、逆に、さうした豊かさを取り戻す数少ないヒントである点だ。

我々が、様々な意匠の比較の中に彼を解消してしまへば、病は益々深くなる。

だが、我々が、彼のレコードから放たれる音の生命力、音の衝動を自分の物にし、自分の時代の物にする為の手掛かりにする時、それは、情報から音楽を取り戻した時に我々の時代が達し得る可能性と高みとを我々に示してゐると言へるのである。

註

（1）Raymond Chandler[The Long Good-bye]Penguin Crime Fiction P105、清水俊二訳『長いお別れ』早川書房1976年、125頁

（2）B．H．ハギン著『トスカニーニとの対話』Da Capo Press. 1989

小さなトスカノーノ52カンテッリの演奏（続き）を参照した。
https://blogs.yahoo.co.jp/little_toscans/64695624.html
（3）The New York Times 1957.1.17
（4）Harvey Sachs[Toscanini]Harper&Row.publishers 1978 P320
（5）『ホロヴィッツの想い出』DVD、2009年
（6）前掲クラウス編『フルトヴェングラーを讃えて』前者は51頁、後者は169頁。いづれも引用の都合で訳文をやゝ変へた。
（7）前掲エンドラー『カラヤン自伝を語る』53頁
（8）諸石幸生『トスカニーニ　その生涯と藝術』音楽之友社1989年、11頁
（9）前掲 Sachs[Toscanini]P14
（10）前掲諸石『トスカニーニ　その生涯と藝術』11頁～14頁
（11）前掲山田『トスカニーニ　大指揮者の生涯とその時代』38頁
（12）前掲山田『トスカニーニ　大指揮者の生涯とその時代』68頁
（13）前掲サックス『トスカニーニの時代』9～10頁
（14）前掲サックス『トスカニーニの時代』248頁～249頁。サックスは敬愛するリヒテル晩年の「出来の悪いリハーサル」を聴いて「理性と自由の間を絶妙なバランスを取りながら行き来する演奏が極めて困難になっている」と書いた上で、「これがまさにトスカニーニ問題の本質である。（略）（トスカニーニの）最も知られている録音の大半は八十歳代で行われた。」として、トスカニーニの主要録音が年齢による硬直、衰へを示してゐると示唆してゐる。
（15）ウィルヘルム・フルトヴェングラー著葦津丈夫・石井不二雄訳『フルトヴェングラーの手記』白水社1983年、77～78頁。引用の都合で訳文を一部省いた。
（16）前掲エンドラー『カラヤン　自伝を語る』152頁

カラヤンのレコード

I

カラヤンはレコードによつて史上最大の指揮者としての位置を確立した。それにも関はらず、そのレコードの意味を包括的に論じた仕事は没後三十年の今に至るまで殆どないやうである。

クラシック音楽の現在を支へる最も大きな現象といふべきカラヤンレコードは、本来、音楽学や音楽批評が対決すべき重大なテーマである筈だらう。

1で書いたやうに、私は長年、カラヤン藝術の愛好者ではなかつたのだから、その資格があるとは思へないが、実際にカラヤンを論じながら、そのレコードを聴いて痛感したのは、彼のレコードが開拓した世界の、圧倒的な豊かさだつた。

それは試行錯誤の連続であり、藝術ジャンルとしてのレコードを確立する困難な過程、あらゆるレパートリーに模範解答を出さうとする無理から生じる矛盾と不協和音の複合体でもある。

この一章は、さうしたカラヤンの試みを俯瞰するごくさゝやかな試みだ。大きな意味でフルトヴェングラー党が捧げるカラヤンへのオマージュと受け止めて頂いてよいだらう。

尤も、まづは――カラヤンの意に反するだらうが――カラヤンの演奏が、多くの場合、指揮者としての表現の強さ、音楽的感興の豊かさで、フルトヴェングラーに及ばなかつたことの確認から始めたい。それが彼の「出発点」だつたからである。

ベートーヴェンやブラームスのみならず、カラヤンの得意とするレパートリーでもわずかに残つてゐるフルトヴェングラーのレコードは、表出の濃密さと深さでカラヤンを凌駕する場合がしばしばなのだ。

試みに両者のチャイコフスキーの第四交響曲を聴いてみよう。この曲はカラヤン得意のレパートリーで、レコードも五種類残されてゐるが、フルトヴェングラーはウィーンフィルとの正規盤が一点のみ、そもそもレパートリーではなかつた上、録音状態も悪い。

カラヤンはＥＭＩに入れた一九七〇年盤を選ぶ。華麗で豪奢、華やかなカラヤンらしさ全開の演奏である。

カラヤンは、冒頭主題の音響で聴き手をまづ圧伏する。確かに圧伏と言ふ他ない音の勢ひであり、音響の炸裂だ。その後、八分の九拍子で始まる第一主題は、不安気な揺らぎを削ぎ落し、洗煉された安定の中で歌はれ、第二主題も優雅に過ぎ去る。

フルトヴェングラーの冒頭部分は録音の不備もあつて効果は不発だし、第一主題部は如何にも遅く、不安定だ。だが、この不安定さの中でのたうちまはる音の姿を追つてゐると、それは次第に、音楽といふより、血で書かれた私小説のやうに何かを語り始める。第二主題も不器用なのに、聴き手を遠く夢見させる。ストコフスキーやメンゲルベルクのやうなデフォルメはない。しかし、音楽が自然に心を語り出してしまふこの力の前に、音をどう造形するかといふ他の指揮者のあらゆる工夫が虚しく聞こえてくる。

第二楽章のフルトヴェングラーの吐息の深さは言ふまでもないが、カラヤン盤と較べた時、驚くべきはフィナーレの並外れた力動感だらう。カラヤンが華麗な音響で滑走するのに対し、フルトヴェングラーの演奏は聴き手の胸倉を掴む。カラヤンの第一主題はオペラの場外から聞こえる祭りのファンファーレのやうに虚ろに響く。チャイコフスキーがパトロンのメック夫人に宛てた書簡からみれば正しい解釈だ。一方、フルトヴェングラーでは音楽は真正の情熱で熱狂する。それだけに第二主題の沈み込む憂愁は実に腹に堪へる。リズムの強靭さは桁違ひであり、どんな瞬間も音楽の品格が物凄い。

カラヤンの華麗さも解釈としての妥当さも、音楽に正面から没入するフルトヴェングラーの歌とリズムのどうしやうもない力と並べると、薄手な作り物に聴こえてくる。コーダを遅く始めてアッチェルランドを掛けるフルトヴェングラーのやり方も、大切なのは、並外れた音のエネルギーであり、乱舞するリズムが齎す説明不可能な熱狂だ。フルトヴェングラー盤が録音もアンサンブルも不備だからこそ、両者の音楽そのものの根源的な力の差は逆にはつきりしてしまふ。

イタリアオペラでも同様の現象がみられる。イタリアオペラはカラヤンの主要なレパートリーだが、フルトヴェングラーはたつた一曲ザルツブルク音楽祭での〈オテロ〉の実況盤が残つてゐるのみである。が、両者を比べれば、指揮者としての力量の差は歴然たるものがあると言はざるを得ない。音楽から引き出すテンペラメントの圧倒的な密度、歌詞を明晰に際立たせながら、歌唱とオケを透明に溶け合はせる技量、そして指揮者主導でドラマが展開する、演劇的な表出力において、フルトヴェングラー盤はカラヤン盤を遥かに凌駕してゐる。

誇張と思ふ人は虚心に両者を聴いてみてほしい。

カラヤンの音楽理解をよく示すのは、オテロにデル・モナコを迎へた有名な旧盤ではなく、ヴィッカーズとフレーニを起用した後年の盤である。旧盤はあくまでもモナコの超絶的な演唱力そのものが演奏の中核であつて、カラヤンは超一流ではあつても、あくまで伴奏者に過ぎない。一方、ヴィッカーズ盤でのカラヤンはオーケストラを劇伴音楽のやうに扱ひ、録音の操作によつて非力なヴィッカーズの聲を浮かび上がらせ、人工的にデフォルメされた交響的な音響空間を作り出し、演奏の主役に躍り出てゐる。

が、その演奏はフルトヴェングラーの「音楽の力」には遂に全く敵し得ない。

フルトヴェングラーのザルツブルクのライヴは一九五一年の貧弱なモノラルだが、冒頭からオケの音色に漲る緊張が全く違ふ。音そのものが放射する熱で舞台が照らされるやうだ。合唱は明瞭だ。オーケストラの爆発にかき消されず圧倒的な推進力がある。だが何と言つても歌手以上にオーケストラがよく歌ふ。ヴァーグナー風な読みや演奏法を持込んではゐない。ヴェルディらしい単刀直入な切れ味とフルトヴェングラーらしい和聲進行の周密な歌ひまはしが両立してゐる。トスカニーニが一九世紀前半のイタリアの伝統的な歌芝居を基盤にヴェルディを解釈してゐるのに対し、フルトヴェングラーはシェイクスピアの使徒たるヴェルディの新しいドラマツルギーに立ち、演劇的な大きなラインを描き出すことに成功してゐる。

カラヤンのヴェルディもイタリア人指揮者と異なるドイツ的なソノリティだが、フルトヴェングラーのやうな意味で演劇的な演奏ではない。交響的な音響感覚によつて特色づけられてゐるが、音楽の核を人間劇の推進には置いてゐない。

フルトヴェングラーの「柳の歌」などがとりわけ見事なのは予想が付くが、こゝではむしろ一幕冒頭のイヤーゴと合唱、そしてカッシオが悪酔いする極めてオペラ的な場面での処理に注意を促しておかう。フルトヴェングラーの指揮では手に取るやうに劇の進行が分る。フルトヴェングラーにとつて〈オテロ〉は、音楽である前に演劇なのだ。

オテロとイヤーゴの復讐の誓ひも聲と音響で押してゆくカラヤンの行き方とは違ひ、演劇的な緊張感を積み上げ、極度のスローテンポで、壮大なクライマックスを作る。モナコのやうに歌手が主役でも、カラヤンのやうに音響効果が主役でもない。フルトヴェングラーの指揮では、邪悪さそのものが交響的に現出すると言へようか。

かうして、もし、個々の曲を演じる指揮者の力量で言へば、フルトヴェングラーは、レパートリーでなかつたイタリアオペラでさへカラヤンを圧倒してゐる。

1でも詳論したやうに、カラヤンはそれをよく知つてゐたに違ひない。だからこそ、カラヤンは、レコードの社会的可能性に自身の仕事のクライマックスを設定したのである。

カラヤン一人が作り出した音の博物館は、空前のものだ。

バッハ、ヘンデルから新ウィーン楽派までを、また、独墺圏のみならず、イタリア、フランス、イギリス、ロシア、北欧を網羅する。しかも大曲のみならず、小品や軽音楽までを広くカヴァーしてゐる。バッハならばロ短調ミサやマタイ受難曲のみならず、ブランデンブルク協奏曲や管弦楽組曲、ヘンデルではコンチェルトグロッソ、モーツァルトではディヴェルティメントやセレナーデ、ベートーヴェンではステファン王序曲や戦争交響曲、エグモント全曲、更には幾つものの軍隊マーチまで録音してゐる。

ウィンナワルツの主要曲全ては言ふまでもない。リストの交響詩も集成してゐるし、ウェーバーの序曲、ロッシーニのセレナーデ集、スッペでさへ序曲を纏めて録音してゐる。

聲楽曲、オペラも巨細《こさい》に渡り録音されてゐる。カラヤンの後も、モーツァルト、ヴァーグナー、リヒャルト・シュトラウス、ヴェリズモオペラ、ヴェルディ、プッチーニを網羅的に録音し得た指揮者は存在しない。

演奏の規範性が高度なのも類を見ない。

トスカニーニ、ストコフスキー、オーマンディ、ショルティ、バーンスタインらも、カラヤン程網羅的でないにせよ、広範なレパートリーを録音した。いづれも優れた指揮者であるのも言ふまでもない。だが、彼らは自分の音楽をやつてゐる。規範性を狙つてはゐない。トスカニーニのサウンドやテンポは、ドイツ音楽に関しては極度に非伝統的である。ストコフスキーのバッハは後期ロマン派風に潤色され、オーマンディではベートーヴェンも〈展覧会の絵〉も同種のサウンドに彩色が施されてゐる。ショルティのブルックナー、リヒャルト・シュトラウス、マーラーはどれも一様にブラスバンドコンチェルトになつてしまふし、バーンスタインは晩年になる程、あらゆる音楽がマーラー的な情念の中に沈潜するスタイルを取るやうになつた。

その点、カラヤンは、どんな曲であつても、基本的に様式的な違和感のない規範的な指揮をする。

驚くべきは、カラヤンのサウンドである。ベルリンフィルの重厚な低弦を下敷きに、強烈な金管とティンパニの炸裂を伴ふその音が、バッハやモーツァルトに優美に身の丈を合せ、ヴァーグナーとヴェルディ、リヒャルト・シュトラウスとプッチーニとで、それぞれに華麗さと規範性とを接合してゐる様は目を見張らされる。

古楽派の台頭以後、とりわけ批判されることの多いカラヤンのバッハだが、その最善の成果については単純に退けるわけにはゆかない。

ロ短調ミサは、現代オーケストラによる演奏としては、カラヤン盤はクレンペラー盤と双璧だらう。だが、両者はまるで違ふ。クレンペラーではキリエが痛切な祈りの絶叫で始まる。オーケストラは各楽器が鮮やかに歌ひわけられ、濃密な悲劇性に彩られる。合唱が入つてからの、まるで人類苦を背負つたやうな苦悶のうねりは例を見ない。音楽がバスに返る度に、うねりは高まり、波に呑まれるやうだ。カラヤンはそんなことはしない。フーガの性格がはつきり出ない程ソットヴォーチェで音楽が進む。スタティックである。禁欲的な響きの中、緊張が続く。キリエの第二曲の美しいアリア、そして三曲の古拙なフーガの巨大さ――こゝまでを聴けばクレンペラーは圧倒的である。だが、グロリアに入つても、大きく太い音楽のとらへ方に変化はない。第5曲のソプラノアリアや第7曲の父と子への呼掛けの二重唱も一様に雄大だが、さうなるとパロディとして終曲に用ゐられる第6曲の合唱「汝《なんじ》に感謝したてまつる」の、前後を圧倒する荘厳さが際立たない。

一方カラヤンでは、極めて抑制されたキリエの後、グローリアでは第6曲「汝に感謝したてまつる」が大きくそゝり立つ最初の頂点であり、そこから第8曲の「夜の罪を除きたまふ者よ」の深淵に音楽は降りてゆく。アルトとバスのアリアを経て、軽快なテンポで合唱フーガに入り、音楽は感情的な山を作り出して第一部が完結する。

クレンペラーの演奏は偉大だが、レオンハルト以後の古楽演奏に慣れた耳にはロマン派のオラトリオのやうに聞こえるだらう。

カラヤンにはさうした違和感はない。全体がシンフォニックに構造化され、音楽体験として完結してゐる。

無論、その後古楽によつて齎された楽器や歌唱法の純正さはない。その上カラヤンの起用してゐるウィーン楽友協会合唱団は概して技術水準が低く、それはカラヤンレコードの失点だが、バッハを音響に還元するのではなく、あくまでバッハの精神を美に結実させようとするカラヤンの取組みの真正さは疑へない。

レオンハルトのしなやかなロ短調ミサを聴いてゐると、美しいが、統一された作品であるとは感じられない。ロ短調ミサはその大半が過去の自作の転用なので、バッハに統一した作品を作るどれ程の意図があつたかといふ論争が絶へない。だが、あのキリエに始まり、第6曲を終曲に据ゑた音楽的完結感の高さは比類ない。書誌的実証より音楽体験を重視すれば、バッハの意図は明らかだらう。その点レオンハルトはむしろ組曲へとこの曲をほどいてしまつてゐる。個々の演奏が余りにも美しいので愛聴はしてゐるが……。

ブランデンブルク協奏曲（再録音さへしてゐる！）や管弦楽組曲となると、カラヤンが規範性を志向してゐることが、寧ろ、今日となつては限界になつてゐると言ふべきだらう。古楽が齎した風の吹き抜けるやうな透明さと愉悦、ポリフォニーの妙味はカラヤンの演奏には存在しない。ブランデンブルク一番のアレグロでは楽器相互の色彩の対比や異なる音価のぶつかり合ひなど、この音楽本来の面白さが浮かび上がらず、アダージョは厚塗りで、楽器の軽さ、薄さによつて醸されるバロック時代のセンチメントとは程遠い。

では、その代償としてフルトヴェングラーやメンゲルベルクのバッハ演奏には存在する、正真正銘の歌の溢れがあるかといふと、さういふ訳でもない。フルトヴェングラーがブランデンブルク協奏曲第5番でピアノパートを受け持つてゐるレコードを聴いてみてほしい。バッハの様式と全く程遠いアインザッツとテンポで重厚なリズムを刻みながら曲は進む。しかし、これはこれで別様の美である。そしてフルトヴェングラーの弾くピアノ独奏！　心の琴線にじかに触れる真の歌、思索――何といふタッチだらうか。オーケストラとかけあふ静謐なリズムの品格、リズムの中に潜んでゐる歌の深さが素晴らしいが、驚くべきは長大なカデンツァであつて、その音楽の沈潜、長い弧を描きながら繰り返し山のやうに上昇してゆく高揚と解放感と崇高さは一体何事であらう。フルトヴェングラーの全レコードの中で、この演奏家の音楽力の源泉を最もはつきり示してゐるのは、このピアノかもしれない。

それに対し、さうした音楽の自然な発露よりも規範性を優先するカラヤンの行き方は、十八世紀以前の音楽演奏の場合のやうに演奏様式観が根本から変更された時には、寧ろ有効性を失ふ。

その意味でカラヤンの主たる業績は、言ふまでもなく十九世紀から二十世紀前半の音楽にある。

その業績はオペラと交響曲に大別されるが、私はこの度聴き直し、カラヤンのオペラレコードは業績として限界があり、交響曲において寧ろ永続性ある規範的な価値を実現してゐると確信するに至つた。

II

まづオペラから見てゆきたい。

無論、極めて優れた仕事ではある。

とりわけオペラをレコードで聴くとはどういふことかについて、カラヤン程自覚的に取り組んだ指揮者は他にゐない。これは幾ら強調してもし過ぎることのない点である。

言ふまでもなく、オペラは音のみを聴くものではなく、舞台を見ながら楽しむものである。器楽やオーケストラのコンサートを目を閉ぢて聴くことはあつても、オペラは目を瞑つて聴くものではない。生身の聲の魅力のみならず、演技や人間的魅力、舞台の不測性、祝祭的な雰囲気——オペラは純粋な音から成り立つのではなく、さうした要素を総合して始めて実現する舞台藝術である。ところが、レコードではこれらが全て消えてしまふ。

カラヤンのオペラレコードも、当初、オペラの音楽的要素をレコード化したものに過ぎなかつた。

初期の〈魔笛〉〈フィガロの結婚〉などは、当時のオペラレコードの常として台詞を大幅に外すから、継続曲になつてしまつてゐる。台詞を外してゐなくとも〈オテロ〉〈ファルスタッフ〉を始めとする初期のオペラ録音は、大歌手の伴奏——勿論卓越してゐるにせよ——といふ性格が強い。

カラヤンの中で、オペラのレコードがどう成熟してくるのか。

〈フィガロの結婚〉の一九七八年新録音がそれをよく示してゐる。こゝではオペラが、レコード作品として完成し、演奏の比類ない高みと最上のバランスを実現してゐる。継続曲ではなく、舞台を見るやうなドラマツルギーを、音だけで誇張なく描くことに、カラヤンは晩年に至つて成功した。

最近鬼才登場として話題になつてゐるテオドール・クルレンティスの〈フィガロ〉も、細部にわたる異常に濃厚な表出とアンサンブルの練度、劇的な音楽表現で、古楽分野とモーツァルト双方に新しい地平を開いてゐるが、その後にカラヤン盤を聴いても、感銘の深さでクルレンティスの鬼才ぶりを超えてゐる。

カラヤンの序曲はニコラウス・アーノンクール以後のプレストCによる遅めの設定と逆に、大変なプレストで始まるが、音楽の豊かさとオペラの開幕の胸の高鳴りをよく伝へ、スポーティーな快感に堕してゐない。幕が開くと、イレアナ・コトルバシュの透明な美聲がオーケストラと溶け合ひ、まづ耳を喜ばせる。聲が完全にアンサンブルの一部になつてゐる。旧盤では優れた歌手たちの演唱を指揮者が伴奏してゐるやうに聴こえるが、こゝでは指揮者が音楽劇全体を指揮してゐる。歌唱の個性に欠けてゐる訳ではない。フォセ・ファン・ダムのフィガロは明るい聲質に癖がないだけでなく、音による演技としても表情豊かである。しかも則を超えない。フレデリカ・フォン・シュターデのケルビーノは、最近の解釈に多い切迫した歌ひ方ではなく、夢見るやうに優美である。トム・クラウゼの伯爵には演劇的に激しく踏み外させ、時に怒声を上げることさへ、カラヤンは厭《いと》はない。重唱のバランスはどこも最上で、二幕の幕切れや三幕のフィガロとバルトロ夫妻が親子だつたことが分る場面の美しさは、逆に舞台では達成不可能であらう。伯爵夫人のアリアのゆつたりとした深さはフルトヴェングラーを想起させる。だが、何と言つても圧巻は四幕である。舞台では省略されるマルチェリーナやバジリオのアリアが、流れに溶け込んでゐるのもさすがだが、騙しあひの演劇的な緊張が損なはれずに、伯爵と夫人の和解に至つた時の絶美の瞬間は、レコードオペラといふジャンルでの、カラヤンによる最上の達成であらう。

一方、クルレンティスの才腕はどうか。レチタティーボには饒舌で才気溢れる伴奏を新たに付し、歌唱の全細部に抑揚と表情をつけ、オケと歌手とがあらゆる場面で競奏してゐる。マニエリスムの極致をゆく表現力に感心する一方で、最初の驚きを通り越した後には、表現の過剰さが鼻についてくる。

序曲は殆ど狂熱的なプレストである。革命前夜の嵐といふわけであらうが、幕が開くとそんな理屈を超えて、驚きの連続だ。歌唱は完全に指揮者の支配下にある。交響的な演奏で、歌手も指揮者のシンフォニックな構想の一部となつてゐる。演劇的にも微に入り細を穿ち、歌詞に対応した表情が与へられる。伯爵のスザンナへの手出しを知つたフィガロの変貌ぶりだけでも大変な雄弁さで、そんな調子の精密な演劇的解釈がずつと続くのである。感情表現は極端に濃厚な一方、プレストの運動的快感も大変なものだ。

が、聴き進む内に疑問が膨らむ。表現は濃厚だが、歌の真実味に欠けるといふ妙なことが起きてゐる。真実味は表現の才腕には置き換へられない。表現力の豊かさや着想、緻密さは圧巻だが、それで心の豊かさが染み出てくるかといふとさうはなつてゐない。

アーノンクール以来のバロックなモーツァルトの究極の完成と言へるだらうが、モーツァルトはバロックではない。フィガロは宮廷オペラであり、モーツァルトは音楽で人の心を描く天才だつた。韜晦《とうかい》と精彩と真の深みが同居する高度な洗煉が不可欠だが、バロック的な誇張とクルレンティスの才腕は、さうした微妙さを壊してしまふ。

カラヤンが、彼自身の華麗な響きを駆使しながら、晩年にモーツァルトで真実の歌を歌ひあげてゐることを思ふ時、モーツァルトはバロック側に近いのか、それともヴァーグナー＝リヒャルト・シュトラウス楽派に寧ろ近いのではないかといふ美学的な問題は、改めて吟味されて然るべきだらう。

……だが、カラヤンのオペラがいつも卓越してゐたわけではない。

カラヤンは、しばしば、ドイツオペラとイタリアオペラ双方で最も卓抜な録音を成し遂げたほゞ唯一の指揮者とされる。とりわけ、ヴァーグナーとヴェルディのみならず、リヒャルト・シュトラウスとプッチーニの主要作でも、評価は高い。万一、トスカニーニとフルトヴェングラーの音の状態がよいオペラレコードが制作されても、トスカニーニのシュトラウスやフルトヴェングラーのプッチーニは考へ難い。

だが、それにも関はらず、後で見るシンフォニーの全集のやうな規範性は、必ずしも、オペラでは達成できなかつたと言ふのが今回纏めて聴き直した私の、率直な感想である。

カラヤンのヴァーグナーから見てゆきたい。

カラヤンのヴァーグナーは、伝統的な演奏に較べ、響きが薄く、軽い。これはカラヤンが意図して狙つた美学だらう。カラヤンは、フルトヴェングラーの和聲の揺蕩《たゆた》ひと流動するテンポによるメロス(1)、クナッパーツブッシュの大地を踏みしめるやうな巨大な表現から脱却して、歌唱の精妙さを軸にした細身の表現を一貫して採つてゐる。

この細身の表現はカラヤン固有のものではない。一連のヴァーグナーレコードと同時期であつても、六十年代のベートーヴェンは壮大さや激情に事欠かない。一九七一年盤のチャイコフスキーはかつてない絢爛豪華さだつた。

ヴァーグナーで殊更細身の表現を狙つたカラヤンの演奏は、ヒトラーの忌《い》まはしい記憶との訣別を意図したヴィーラント・ヴァーグナーの様式に近い。が、カラヤンは時流に合はせたのではあるまい。それが本来のヴァーグナーの意図した演奏スタイルだと考へたのであらう。舞台ではどうしてもオーケストラの音響と歌唱の理想的バランスが実現できない。オケが弱ければ物足りないし、全開すれば歌唱が掻き消されかねない。バイロイトの劇場は、オーケストラピットを半蓋で覆ふことでさうした事態の解消を狙つた新たなテクノロジーだつたが、実際にはオケの響きは間接的で控へ目になる。ヴァーグナーの管弦楽の可能性をあますところなく実現できる劇場とは言へない。

カラヤンのレコードでは歌唱が際立つて明晰な上、リートのやうに細部まで言葉の意味が徹底的に解釈されてゐるのに、オーケストラは必要な場合、強烈な効果で炸裂もする。

これはヴァーグナーが現実の劇場で実現しようとしてできなかつた総合藝術をレコードによつて実現しようといふ試みだらう。何よりも歌唱の緻密で演劇的に練り込まれた様は格別である。フルトヴェングラーも歌唱の扱ひは丁寧だが、基本的には歌手の理解に任せてゐる。クナッパーツブッシュは殆ど一本の太い流れのやうなヴァーグナーである。カラヤンのヴァーグナーは、彼の他のどんなレパートリー以上に演劇側から理解されてゐる。

とは言へ、個々の演奏は他の優れたレコードを差し置いてまで採る水準には必ずしも達してゐない。カラヤンは〈トリスタン〉で「奇跡」のデビューをしたとされるが、レコードはさほど卓越したものではない。フルトヴェングラー、カルロス・クライバー、バレンボイムの方が優れてゐる。

一方、カラヤンの〈指輪〉は、〈トリスタン〉より遥かによく、代表盤の一つとしてよい。フルトヴェングラーはローマイタリア放送交響楽団との全曲盤がSACDになり、充分鑑賞可能になつたし、クナッパーツブッシュの巨大な演奏もある。ヨーゼフ・カイルベルトのライヴ録音も黄金期のバイロイト上演の壮絶さを伝へてゐる。

ライヴ録音としてのこれらの圧倒的な表現の押し、強さ、大きさはいづれも凌駕するものがないが、レコードによつて曲と静かに対峙するには、ショルティの有名な録音とカラヤン盤、それにバレンボイム盤が、安定した出来栄えで聴き飽きさせない。ショルティ盤は歌手陣の卓越と録音、カラヤン盤は指揮者による精妙極まる演劇的空間の実現、バレンボイム盤はドイツ楽派の和聲とテンポ変動の現代的再現とによつて、際立つてゐる。

ショルティ盤の驚異はカルショーによる録音であつて、優れた再生装置で聴くと、ウィーンフィルの豪壮な響きがピットの中で鳴り渡り、舞台で歌手が移動する様までが収録されてゐるのがはつきり聴きとれる。だが、指揮の藝術としては、カラヤンとショルティでは同日の段ではない。カラヤンの秘術を尽くしたオーケストラトーンの自在な変化と歌唱の細部まで完全に演劇的にコントロールされた世界は、〈指輪〉では圧巻といふ域に達してゐる。

だが、こゝではカラヤン盤の特質がよく出たヴァーグナーとして、〈マイスタージンガー〉と〈パルジファル〉を取り上げよう。

〈マイスタージンガー〉はレコードが少ない。演奏の熱量や質で際立つてゐるのは、トスカニーニの一九三七年ザルツブルクライヴとフルトヴェングラーの一九四三年バイロイトライヴである。とりわけ後者のうねるやうに放射力をあげてゆく魔力は尋常ではないが、いづれも音が古すぎるし、レコードで鑑賞するのはかなりの努力を要する。特にフルトヴェングラー盤は、単なる鑑賞対象とは言へない。ドイツの藝術の奪還といふ主題のこのオペラは、ナチスにとつて最も大切な象徴的な曲である。その曲を、戦争末期に、ヒトラーが特に親密だつたバイロイトで、フルトヴェングラー指揮でとなれば、純粋に音楽的な事象ではあり得ないからだ。

さうした禁忌と関係あるのかは定かでないが、レコードは少ない。クナッパーツブッシュのものは出来が悪く、ベーム、ブーレーズに正規録音がない。カルロス・クライバーはレパートリーでなく、ティーレマンはDVDだけで音をきちんと刻んだレコードがない。

ヨッフム盤は手堅く、細部に職人の藝が光るし、とりわけディースカウのザックスが聞き物だが、スケールが今一つ小さく、音楽的にもさほど面白くない。

さうした中、カラヤン盤は長年この曲の全曲盤としてスタンダードだつた。

何よりも、この複雑極まる長大なオペラを通して聴けるところまで整理し、レコード作品として他に例を見ない程見通しがよい。

徹底して演劇的な処理が施されてゐる。さながら台詞劇を眼前に見るやうな明晰極まる展開である。歌詞の聞き取り易さはカラヤンレコードとしても並外れてゐる。発聲そのものが際立つて端正で聴きやすい。端役までそれが徹底してゐる以上、カラヤンの指導に違ひない。さらに、ミキシングによつてカラヤン自身が微細に調整して、歌詞を鮮明に浮かび上がらせてゐる。

単によく聴こえるだけではない。

〈マイスタージンガー〉は登場人物が多く、ヴァーグナーが原則として自ら禁じた歌詞の異なる重唱を多用してゐる唯一の作品であるが、カラヤン盤では、役柄それぞれの聲を追ふのが容易である。歌手全員の聲質を明確に作り分け、一貫させてゐるからだ。例へば、エヴァンスのベックメッサーが極度に喜劇的な聲――殆どローゲに近い――を作り、テオ・アダムの明朗なハイバリトンによるザックスと著しい対象をなしてゐる。舞台ではベックメッサーの滑稽な姿が彼の喜劇性を浮かび上がらせるが、レコードではさうはゆかない。多くの盤では二幕五場でベックメッサーが自分の持ち歌を披露する場では歌手に持前の美聲で歌ふことを許してゐるが、カラヤンは一貫して滑稽化された聲で歌はせる。その結果、聴き手はベックメッサーといふ役柄の一貫性を耳からだけで理解できる。これは聴き手の負担の大きな軽減となつてゐる。

また、多聲が掛け合ふ場面でのステレオ効果も、二幕後半、ザックスとベックメッサーのやり取りの背後で、エヴァとヴァルターが囁きかわす場面など、殆どシュールレアリスティックな台詞の明晰な交錯が聞かれる。

しかも単なる歌唱や発語の明確さのみならず、演奏全体が、オペラの演劇的な書割、区切りを鮮明に示してゐる。例へば、二幕でダヴィッドが徒弟たちと喧嘩をした後、ザックスに窘《たしな》められ寝室に引込む、ザックスが一人愁ひを込めながらアリアを歌ひ、場面がポーグナーとエヴァ親子に移る、さうした一々が弧のやうに完結して、次の場面に転換する、その完結と転換がカラヤン盤でははつきり聞き取れる。

どう良い演奏をするかではなく、どう聴き手の耳に届き、頭で曲が理解されるかから発想されたレコードである。
カラヤンのレコード制作の美学は、こゝでもやはり、あらゆる指揮者から冠絶して自覚的なのである。しかし、私なら、この曲を聴きたいときに選ぶのはショルティの新盤かバレンボイム盤となる。ショルティの再録音盤は、この人とは思へない角の取れた、優美な演奏で美しく、音楽の柄も大きい。デリカシーに満ちたショルティの変貌に驚かされるが、クライマックスは輝きに溢れてゐる。歌手もよい。

更に魅力的なのは、スケールの大きなドイツ楽派の名演としてこの曲を久々に再生したバレンボイム盤だ。音楽のスケールはカラヤンよりも大きい。バイロイトのライヴが音源である為、舞台の雑音が入り、合奏の精度は若干落ちるかはり、分厚いサウンド、揺れるやうに揺蕩ふ和聲感、歌への沈潜、呼吸するやうなうねりはカラヤンにもショルティにもない。ヴァーグナーの音楽の麻薬的な放射力を他のどの盤よりも実現してゐる。

ヨッフム、カラヤンらのレコードは、二幕後半などに代表されるやうな多聲的で複雑な箇所の聲を、細かく出力分けして、舞台ではあり得ないポリフォニーを現出してゐるが、ライヴのバレンボイム盤にはさういふ疑似的なステレオ効果はない。だが、雄弁でよく歌ふオケが主導しながら、大きな流れを作る手腕は見事である。とりわけ二幕のベックメッサーとザックスの喜劇的なやり取りが徐々にテンポアップしながら高潮してゆく音楽の大きさはどうだらう。カラヤン盤のテオ・アダムとジェレイント・エヴァンスの場合、エヴァンスの演唱による強烈な演劇性、ヨッフム盤のディスカウとローランド・ヘルマンの場合はディスカウの同じく強烈な演劇性に閉ぢ込められた——それらは充分に魅力的だが——

世界ではなく、大河のやうなヴァーグナーの音楽の流れに全員が乗つての圧倒的な推進力がある。

三幕への前奏曲のやうな箇所は、響きの薄いカラヤンとは格別の、味の濃さと響きの独特の濁りで情感を深めてゆく。五重唱の歌謡の豊潤、そして感興の高まりもとびぬけてゐる。親方組合の行進曲の場面もドイツ的な味の濃いリズムを刻む。リズムと和聲と音響感覚の全てが興奮を呼ぶ。全曲のクライマックスへとせり上がつてゆく陶酔と熱狂は、戦後の音楽思想が禁じ続けてきたものだらう。カラヤンがきれいに整理し、ショルティが優美な幸福で包み込んでしまつてゐたマイスタージンガーの「ドイツ」を、バレンボイムは原初の危険な興奮に連れ戻す。現在のバレンボイムならば更に精妙で大きな表現を作れるだらうが、このレコードでも充分決定盤と言へよう。

歌手もよい。

ロベルト・ホルは歴代のザックスでも最高峰であらう。ロマン的な余情や、とりわけ思索的な場面がそのまゝ情感にも濡れてゆく色気がある。リート歌手としての繊細さとヘルデンバリトンとしての聲の力が両立してゐる。抒情的なアリアから、ベックメッサーに対する意地悪い切り返しへの瞬時の聲質の変化も見事だ。

ヴァルターのペーター・ザイフェルトもヨッフムのドミンゴやカラヤンのルネ・コロに較べても、伝統的なヘルデンテナーとして聲と表出の強さが際立つてゐる。最後の歌合戦のアリアではカラヤン盤の繊細なコロとは比較にならない陶酔を実現してゐる。ポーグナーのマティアス・ヘレも高音まで豊かに伸び、品格もある。他も概して歌手の水準は高い。ヴァーグナー歌手の払底《ふってい》といふことは簡単には言へない。戦前の歌手たちの圧倒的な聲と較べて聴き劣りするといふなら、そんなことはベーム盤、カラヤン盤の六十年代にすでに始まつてをり、日本の音楽評論に蔓延《まんえん》してゐるやうにバレンボイム世代以後の歌手を殊更貶《おとし》める理由にはならない。

他方、〈パルジファル〉となると、一九八二年のカラヤン盤は今なほ並ぶもののないこの曲の頂点だ。カラヤンのヴァーグナーに一貫するリートの延長としての緻密な歌唱指導は、言ふまでもなく観照的な〈パルジファル〉には特に適してゐる。何よりも、十年前の〈トリスタン〉までの、非ヴァーグナー的なオーケストラ——解析度が高く表層の硬度に力点を置いたサウンドが、重厚で深みある伝統的なサウンドに回帰してゐる点が大きな魅力である。

従来のカラヤンの切れ味と明快で曇らない響きに加へ、厚みある光沢と目の詰まつた中聲部によつて、オーケストラの雄弁さはかつてなく高まつてゐる。

出来栄えはこの曲の神話とされるクナッパーツブッシュの一九六二年ステレオ盤を遥かに凌ぐ。一幕への前奏曲の厚みのある光沢と、それにも関はらず世俗性の全くない神秘と清澄、延々と続く鐘の場面の壮大な緊張感など、音響効果を越えて音楽として迫る力が全く違ふ。

二幕もクナッパーツブッシュの不明瞭な開始とは異次元なダイナミクスの激動、弦のトレモロの強烈な動きが、一気にクリングゾルの暗い情念に聴き手を引き込む。クリングゾルとクンドリ、クンドリとパルジファルとの愛憎のぶつかりあひの長丁場は、歌唱もオーケストラパートも力でひた押しの様相を呈してゐる。クリングゾルの去勢による性欲からの脱出といふ屈辱と栄光は、半音階や不協和音を多用するオーケストラが主導する。フロイト的な心理解釈をヴァーグナーのスコアが完全に先取りしてゐる事を示す尖鋭的な解釈と言へる。〈サロメ〉の世界がつひそこまで来てゐるといふより、こゝにこそ、性への根源的な執着と根源的な不安、暴力的放棄といふ主題の完璧な音化がある。カラヤンが単なる審美的な指揮者では全くないことの優れた証明と言へる。

クナッパーツブッシュは全体に素朴で、重厚な響きと克明な発聲が味はひと言へるが、〈パルジファル〉の前衛性とは遠い世界だ。暴力的な葛藤と、主要登場人物全ての極端に自閉的な性格、それを打破るのが、パルジファルといふ無垢《むく》な愚か者の不条理な開眼といふのは、言ふまでもなく超現実的で殆ど醜悪な世界なのである。ドストエフスキーの『白痴』と並び、イエス・キリストの爛熟のメタモルフォーゼだが、クナッパーツブッシュの土俗的な健全性は、ニーチェの告発する「不健全な美の洗煉」とは正反対の世界だらう。クナッパーツブッシュ自身がこの作品に深い愛着を持ち生涯指揮し続けたからと言つて、演奏としてそれを評価するのは私には難しい。

パルジファル一人の描き方を見ても、カラヤンの精緻極まる指揮では、例へば、三幕後半、クンドリに説き聞かされる母の記憶の目覚め、キスによるアンフォルタスの痛みと救世主の自覚、聖金曜日の絶美のオーケストラパートへの耽溺《たんでき》的な寄り添ひが、丁寧に歌ひ込まれてゐる。素朴なヴァーグナーサウンドによる伝統的な演奏を全く乗り越えた世界をカラヤンが開示した業績は大きい。

ところが妙なもので、シュトラウスの〈サロメ〉となると、カラヤンの演奏は靄《もや》に包まれたムードと強烈な音響に二分されたメロドラマになつてしまふのである。これは後に見るプッチーニでもさうだが、この二人の、カラヤンに如何にも似つかはしい作曲家のレコードは、〈ばらの騎士〉の旧盤を除き、余り芳しい出来とは言へない。

〈サロメ〉は作品として酷評と絶賛の間を揺れ、評価が確定するまで時間のかゝつた作品だ。マーラーは発表されて間もない一九〇七年に、「これはわれわれの時代のもっとも偉大な傑作の一つであることを確信した」と述べてゐるが、当時の最も偉大な音楽学者だつたハインリヒ・シェンカーは当初「並ぶもののない下らな」い作品と酷評してゐる。彼が「今日、明らかに匹敵するもののないこの作品においては、ひとつの藝術的な個性が自ずと示されている」と評価を変へたのは一九二七年のことだつた。だが、一九三〇年代になつてもトーマス・マンは「この見世物的作品の浅薄さ、陳腐さ、途方もないほどの冷淡さ」を非難してゐる。(2)

音楽語法の斬新さが本当に地に足の着いたものか、キッチュなものかは今聴いてもにはかに断じられない。しかし信じ難い程精確な想像力をシュトラウスは駆使してゐるといふ他ないだらう。バイブルを元にしたオスカー・ワイルドの戯曲が素材だが、ワイルドにおいてバイブルは素材に過ぎず、四人の狂気がすれ違ひ続ける。ワイルドのヨハネは若い美貌の宗教的狂人であり、サロメはヘロデ王の性愛を理解できない程無邪気な少女でありながら、ヨハネの体をひたすら欲する情欲を抱へ込んだ狂人だ。ヘロデは中年の神経衰弱患者で、ヘロディアスは姦婦《かんぷ》である。

ヴァーグナーの倫理的な問ひは抜け落ち、狂気と耽美性と異国性とが紡ぐ音詩である。

ところがカラヤン盤は、まづ、彼には極めて珍しい事だが、歌詞が聞き取り難い。オーケストラの音響にかき消されるといふ初歩的な問題ではなく、寧ろ、常に歌詞の明晰を要求してきたカラヤンがこゝでは靄に包まれたやうな歌唱を要求・容認してゐる。オーケストラの音響も靄に包まれたやうで、カール・ベームのハンブルグでのライヴ録音の明晰な音と台詞の組み立てと著しい対象をなす。

サロメのベーレンスは可憐過ぎる。それはそれで一つの解釈かもしれないが、四場の長丁場での歌詞の聞き取り難さは尋常ではない。ソットヴォーチェで言葉が美聲の中に溶けてしまつてゐる。その上、感情までも音響に溶けてゐる。ベーム盤のギネス・ジョーンズは旧スタイルの濃厚で官能的なサロメからしなやかな処女としてのサロメ像への転換となつたが、ドラマティックソプラノとしての強さと少女らしい細さとを巧みに塩梅《あんばい》して見事だ。

私にはカラヤンの一聯《いちれん》の解釈がなぜ採用されたのか、この曲に関しては珍しくその意味自体が解らない。ベーム盤の盤石な音楽性、歌手たちの明晰な発聲と性格描写に較べ、なぜ、カラヤン盤は全てを滑らかに、いや曖昧にしてしまつてゐるのか。ベーム盤では拍節感と楽器の発語が明確で、音楽は隈取りを持つて立ち上る。カラヤン盤は光沢のある豪奢さは勝るが、どこまでもムーディーだ。そもそもワイルドの〈サロメ〉は異なる性格を持つ狂人を明確に描き分ける古典的な文学的作品なのであつて、カラヤンがヴァーグナーで示すやうな台詞と歌唱の性格への理解をこの曲で棄てる理由は、音楽的にも文学的にもないのではないか。

無論、同じリヒャルト・シュトラウスでもカラヤンの〈ばらの騎士〉となれば話は全く別になる。アプローチも全く違ふ。古典的な明晰性、格調と崩れた頽廃《たいはい》とが絶妙に同居してゐる。シュトラウスオペラの持つ歌芝居といふ本質が明確に表現されてゐる。〈ばらの騎士〉がモーツァルトへの偽古典的回帰だといふ前に、〈サロメ〉も〈ばらの騎士〉も本質的に古典的な物語である。カラヤンは〈サロメ〉でもこの方針を採るべきだつたらう。

いや、さうした比較の問題ではなく、一九五六年の〈ばらの騎士〉旧盤は全オペラレコードを通じて屈指の大名演の一つ、この曲としても類を絶してゐるといふべきだ。

曲頭から前のめりの強烈な表出力、リズムの力も音色の輝きも奔流のやうだ。耽溺の深い淵との対比も見事だ。オーケストラの細部まで表現の血が通ひ、録音もそれを微細に拾つて余すところがない。シュヴァルツコップの気品と豊かな表現も讃嘆の他はない。彼女のオペラではモーツァルトの伯爵夫人やエルヴィラも見事だが、こゝでは聲楽と演劇性が更に深い一致を見せ、無二の元帥夫人像に結実してゐる。歌手として類稀《たぐいまれ》な幸福の瞬間だらう。

そして何よりもカラヤンの若さと偉大さが結合した指揮！　オクタヴィアンとの情事の後の華やぎ、オックスが入つてきて喜劇と喧騒が始まつてからの勢ひと演劇的描写の藝の細かさ——例へば二人の陰謀屋ヴァルツァッキとアンニーナの掛け合ひの驚異的な切れ味を見よ。台詞も聲楽的な扱ひも見事にこなしながら圧倒的な音楽の勢ひに乗つてゆく様は、近年の若手のハードロック的リズム感と全く違ふ。クライバー全盛期の一九七八年ライヴも比較にならない。いや、カラヤン自身の新盤——一九八二年から八四年まで足かけ三年もかけてカラヤンは自ら打ち立てた金字塔に挑んでゐる——では見る影もなくなつてゐる。

この場所に限らず、カラヤンの新盤には残念ながら採るべき所が殆どない。若き日の勢ひと輝きがない分、洞察が勝つてゐるとは言へない。勢ひが音楽的な真の洞察でもあるといふのが寧ろ旧盤のカラヤンであつて、〈ばらの騎士〉の魅力もまた、時にオペレッタすれすれの軽やかさ、蠱惑《こわく》と軽佻《けいちょう》との境界線から、一気に元帥夫人の女の苦悩へと踏み込む転換の速さと切り離せない。この音楽に「深み」があるとすれば、それは音楽的な運動神経の俊敏さと切り離せず、曲を覆ふ爛熟と倦怠《けんたい》は、あくまでオクタヴィアンの新鮮な果実のやうな若さによつて肉体を保障されてゐる。演奏がオクタヴィアンの肉体の若さについてゆけなくなつた時点で、洞察も又消えてしまふのである。

歌手の力量も旧盤と新盤とでは大きな懸隔がある。新盤のアンナ・トモア＝シントーは音程が甘く、聲が揺れ、到底採れない。アグネス・バルツァのオクタヴィアンは懲りすぎ、抑揚が大き過ぎて歌詞が聴き取り難い。オックスでは、新盤のクルト・モルは当然悪くないが、エーデルマンの不世出の演唱には敵はない。

一連の騒動が終り、オックスが結婚の使者の件をしつこく夫人に依頼して退出した後、元帥夫人は一人苦り切つてオックスを難じながら、自分の老いに思ひをはせてゆく。その嘆きから、オクタヴィアンが戻つてきて瞬時に若やぐ時のシュヴァルツコップの聲の変化と指揮の反応の敏感さには一分の隙もない。そして二人の間の痴話喧嘩、時計の音に深沈と染み入り、オクタヴィアンを部屋の外へ出してしまふ元帥夫人とその後の悔恨のめくるめく変化——新盤ではかうはゆかない。全てが陰気になつてゐる。

二幕でゾフィーとオクタヴィアンが出会つた瞬間の時の止まつたやうな絶美、オックスのワルツ、三幕の喜劇的展開のスピード感から元帥夫人登場、オックス退場の極度の演劇的エネルギーの爆発、その後、掃き清められたやうに静々と歌はれる三人の絶唱から、万感の思ひの中退場する夫人とその後の御伽噺《おとぎばなし》のやうな結末……。旧盤は、作曲家と作品と演奏家との、音楽史に稀な奇跡の出会ひといふ他あるまい。

ではイタリアオペラはどうか。

〈オテロ〉におけるフルトヴェングラーとの比較は既に書いたが、無論、これは本筋の議論ではない。例へば、カラヤンにふさはしい華麗なオペラとして〈アイーダ〉を聴いてみようか。テバルディ、シミオナート、ビルゴンツィら二十世紀中葉の大歌手と組んだ旧盤と、フレーニ、バルツァ、カレーラスらカラヤンファミリーの名歌手と組んだ新盤がある。いづれもウィーンフィルが起用されてゐる。

まづ旧盤から聴かう。

イタリア人指揮者による歴代の名盤、トスカニーニ、セラフィン、ムーティなどと比べれば、一幕の序曲からしてドイツ流の粘着的なフレージング、ソノリティの重さで、明らかに別世界になつてゐる。セラフィン指揮のスカラ座管弦楽団は、オーケストラのパワーは劣るが、抒情的な場面での歌は心に滲みる。カラヤンにはさうした自然な発露としての「歌」がない。音の力だけで押し切つてゐる。こゝまで情感の伴はない「音」としての前奏曲は稀だらう。

セラフィン盤はマリア・カラスのタイトルロールを始め、バルビエリのアムネリス、ゴッビのアモナスロが超弩級《ちょうどきゅう》の個性的な聲で、他盤を圧する迫力がある。カラスはアリアのみならず、重唱部分でも演奏の錘《おもり》となり、オペラの全世界は彼女の聲に向かつて収斂《しゅうれん》してゐる。一方、カラヤン盤のテバルディ、シミオナートらの模範的な歌唱は、歌の力では到底セラフィン盤に敵し得ない。逆に、カラヤンによる統御が歌をつまらなくしてゐる。ウィーンフィルの厚ぼつたい音も、それ独自の魅力を生むに至つてゐない。イタリア風の借り着をしてゐるやうで窮屈だ。フルトヴェングラーの〈オテロ〉のやうに、様式的な顧慮をかなぐり捨て、別の伝統と感覚に根差してヴェルディの本質に迫る、率直な音楽の力がこゝにはない。

一方トスカニーニ盤はどうか。一般に歌手が凡庸であることを理由に、トスカニーニのヴェルディ、プッチーニのレコードは評価が低い。私はこの評価には反対である。晩年のトスカニーニが金満大国アメリカで名聲の絶頂にゐて、歌手を自由に選べなかつた筈はない。彼のベートーヴェンがどのやうに奇矯に響かうと、晩年のこの人の到達した音楽的結論だつたのと同様、イタリアオペラの一連の録音も彼の結論だつたと見るべきであらう。

トスカニーニは〈アイーダ〉の公演で観客にブーイングを突き付けられて往生した指揮者の代りに急遽指揮台に立つてデビューした。そして、今日聴く事のできる彼の〈アイーダ〉は、この人の最後の公開演奏会である。彼の生涯は〈アイーダ〉に始まり〈アイーダ〉に終はつた。そのレコードは私には徹頭徹尾感動的なものに聞こえる。確かに歌手の聲の魅力に欠けたり、歌唱がのつぺりしてゐたり、テクニック的に問題がある面は否めない。しかし、トスカニーニの棒は真に呪縛的だ。トスカニーニはオペラの全てを歌はせる。オペラ自らが歌ひ出してゐるやうだ。個々の歌手やアリアがではなく、演奏全体が歌なのである。

フルトヴェングラーの〈オテロ〉ではオケが歌手以上によく歌ひ、オペラが深遠な人間劇としての巨影を現してゐた。カラスの場合は、彼女が登場するとオペラの全てがカラスの求心力に吸ひ寄せられ、魔法のやうな陶酔が聴き手を襲ふ。トスカニーニでは凡庸な歌手が凡庸なまゝ歌になり、全体がトスカニーニとともにむせぶやうに歌ふ事で聴き手を呪縛する。

カラヤンの〈アイーダ〉には、さうした傑出した人間力の放射はない。

新盤では遥かに熟達し、完成度の高いレコードになつてはゐる。

旧盤では周密なサウンドとアンサンブルにも関はらず不思議な程情感や感情の揺れのない無機的だつた前奏曲が、驚くほど緻密な情念を通はせて始まる。クライマックスは重厚な悲劇を予感させる。カラヤン自身の成熟は明らかである。一幕で早速演じられるアムネリスとラダメスとアイーダの葛藤も緻密な心理を描き尽くすこまやかな歌唱だ。フレーニのアイーダ、バルツァのアムネリス、カレーラスのラダメスと当代の名歌手を揃へてゐるが、それでもこゝまで練度の高い重唱は稀であらう。オケの表現力も旧盤の比ではない。激動や沈潜の緻密な表出が、レコードとして音になりきつてゐる。

しかし二幕に入ると、豪華すぎる音響が気になり始める。凱旋の音楽も演奏が自然に孕《はら》むべき熱気が、豪奢な音響で置換されてゐる。このやうな単純な祝祭曲は、演劇的な空間への没頭や熱気がなければ白けてしまふ。ヴァーグナーでのカラヤンにはかうした空疎さはなかつた。音楽が熱くなる契機がヴェルディとヴァーグナーでは違ふからだ。ヴァーグナーの熱狂は、演劇上も音楽の進行上も、あくまでもロジカルな積み上げの結果として来る。ヴェルディでは、歌による演劇と祝祭は別の方角からやつてきて、舞台の上でぶつかり、熱気となつて弾ける。一方は和聲進行とポリフォニーを発想の根底に持ち、一方は歌芝居とホモフォニーを発想の根底としてゐる。カラヤンのヴェルディはつひに和聲進行の粘着性と論理性から自由にはなれず、その重さを回避するために、後期カラヤンは音響的な豪奢さに依存するに至つたのであらう。

二幕の幕切れも、音響的な興奮に置き換へられたまゝであり、三幕のアイーダとアモナスロの激しいやり取りからラダメスの破滅に至る最も劇的な場面もオーケストラの無機性が気になる。カラヤンの無機性はヴァーグナーでは寧ろ冷たいまゝ熱狂へと没頭してゆく表現の苛烈さを生んでゐたが、より単純直截な音楽語法によるヴェルディでは無機性がそのまゝ浮き上がつてしまふ。四幕の最終場面は緊張度の高い純美と悲劇的な緊張に満ちたピアニシモを現出させてゐるが、これまたヴェルディの世界ではなく、ヴァーグナーやリヒャルト・シュトラウスのアンチクライマックスでの表現にふさはしい。

交響的な悲劇としての前奏曲、終幕の圧倒的な表現の強さ――かうした種類の完成度が、確かにそれまでのイタリアオペラのレコードになかつたのは事実である。

だが、ヴェルディの音楽の構成単位そのものが単純である以上、カラヤンが「完成」を一度実現してしまへば、後に続く指揮者がそれに追ひつくのは必ずしも難しいことではない。

例へば、このカラヤンの新盤と同じ一九七九年に行はれたリッカルド・ムーティ指揮バイエルン州立歌劇場でのライヴ録音は、指揮、歌手の総合的な魅力で、カラヤン盤を圧倒してゐる。

トモア＝シントウのタイトルロール、ファスベンダーのアムネリス、ドミンゴのラダメスはそれぞれ優れてゐるが、何よりムーティの指揮が圧巻だ。トスカニーニの強靭さに引けを取らないのに、サウンドの硬直がなく、しなやかなブリオに貫かれてゐる。まるで風が通り抜けるやうに爽やかな響きだが、いざトゥッティとなれば大理石のやうに輝かしい。重苦しさは全くない。歌はたつぷり歌はれるが、オーケストラの名技性も存分に打ち出されてゐる。よくもバイエルンの歌劇場オケからこれだけイタリア的な輝きと疾走感を生み出せたものだと舌を巻く。

前奏曲はカラヤンのやうに深遠に粘らず始まるが、やがて心の動きを受けて微妙なアゴーギグが湧出する。用意されたテンポ変化といふよりもカンタービレの揺らぎである。大きなクライマックスに向けて音楽は色を変へて激昂し、透明な弦と解放的な金管は、濁らず溶け合はず、互ひを立体的に浮き立たす。やがて音楽は、愛の悲しい呟きに戻つてゆく。ムーティはこゝまでの一連を一息の弧として描く。楷書で書かれてゐる割に、実は音楽の隈取がよく見えてこないカラヤンとは違ひ、ドラマツルギーと音楽的な構図が同時性として把握されて、音楽がよくわかる。

全体を俯瞰する大きさがムーティの〈アイーダ〉にはある。

一幕の「勝ちて帰れ」のストレッタは凄まじい。だがそれは単なる一場の名人芸ではない。その後、ムーティは歩を緩めてアイーダの哀傷の深みに降り立つ事で、オペラ全体を大きなものにしてゐる。間延びして聞こえがちな凱旋の行進も颯爽たるものだ。バイエルンの音が、ラテン系の明るく開放的なトランペットに生れ変つてゐる。続くバレエも圧巻だ。二幕後半も、熱狂と人間的な歌に満たされ、技術的にも極めて高い。ライヴならではの高揚が完璧な歌唱と両立してゐる。

ムーティは、トスカニーニやカラスのやうに、一人でドラマの一元的な求心力を作つたりはしない。カラヤンによるオペラの総合的な管理に続く世代であることは明らかである。ムーティは、表現者たちの自由を許しながらも、オペラの滔々たる流れの中に自らも身を横たへ、手綱を決して放さない。

このやうな後続が、他のイタリアの若手指揮者たちの間にも出現しつゝある今日、カラヤンのヴェルディは、それが完璧なオーケストラによつてバランスよく提示された歴史的意義を担ふ一方で、トスカニーニやカラスのレコードのやうにそれ自体の価値として生き残るのは難しいのではないか。

一方プッチーニもヴェルディと並びカラヤンの評価の高いレパートリーだが、これは一層、私には評価できない。

プッチーニのメロディやオーケストレーションは美しいが、しばしば通俗的な流行歌との境界線にある。エスプリとヴェリズモ的な激情の交代には、複雑な音楽的機構はない。その真実性を支へるのは技術以上に心情的な共感である。が、カラヤンはさうした心情的共感に溺れようとはしない。

一九七九年盤〈トスカ〉を聴いてみよう。

冒頭のスカルピアの動機は類を見ない程物々しく始まる。ベルリンフィルの力量は大変なものだが、こゝではそれがこけおどしに聴こえてしまふ。音楽には器量といふものがある。ヴァーグナーは言ふに及ばず、〈オテロ〉なら単なる嫉妬の物語ではなく、「邪悪」そのものが主題だと言へるが、プッチーニの音楽はさうした「世界観」の表現ではない。あくまでも心理劇と風俗画の延長にある。カラヤンの出だしは「音」であり過ぎ、「音」として壮大であり過ぎ、プッチーニの世界を壊してゐる。

以後、フランス風のエスプリの場面は重くなりすぎるし、美しいメロディーはムード音楽になつてしまふ。リッチャレッリ、ライモンディを始め、個々の歌手は演劇的に緻密な歌唱で、それは後期カラヤンのオペラ録音に共通する。が、この録音ではどういふわけか歌がオフマイクで、オーケストラが前面に出過ぎる。しかもオケは感情の真実性よりも音響に耽溺してゐる。オケが前に出ることは音楽的に有利には働かない。

トスカ役のカーティア・リッチャレッリはリリックな美聲で、それは構はないが、あまりにも繊細な歌ひぶりある。スカルピアとの対決や「歌に生き、恋に生き」は見事だが、全体としては繊細さがオーケストラに埋没してゐる。このオペラの核心はトスカの心情の激動的な変化にあるが、その変化が浮かび上がらない。ルッジェーロ・ライモンディのスカルピアは演劇的だが、やはり聲の力で勝負することをカラヤンから抑制されてゐるやうだ。さうした中でホセ・カレーラスの美聲だけが突出する。トスカとスカルピアの表現が控へめな中で、カレーラスの美聲が朗々と響くと、楽天的で空疎に聴こえてしまふ。

言ふまでもなく〈トスカ〉にはヴィクトル・デ・サバータ指揮マリア・カラス主演の決定盤がある。カラスとゴッビ、ステファノは絶世の名唱で、歌唱が敵し得ないのは仕方ないが、こゝでのカラヤン盤には、単にカラスとリッチャレッリの力量の差と片付けられない問題があるやうに思はれる。

サーバタの指揮は、〈トスカ〉が二十世紀の正に開幕と同時に出現した音楽史的な意味を痛感させる。それは非合理で分裂的な世界と、不安の心理との、めくるめく一体性の物語である。フロイディズムとコミュニズム、ファシズムの同根の理由による到来が予言されてゐると言ひ換へてもいゝ。サーバタの指揮は鋭利な感覚で音楽の前衛性を打ち出してゐる。音楽は常に崩壊への予兆を孕んでゐる。さうした枠づけの中でエスプリもメロドラマも自己目的化してゐない。音楽的な洗煉も高い。カラヤンが砂糖漬けと威圧的な音響の間で不器用に分裂させてゐる楽想を、サバータは一貫した破局へのシンフォニーに纏め上げてゐる。この曲でのカラヤンは、〈パルジファル〉で示した音楽史的嗅覚に、完全に見放されてしまつてゐるかのやうだ。

一方〈ラ・ボエーム〉は完全な市井の人情物で、カラヤン盤はフレーニのミミを迎へてゐて悪くはない。

しかしこれ又、トスカニーニ盤を聴くと全てが色褪《いろあ》せる。

トスカニーニでは、冒頭から音楽の活気が尋常ではない。歌手たちのやり取りは意匠に凝つた演劇といふより芝居の自発性に満ちてゐる。歌芝居であつて、まづ聲楽ありきではない。聴き手はパリのアパートや街路の人間劇に一気に連れ去られる。オケの描写力が凄い。単なる気分や音響や和聲を表現してゐるのではない。オケも又、演劇作品としての台詞を語つてゐるのである。オペラの力を聴き手にシャワーのやうに浴びせながら、演奏は圧倒的な張力を以て前へ前へと進む。

この盤も歌手に難癖を付けられることが多いが、トスカニーニには歌手を活《い》かし、音楽の全てを歌にしてしまふ魔力がある。リズムの力に乗せられて歌手はドラマのうねりを生き始める。個々の歌手の聲の聞かせ場が連なるのではなく、オペラ全体が大きくうねつて歌となる。歌手の一人一人は、この大きな「歌」に奉仕してゐるだけだ。

リチア・アルバネーゼのミミは病人として登場する。息切れし、聲は皺《しわ》がれ、呟くやうだ。それが鍵を無くしたことに気づく所から一変する。生き生きとした感情表現、女性としての魅力……。マイクの位置のせゐか、トスカニーニの指揮をしながらの歌聲が絶えず入る。「私の名はミミ」ではオケと彼の歌聲とアルバネーゼの三重唱のやうだが、このやうな真のカンタービレは、フルトヴェングラーがドイツレパートリーで示した〈メロス〉と並び、まさにオーケストラ藝術の奥義であらう。

強靭なリズムの力、偉大なカンタービレ、風俗や心理を描写するタッチや色彩の鮮烈さ、ドラマの彫り深い激変……。

イタリアオペラは正にかうした要素から成つてをり、トスカニーニはその本質を体現してゐる。〈ラ・ボエーム〉はドイツ音楽を軸にした「偉大な藝術」の体系からは外れてゐるが、イタリアオペラの歌芝居としてのあらゆる愉しみがある。かうした気取りのない人間的な直截さ、審美的性質とは正反対の聲や感情の原初的な力への素朴な信念は、実はカラヤンの世界と最も対極的だと言つてい﹅。

ドイツ音楽——例へばその枠としてのベートーヴェンの交響曲では、様々な批判はあつても、カラヤンの並外れた美意識、オーケストラの統御、構造的に作られる熱狂は、一つの高い表現に達してゐた。だが、イタリアオペラ、とりわけプッチーニとなると、カラヤンの手管《てくだ》はその音楽の素の力の前に、なすところを知らない。プッチーニがどんなに新たな意匠を纏つても、そのオーケストレーションの魔術の奥にある歌の力を穿たねば音楽は息を吹き返さないのである。

カラヤンがロッシーニとヴェルディ前期を全くレパートリーにしてゐなかつた事、このオールラウンドプレーヤーには珍しい、大きな空白はおそらく偶然ではない。

こ﹅に燦然と輝く太陽と哄笑と人いきれは、カラヤンの表現領域と最も遠いものなのである。かうした表現領域で足場を作らずにヴェルディ後期とプッチーニを、カラヤンの豪壮華麗な意匠によつて装つてみても、その音楽に脈々と流れる音楽の核が鍛錬されてゐない以上、それらがどこか空虚に聴こえるのは致し方ないのではないか。

その場合、カラヤンが、〈オテロ〉のフルトヴェングラーのやうに、自分の表現世界を押し隠さずに音楽に真直ぐ推参すれば、様式上の違和感はあつても表現の真実性は担保できたらう。しかし、カラヤンの身上は高度な標準化にある。カラヤンは己のその道に従つてイタリアオペラを料理した。

世人はその演奏に高度な規範性を聴き、万能の名指揮者カラヤンのイタリア物を賞賛したが、イタリアオペラの最も肝心なブリオやスピリトはそこにはない。……

Ⅳ

一般に評価の高いカラヤンのオペラレパートリーだが、初期の〈ばらの騎士〉と中期の〈指輪〉、晩年の〈フィガロの結婚〉〈パルジファル〉を除くと、独伊ともに歴史的永続性には留保を付けざるを得ないといふのが、この度つぶさに聴き直しての私の結論だ。

一方、カラヤンの作つた各種の交響曲全集は、質の均質性や規範性によつて今でも基準としての価値を失つてゐない。歴史的に最大級の名盤さへ幾つもある。

勿論、規範性を確立するのは容易なことではない。カラヤンの大才を以てしても、厳密な意味での達成となれば、長い探求の中でごく短い期間に咲いた夢の花だつたのかもしれない。

例へば彼の最も得意なレパートリーの一例としてチャイコフスキーの第五交響曲を取り上げてみようか。この曲は十九歳のカラヤンが自費でオーケストラを雇つてデビューした時のメインプログラムであり、生涯録音を重ね続けてゐる。にもかゝはらずフィルハーモニア時代の録音が不安定であるのは1ですでに書いた。次のベルリンフィルとの最初の録音である一九六五年盤も率直な熱演ではあるが、技術的な解決も含め模索中の印象を与へる。ベートーヴェンの完璧な全集はすでに出してゐるのに、このチャイコフスキーはまだ粗削りなのである。次の一九七一年盤は全ての迫力を音の表面の煌びやかさで実現しようとした絢爛豪華な録音だ。音のイメージはあまりにも奔放で激烈だが、上滑りしてもゐる。重厚な低弦が前面に出る一方、金管は色彩の乱舞だ。弦の歌ひまはしはカラヤンレガートによる大仰な表現である。明らかに演出された熱演だ。その意味では、出せるところまで自分の灰汁《あく》を悪びれずに出し切つた、思ひきつた演奏であり録音であつて、まさにカラヤンの録音が絶えざる実験だつたことの証明のやうなレコードだらう。

　さうした積み重ねの上に初の全集として収録された一九七五年盤は、七十一年盤とは全くの対極にある。整美の極みと言へる。辺り威を払ふ王者の風格と落ち着きがあり、殆ど古典的な美術品のやうな佇《たたず》まひである。七十一年盤で誇張されてゐた序奏は沈黙に近い。が、寧ろ表現は内側から充溢《じゅういつ》する気迫によつて遥かに強くなつてゐる。アレグロでも表現は抑制的だが、アンサンブルはかつてなく整ひ、寧ろ清らかだ。第二主題も感情移入や大仰さが消え、しかし音楽はより深まつてゐる。二楽章の純粋美はたとへようもない。美そのものに語らせて他に何も要らないといふ気品がある。三楽章はムード音楽の一歩手前で踏みとどまつて洗煉の極、四楽章もアポロ的だが、率直で勁い。全曲を通じ、類例を見ない品格と美と劇性を兼ね備へてゐると言つてい〻。

　かうして多年の研究と模索の中で「完成」を見たカラヤンのチャイコフスキーだが、しかし一九八三年のウィーンフィル盤になると、この整美と完成は崩れてしまふ。このウィーンフィルとのチャイコフスキーは日本では世評高いが、私は採れない。リズムや音に老人らしい硬直が出てをり、ウィーンフィルもベルリンフィルのあとに聴くと技量、バランスともにだいぶ落ちる。録音も良くない。勿論、表現への挑戦は続いてゐる。再現部の第一主題での弦の歌ひ方などには思はず胸を打たれるし、七十五年盤では歌はずして歌になつてゐた第二主題は、濃厚に歌つてゐる。しかし第二楽章を聴くと、冒頭のホルンからして、指揮者の眼光の衰へを感じる。ベルリンフィルの多年の薫陶の奇跡と、気儘《きまま》に指揮者を選んできたウィーンフィルの実力差があらゆる箇所で感じられる。それを逆に表現の強さにしようとして、四楽章などでは金管を剥き出しにし、全体に急《せ》き立てるやうな指揮ぶりだ。不器用な味はひを強調して新しい表現を狙つてゐる。整美の極を壊し、再び表出に挑戦してゐるのである。

要するに、カラヤンのレコードは、規範性や完璧さを狙ふものである一方で、演奏・録音ともに、その都度挑戦の連続であり、予定調和的な課題の解決はない。音のイメージ、演奏のイメージをとつても、再録音の度に、しばしば根本から変更してゐる。カラヤンの録音は毎回完璧だがつまらないといふのは完全な謬見《びゅうけん》である。完璧さと表出の激しい振子《ふりこ》を往復し続けてゐる。

バーンスタインの新旧二つのマーラー全集や、ショルティの二つのベートーヴェン全集が大まかに言へば円熟を反映してゐるだけなのに対して、カラヤンはさうした自然な成熟ではなく、コンセプト自体をその都度、意識的に設定し直しながら、表現の一回性を追求してゐると言へるのである。

カラヤンのレコードが没後今日まで他を圧してゐるのは、その規範性や合奏・録音水準の高さのみならず、全ての盤が挑戦的な表現意欲によつて制作されてゐるからに違ひない。

さうした中で、七十年代に入ると、すでに録音してゐるベートーヴェン、ブラームス以外のシンフォニーの全集化が進んだ。メンデルスゾーン、シューマン、チャイコフスキー、シューベルト、ブルックナー、ハイドンのパリセットとロンドンセットである。今、チャイコフスキーの第五交響曲で見た通り、カラヤンとベルリンフィルの藝術の完成はほぼ一九七〇年代半ばにあつたと見てよからう。カラヤンが全集に取り組むのも七十年代から八十年代初頭にかけてであり、機が熟したとの判断からだつたに違ひない。

メンデルスゾーンのやうな希少なレパートリーでの業績は当然高く評価されるべきだが、私は特に、ハイドンとブルックナーの優秀さを指摘しておきたい。

ハイドンのパリ交響曲集はグランドマナーの巨大な表現だが、ブランデンブルク協奏曲のやうな不完全燃焼とは違ひ、徹底的に大きな表現が功を奏してゐる。〈熊〉も〈マリアテレジア〉も、古典性とともに疾風怒濤時代の延長上として、激動的である。

ロンドンセットは、クラシカルに落ち着いてゐるが、表現は大きさと激しさを兼ね備へてゐる。

現代オーケストラを起用したこのセットには、トマス・ビーチャム指揮とオイゲン・ヨッフム指揮の名盤があり、洒脱な精彩と様式的なセンスではビーチャムが、逞しい生命力を示しながらドイツ音楽の伝統的なソノリティーを実現してゐる点ではヨッフムが、今日でも規範的だ。クイケンやミンコフスキーの古楽の名盤に劣らぬ音楽的な芳香を放つ。カラヤン盤はリズムが重たく、精彩の点でこれらに劣る。その代り、巨大さと威厳と崇高さがある。ロンドンセットに寄せられたロビンス・ランドンの次の評言は傾聴に値するだらう。

これらの交響曲のユーモラスな側面を必要以上に強調する傾向があるが、カラヤンはそういった

傾向にも従わない。彼はこれらの作品すべてを高貴で、厳粛で、重みあるものとみなしている。(3)

古楽になつてユーモラスな側面の強調は一層強まり、又、古楽演奏家の多くはクラシカルな様式感ではなく、バロックな誇張と強弱の様式感に立つてゐる為、高貴さの追求よりも露骨な表出に傾きがちである。更に言へばハイドンは——モーツァルトも——可能であれば、自分の後期交響曲を大編成のオーケストラで演奏させたかつた。それは幾つかの書簡から明らかだ。カラヤンの巨大な音楽作りと高貴さは、さうした意味で、古楽派の多くの演奏以上に、ハイドンの精神史的な意義に正確に対応してゐる。

ブルックナー全集では六番までがとりわけ価値が高い。七番、八番にはカラヤン自身のより心の籠つたウィーンフィルとの録音があるが、希少な一番から三番、六番はカラヤン盤の規範性が大きな意味を持つ。日本ではギュンター・ヴァントが高く評価されるが、私は魅力を感じない。ブルックナーではフルトヴェングラーとクレンペラーが対極的ながら、音楽の本質に迫るドイツ楽派の頂点である。様式やサウンドや様々な魅力とは別に、精神的な全く特異な性格に到達してゐる。チェリビダッケ、朝比奈隆、バレンボイム、ティーレマンらがそれぞれにその世界に深入りしてゐるが、カラヤンの全集はさうしたブルックナー指揮者らの業績と肩を並べてゐると言つてよい。

一方、興味深いのはカラヤンのディスコグラフィーに、マーラー全集が欠落してゐることであり、ショスタコーヴィチに至つては十番しか入れてゐないことだ。

いづれもポストカラヤン時代に、シンフォニーレパートリーに大きく進出することになる作曲家だが、マーラーに関しては六十年代から七十年代前半に掛けてのバーンスタインとショルティによる全集によつて、最も重要な交響曲作家の一人としての地位が確立してゐる。メンデルスゾーンやチャイコフスキーの全集を入れる位なら、マーラーは当然全集で入れてもよかつたのではないか。

だが、これはカラヤンのレジスタンスでもあらう。

カラヤンは、オペラ小屋から出発した最後の楽長世代である。(4) さうした古典的な楽長として、彼のレコード目録は、あくまで伝統全体の管財人として作成されねばならない。時流を追ふよりも、十九世紀までの古典的なレパートリーの目録の完成が優先されたのであり、その点、古典としての評価の定まつてゐなかつたシベリウス、マーラー、ショスタコーヴィチはあくまで彼自身がレコード化したい曲に限定して取り組んだ。

筋が通つてゐる。

かうして限定してカラヤンが取り組んだマーラーは〈四番〉、〈五番〉、〈六番〉、〈大地の歌〉、〈九番〉だが、いづれも同曲を代表する超弩級の名演である。

たゞし――臍曲《へそまが》りを言ふやうで嫌なのだが――中で最も世評の高い〈第九〉は、その後の名演群によつて乗り越えられてゐる。ベルリンの三人の後継者――アバド、ラトル、バレンボイム――の同曲盤を聴くと、それぞれに新たな高みに達してをり、カラヤンの解釈は音も表出も、彼らに較べると生硬で、自在を得てゐない。マーラーの詳細なダイナミクス指示を全体の大きな流れに溶け込ませるカラヤンの手法が、この曲では効果を削いでゐる。私は、実演でもレコードでもアバドやラトルを高く評価することはできないが、ベルリンフィルを指揮したマーラーの〈第九〉盤に関して言へば絶賛を惜しむつもりはない。アバドは、溶け込みさうな優しい慰謝に始まり、全体に深い瞑想のやうだが、歌に満ちてゐる。ラトルは引き延ばされた耽溺と鋭い楽想の抉りが目覚ましく、音楽の構へも巨大である。バレンボイムは両者ほどの合奏の精緻は目指されてゐないが、異様な精気と激性で音楽が自在に呼吸する。いづれもカラヤン盤よりも魅力的だ。

しかし、〈第五〉や〈第六〉では、カラヤン盤は——バーンスタインやショルティを含めた歴代の名盤の中でも——並び立つものが殆どない。

カラヤンのマーラーは純音楽的なアプローチと言はれる。マーラーのスコアに記された夥《おびただ》しい「言葉」に過度に依存しないといふ意味なら確かにさう言つてゐゝ。マーラーの音楽はあくまでドイツの伝統的なシンフォニーである。語法は新しいが、それを言ふなら、リストだらうとブルックナーだらうと、伝統に対する異化にこそ独創性があるのであり、マーラーの特殊性ばかりを過度に強調する必要はなからう。ところが、マーラーがドイツ楽派の交響曲であるにもかゝはらず、フルトヴェングラー、クナッパーツブッシュ、シューリヒト、ベーム、ヨッフム、セル、カイルベルト、クライバー父子、チェリビダッケなど、ドイツ系の大指揮者らがマーラーを殆どレパートリーにしてゐない。同じユダヤ人でしかも弟子だつたヴァルターとクレンペラーさへも一部しか録音がない。

バーンスタインとショルティの全集で、その全貌が初めて明らかになつたが、二人ともドイツ音楽の正統な解釈者ではない。

ドイツ音楽の語法に則つた解釈としてはクレンペラー盤が今でも最も高みにあるが、〈第五〉と〈第六〉といふ器楽交響曲の代表作については、冗長、或いは理解不可能として演奏しなかつた。カラヤン盤はその欠落を埋め、クレンペラーと併せれば、〈二番〉、〈四番〉、〈五番〉、〈六番〉、〈七番〉、〈大地の歌〉、

〈九番〉が、ドイツ楽派最高の巨匠の指揮で揃ふことになる。

カラヤンの〈第五〉は第一楽章から、ソノリティはグロテスクさを抑へる一方で、音楽の劇性や深刻さは十二分に抉られてゐる。引き締まつた深みある音、透明で正確なアンサンブル、強靭極まるスパート、歌の豊かさ——ベルリンフィルとの共同作業の最良の成果の一つと言へるだらう。冗長な第二楽章、第三楽章が音色もエレジーも豊富で全く聞き飽きしない。第四楽章はムードに耽溺しない。全く端正だ。日本では盤石の名盤とされるバーンスタイン指揮ウィーンフィル盤が molto rit（急激に緩やかに）や espressivo（表情豊かに）の指示に対して、停まつてしまひさうなテンポと神経が透けるやうなヴィブラートで反応し、nicht schleppen（引きずらないで）と書き込まれた十小節からテンポを上げ、二十三小節の wieder ausserst langsam（再び著しくゆっくり）で再び沈み込むやうなアダージョに戻る、さういふマーラーの指示に事細かに相即する動きは、カラヤンにはない。一方、多くの指揮者のやうにムードで歌ふこともしない。禁欲的なまでに端正だ。かういふ音楽は端正な方が、感情移入するより、聴き手を深みに導く。コーダに入つてからの静かな威厳、突然のフォルティッシモの弦の高ぶりから沈黙へと戻る最後の節は真に高貴である。

フィナーレもバーンスタインとウィーンフィルの緩いアンサンブルを顔色なからしめる出来栄えだ。合奏として完璧といふ以上に音楽的な充実が細部まで通つてゐる。常動曲だが、軽躁に流れず、弦の歌ひぶりは優美だ。音色の多彩な木管と、深く支へながらいざといふ時に強烈な輝きを発する金管が見事に絡む。ドイツの伝統的交響曲としてのソノリティーを実現してゐる稀少な演奏である。

クライマックスも凄い。バーンスタインが四七一小節辺りから曲尾に向けて向けてテンポを煽る、その遥か前から、カラヤンは内側から音楽を静かに高揚させ始めてゐる。コーダへの滑り込みは冷静に計算され、余裕ある態勢の中で、音楽は疾風怒濤となる。熱狂的な音響感覚と鞭うつやうなリズムである。

〈第六〉でもカラヤンは聴き手を呪縛して止まない。問題となる終楽章では、バーンスタインとカラヤンは対極的な解釈を見せる。こゝでもバーンスタインはマーラーの表現やテンポに関する注釈を最大限音にしようとする。音楽は絶えず動く。カラヤンはずつと抑へた調子で始める。四十九小節からのコラールはブルックナーのやうに響く。百十四小節のアレグロエネルジコの第一主題提示までは明確に序的な性格として描かれる。バーンスタインがグロテスクな幻想に荒れ狂ふラプソディーだとすれば、カラヤンは古典的な交響曲の序的な性格を保持してゐる。その後、音楽は強烈な行進と手放しに歌はれるエレジーとを交互に迎へるが、カラヤンは展開部第二部、練習番号で言ふと一三一、一三二で音楽を大きく解放し、弦はこの上なく哀切な輝きを帯びる。一方、それに続く展開部第二部、バーンスタインが躍動的に描く行進曲風の第一主題の展開は寧ろ重厚で音響も抑制的である。さうしておいて、やうやく再現部の第二主題部、練習番号一四八、一四九でコラール主題を導くメロディーをオペラのやうに思ひのたけ歌はせて、そのまゝ音楽は再現部全体を通じて恐ろしい程凝縮されたクライマックスに入り、オケも全開となる。集中力は尋常ではない。

このやうな音響感覚を全力で実現する時のカラヤンとベルリンフィル全盛期に匹敵するのは、恐らくトスカニーニとフルトヴェングラー、全盛期のチェリビダッケ、そして近年のバレンボイム、ミュンヘン時代のティーレマンしかゐるまい。ストコフスキー、オーマンディ、ショルティ、セルは、それぞれ優れたオーケストラサウンドの作り手だが、カラヤンらの凝縮されきつた輝き、求心力と遠心力とが同時に音として現成する呪縛的な魔力はない。

バーンスタインが表意記号の側からマーラーを存分に音化したのは歴史的業績と言へる。だが、一方、マーラーのスコアを充分音化すれば、様々な読みを付け加へずとも、音楽そのものが雄弁に語り出す事をカラヤンは証明してゐる。もしさうでなければマーラーは遂に二流の作曲家に過ぎまい。その意味で〈第五〉と〈第六〉のカラヤンは、マーラーの可能性を音の力のみで極限まで抉り出したものだ。同じ音そのもので勝負すると言つても、ショルティでは音の直《じか》な迫力は、時として殆ど音楽をパロディにしてしまふ。どこもかしこもがパワフルであり過ぎる。クライマックスに来る前に耳も感情も飽和してしまふ。逆に、アバド、ヤンソンスらは、誠実で精緻だが、サウンドにカラヤンの魔力が欠けてゐる。カラヤンの演奏では、美が単なる美ではなく、心を鷲摑みする異様な魅惑にまで練られてゐる。それが彼らにはない。

かうした「音そのもの」で勝負するカラヤンの音楽的凄みを象徴する例として、ここで〈春の祭典〉に簡単に触れておきたい。

日本ではカラヤンの〈春の祭典〉は低評価が続いてゐる。恐らく原因はストラヴィンスキーによるカラヤン批判の為だらうが、カラヤンの〈春の祭典〉は、あらゆる若手指揮者の切れ味鋭い名演が出尽くした今日でも、最も魅力的な演奏の一つだ。

こゝではあへて一九七八年八月のルツェルン音楽祭でのライヴ録音を取り上げる。カラヤンのレコードを支へてゐる生演奏での「演奏能力」の高さを見ておくことにもなるからだ。

〈春の祭典〉は初演者のピエール・モントゥーや作曲家自身が称賛してゐるエルンスト・アンセルメ

以後、ショルティ、ブーレーズから、ゲルギエフ、サロネン、ネゼ・セガンに至る最近の俊秀まで、名演が汗牛充棟《かんぎゅうじゅうとう》と言つていゝ。

カラヤンのライヴは、自然な生気そのもので始まる。全体にゲルギエフ以後の演奏に見られる濃密な表情やオーケストレーションの強烈な誇張は見られない。端正である。夜明けの気分は清新で、かういふ空気を音に乗せるのは表現を誇張するよりも遥かに難しい。春の兆しの重厚なサウンドはベルリンフィルのドイツ訛《なま》りだが、フルートの抒情は如何にも音楽的で、踏みしめるやうなリズムに入ると、強烈な刻みながら、音楽性が抜群である。逆に春のロンドから一部の終結に至るクライマックスは、今日の強烈な表出に慣れた耳には端正過ぎる。

ところが第二部では逆転が起きる。序奏の抒情の素晴らしさは第一部同様だが、生贄《いけにえ》の賛美の強烈なリズムの吐き出しから、録音効果に頼つてゐない時のカラヤン＝ベルリンフィルの音の地力がよくわかる。カラヤンの音の無機的性格が、マーラー同様こゝでも音楽に貢献してゐる。無機質だが非音楽的なのではない。寧ろディテールまで周密に音楽的な注意力と美意識によつて埋め尽くされてゐる。明らかにフルトヴェングラー、トスカニーニの世代までと本質的に違ふ音楽性であり、バルトークや新ウィーン楽派以後の作曲家たちの美学に対応してゐる。しかも、その後の世代の演奏家に、こゝまで巨大な無機性を抱へ込み、それを表現に迄《まで》持ち込めた者はゐない。

この後、曲尾まで緊密な狂気の没入となる。ショルティのやうなプリミティブな力の解放とも、ゲルギエフの表現主義的な怪獣の咆哮《ほうこう》とも違ふ。端正で稠密で、遊びや誇張がないまゝ音楽は進む。原始的な狂乱の中でさへ、音楽の表情に気品と艶がある。第一部後半が動きの多いクライマックスとすれば、

第二部の終結は寧ろ単純なリズムの積み重ねによる没入の熱狂が意図されてゐる。表現の誇張や音響で効果を狙ふ演奏では、第二部は竜頭蛇尾となりがちだ。カラヤンは厳格なリズムが自づから齎す異様な緊張を崩さぬまゝ曲尾に向かひ、最後にティンパニと金管の強烈な掛け合ひで激動を創り出す。リズムの内側から競り上げる爆発力が圧巻である。端正な狂気、周到に準備された末の圧倒的な爆発——これこそはカラヤンの秘術と言つてよからう。……

V

最後に、本来のカラヤン＝ベルリンフィルのレパートリーであるベートーヴェン、ブラームスを見ておかう。六十年代のベートーヴェン全集はすでに検討したが、残された四つの全集の中では、一九八〇年代の率直だが晩熟の智慧を感じさせるものが、真の高みに達してゐる。

試みに第五交響曲を七十七年全集盤と八十二年全集盤で聴いてみよう。

七十七年盤は豪快に始まり、pの走句は極端な弱音に抑へられてゐる。機械的に誇張された音響空間である。走句は均質に滑らかだが、これ又明らかに作為された流麗さだ。第二主題を導くホルンはくゞもつたまろやかな音で溶けてしまひさうである。カラヤン自身の指揮も含め、聴いたことのない解釈である。第二主題も異様に滑らかだが、その実、音楽はまるで歌つてゐない。

トランペットとティンパニの轟音と、完全に外向的な弦がサウンドの枠を作つてゐる。ホルンや木管群は和聲のあはひに溶けてしまふ程やはらかい。音楽に耳を傾けてゐる気がしない。不思議な音響空間を泳ぐうちに、一楽章全体が流線形の大きな弧を描いて一息で終つてしまふ。

これは、カラヤンが現実のオケとの対話から作り出した世界ではなく、ミキシングルームで創り出された美のグラフィックデザインと言ふ他ないだらう。オーケストラは素材に過ぎない。素材を機械による微調整と誇張によつて磨き上げてゐる密室でのカラヤンがこゝでの主役だ。六十年盤が優れた録音による名演奏だつたのとは、レコードの基本的性格がまるで違ふのである。

第二楽章も滑らかだが歌はない。弱音部は弦でさへ靄の中に溶けるやうだ。時折艶めかしい歌ひまはしに驚かされる。曲とは異質な美の淫蕩《いんとう》である。第三楽章も音の影のやうに始まる。人間が注意深く作り出した弱音でない。低弦のppとホルンのffが音響実験のやうに強烈な対比で打ち出される。超快速で進みアンサンブルの微細な箇所まで破綻も揺らぎや抵抗もない。人間的な歌や合奏への格闘の痕跡を全て除去する事が、この盤でのカラヤンの命題だつたのだらう。超絶技巧をさへ感じさせないオブジェである。第四楽章も極彩色と冒頭の金管にまでスラーを掛けるカラヤン節で始まる。全編ひたすら、めくるめく音響の蕩尽《とうじん》である。

こゝまで完全に音響へと外在化されたベートーヴェンは他に例がない。新たなベートーヴェンの読みに達したといふよりは、六十二年盤の正攻法とは全く別の実験を意図したものだつたと考へる他ないのではないか。

さう考へればこの録音の後たつた五年しか経つてゐないのに早くも新たなベートーヴェン全集を再録した理由も見当が付く。カラヤン自身はデジタル録音が出現したことを理由に挙げてゐる。嘘ではなからう。だが、七十五歳になり、大病を繰り返して死を意識したカラヤンが、音響実験に淫した前盤の代りに、音楽家としての最終解答を正攻法で記録しておきたかつたといふのが、本当の理由だつたのではあるまいか。

八十二年盤の〈第五〉は、テンポや譜面上の解釈では七十七年盤と大差がある訳ではない。チャイコフスキーの〈第五〉のやうに、七十一年、七十六年、八十三年と全てが解釈や演奏能力の上で大差があつたのとは違ふ。

が、聴いての印象は極端に異なる。決定的に違ふのは録音に人工的な化粧がなくなつてゐることであり、カラヤンの演奏も又、流線形の美学を棄て、ドイツ的な語法に回帰してゐることだ。

人間的な歌の痕跡を消し去つた七十七年盤とは逆に、全篇歌に溢れてゐる。

更に、こゝでのカラヤンは、重厚な力動性と拍節感の強い垂直圧力で音楽を作つてゐる。従来、彼の語法は一貫して水平志向だつた。スタッカートやマルカートはレガートに溶かし込む。弦で流麗さを担保しながら、縦軸は、トランペットとティンパニの炸裂をこの流線形の上に載せる。弦の全奏による重厚で厚ぼつたい拍節感は意図的に排除されてゐた。

それがこゝでは弦の刻みそのものの力動感を全面に出し、全奏では木管や弦の刻みと金管を同等に鳴らす重たい音楽になつてゐる。不器用なリズムがむき出しだ。「転向」と言へる。重たくても浮揚感があるフルトヴェングラーやベームの拍節感ではなく、クナッパーツブッシュのやうな、推進力を妨げる方向に働く拍節感に近い。カラヤンは指揮技術のみならず録音で、彼の本性であるこの不器用なリズムを長年隠してきたのだらう。それをかうして臆面もなく表に出した時、カラヤンの晩年が始まり、それは真実性と内燃するカロリーを持つドイツ楽派の遺産となつたのである。

第二主題のホルンは荒々しい。七十七年盤のあの異様なまろやかさはどこにいつたのか。再現冒頭、クラリネットのエピソードを導く直前のテンポルバートは詠嘆の吐息である。そこから駆け上がる音の一つ一つに、奏者達の汗と格闘が見える。悲劇と激情の音楽になつてゐる。曲尾での大きなテンポルバートも七十七年盤の計算された音響ではなく、指揮者と奏者が作り出す際どい冒険だ。強烈なエネルギーで突き進んできた音楽を堰《せ》き止める為に全員が一丸となつて音の盾を創り出してゐる。

かうして六十二年盤の「完成」や七十七年盤の「音響的オブジェ」でなく、カラヤンが自分の「地」をさらけ出した時、その演奏は初めて、フルトヴェングラー、トスカニーニ、クレンペラーらの、生きた音楽の記録と同じ次元に達したのである。

実際、この八十二年盤は、日本の音楽評論界で突出した評価を受けてゐるカルロス・クライバーの〈第五〉を遥かに凌ぐ。

クライバーは確かに素晴らしい指揮者だが、レコードが傑出してゐるとは到底思へない。私は東京での公演を何度か聴いたが、クライバーの身上は生演奏での動物的な精気にある。ライヴ録音でさへあの実演での精気は中々入らない。音楽を追ふカルロスの姿は、美しい若豹が獲物に向かつて突進するやうに、精悍でしなやかで優美だつた。指揮ぶりも音楽も、好調の時の生演奏の彼は、筋肉の運動の一つ一つが完全に所を得たかのやうな動物的完璧さそのものであつた。

クライバーのセッション録音はよくできてはゐるが、その動物的な精気、とりわけ優美さを失はずに圧倒的な奔流となるあの生きた姿を全く留めてゐない。録音がそれを取り逃してゐるのではない。彼自身が、録音室では己のあの精悍さと精妙さの結合を見失つてしまつてゐるのである。

この〈第五〉もいかにも鮮やかなアレグロ・コン・ブリオで始まる。熱気や運動性も、楽譜の読込みも充分だ。だが、名演や名レコードとは、さうした通常の意味での優秀さとの何らかの差異や違和によつて生れるものであらう。クライバー盤にはその違和やプラスアルファがない。

三十四小節のホルン、三十六小節のファゴットの鮮やかなクレッシェンド、第二主題に入る前の全奏をごく僅か足踏みし、荒々しく強奏されるホルン、さつとテンポを落とし優美に歌ふ第二主題の呼吸は素晴らしい。展開部では百七十五小節のpiufからff、その先で一八五〜一八七小節を鮮やかなスタッカートで処理する見事さなど際立つてゐる。一楽章末尾をテンポを落とさずストレッタのまゝ駆け抜けるのも鮮やかだ。

第二楽章の十四小節でフルートの三連符とオーボエの付点の三十二分音符の音価を正確に音にするのは、ヴァルターや父エーリッヒ以来例がない。第三楽章の第二主題でホルンの対位旋律を前に出してゐるがこれ又絶妙のバランスである。第四楽章の第二主題を、インテンポのまゝ付点にごく僅かルバートを掛け音楽に膨らみを持たせるのも例のない天才的な処理だ。全体をオーソドックスな模範的テンポ配分とバランス、リズムで処理しながら、解釈上、誰にもなし得ない特徴が数々ある。

だが、聴いてゐて愉しくならない。心弾む高揚を覚えない。

なぜか。

第一に、音色に魅力がない。同時期にベーム盤がウィーンフィルから引き出してゐた艶めかしさが全く消えてゐる。クライバーは実演でも音色の美しい指揮者ではなかつた。

寧ろ、テンポとリズムによる魔法の人である。

ところが、第一楽章を除けばこの盤で設定されてゐるテンポはやゝ緩やかだ。生演奏での〈第七〉などがさうだつたが、この人の魔法は、第二楽章のアレグレットや第三楽章のトリオを一筆書きで描いてゆくテンポ運びとそのテンポでこそ生きるリズムの自発性にこそある。こんなノーマルなテンポではクライバーの魔法は解けてしまふ。

さらに、細部のニュアンス表現に乏しい。第二楽章の後半から一例だけ挙げる。変奏曲とソナタ形式を組み合はせた幻想曲風の楽章だが、展開部に相当する第四部、ファンファーレ主題が強奏されたあと、音楽は急激にディミヌエンドし、一六一小節でpiup、一六二小節でpp、それがチェロの伴奏音型に渡り、再び第一ヴァイオリンに伴奏が戻る中で木管に第一主題の短調による変奏が出る。オーボエが二拍目に和聲進行を示しながら色を添へる。クライバー盤は、かうした部分での音量変化と音楽の緊張、そしてオーボエの音色の浮び上りなどへの繊細な配慮がないまま、音楽が無造作に過ぎてしまふ。

トスカニーニ、フルトヴェングラーであれ、セル、カラヤン、ベームであれ、かういふ部分が弾き流されてしまふことはあり得ない。クライバーの生演奏でもそんなことはなかつたに違ひない。こゝに限らないがレコードのクライバーは、音楽のかうした息づきに意外な程乏しい。この人にあつては、生演奏で没頭した瞬間に生気と表現の精緻とが同時に実現される。スタジオ録音ではどちらもが振り落とされてしまふのである。

さて、この度、かうして幾つかの〈第五〉を聴き直す中で、もう一つ言及しておきたいレコードがある。

チェリビダッケ晩年のライヴ録音である。チェリビダッケはレコード録音を拒否し続けたが、没後膨大なライヴ録音が正規盤として発表された。その中に一九九二年、八十歳の時の〈第五〉がある。

一聴、驚く他のない、破天荒な演奏だ。

全小節が、完全にチェリビダッケの色に染まつてゐる。まるで別の曲である。冒頭のモットーは軽く無性格に扱はれる。弦に重ねられたクラリネットが聴こえるのである。その後の動機の展開は清潔で一級の音楽性が漂ふ。特別なことなど何もしなくていゝと思はせる高貴で雄大な佇まひである。ところがチェリビダッケは、このあと、徹頭徹尾、特別なことばかりをするのである。例へば、第一主題から第二主題に移行する四十四小節からの下降音型に全て運命動機のアクセントを施こすのを始め、展開部全体が動機の強調によつて、運命動機の絶えざる会話の趣を呈してゐる。しかし一方で、この遅いテンポでさへ、フォルテの走句はカラヤンのやうな老いからくる鈍重さとは無縁だ。リズムは絶えず清冽な推進力を保つてゐる。長大なコーダの入りに当る三七五小節からは、信じ難い巨大なフォルテの塊が地の底を踏み破るかのやうだ。ところが、その後コーダに入り、カラヤンを初め多くの指揮者が力奏する段になると、逆にチェリビダッケはmfとmpの間に音量を抑へ、音楽は憂愁に沈み込む。確かに、俯瞰すれば、このコーダ全体が下降旋律傾向にある。チェリビダッケはコーダ全体をディミヌエンドでとらへてゐるわけである。影のやうに無性格な運命動機で始まつた第一楽章は、ディミヌエンドと憂愁の中で終る。

第二楽章以下は省くが、かうした自分の読みによる徹底的に非慣習的なチェリビダッケ晩年の世界は、カラヤンの伝統的な話法への回帰とはかけ離れたものである。チェリビダッケのフィナーレが、極度に個性的な表情で作り込まれた挙句、豪壮なハ長調のアコードの中で鳴り終へた時、私は、久しぶりに聴くチェリビダッケのレコードに、近年珍しい程の興奮を覚えつゝも、素直には受け取れなかつた。音楽家が晩年に達した自由や喜びとは感じられなかつた。自在を得過ぎて、かへつて所を得ないやうな違和感が強烈に残つたと言つてもいゝ。

実は、私は青年期、チェリビダッケを熱愛しながらも、生演奏に通ふ度に、ほゞ毎回強烈な違和感を覚えたものである。この巨大な才能と達成の高度さを前に、圧倒されながらも何故か感動しない違和感と格闘することが、私を批評といふ仕事に深入りさせることになつたのである。あの興奮と強烈な違和感とが、この〈第五〉のレコードには、かなりよく入つてゐる。

しかし、これは稿をチェリビダッケ論に譲るべき主題であらう。

いづれにせよ、カラヤン最後のベートーヴェン全集は〈第五〉に限らず、音楽的熟成と安定と熱気によつて、ドイツ楽派の達した一つの到達点と評するに足る。

ではブラームスはどうか。

カラヤンは、ブラームスの室内楽的性質と劇的性格とを、六四年盤、七八年盤ともに、うまく纏められてゐない。カラヤンレガートもカラヤンの和聲感覚も、ブラームスが作り出し、それによつてベートーヴェンから抜け出さうとした工夫を、全て溶かし込んで無化してしまふからだ。どの曲でもブラームスの交響曲の第一楽章は、リズム、和聲進行の韜晦や調性の曖昧な解決、非旋律的主題などによつて、ごつごつとした違和が作り出されてゐる。それは、違和のまゝで歌になり、ごつごつしつゝ流れなければならない。また、〈二番〉や〈三番〉のインテルメッツォは明晰でありながら、曇り硝子の向かうから日が差すやうな陰影を持たねばならない。
カラヤンは、さうした、ブラームスが意図して作り出した不器用さや二重性を、滑らかにし過ぎるのだ。

ところが、最晩年の全集で、カラヤンは突然、信じ難いほどの飛躍を遂げる。

もつとも第一交響曲だけは例外で、こゝでのカラヤンは音楽の諸相を充分に描いてゐるとは言ひ難い。豪壮な乾坤一擲《けんこんいってき》のティンパニと弦の音圧に始まり、同じく燦然たるハ長調のアコードを極限まで引き延ばして豪壮に終る。では、その間の五十分に何があつたか。パセティックで並外れた緊張があり、真実味に溢れてゐる。無骨な、足で大地を踏みしめるやうなリズムでひた押しに押し続けられる。無機質でひた押しの強さである。第二主題や末尾もインテンポで表情を出し切つてゐる。大変な力技ではある。

だが、表情や色彩の変化がない。曲そのものが密度の詰まつた仕掛けの塊だから、演奏がかう正面から押す一方になると、息苦しい。第二楽章も冒頭から弦の歌ひ方に気負ひがあり、深刻過ぎる。ブラームスでは小楽節の一つ一つのニュアンス――調の長短、転調、mfやmpなど小さな音量変化、フレージングによる、表情の千変万化が欲しいが、カラヤンは一息に音楽を歌つてしまふ。こゝでもホ長調の明るい出だしが、三小節で一気に曇るその内心の対話、そこから三たび気分がさつと変り、伸び広がる自由な解放とその直後に又俯いて内に籠つてしまふ表情が、フルトヴェングラーやベームでは手に取るやうに自然に表出される。カラヤンにはそれがない。立派だが陰影に欠ける。第三楽章は殊にさうで、コケットが全くなく愉しめない。第四楽章は壮大で厳粛、序奏から悲愴な切迫感が物凄いが、ホルンのアルペン主題が出た時にも朗々たる解放感がない。緊張感と壮大さも品格も群を抜くが、自由な感興の豊かさに欠ける。

しかし、第二交響曲は文句なく素晴らしい。晴れやかで、音楽的気品に溢れてゐる。しかも、流麗になり過ぎず、変拍子や音の跳躍、突然の流れの堰《せ》き止めによる人工的な角張りや不自然さを、腰の強い響きで立体的に浮かび上がらせる。第二主題はかつてのカラヤンでは考へられない心から溢れる歌だ。第二楽章の深い音色と厳粛でありながら歌に満ちた表現は、もはや至高の藝域といふ他ない。中間部の憧れと切なさから後半の悲劇の高まりも素晴らしい。第四楽章は野暮なまでに重厚なまゝ疾駆する。何と腹に応へる音楽をやる人に、カラヤンは最後の最後になつて変貌したのであらうか。

第三交響曲は、逆に速めのテンポでアレグロの英雄的性格を明確に打ち出す。だがかつてのやうに流麗さに溶けてはしまはない。安定と無骨さと緻密さが高い緊張感の中で統合されてゐる。響きは相変らず無機質で、木管のニュアンスや弦の和聲のたゆたひなどはない。だが、音楽の着実な歩みがあり、構成がある。第一楽章の展開部後半の山の作り方がフルトヴェングラーに一番接近してゐるのはこのカラヤン盤だらう。全く崩れずにテンポを競り上げ、激情に持ち込むことに成功してゐる。第三楽章はチェロにしつかりと歌はせ、低回しない。受けに立つヴァイオリンは逆に弱音でセンチメントの限りを尽くす。経過句は神聖に響く。中間部は濃厚に歌はれ、ホルンによるメロディーの再現からはかつてのカラヤンにない肉聲による嘆きの吐息だ。第四楽章は全体がまるでフルトヴェングラーのやうである。勿論テンポの変化はない。だが、インテンポのまゝ同じ音楽像を実現してゐる。不気味に呻《うめ》く第一主題から一気に跳躍するリズムの重厚な粘りと和聲の深い濁り、ごつごつしたアンサンブルの手触り、展開部の中身の詰まつた音など、驚嘆の他はない。末尾への木管やホルンの味はひ深さ、清澄な喜ばしさから末尾の弦のトレモロに掛けては、心の音楽そのものである。

第四交響曲も凄い。線が太いまゝ、抒情してゐる。第一主題から推移へと高まり、騎士の主題へと流れる安定と表現の新鮮さ、そして深遠さの同居は素晴らしい。展開部も基本的にインテンポの藝術でありながら、第一交響曲と違ひ、音楽の十分な解放がある。曲尾へのクライマックスは正に巨人の歩みだ。第二楽章も歌と内省、沈思と陶酔的メランコリーが両立してゐる。別段変つたことはしてゐないのに、限りなく深遠な世界に聴き手をいざなふ。瞑想の極致である。第三楽章は弦の厚みを主体としながら揺るぎなくも怒涛のやうな前進力があり、第四楽章はパッサカリア主題からして、深い光沢ある音色に驚かされる。こゝでは一貫した流れを重視するカラヤンらしさを保持しつつも、変奏の諸相が描き分けられてゐる。時にハンガリー的な奔放さを帯び、時に立ち止まる。フルートの独奏は、孤独な昏《くら》い、透明な歌となる。後半の緊迫と高揚は素晴らしい。

圧倒的な出来映えの全集だ。フルトヴェングラー、ベームと並ぶ。フルトヴェングラーの自由なヴィジョンと奔放にして緻密な奏楽の奇跡は全く比類ないが、第三交響曲の第三楽章は歌ひ過ぎのきらひがあり、第四楽章の末尾はテンポを大きく落とした割にニュアンスが充分豊かとは感じられない。第四交響曲によい条件の録音がない上、第三楽章には一層の洗煉が欲しいし、第四楽章はもつとじつくりしたテンポを私は好む。その意味で両曲にこのカラヤン盤が加はるのはとりわけ嬉しい。

ベームはカラヤン盤のあとに聴いても聴き劣りしないスケールの大きさがある上、彼がウィーンフィルから引き出すニュアンスはカラヤンの比ではなく、ブラームスの諸相に分け入つてゐる。が、カラヤンの一貫した緊張と特にクライマックスで切迫する激情はない。〈第一〉の第四楽章展開部以後や第三交響曲の第四楽章、第四交響曲の第二楽章の悲劇性などではカラヤンに譲る。それぞれに魅力が尽きぬ高峰と言へよう。

尤も、晩年のカラヤンが常にこの全集程の成果を上げられたわけではない。寧ろ年齢から来るオーケストラの掌握力の衰へ、高齢特有の鳴りの悪さやリズムの鈍重などが耳に付く場合も多い。しかし、さうした中に、かつてのカラヤンにない真実性と歌の発露、切迫した感情、そして並外れた品位を感じさせる演奏が多く残されたのは間違ひない。

ブルックナーの第七交響曲の自然で清楚な気品、一転して第八交響曲の人間味の濃い中身のぎつしり詰つた豪壮さ、特に後者は同曲の代表盤の一つである。ドヴォルザークの第八交響曲、シューマンの第四交響曲も、かつてのやうにカラヤン美学によつて誇張された世界ではなく、自然体で曲柄に相応しく、しかも隅々まで豊かな感興に溢れてゐる。ただ一度の出演となつたウィーンフィルのニューイヤーコンサートもクナッパーツブッシュ的な味の濃い演奏で、歴代の指揮者らとは段違ひの藝格だ。

とりわけ胸を突かれるのは最後の来日時のサントリーホールでのチャイコフスキーの〈悲愴〉である。黒曜石のやうに輝く奇跡のオーケストラサウンドだが、聴こえてくるのは、指揮者の手放しの慟哭《どうこく》である。心の底までさらけ出した涙と叫びとなつてゐる。こんな赤裸々な音楽による告白を、かつてどんな指揮者が――フルトヴェングラーやバルビローリ、バーンスタインらも含めて――したであらうか。

音楽は孤絶した寒さの中で咽《むせ》び泣く。

咽び泣いてゐるのは音楽なのであらうか、それともカラヤンの魂なのか。どんな底深い傷心を、この栄光の巨人は抱いたまま、あの世へと旅立つたのであらうか。

註

（1）「メロス」はヴァーグナーがその著書『指揮について』で提唱した独特の概念。言語はギリシア語でリズムを取り去つた音高線だが、ヴァーグナーの用法は異なる。
リヒャルト・ヴァーグナー「指揮について」（『ワーグナー著作集』1巻第三文明社所収211頁）「オーケストラがシンフォニーのメロスをつかみ取るまで、たゆまざる努力で引っ張ってゆくことによって、正しいテンポを発見したのである。メロスを正しくつかむことによってのみ、テンポを正しく把握することができる」などの記述を参照。フルトヴェングラーの演奏を特徴づける鍵概念の一つでもある。

（2）『サロメの創造』マイケル・ケネディ1994年。小沢征爾指揮ジェシー・ノーマン他、ドレスデンシュターツカペレ〈サロメ〉CD解説

（3）ヘルベルト・フォン・カラヤン指揮ベルリンフィルハーモニー管弦楽団によるロンドンセットの解説

（4）前掲エンドラー『カラヤン自伝を語る』39頁〜41頁

セルジュ・チェリビダッケ

【対談】最後のヨーロッパ人

石村利勝×小川榮太郎

この対談は、一九九五年九月十一日に行はれたものだが、対話といふ精神の運動を尊重し、本書の中で例外的にその時点での稿として発表する。対談は、直後に予定されてゐたチェリビダッケの来日公演を前提とした内容となつてゐるが、チェリビダッケが体調を崩し来日公演が中止となつた為、一部事実関係にそぐはぬ点が生じてゐる。（小川記）

印象

石村　チェリビダッケを初めて聴いたときの話から始めよう。

小川　君は、一九九〇年に大阪でブルックナーの八番を聴いた。

石村　うん。
小川　その時に、君はまさにこれがヨーロッパの音楽だと思つたつて言つてたな、君はそれまでSP時代の大家のレコードばかりよく聴いてゐて……。
石村　さう、僕はこれがヨーロッパだと思つた。貧しい音楽体験を通して、僕が心に思ひ描くに至つたヨーロッパの古典音楽のイメージが、まさにこゝにあると思つたのだ。
小川　帰り道どう歩いたかもわからない程衝撃を受けたと君が言つてゐたのに驚いたものだ。君はあんまりさういふあらはな衝撃は受けない人だから。あれは一体なんだつたのかい。特に第三楽章か。
石村　いや全体を通じての印象なんだ。
小川　あの時は、確かゲネプロから一緒に聴いたな。
石村　うん、あのゲネプロでチェリビダッケについて持つてゐた先入観がいろいろな意味でかはつた。まづ音が大変暖かくて柔らかい。力があつてなほかつしなやかでね、全ての音が溶け合つてよく聞こえる。それから楽員達の自発的な雰囲気だな。非常にリラックスしてゐたでせう。あの気の置けない感じ、あれは印象的だつた。一人一人が音楽を楽しんでゐる、ムジツィーレンしてゐる雰囲気があつて意外な感じがしたのだ。チェリビダッケについてはそれまでに批評を通じて、禅修行のやうだとか、団員をギリギリ締め上げるとかさういふことばかり聞かされてゐたからね。
小川　それは、チェリビダッケが音楽を締め上げてゐて、楽しめない、くたびれると言ふ……。
石村　さういふ俗流の批判があるわけさ。
小川　俗流と言ふより、吉田秀和に至るまで、ね。

石村　吉田さんは結構俗流だからな（笑）。あの人は立派な批評家だが、本当に関心のないことについてはどうかすると随分不用意なことを言ふよ。さういふところも含めて、僕は吉田さんの書くものの好きだけど。

小川　ところが君の場合は、チェリビダッケが本当に音楽をしてゐるといふ感じを受けたわけだ。

石村　非常に自在な音楽、と感じたな。

小川　そのことと、聴き終はつたあと、どこをどう歩いたかわからないといふ衝撃……。

石村　衝撃といふより、放心に近かつた。

小川　チェリビダッケと最初の出会ひの時に、さういふ風に両立した体験だつたわけだね。

石村　それは相反しない、一つのものだつたわけさ。

小川　普通日本の批評ではそこは逆になるのだ。くたびれた、と言ふでせう。私は参禅に来たのではない、音楽会に来たのに、といふ批評になる。

石村　さう……ともあれ、その時の僕は、楽団員一人一人が音楽を楽しみながら、非常に厳正で俊厳なものを作り上げてゆく藝術、といふ印象を受けた。出来上がつたものは巨大で個性的だつたが、チェリビダッケの自意識の投影とは感じなかつたな……むしろ一人一人の団員が、自分の音を背負つて音楽してゐるといふ……。その印象はいまでもかはらない。
たゞ、僕はこれが音楽の究極だと、その時は聴いたけれども、その後段々と、あれは音楽以外の何か……音楽よりも音楽的な何かではないかといふ気がしてきたんだ。だから、さういふ意味でもこの八番はチェリビダッケについての、究極的に印象的な体験だつたね。

自意識の音楽か？

小川　チェリビダッケの演奏が音楽よりも音楽的な何か、か。……いきなり難しい話をするな（笑）。

さう聞いて僕が思ひ出すのは、かつて、壮年期のチェリビダッケの指揮したベートーヴェンの〈第五〉（一九八二年、シュトゥットガルト放送交響楽団）を、FMのエアチェックを元に論じた時の事だ。

調べてみると、なるほどすごいよ、音楽を分析するチェリビダッケの力量といふのは。それを彼自身は現象学と呼んでゐる。あの頃のチェリビダッケの音楽を聴くと、和聲や楽器の音色や音の強弱などのあらゆる要素を融合しながら離合集散し、ある瞬間の音のエナジーが次にどこに向かふといふ問題が、筆舌に尽くし難い厳正さで表現されてゐるんだ。あれは、自分のイメージがまづあつて、それをオーケストラに、ひいては音楽におしつけることで実現できる代物ではないね。寧ろ、音楽に対する非常な殉教的精神から生れる世界だな。受け身といふか、練習のプロセスで彼自身が音の運動を見定めてゆく中で発見されてゆく厳正さだ。彼にとつて音楽といふのは一番偉いんだよ。さうしてそこまで音楽を聖化してしまふと、それは音楽よりも音楽的な何かになつてしまふ……。

石村　たとへば彼のシューマンとかブラームスが特にさうなのだが、何か自然現象の再現実験みたいに聞こえて、妙な違和感を感じることがある。

小川　確かに実験が自然を模倣するように、彼は「音楽」を模倣してゐるのかもしれない。たゞ、それはよく批評で言はれるやうな彼の自意識の反映ではないだらう。「音楽」は彼の分析の対象ではなく、捧げ尽くす対象なのだよ。

彼がオーケストラに要求してゐることは、他人の音楽を聴きなさい、と言ふことでせう。実際、さういふ意味ではこんなに人間臭い藝術はない。ある音を出すのは怖いことだし、音楽は成りがたい。彼はよく完璧主義者と言はれるが、逆だな。さういふ怖さを一番難しいところで皆で引き受けようとして、失敗ばかりしてゐる指揮者と言つた方がいゝのではないかね。

石村　あんな天変地異みたいな音楽をやつてゐて、楽団員一人一人が自分の音楽を背負つてゐるといふ人間的な感じは確かにするんだ。第一、分析に自意識を投影する音楽家、といふイメージでは、チェリビダッケの身丈にそぐはない。だつて、それなら最近のつまらぬ演奏家たちと何の変はりもないことになるからね。

小川　例へば？

石村　ブレンデルやポリーニ……彼らは優秀な分析家かもしれないが音楽は一向に面白くない。

小川　ポゴレリチやクレーメルを含めてもいゝな。個性は違ふが、皆分析家の自意識を投影した藝術に違ひない。だけどもね、チェリビダッケといふ人には、さういふ分析家の自意識とは別の、ある異常な、痛ましいまでに真面目なもの、誠実なものがある。

石村　それが端的に現れるのは、フルトヴェングラーからの影響の受け方ではないかな。チェリビダッケは勿論だが、現代の分析家は、皆フルトヴェングラーの影響下にあるわけぢやないか。

小川　和聲進行や構造的把握を学んでゐる。

石村　彼らはフルトヴェングラーの精緻な分析的アプローチは僉んだが、借りようとしても借りられないものの存在については目をつぶつたか、気づかなかつた。
僕、思ふんだけれども、フルトヴェングラーはヨーロッパ音楽のシンボルみたいなところがあるが、結局ヨーロッパ人はフルトヴェングラーを理解しなかつたんぢやないかといふ気がするんだ。といふか、理解しがたいものがあつたのかもしれない。……僕はフルトヴェングラーを一番理解するのは日本人だと思ふ。

小川　うん……。

石村　フルトヴェングラーの理想を現代に実現してゐるのは、人は笑ふかもしれないが、朝比奈隆さんだと思ふよ。それに対してチェリビダッケといふ人は、僕にとつては一種のヨーロッパ人の典型みたいなところがある。歴史的な意味でのヨーロッパ人。今言つたフルトヴェングラーのエピゴーネン達、あれはヨーロッパ人でもなんでもない。どこにもゐないコスモポリタンなんだよ。さういふ人たちがフルトヴェングラーの方法や意匠を意識して音楽をやつてゐるのとはチェリビダッケは違ふ。違ふけれども……チェリビダッケはね、エピゴーネン達がフルトヴェングラーを方法的に認識したやうには認識してゐないでせう。だけど、朝比奈さんのやうな人が内的感覚としてとらへたように、チェリビダッケはとらへてゐるだらうか？

小川　朝比奈さんが一番フルトヴェングラーを内的にとらへてゐるといふのは、これ又難題を持ち出してくれたものだな（笑）。
朝比奈さんは自分で職人だと言つてゐるね。フォルテと書いてあつたらフォルテとする。私よりベートーヴェンの方が偉いんだと言ふ。御見事、と言ひたいところなんだが、これを言つちや、おしまひなんだよ、ヨーロッパの藝術と言ふのは。ヨーロッパの藝術は批判的継承、否定的継承の連続だから。だけど、この人にはそんな、ヨーロッパの藝術を成り立たせる義務はない。そしてチェリビダッケの方法論と、これほど対極的なことはないんだね。

チェリビダッケにとつては、フォルテと書いたときにベートーヴェンは間違ひ得るんだ。逆にフォルテなんて書いてゐなくたつて、その音楽のフォルムを見て、どういふデュナーミクが必要かが分からない奴は、馬鹿なんだよ。たとへば、〈エロイカ〉でも〈第五〉でも〈第九〉でも、フィナーレは失敗だなんて言つてゐるな。ベートーヴェンはフォルムを完結させることができなかつたとね。音楽のフォルムといふ理念型があるからさういふ批判が成り立つのでせう。ベートーヴェンよりも偉い何かがそこにはあるわけだ。

石村　「音楽」がね。

小川　そしてベートーヴェンも時に間違へるわけだ。しかもチェリビダッケに言はせれば彼の最高傑作において間違つたといふことになる。

石村　僕がチェリビダッケを一番受け入れられない点はそこだらうな。彼には楽曲の完璧性といふことが信じられないのだ。だが、間違つてゐようがゐまいが、ベートーヴェンのフォルテはフォルテなんだ。

小川　チェリビダッケに完璧性が信じられないのは、逆に完璧な楽曲とか音楽があると思つてゐるからなんでせう。朝比奈隆にとつてはそんなものはないでせう。

石村　そんなことは考へ付きもしないだらうな。

小川　その点チェリビダッケほど徹底して純粋な「音楽」を夢見た人はゐないよ。昔の大家、たとへばクレンペラーがブルックナーを百小節もカットしても楽曲の完璧性を彼が壊したとは感じられない。ところがチェリビダッケがごく些細なことでも楽譜を変更する時には、より深刻な感じを受ける。クレンペラーは、ブルックナーと対等な人間として付き合つてゐる。しかしチェリビダッケは……。

石村　昔の大家ならば、何をやらうが、演奏してゐるその人であることを疑はれてゐないんだよ。やる側も、聴く側も。それが演奏家の「完璧性」なのさ。だから作品の「完璧性」を信じることもできる。

小川　うん、それを信じられなくなつた現代の演奏家達は、その根無し草性を補ふために分析せざるを得なくなり、分析が自意識を反映せざるを得なくなる、そこまでは分るんだが、チェリビダッケはそれとは違ふ。

石村　遠山一行さんが『古典と幻想』で書いてゐることだが、古典の言語といふのはどんどん複雑に膨れ上がつてゆくのさ。枝葉を広げてゆく。そしてさうなればなるほど逆に内的な古典の感覚は失はれてゆく。だから現代の分析家達においては、音楽は古典の言語を用ゐた応用問題の模範解答になるんだ。

小川　なるほどわかつた。君の話は、朝比奈さんはさうした枝葉の広がつた応用問題でないところでフルトヴェングラーを直覚できたといふ理路になるわけか。だが、それならチェリビダッケはどこにゐるのか、彼は何者なのだらう？

誠実

小川　君は最近の彼をカトリックの大僧正みたいな風貌だなんてよくいふが……。
石村　つまりは大悪党だと言ひたいのさ（笑）……。
小川　言ひ換へれば根底的に人間を信じてゐるといふ意味だね。それが彼の人間の厚みだらう、或いはそれを人間の弱さと言ひ換へてもいゝ。たとへば、彼のベルリンに対する愛情、どうしてあれほどベルリンを愛し、こだはり続けるのか。あるいはフルトヴェングラーへの敬愛、どうしてあれほどの大家になつても、話題はフルトヴェングラーのことばかりになるのか。この情愛、いじらしい情熱だよ。チェリビダッケの自意識とか言ふ前に、この人の感傷的なまでの誠実さを考へなければ彼はつかめないのではないかな。
石村　空疎な良識人は現代に多いけど、ああいふ誠実さは滅多にない。
小川　そしてチェリビダッケの誠実といふのは、化け物じみた胆力と切り離しては考へられない。その例としてふさはしいかどうかわからないが、三十七年ぶりのベルリンフィルとのブルックナー〈七番〉ね、君はあれ聴いたことある？
石村　一九九一年、「大統領の要請による」と御本人の言つてゐる演奏会か（笑）あれはまあ、何といふか、とにかく「凄い音」が出てゐたな。

小川　第一楽章のコーダ覚えてる？　弦と管とがテュッティで一拍ずれたまま二十小節続くんだ。最後のクライマックスに入る瞬間に少しテンポを上げるんだね、その時一瞬でずれて、気付いた時には、あのゆつたりとしたテンポでは修正のしようもなかつたのだな。ベルリンフィルはどんな気持ちで演奏してゐたのかね（笑）

石村　ずれてゐるつたつて、凄い音が出てゐることにかわりはない。

小川　微塵も迷つてゐない堂々たる音だ。これはやはりチェリビダッケといふ大船に乗つてゐるのだから、間違ひすら正しいつて言ふ……。

石村　確信に満ちて弾いてゐるやうに聞こえたね。

小川　あのコーダは徐々に速くといふ指示があつて、フルトヴェングラーなんかその通りやるから、管と弦が追つかけつこしちやつて何が何やら（笑）

石村　あそこは昔の指揮者の誰の録音を聴いても、何か混沌といふ印象があるな。テンポが決まらない音楽なんぢやないかね。

小川　弦も管もどうしても歌ひたくなるのだらうな、揺れるのだよ。今回の事故は、四百二十一小節で、チェリビダッケはごく微妙にテンポをあげるのだが、そのタイミングをコンサートマスターが取り損ねたのだらうな。管のフレーズは前に向かつて歌ひたい節回しだけれど、弦の方は余韻嫋々《じょうじょう》と引きずりたくなるから。

石村　たゞ、僕はミュンヘンフィルとの演奏の方がいゝな。チェリビダッケの音になつてゐるからね。ベルリンフィルはごつごつしてゐて音のイメージがどうも耳にそぐはない。

小川　そりやカラヤンの音だもの。ヴィヴラートが多いけれど、正にカラヤンの遺産だ。

石村　音のイメージがどぎついな。

小川　フレーズの終りを次につなげてゆく所もカラヤン流だ。

石村　レガートもね。

小川　といふことはカラヤンはさすがに偉い奴だつたのだな（笑）チェリビダッケ指揮のカラヤンフィル。大変な聴き物ではあつたよな。

石村　アバドの気配はないね。

小川　意地悪を言ふね（笑）そりやチェリビダッケとカラヤンの横綱相撲ぢや割り込めない。

石村　繰り返すが、演奏としてはミュンヘンフィルの方が僕は好きだね。ベルリンフィルとのは、まさに「音」だよ。音の爆発、洪水だな。

小川　でもこれがチェリビダッケと全然水と油か、といふとどうも違ふね。いくらベルリンフィルといへどもこんな爆発は他の指揮者では起きないからな。そこが面白いところで、チェリビダッケ自身がさういふ派手な「藝」への志向を持つてゐるのだらうと思ふんだ。

音楽の本質を探求する深遠なるチェリビダッケを虚像だと言ふのではつまらない。しかし素質的にどうしようもなく持つてゐるものがあるでせう。チェリビダッケは若い頃、ハインツ・ティーセンといふ作曲の先生に、おまへの演奏はたゞの効果ねらひで音楽ではないつて叱られるだらう。これは面白い話だよ。

大体チェリビダッケといふのは小説的な人物だ。デビューの仕方から、出世、挫折、晩年の復権までね。その中でこの先生の存在も小説そのものだと俺は感じるな。『赤と黒』のジュリアンにとつてのピエール神父のやうな役回りだ。才能も情熱もたつぷりの弟子を熱愛しながら、その野心を危ぶんでゐる。輝かしいけれどもどこかに嘘のある才能に見えるんだな。だから、カラヤンの育てた器であるベルリンフィルと、けれんに満ちたチェリビダッケの資質とが正面衝突してゐるといふ感じがこの演奏から感じられるのだよ。

石村　チェリビダッケはカラヤンのひどい悪口を言ふが、彼らは意外に共通した才能の持ち主ぢやないかと思ふよ。チェリビダッケの中にはカラヤン的などぎつい天才性がある。バロック的と言つてもいゝやうな強烈な表現性が。生き方の面では、カラヤンは時流に上手く乗ることのできる人だつたのに、チェリビダッケにはそれができなかつたわけで、随分対照的だけれど。

小川　生き方としても通じ合ふものはあると思ふがな。

石村　どういふ点で？

小川　一見成功者と挫折者に見えるが、どちらもどぎついまでに反時代的だつたと思ふ。そして、チェリビダッケは何につけカラヤンよりもはるかに過剰だ。

石村　確かにさうだ。

小川　カラヤンはたとへば若い時にフルトヴェングラーと同額のギャランティーを要求したとかさ、さういふ世俗的なエピソードに事欠かないけど、チェリビダッケの過剰さは、遥かに音楽家としての彼に根差してゐるよ。彼が音楽家としてフルトヴェングラーに忠実たらんとする程、どぎつい異常なものになつてゆく。

批評

小川　こんな男を批評がとらへがたいのは仕方ないな。それでも、読売日響を振つた初来日の時に夥しく出た批評はとにかくチェリビダッケと付き合つてゐる。

石村　ちやんと議論があつたやうだね。

小川　ところが、繰り返し来日するうちに、褒めるにせよ、けなすにせよ、前に書いた批評をなぞるやうな空疎な言葉が蔓延するに至つたな。

石村　まあ、あれはああいふものさ、といふ感じの、聴かない内から言ふことが決まつてゐるやうな批評が多いね。

小川　驚いたのは、一九九二年にピアニストのミケランジェリと来た時に、たつた二年前との異常な「音」の変質を指摘した批評が、皆無に近かつたことだな。

石村　それらしきことを言つてゐたのは藤田由之氏だけだつた。オーケストラの状態が不十分だつたのではないかと指摘してゐるだけだが。

小川　何を書いてもいゝけど、あれだけの音の変質に触れないといふのは一体日本の評論家の耳はどうなつてゐるのだらう。

さうした中で、近年の文章では一九九三年のブルックナーの〈三番〉についての三宅幸夫さんの批評（読売新聞）はよかつた。チェリビダッケの時間間隔をぐるぐると螺旋《らせん》式に上がつてゆくとして、ブルックナーの音楽の構造と関連させた詩的な議論を展開してゐてね。あとちよつと面白いのは宇野功芳氏だが……。

石村　とりあへずあの人は聴いた通りを書く人だ。

小川　そこは立派だね。

石村　あの人の批評には間違ひが多すぎると思ふが、しかし音楽を聴く耳は汚されてゐない。

小川　宇野氏は昭和三十年代の『レコード批評』で、チェリビダッケを才能がないと言つてゐるが、これは最も簡明な違和感の解決の仕方だな。

石村　そこが彼の率直さでせう。それでなきや、宇野さんはあれだけ音楽ファンに支持されないだらう。嘘だけは付かないといふことを読者は感じとるのでせう。

小川　チェリビダッケを聴く、感動しない。何故か、才能がないからだ。それでも聴きに行くのは、変はつたことをやるのが面白いからで、個性のないこの時代には貴重な奴だ、といふ。

石村　実に首尾一貫してゐるな。

小川　僕は、とりわけ、宇野さんがチェリビダッケが一九四八年に英デッカに吹込んだチャイコフスキーの〈五番〉を聴いて才能がないと言つた点に感服するな。

石村　あれは強烈な演奏だが、とてつもないフィクションといふ感じもする。

小川　さうだよね。吉田秀和さんになると、これはフルトヴェングラーの後を継がうとしている演奏で、実演でもこの通りの音楽が聞こえたら、大した音楽家だと書いてゐる。僕もあのレコードには驚いた。大体これはチェリビダッケが指揮を始めて三年目のレコードだ。あの読み、輝かしい音色、それに棒振りとしてみても大変な力量さ。

石村　あの頃から彼の音楽の張力は変はつてゐないな。

小川　それを才能がないと断ずるのは余りにも乱暴だ。だけど、僕らがフルトヴェングラーの影響だの、指揮技術だの、他者感覚だのといふ観念の周囲を巡つてみると、宇野さんの乱暴な批評がかへつてチェリビダッケといふ人を思ひ出す手がかりを与えてくれてゐるのが面白い。

……最近の批評にはこんな風にこちらにぶつかつてくるものがない。情報や学識を使ひ回して要領よくやつてるなんてのは、「批評」といふ「生き方」とは全く別物なんだけどね。

ブルックナー

石村　こゝらで少し具体的に今回のプログラムのことを話さう。今回はブルックナーの〈七番〉と〈八番〉が入つてゐるが、これは一九九〇年の来日時に僕らに衝撃を与へたチェリビダッケの十八番だね。僕はヨーロッパの典型と評したが、反面、演奏スタイルとしては全く異様なものでもある。何しろ〈第八〉に至つては、普通八十分以下で演奏される曲が、百分を超えるのだから。ブルックナー演奏の伝統の中で、彼の演奏をどうとらへたらいゝんだらうな。

小川　さうだね……。かういふことを話さうか、ブルックナーの演奏のドイツ的伝統といふのがあるな。

石村　ヨッフムとか、今ならヴァントなんかがさうなのかな。

小川　さう。ブルックナーをドイツの交響曲の歴史の中でとらへるのだから、基本テンポも速い、全曲がアダージョみたいな音楽では全くない。

石村　アレグロはアレグロ。ブルックナー自身、ベートーヴェンの後継者だし、少なくとも自分でさう考へてゐた。

小川　ブルックナーの交響曲は、ベートーヴェン、特に〈第九〉の模倣だからな。一言で言へば主題をどう展開してゆくかといふ藝術だろ。勿論展開の仕方や性格は違ふが。アレグロと主題の展開としての音楽だね。そのベートーヴェンからの歴史を明察してゐる演奏は、やはりフルトヴェングラーだ。

石村　原典版でブルックナーをやり始めたのは、フルトヴェングラーだらう？

小川　大雑把に言へばさういふ理解でいゝよ。ある研究者から聞いたが、ノヴァークがフルトヴェングラーと交渉して、ノヴァーク版を試用するよう働きかけてゐたといふ話もある。

石村　まあ、ブルックナー演奏の歴史はフルトヴェングラーから始まると言つていゝのぢやないか。

小川　レコードに残つてゐないが本格的なブルックナー演奏はニキシュからだね。フルトヴェングラーはその直接の後継者だから。

石村　日本では宇野先生が御仕事をされたから、さういふ意識はなくなつちやつてるけど（笑）

小川　宇野さんの歴史意識のなさには閉口するが、そこが持ち味でもあるから諦めるしかないなあ。彼に言はせれば、フルトヴェングラーのブルックナーは人間味が強すぎる、シューリヒトとかクナッパーツブッシュの「素朴」な演奏こそ真のブルックナーだといふ、全然音楽史と別の議論になつてしまふ。

石村　僕はその二人とも好きだけど……宇野さんは、この人達に比べてフルトヴェングラーはブルックナーの本質を理解してゐないと言ふわけだ。

小川　逆にコリン・ウィルソンはフルトヴェングラーのブルックナーをクレンペラーと較べて、クレンペラーの演奏は交響曲だが、フルトヴェングラーのブルックナーは霊的な啓示だ、ブルックナーはまさにさうしたものなのだと言つた。

だけど僕はこゝでもつと即物的なことを言つておきたい。フルトヴェングラーのブルックナーは、基本をアレグロに置いて、全体の構造、特に音楽上の頂点を組み立ててゆくやり方だ。ブルックナーはベートーヴェンに比べると非常に長い時間を掛けて主題を展開する。しかも楽章に三つの主題が登場する。そして、それらの主題は並列的に扱はれる。ベートーヴェンみたいに濃密な主題の変容と違ふんだ。だけど「素朴」ではなくて、並列的な扱ひの中に音楽の大きな力学的な構造が練り込まれてゐる。ちよつと聴くと迷宮みたいだが、本当は非常に構造的な藝術だ。だからシューマンなんかみたいな、ああいう和聲と旋律の溶けてゆく浪漫派とは違つて、構造をどう表現するかが先に問はれる。指揮者による明確な構造把握がないと何やら訳のわからない音楽になつてしまふんだよ。

石村　フルトヴェングラーのテンポは速過ぎるといふのが、特にブルックナーでは言はれてゐるな。

小川　うん。長い推移的な表現を頂点に向けてアッチェルランドするのに抵抗があるのはわかるがね。この点は、構造を明確にしてゆく為でもあり、レコードのない彼の時代、ブルックナーを聴くことが聴衆にとつてどんなに負担だつたかを考へる必要もあるでせう。

石村　基本的にフルトヴェングラーの早目のテンポやテンポの変化は、音楽のパースペクティブをきちんと取るためといふのが君の考へなのだな。

小川　だつて、あんな構築的な音楽なのに、そのまま単純に音にするだけではブラームスが悪口を叩いたやうに「交響的蟒蛇《うわばみ》」になつてしまふ。全体を感じられないもの。

石村　君の言ふことはよくわかる。でもフルトヴェングラーのブルックナーには風景がない。ピトレスクでないのだ。

小川　それはさうだな。フルトヴェングラーではブルックナーは宇宙的な情念の探求みたいになつてゆく。狂的でもあり霊的でもあるやうな異常な精神の劇だね。でもブルックナーはもつと開放的な自然の風光の音楽的反映でもある。

しかしそれはブルックナーの二面性で、どちらが正しいといふことではないでせう。

石村　さういふ中でチェリビダッケのブルックナーとは何か。一聴およそソナタ形式とは思はれない演奏だよな。何せ恐ろしくテンポが遅く、聴いてゐて音楽が一向に前に進んでゆく感じがしない。

小川　さう、でもクナッパーツブッシュの遅さとは違ふんだよ。あれはまさに交響的蟒蛇。

チェリビダッケの場合は、例へば〈八番〉なら、第一楽章でフルトヴェングラーと同じやうに非常にゆつくりと、暗い緊張感に満ちた音楽が始まるね。フルトヴェングラーは主要部分に入るまでにアレグロに持つてゆく。実際この音楽はアレグロ・モデラートだからね。ところが、チェリビダッケは最初のテンポで最後まで押し通す。ではこれは曲の構造の見えない末端肥大症的演奏か。僕はさうではないと思ふ。

クナッパーツブッシュがゆつたりと演奏すれば、ゆつたりと細部が味はへる、チェリビダッケの場合はそれとは違ふ。方法こそ違ふが、やはりフルトヴェングラーの音楽のあり方に近い。チェリビダッケはフルトヴェングラーのやうに予感と高潮を雰囲気とテンポ変化で作り出すやり方はしないけど、同じやうに今鳴つてゐる音が、時間を超えてアーチの先端の頂点をはつきりと目指してゐる、音に非常に強く方向性のある音楽だと思ふ。聞き手は、遅いがゆゑに、今の音が音楽全体に関して持つてゐる意味を常にはつきり感じながら音楽を聴くことになるわけだ。

石村　〈八番〉に関して言ふと、あの曲を唯一十分に、的確に演奏してゐるものだと思つたな。どんない丶演奏でもあの曲の場合、端折《はしよ》つたり付け加へたりといふ感じが常にあるものだが、チェリビダッケにはさういふことを感じなかつた。

小川　彼はエピソードに埋没してゐるのではない。構造そのものに没頭してゐるんだよ。具体的に一つだけ指摘すると、一九九〇年のチクルスで〈四番〉、〈七番〉、〈八番〉を演奏したが、いづれの曲でも四楽章のコーダに入る直前に、第一楽章冒頭の主題が――〈四番〉と〈七番〉は変形が施されてゐる――全奏で回想される場面、チェリビダッケの演奏ではそこが全曲の象徴的な意味での頂点となるんだ。特に〈八番〉ではこ丶で息も継げない天変地異のやうな大音量・大音圧で主題が再帰する。体が吹つ飛ぶかといふやうなカタストローフだ。これは録音には到底入らないが……。

その後、何かが決定的に死滅したあとのやうな音楽になる。第一楽章の最後のリズムの刻みが蘇つてコーダに入る。このコーダは恐ろしく壮大な空虚だ。ハ長調による歓喜の爆発の筈なのに。

宇宙の鼓動が止まつてしまつた、全てが消滅した。

石村　これ以上音楽でやることがあるのか、音楽ではないところまで行つてしまつたのではないか……。

小川　同感だ……あのクライマックスを聴きながら、音楽ではないといふ感じはあつたよ。人間の音楽に感動してゐるといふより、人間の力ではどうにもならない巨大な自然現象を目の当たりにして、錯乱状態に陥つてしまつたといふ方が正しかつたのかもしれない。

石村　音楽つてもつとみすぼらしいものぢやないかといふ気がするよ。僕はあゝいふものを愛しやうがない。ブルックナーといふ人の書いたことを一番きちんとやると音楽ではないものになつた。だつたらそもそもブルックナーが書いたのが音楽だつたのかどうか疑はしいな。

老い――フィクションから肉聲へ――

小川　一言でいふと音楽場を作る強烈な放射力が、この頃までのチェリビダッケにはあつた。いはゞ演奏家の「肉体」が異常に強靭だつた。演奏家といふのは霊媒みたいな面があるから、肉体は直接音の鳴り方に影響する。フルトヴェングラーが晩年に、指揮者といふのは英雄でなければならない、体が利かなくなつたら指揮台を下りると奥さんに言つてゐたさうだ。さういふ意味でチェリビダッケが音楽場の主宰者たる肉体の力を失つてきた今、チェリビダッケにとつて老いとは何か、といふことが今回の来日公演にも強く関はつてくると思ふ。

石村　指揮者よりピアニストとかヴァイトリニストの方が、老いと藝術の関係ははつきりするね。肉体を直に使ふから。年をとれば肉体が衰へて、それまで弾けてゐたものが弾けなくなる、できてゐたことができなくなる。しかし逆にできなくなることで、演奏がより自由になり、明るさを増す、老人にしか表現できぬ若さや自由さが出てくるといふ不思議なことが起きる。ケンプ、コルトオ、クライスラーなどの晩年の演奏がさうだ。衰へてみつともない姿をさらしたと言はれることが多いが、少なくとも僕は、若い頃より余程若々しい自由な演奏をしてゐると感じるね。若々しいといふ言ひ方はよくないな……若さが純化されたと言つたほうがいゝ。人間の内面的な生命力が純化されたやうな演奏をする。僕は、大体大家たちの年のとり方といふのをさういふ風に見てゐるんだ。

小川　今の君の話を聞いてゐて考へたのだが、他の演奏家とくらべて指揮者が上手に老いるのは難しいかもしれない。不自由が自由になるといふ微妙さにオーケストラが付いてくるのが難しいからな。

チェリビダッケの老いといふことに一人の聞き手として最初に直面したのは、さつきも触れたが一九九二年、ミケランジェリとの共演の時だ。このときは、ミケランジェリとシューマンのピアノコンチェルトをやつて、後にベートーヴェンの〈第五〉を演奏したね。一九九〇年の演奏は、今話した通り、とても老人の音楽なんかぢやなかつた。それがたつた二年で、音楽そのものが萎《しぼ》んだかのやうな衰弱ぶりだつた。非常にうぶな感想だが、今まで彼がやつてゐた事は嘘だつたのか、と言へばいゝだらうか。年をとつて枯れてくるといふのなら、誰にでも起こる事だ。フルトヴェングラーも最晩年には音が鳴らなくなつた。ところが、チェリビダッケの場合、老いによる自然な変質といふより、逆に、それまでの彼に化かされてゐたのではないかと感じたのだ。今までチェリビダッケだと思つてゐた正体がどこにも見当たらなくなつてしまつた。

石村　僕はあれを聴いて、彼の出してゐた音と彼自身との間に本当に内的な連続があつたのかが疑はしくなつたんだ。音楽は彼の外にあつたのではないか。でないとあゝいふ変り方は出来ないのではないかといふ気が、僕はしたな。

小川　彼は音楽をどうにでも扱へるといふ、異常に発達した天分を持つてゐる。天分の方が彼よりも偉い。チェリビダッケといふ人よりも才能の方が偉くなつちやつてゐるのだな。

石村　だからどんなに凄い音を出してゐてもそこにチェリビダッケのエートスは感じられないといふことになる。

小川　そのやうな疑惑が、僕個人の経験では一挙に〈第五〉の時に露呈した。それまで僕の中では、才能を通して自己を実現してゐる背景にはチェリビダッケといふ人もゐるし、彼の背後には歴史もある。その歴史から汲み上げられたブルックナーがゐる、それを彼の才能が演奏してゐる。さういふ循環を何となく信じてゐたよ。それがあの時一挙に疑はれたのだ。

石村　だからあの非常に感動を受けたブルックナーの〈八番〉でさへも、巨大なフィクションであつたのではないかといふ気がするわけだよ。実はチェリビダッケといふ人はあのフィクションの外側にゐたのではないか、とね。

小川　チェリビダッケにとつて最大の難問は、恐らくその巨大で複雑な天分をどういふ風に解決するか、だつたでせう。チェリビダッケは余りにも強い人でありすぎたから、自分の天分を超える宿命に出会はなかつた。フルトヴェングラーに出会つたことがその天分の方向を決定した。その後どうにもしようがないのだな、天分の方が彼より偉いのだから。カラヤンくらゐの天才では彼にとつては怖くない。八十過ぎてやつと体が天分の前に立ちはだかつてきた。一九九二年の半年あと、一九九三年に来日した時には、その老いと正面から付合つた音楽になつていゐたな。

石村　天分と音楽の関係は面白い。

小川　微妙だな。

石村　天分がちつともなくたつていゝ音楽を聞かせてくれる人はゐるわけだ（笑）。

小川　微妙すぎるな。

石村　しつこいやうだけど、さつきも話した朝比奈さんのことさ。余りにも少ないものしか与へられてなかつた。だからこそ神の国に到達できたとも言へるのだ。狭き門より入る、さ。余りにも少しのものしか与へられてゐないからこそ、それを手がかりに広大な世界を得たといふ逆説が彼の晩年の境地にはある。

小川　それと逆のことを痛感したのは、九三年のチェリビダッケの〈田園〉だな。第四楽章までが良かつた。ところが第五楽章では音楽が平板になつてしまふ。今の君の話を引き継ぐと、持てるものの貧しさとでもいふのかなあ。朝比奈さんの〈田園〉のフィナーレは絶唱だよ。深い感動が直接に歌となつて迫つてくる。あゝいふ単純な音楽があそこまで心を打つには、音楽の最も素朴な力による他はない。かういふ時にチェリビダッケは無力なんだよ。

石村　かういふ時？

小川　あの楽章は、二度山があつて、その後終結部で、なんだかキラキラ音楽が高揚して、そのまゝお祈りみたいに音楽が終るね、あの辺りの朝比奈さんの演奏の美しさと言つたらないや。かういふ素朴なお祈りみたいな音楽がチェリビダッケだと今ひとつだろ……照れちまふのかな。

石村　照れるといふよりどうにも出来ないんだらう。何でも出来る人はあゝいふことは出来ない。そこに彼の悲劇性があるよ。

小川　正直にいふと、あの第五楽章は、聞いてゐる間より、寧ろ終わつた後になんだか言葉にならないくらゐ心が揺さぶられたんだよ。大人物の立派な「老い」なんだ。比類なく立派なんだが、「音楽」に生涯殉じてきたチェリビダッケが、「音楽」といふ夢から覚めて老いの歌を歌つてゐるのさ。何か悲しいものがとつても入り混じつた感動だつたな。……君はどう取つた?

石村　明らかにあそこで今までにないチェリビダッケと音楽との関はりを感じたよ。僕は特にブルックナーの第三番に非常に感激したが、それは、やつとまゝならないものと闘ふ一人の人間といふものが感じられたからだ。年をとるといふ人間の自然とどのやうに取組み、どういふ風に受け入れてゆくのか。そこにチェリビダッケのパーソナリティが感じられたのだ。「さび」と言ふか、不思議な明るさがあつたな。明らかに老人の音楽だ。

小川　晩秋の午後の陽射しのやうな……。

石村　まるで「絶対」音楽ぢやなくなつてきたな。かうなると今回の八番がどうなるのかは想像も付かない。素直に考へてゆけば第七番が大変美しい演奏になるだらうと思ふけど、それぢや素直すぎてつまらない。

小川　晩秋の午後の陽射しで第八番になるかな。

石村　その方が僕には興味がある。この間の〈田園〉や〈未完成〉は、今までになく彼が自分の中にある音楽を慈しみ、労つてゐたな。自分の内面の風景を慈しんでゐる感じがした。八番でそれが出てくるかね。彼はそれを今までは自分に対して許さなかつたわけだろ、彼はさういふ意味での倫理家だから。音楽に対する倫理家だつたわけだ、坊さんなんだよ。

最後のヨーロッパ人

小川　だから大僧正（笑）……。

石村　そりやまた別の意味で、彼の風貌のことを言つてゐるのだ（笑）

小川　燕尾服なんかより、枢密卿か法王の着る袈裟《けさ》の方が似合つてるな。

石村　キラキラの袈裟着て、しやんしやん杖振つて、子羊の祝福でもしてゐる方が似合ひさう……例のにつこり笑ひでね（笑）

小川　かつての強大なローマ法王庁の時代の歴代法王の肖像画に紛れ込ませしても、通用するな。

石村　ヨーロッパの偉い奴といふのは、土台化け物なんだ。チェリビダッケにはさういふ化け物じみたところがある。彼が化け物だといふのは、これはさつきから言つてゐることなんだが、ヨーロッパ最後の人だといふことなんだ。チェリビダッケといふ人は最後の歴史的な人だと言ひ換へてもい丶。今、人間が歴史的であることができなくなつてゐるでせう。歴史的に存在することも、歴史的に認識することもね。

小川　君が言ふ「歴史」は河上徹太郎の言ふ所に近いな。やつぱり「歴史」といふのは悪党じゃなきや担へないんだよ。

石村　悪人といふのは要はチェリビダッケの持つてゐる人間としての厚みさ。あれがヨーロッパの厚みだと思ふんだが、僕にとつては歴史の厚みの象徴のやうなものだ。さういふ意味で僕はチェリビダッケに憧れたけれど……。

たゞ、面白いことにヨーロッパといふ観点から見れば、彼はアウトサイダーだ。ルーマニア人だらう？　ヨーロッパ近代の中央にゐる人、たとへばエトヴィン・フィッシャーやヴィルヘルム・ケンプが自分の音楽を信じたやうには、彼は自分の音楽を信じてゐないでせう。

小川　ローマ由来の、と言ふ誇りはルーマニア人にあるだらうけど、近代ヨーロッパで言へばあくまでアウトサイダーだよな。さういふ意味でチェリビダッケの「ヨーロッパ」が難問になるのだらうな。フルトヴェングラーやコルトオを題材にしたら、話はこんなに混乱しない。チェリビダッケといふ人は非常に情熱的に「音楽」に献身した人だとさつき言つたな。それなのに、そこに信じて献身してゐる音楽といふものが、歴史に保証されてゐなかつたといふ事。異常な献身は、音楽に対して片思ひだからこそなのだらうな。

年をとるとかへつて自由に遊ぶことができるといふ話をしてゐたぢやないか、何故自由になつたかといふと不自由になつたからでせう。ケンプやコルトオなら、そのバックボーンの力が後ろから湧き出て来るから、不自由な体でこそ自由に遊べるんだろ。自分が消えた時に歴史が自然に現れるから、それがより大きな自由に聞こえるわけだよ。チェリビダッケは非常に音楽に献身したけれど、それはバックボーンがないからこそだつた。

石村　彼はルーマニアからぽつと出てきて、ヨーロッパの中核にあるその精神をはつきりととらへてしまつた。彼はヨーロッパの中央の文化を支へてゐる人達に対して、非常に批判的で、強い反感を持つてゐるでせう。

小川　うん。

石村　ウィーンフィルはメゾフォルテを一種類しか出せないオーケストラだ、なんて言ふわけだよ。それは、彼がアウトサイダーにして非常に豊かな、最もインサイダーたるにふさはしい才能を持つてゐたからなんだ。

小川　壮年期までのチェリビダッケは非常な合理主義者だろ。さういふ合理主義で見ると、歴史とは何か、馬鹿の歴史でせう。スコアは天才が発見したものだ。しかし二百年の歴史は指揮者といふ馬鹿がスコアに加へて来た冒瀆《ぼうとく》の歴史にすぎないといふことになつてしまふ。

石村　つまり彼はヨーロッパの外から来たから、ヨーロッパの中心にゐる人達が非常に雑多に見える。彼にはそれが鬱陶《うっとう》しい。文化も歴史も何ものでもない。そんなものはうつちやつてしまつて、俺が一つやつてやらう、本物を見せてやらう、それが彼の動機なんだ。

小川　しかもそれを敢行した。オーケストラ、聴衆の中で。

石村　歴史や社会なんていふ得体の知れないものではなくて、目の前の百人を相手にするんだから、ね。

小川　これはとびきり面白い夢だ。まさしくヨーロッパ的だな。

石村　さういふところが大人物だ。恐ろしくロマンティックだ。

小川　彼はフルトヴェングラーといふ手本を発見した。どう見たか。ヨーロッパ藝術のメチエの粋も精神の頂点も見たのではないのだよ。最も純粋に音楽する人を見たわけでせう。フルトヴェングラーは聴衆にどう働きかけたか、催眠術師だつたとチェリビダッケは言つて片付けてしまふ、そんなことはフルトヴェングラーの本質ではないとね。

石村　テンポとデュナーミクの関係が本当に分つてゐた唯一の人だと言ふのだな。でも、彼が催眠術と言つて切つて捨てた中に、文化の伝統といふ雑多な、しかし大事なものがあつたことは否めないのだ。

小川　その通り。そこを切つて捨てたところが凄いのだが……。

石村　それが彼の音楽の泣き所でもある。……しかしまあ、大体何やつたつて成功したらうな、この男は。政治家やつても実業家やつてもね。何だつてわざわざ指揮者になんかなつたのか。

小川　時代が違へば、一国の革命指導者にでもなつてゐたらうよ。

石村　あんな馬鹿でかい肝を持つてゐる奴は他にゐない。だから音楽家といふ気がしないのだ。非常に恵まれた天分が音楽をやつてゐるといふ感じになる。

ヨーロッパが終らうとしてゐる時にかういふ男が出てきて、それがヨーロッパ音楽の典型になつたといふのは、何とも興味深い話だ。チェリビダッケとヨーロッパとの間には本来的に距離がある。それをあの人は十分分つてもゐる。その意識から彼の音楽が生まれる。それが彼の演奏のヨーロッパ音楽としての完璧さといふものではないか。ヨーロッパに身を委ねてゐるインサイダーには成し得ない完璧さだ。だから僕は最初生演奏で彼のブルックナーを聴いたとき、これこそヨーロッパ音楽の粋だと思つた一方で、段々、あれは途轍もなく緻密に模倣されたフィクションのやうにも思へてきた。それは彼にヨーロッパがよく見えてゐたといふことでもある。

小川　『歴史の終り』といふ本がしばらく前に出たでせう。その題名だけ借りて言へば、チェリビダッケこそ最後の歴史的人物で、あの人の死とともにヨーロッパの歴史も終はるといふ気がするね。

石村　ルネッサンス以来のヨーロッパの音楽史の終局に立つた人と言つたら、人は大袈裟だと笑ふだらう。しかしルネッサンスといふのはローマ史との対比を通じてヨーロッパが歴史的自己を自覚することから始まるわけでせう。さうした歴史的自己への眼差しがヨーロッパから急速に消えつゝあるときに、アウトサイダーがヨーロッパを引き受けた、といふ意味でチェリビダッケはルネッサンス以来の自覚の歴史の終りにゐる一人だ、といふ言ひ方は許されるのではないかな。

小川　歴史的に存在し、歴史的に認識する最後の人だね、恐らく。

石村　彼は伝統は下らないと言ふ、だがそこから逃げれば逃げるほど、歴史は追つてきた。

小川　と言ふか、彼が「ヨーロッパ」を選んだときの宿命なのだ。彼がヨーロッパのエッセンスを掴んだとき、エッセンスだけ持つてゆくわけにはゆかなかつた。歴史も一緒に背負はなければいけなかつたのだ。

石村　彼は自分の天分にかけてエッセンスだけ掴むことができると思つたのだがね。

小川　純化してゆけばさういふエッセンスだけが現れると思つたのだらうが、さうは問屋が卸さなかつた。

小川　そりやさうだ。さうやつて純化すればするほど出てくるのが「歴史」の聲だから。だから彼の「純粋」は、歴史の「雑多」を誰よりも引き受けちまつてゐることにもなるわけだ。

石村　チェリビダッケを生演奏で聴けば俺たちの理屈など吹つ飛んで彼の素晴らしさが分る、といふわけにはゆかない複雑さがチェリビダッケの面白さだな。たゞ愉しむ、といふ接し方ではこの人物の無二の魅力はまるで味はへない。この魅力を突き詰めてゆく事に比べたら、生演奏を聴いて感動しましたなんて呆気《あっけ》なさすぎて、詰まらないことだ。

小川　正にそこに彼の音楽家としての最もユニークな点があるのだらう。聴いて感動することで彼に関するあらゆる言葉が解決するのではなく、聴くと必ず新たな混乱が生じる。問ひも疑惑も止むことがない。我々は限りなく饒舌にならざるを得ない。

石村　切りがないわけさ。だからこゝで切つたつていゝといふことで……でも、歴史の終りを担ふなんて辛いことだな。

小川　彼自身は今、幸せさうだけどね（笑）。

歌を失つた時代、人はどのやうにして……

I

どんな風に書き出さう？

さう思ひながら、先日、本をぱらぱらめくつてゐたら、アランがトルストイを評した「晩年のあの道徳は火をくゞつてゐる」といふ言葉に出会つた。(1) 私のやうな無学な物書きは、こんないんちきな仕方で書出しを見付けてくるものだ、さう、チェリビダッケ「晩年」の音楽はさしづめ「道徳の火をくゞつてゐる」といふ風に。

だが、かうやつて書いてみると、これは、確かに大雑把だけれど、実際のところ、意外に的確なアナロジーになつてゐるのではないだらうか。

晩年のあの道徳は火をくゞつてゐる――無論、それは鋼《はがね》のやうに強靭に鍛へられた、といふ意味ではないだらう。神人ならぬ身にプロメテウスの受苦はあり得ない。トルストイは自己に内在する「人間性」を使ひ果たして「人間」を守らざるを得なかつた。彼は貧しく老いたのである。火をくゞつた道徳!!

そしてチェリビダッケはどんな音楽家だつたか？

彼も又人間といふ主題に余りに近づき過ぎて、奇妙に人間的でない何かを背負ふことになつた、あのヨーロッパの巨人たちの末裔なのではなかつたか。彼も又ヨーロッパといふ——史上最も——人間臭の強い文明が、非人間性を生むといふ逆説に、心身挙げて絡めとられてしまつた、あのヨーロッパ精神のアウトサイダー達の末裔ではなかつたのか。

ヨーロッパ、惑はしに満ちた言葉だ。

トルストイのロシアはヨーロッパではなく、チェリビダッケはロシア人ではない、言ふまでもなくそれは彼等の藝術にとつて決定的な意味を持つ、が、そもそも十九世紀ロシアの文豪と二十世紀ルーマニアの指揮の巨匠をひと括りできるのがヨーロッパといふもののである。過剰なもののみが持つやり切れなさを彼等の藝術は持つてゐる、が、その過剰さは一体どこに由来するのか。「人間」といふ如何にもヨーロッパ的な主題からだ。そして、それをまともに生き切つてみると、必然的に異端たらざるを得なかつた。それは又、彼等の辺境人としての血の然らしむるところでもあるのだ。

チェリビダッケの余りに人間的な精神、人間的な生き方は、決して人間味溢れる美など生みはしなかつた。

さう、チェリビダッケ晩年の音楽は火をくゞつてゐる——。

例へばあの忘れ難いチェリビダッケのフォルテシモ。彼の演奏会に行つてあの巨大な音楽の呪縛の外に出ることがどれ程難しいか、一遍でもチェリビダッケを聴いた人なら覚えがあらう。それは「音」の世界から聴き手の精神を解き放つ「歌」には決してならない。流れるやうに頂点に向つて高揚するあの美しい忘我の瞬間では全くない。チェリビダッケのフォルテシモは「音」の内部に向かひ聴き手を徹底的に閉ぢ込める。音場が拡大されればされる程、「音」のこの圧力は増すばかりだ。燃えさかる炎がその熱を持つたまゝ瞬時に氷と化す事が可能ならば、その瞬間に炎を上げるであらう絶叫こそが、チェリビダッケのフォルテシモである。

私がそれを最初に経験したのは、彼がミュンヘンフィルハーモニーを率ゐて初めて来日した一九八六年のことだ。リヒャルト・シュトラウス〈死と変容〉のコーダだつた。周知のやうにこのコーダはシュトラウス一流の演出で書かれてゐて、その演出に乗じてしまへば、誰がやつても一応は「天国」に辿り着けるやうになつてゐる。

だが、チェリビダッケのフォルテシモは、「天国」などに辿り着きはしなかつた。

初めて実際に聞くチェリビダッケの音は確かに見事だつた。それは美しく充実してゐたが、同時に、純化されきつた自然な響きだつた。かういふ風に自然な音を、私はそれまでに聴いたことはなかつた。そのうへ、彼の〈死と変容〉は、冒頭の暗く重たいピアニッシモから様々な動機、和聲、対位法的な書法に至るまで周到極まる造型、分析的精緻の限りが尽くされてゐる。ところがどうしたことだらう、それ程見事な筈の演奏が、聴いてゐて、妙に息苦しく、私を疲れさせるのである。爽快な緊張感ではない。その音は、私をたつぷりと、深い所から誘惑し続けるのに、私はいつまで経つても得心のゆく音楽の「姿」に出会へない。音楽の呼吸に乗らうとする、すると私の心の昂《たか》ぶりは肝賢《かんじん》なところで裏切られてしまふ。それでゐて、私は奇妙にその音から逃れられない。

この納得し難い違和感が頂点に達したのが、コーダのフォルテシモだつた。

浄化の動機が何遍も繰り返されながら微妙に音量を上げて行く。チェリビダッケの音楽は細部まで表情的だが、崩れがなく完璧だ。特に浄化の動機に対する応答――幸福な少年時代の回想――がチェリビダッケの棒では、所を辨《わきま》へながらどれ程多彩な表情を見せることだらう。こんなに見事に造型されたこの場面を、私は後にも先にも聴いた試しがない。

が、その応答が終り、浄化の主題の全貌がファンファーレで演奏された後、弦のトレモロがぐつと立ち上がるやうに音圧を強め始めると、驚くべき「光景」が現出し始める。いとも易々と、かつて聴いた事のない圧倒的なフォルテシモが会場を圧したのである。息を継ぐ隙もない程緊密に編み込まれたフォルテである。これが頂点だらう、これ以上の緊張には堪へられない、私はさう思つた。ところが、驚いたことにこのフォルテは、もう一段強化され、更なる最強音に飛躍する。しかも、それでも、まだ、チェリビダッケには十分なフォルテシモではなかつたらしい!

次の瞬間、トランペットとティンパニが前面に出て、弦が内側から一層の音圧で応へる様は、ホールがばらばらに吹き飛ぶかといふ程で、私は椅子に背をぴたりと付け、体一杯で、その巨大な音圧に耐へねばならなかつた。

美の型は些かの崩れも乱れも誇張も見せない。整然と圧倒的に強襲する美の音圧に、私は感動するどころではなく、呆然とした。かつての巨匠達、例へばトスカニーニやフルトヴェングラーらの、内側から灼熱する輝きとは、これは全く異質の音楽である。

かと言つて、その巨大な音量にもかゝはらず、それは音量や技術に任せて巨大なクライマックスを作る演奏とも違ふ。ショルティとシカゴ交響楽団や、全盛期のカラヤンとベルリンフィルハーモニーのフォルテシモは強大だが、その魅力に身を任せることも、逆に、その音から顔を背けることもできる。彼等のフォルテシモと私との距離は明瞭だつた。それはフルトヴェングラーらの世代の演奏の持つエートスを失つた「音響」だつた。が、それであればこそ、充分その魅力に耽溺することもできる。だが、チェリビダッケのフォルテシモに対しては、私は味はふことも拒絶することもできなかつた。音楽と私との間によこたはる距離が何なのかを理解することができなかつたからだ。私はその音楽を受け入れるか拒絶するか以前に、その音の持つ異様な、何らかの圧倒的な力の渦中に巻き込まれ、混乱したのである。

あの音を、物理的に精密に計算された完全主義によつて生じたものと見るのは一見妥当に見える。確かに、練習狂と言はれた壮年期、チェリビダッケは、音の物理性に偏執的なこだはりを見せ、それによつて類例を見ない純正な音とデュナーミクを実現してゐた。が、それは彼の生涯の全体から見れば、一時期のことに過ぎない。寧ろ、晩年、さういふ精緻な音を失つたチェリビダッケの音楽に、一層純粋な激しさで——火をくゞつた音楽！——あの聴き手を混乱させる「音」が生きてゐるのを、このチェリビダッケ初体験の後、私は繰返し聴いてゐる。

＊

実は、私は以前にもこんな問ひを巡つてチェリビダッケ論を書いたのだが、その時には、はつきり見えてゐなかつたその「音」の姿を、最近、チェリビダッケの晩年の仕事ぶりを紹介した映像で、はつきり見たやうに思ひ、強く感動した。

私が見たチェリビダッケ／ミュンヘンフィルの映像は次の諸作だ。

プロコフィエフ　古典交響曲——練習と通し演奏。

ドヴォルザーク〈新世界〉とチェリビダッケドキュメント。
ピアノコンチェルト集（シューマン、ブラームス〈一・二番〉、チャイコフスキー。ピアノはダニエル・バレンボイム。）
ブルックナー　交響曲第七番・第八番、ミサ曲第三番

かつて繰り返し生演奏を聴きながらも、つひにとらへられなかつた彼の「音」の姿を、今度こそ明らかにできるかどうか、少し試みたくなつたのも、こゝでの彼の晩年の姿の生き生きした喜びに、私がすつかり染まつた為だ。

チェリビダッケの音楽は、晩年、大きく変容し続けた。精緻な音の透明感は失はれ、壮年期の彼が最も軽蔑してゐた金管の最強奏で演奏はしばしば塗りつぶされる。無重力のやうなしなやかなリズムは跡かたなく消えてドイツ風に重く刻まれ、テンポは常識を逸脱するスローテンポとなつてゆく。今度見た映像もさうした晩年の演奏の特徴をよく伝へてゐる。

一般に聴力の衰へが指摘されてきたが、幾ら何でもこれだけの変化が無自覚に生じた筈はない。この度映像を見て、チェリビダッケがかつての精緻な音楽を、余儀なく、ではなく、確信を持つて捨てたことがはつきりと分つたのである。勿論かつての透明な演奏の意匠を脱ぎ捨て、重たい意匠に取替へたといふ話ではない。チェリビダッケ自身は、自分は日々、音の鳴る瞬間に留まらうと努めて生きてきたに過ぎないと言ふであらう。それを後から辿らうとする呑気《のんき》な批評家が、全く違ふ音楽になつてゐる、動機は、原因は、などと訝しがるだけだ。勿論、その呑気な批評家とは私のことで、実際チェリビダッケのことを考へようとして、さういふ詮索的な気持ちから離れることは、私には難しい。が、この度映像

とは言へ、この音楽家の生の軌跡が、外からの詮索を拒絶して、演奏の内部から充実してくるのを、私ははつきり聴いたやうに思つたのである。

チェリビダッケの音楽の、あの奇妙な圧迫感が、この映像の演奏からなくなつてゐたのではない。一つ一つの美しく自然な音が、全体としては演奏家の自然な歌であることを頑なに拒んでゐるやうに響く、その事情に変りはない。が、同時にその音楽が、オーケストラの一人一人によつて、周到に確かめられ、聴き取られ、刻一刻と新たに体験されつゝある生きた時間であることも、今度見た映像ははつきりとらへてゐる。彼の音楽からは鋳型に嵌《は》める機会的な注意力ではなく、オーケストラ全体による親密な精神の共同作業が紛れもなく見え、又、聴こえてくる。

この人の音楽に正直に出会つた人間は、このちぐはぐさをどちらに片付けても、そこにチェリビダッケはゐないだらうと直観しない訳にはゆかない。

今回映像を見て、私が感動したと云ふのも、そのちぐはぐさな印象と別儀ではない。そこではこのちぐはぐさは解消されてゐたのではなく、寧ろ、チェリビダッケは、このちぐはぐな状態を音楽として生き切つてゐた。私にとつてチェリビダッケに感動するとは、このちぐはぐさに驚いたり、疑問を覚えたり、圧迫される経験を真直ぐに進んでゆくことだつた。その果てに、現代の最も深い所から響く聲の、思ひの他に明るい光景を、私は垣間《かいま》見たのだつた。

Ⅱ

間遠《まどお》いやうだが、こゝで――カラヤン論の時と同様に――遠山一行によるチェリビダッケ論を読んでおきたい。遠山のチェリビダッケ論は、チェリビダッケ否定でも肯定でもなく、この「ちぐはぐさ」それ自体に正面から向合はうとした、ごく例外的な批評――恐らくヨーロッパも含めて――である。が、さうでありながらも、大事な所でこの「問題」を避けてしまつてゐるように見えるからである。

遠山はチェリビダッケを二度論じてゐる。最初はチェリビダッケが初めて来日して読売日響を指揮した一九七五年、二度目は一九九二年、チェリビダッケがミケランジェリと共演した時だ。どちらもチェリビダッケがその力を存分に発揮できたとは言ひ難い公演だつたのは、多少残念な気がする。だが、チェリビダッケに「感心」はしても「感動することは遂になかった」といふ遠山の感想は、仮に会心の演奏だつたとしても恐らく変はらなかつただらう。

遠山は、初来日時、たつた一度聴いただけで、明らかにチェリビダッケといふ奇妙な現象をとらへることに成功してゐる。その文体は遠山が本当はチェリビダッケに「感心」などした訳ではなく、何らかの意味で「感動」と関はる経験をしてゐることを、はつきりと示してゐるのである。

遠山はまづ、チェリビダッケの音楽美学――音楽は楽譜の中にはなく、演奏の都度新たに生成するものである。レコードは音楽の本質であるその一回性を破壊するから、自分はレコードを録音しない、等――を紹介しながら、それに対する同意を表明してゐる。遠山の音楽観もそれに近い。だが遠山のチェリビダッケ論が難しい問題にぶつかるのはその後である。

チェリビダッケの実際の演奏について書く前に彼の言葉をご紹介したのは、その演奏がほとんど完璧にその思想を表現していたからである。あえていうならば、演奏は思想の影であったとさえいえる。そして、余りにも美事にそうであることに私は驚くと同時に、強い不満も感じた。

チェリビダッケの美学に私は同感したのだから、その美学を実現している演奏に不満だったのは何故かといわれるだろう。私自身、それをうまく納得しているとはいえない(2)

かうして遠山は、「演奏に即して率直な感想」を記しながら、このちぐはぐな印象を考へようとする。演奏会最初のメンデルスゾーンの〈夏の夜の夢〉序曲で、遠山は冒頭のピアニッシモに触れながら、「チェリビダッケのピアニシモは、単なる弱音ではなく、もっとイメージに満ちた表現であり内的な聲であって、私はそこにフルトヴェングラーの後継者になろうとしている彼の姿を見たようにおもった。彼は、演奏の理想は単なる感覚的な空間を抜けることだといっているが、その演奏は正しくそういうものだったといってよい。」とまづチェリビダッケの演奏を評価してゐる。が、これは共感や感動などではない。その証拠に氏は続けて「メンデルスゾーンの多分に視覚的なイメージが、もっと重く内的な想念の世界にもち込まれて行くのを、私はそれはそれでいいだろうとおもってきいていた。かつてきいたフルトヴェングラーの音楽もそういう性格を強く持っていた。」と書いてゐる。つまりチェリビダッケの音楽はまづ遠山にとつて同意し、理解できるものとして現れたが、逆に言へばその音楽には遠山を拉《らっ》し去るだけの力が不足してゐた。それは次に引用するフルトヴェングラー体験と比べれば明らかだらう。

最初に彼が舞台に現れた時、何か貧弱な男――本当はかなりの大身のはずだが――がひざを曲げて歩く姿にいささかがっかりした。ところが音楽が始まった途端に、そんな気持ちははるか遠くにふき飛んでしまった。（略）

その音楽を聴きながら――すでに書いた言葉だが――私は自分の体がきらきら光る砂金のようなものでいっぱいになるのを感じた。そして独りの演奏家がこんなにもひとの心を動かすということにおどろいた。(3)

チェリビダッケの音楽はこのやうに遠山をさらふ力は持つてゐなかつた。だが「問題」は孕んでゐた。そこに遠山のチェリビダッケ論が生れる。

その問題とは、チェリビダッケの演奏が作曲家によつて変らず、いつも「同じ表現の道を歩」き続ける事だ。遠山はプログラムを聴き進めるうちに、「チェリビダッケにとってひとつひとつの作品は一体どういう意味をもっているのだろう」といふ「疑問」にとらへられたのである。なるほど、音楽は演奏によつて生成するのであり、楽譜はその生成の手引に過ぎないといふチェリビダッケの理屈は尤《もっと》もだが、同時に楽譜は「演奏家にとっての他者の聲を伝えるもの」でもある筈だ。従つて、演奏家には「あらゆる自由がゆるされているが、他者――この場合には作曲家によって作り出された楽譜――の存在によってその自由を深めることの出来る人がクラシックの演奏家になる」のである。

チェリビダッケは「ある意味で申し分ない分析家」であるが、そのやうな他者感覚を喪失してゐるのではないか。分析家としての「強い自意識のなかで、他者と自己の距離を忘れ、閉ざされた空間での表現の工夫をこらすことによって、結局は独りの職人藝、音楽表現の名人藝に陥ってしまったのではないだろうか。」――これが先の「問題」に対する、遠山の取敢《とりあ》へずの「答え」だといつていゝ。

だが、残念ながら、遠山はこゝでチェリビダッケといふ現象の持つ異常性から身を退《ひ》いてしまふ。遠山はその音楽は結局チェリビダッケの「自意識」の反映に過ぎないといふ結論を導く。

> 演奏に至る彼の長い道のり、異常に多くの練習の回数は、ことによればこの感動にひたるための手続き、彼の自意識が完璧なナルシシズムによって批評を氷結させるための道のりなのではないか(4)

だが精緻で周到な「分析」によつて「自意識」の世界に氷結させられた音楽が、本当に遠山のやうに犀利《さいり》な批評家にとつて「問題」になるものだらうか。一見分かり易い「自意識」の議論によつて、遠山は自分が本当に聴いたもの――あの「ちぐはぐさ」――を回避してしまつたのではなからうか。

そもそも遠山がチェリビダッケに覚えたちぐはぐさは、優れた美学家が退屈な演奏家であつたといふやうなことではない。例へばチェリビダッケのラヴェルを批判しながらも、遠山は「その演奏自体には凡百の指揮者の及ばない豊富な表現があることは疑えない」と書いてゐる。しかもその「豊富な表現」は「最近しばしば見られるような図式的で人工的な誇張を伴うものではな」かつた。

つまり、その音楽に「感動」がない事こそが「問題」の核心なのである。遠山は「感心」したのではなく、はつきりと「無感動」だつた。チェリビダッケの音楽の、「無感動」そのものの持つ重さが、恐らく遠山のチェリビダッケ論の真のモティーフである。

この異様な事情は、次の記述にとりわけ鮮やかに表現されてゐる。

(チェリビダッケの音楽は)きいていてくたびれる反面、ずいぶん感心するところも少なくない。しかし、私はそれを聞いて感動することは遂になかった。最後には正直なところやり切れない気持ちにさえなった。(5)

遠山が本当にチェリビダッケに聴いたのは「分析」などではなく、端的にチェリビダッケの音楽の「やり切れな」さだつた。遠山はそれに感動出来ないが、自閉した自意識の音楽の「退屈」とは無縁だつた、いや、それは聞き手に退屈することさへ許さなかつたからこそ、やり切れなくなつたのである。だが、チェリビダッケを偏愛し、あの「音」を、私自身の「聲」として切実に必要とする私は、遠山の決着を自分の結論として受け入れる訳にはゆかない。

——遠山が決着を付けた地点から逆に「やり切れなさ」まで遡るつもりで、私のチェリビダッケ論を進めてみよう。

III

遠山のチェリビダッケ論中、一見明白な「他者」といふ概念から考へ直さうと思ふ。IIで御紹介した議論では遠山の言ふ「他者」は楽譜を指すやうにも見える。だが、一九九二年の再説で、氏はこの議論をはつきりとかう言換へてゐる。

チェリビダッケも楽譜から出発していることはまちがいないから、楽譜との対話はあったはずである。それは私の耳にもきこえる。しかし、その演奏をきいているうちに、私の胸にはもっと大きな疑問がわいてくる。彼の――楽譜との――対話は、そこにただ自分自身の音楽を呼びおこすためのもので、楽譜の背後にいるはずの人間――作曲家――との対話は意外に稀薄なのではないか。(6)

これは正確な疑念といふべきだらう。遠山の言ふ作曲家との対話は、いはゆる楽譜の「解釈」を指すものではなく、時代様式や伝記の研究に基く歴史主義とも違ふ。遠山の議論に従へば、寧ろ歴史主義は対話の感覚の衰弱の中で出てきたと考へるのが自然であらう。では歴史主義とは違ふ「作曲家との対話」とはどういふ態度を指すのか。

遠山は「会話の音楽」といふ一文で「音楽とは何か、といわれたら、音による会話だと答えることにしている。音を通してある人の感情や思想が聴く人につたえられる。それが音楽である」と書いてゐる。これは一見当り前のやうだが、遠山はさうではない音楽として、一人で歌ふ歌や、寺院で歌はれる音楽、更に呪術的な音楽や進軍ラッパなどを挙げながら、会話の音楽のイメージを説明してゐる。これらの「音があたえる効果は大きなものかもしれないが、それは私のいう会話ではなく、私の望む音楽でもない」。会話の音楽とは「他人の世界にふれようとすることであ」り、「人は果して他人を本当に理解できるのかということは別にして、それを理解しようとする努力のなかに、藝術そのものの意味がある」といふのである。

今日このやうな意味での「会話」は——他のあらゆる領域と同様——クラシック音楽の世界でも、容易なものではなくなつてをり、チェリビダッケがその運命の外にゐるといふことは勿論出来ない。「他人を本当に理解できるのかということは別にして」と遠山は書いてゐるが、もつと強く言へば「他人を本当には理解できないからこそ」と書いてもよかつただらう。「他人の世界にふれようとすること」は、他人への信頼感に支へられてゐると同時に、「他人の世界」が、分析や歴史主義の発達などによつては容喙《ようかい》できる領域ではないといふ、「距離」の意識によつて生じる倫理的な態度であることはいふまでもないからだ。

人間にとつて会話の出来る「距離」とはどういふものだらうか、かう改まつて問へばかへつて話は混乱し兼ねない、そんな所に「会話」といふ行為の奥行は感じられてくるのだが、ごく素朴に考へるならば、相手との共通の「言葉」、「風土」、「時代」——これらは私には同じ事を別の面から言ひ表した言葉に見える——を持つた者同士が最もこまやかな会話が出来るのはまづは当然のことだらう。が、さういふいはば自然な「距離」が失はれた相手に対しても、人間は常に「会話」を試みてきた。

それを古典の伝統と呼んで少しも差支《さしつか》へないであらう。かうした、「遠さ」を超えて相手を理解しようと努める態度は、そのまま、自分の言葉が相手に通じるやうに相手に語り掛ける工夫にも通じよう。「遠さ」への想像力によつて、人は遠さを越えて、相手の、思ひがけない「近み」に立つことが出来る、さういふ逆説的な「距離」の中で、人は古典との「会話」を交はすのである。それは無論客観的に測定できるやうな「距離」ではない。だから古典の感覚と歴史主義は対極にあるのである。自己と他者とのあひだを隔てつつも、意が通じ合つたといふ確信にも似たある種の「感触」に近いであらう。その感触は曖昧だとしても、深い。そしてその感触を深い所で喪失してしまつた人間には、「会話」は極めて難しい――と言ふより恐らく不必要な――のである。

話が理屈つぽくなつたが、遠山がチェリビダッケに作曲者との対話がないと批判するのは、まさに、この感触をチェリビダッケが喪失してゐるといふ批判であらう。「他人の世界」に御構ひなしの演奏といふ話になれば、フルトヴェングラーのフランスものやバッハの、後期ロマン派風の演奏など最たるものだらう。その身勝手さはチェリビダッケのラヴェルの比ではない。だが、遠山はこれらのフルトヴェングラーの演奏を会話を喪つた演奏とは決して言はないだらう。

かうして、チェリビダッケにおける会話の感覚の喪失が、彼の楽曲解釈の問題を越えてゐるとすれば、この議論は一チェリビダッケの問題といふよりも、チェリビダッケの世代に始まる二十世紀後半の演奏史の問題に広がるに違ひない。現に遠山は、チェリビダッケを、カラヤン、ミケランジェリ、グールドと並び戦後に台頭した演奏のマニエリスムの世代と位置付けてゐる。チェリビダッケの「やりきれいな」い音の史的な位置は、他の三人の明確な姿とは違ひ不安定だが、一方で、先行する世代とこれら四者の断絶が一層深いのも間違ひない。

今例に引いたフルトヴェングラーに限らず、二十世紀前半までの演奏家は、明らかにそれぞれの御国言葉を所有してゐたし、概して、個人的な癖――音色やアゴーギグ、デュナーミク、リズム、アーティキュレイション等の――も強かつた。それは彼ら自身の聲であり、文体であつて、解釈などではない。無論、さういふ聲は独力で拵《こしら》へられるものではなく、歴史と風土とに育まれつつ成熟したものである。

音楽は彼らの聲を通じて具体的に風土と繋り、歴史と繋つてゐた。ヨーロッパ音楽が、楽譜といふ、肉体を持たない精密な記号を介して、人間の歌として生き続けることが出来たのは、それが幾つもの次元で、多様な共同体の強靭な具体性に支へられてゐたからである。ヨーロッパの普遍性とは、端的に言へば個々の地方語の内的な強さと多彩さであつて、その外に抽象的な正統のヨーロッパがあつた訳ではない。例へば典型的なドイツ風演奏家などといふものは――少なくともヨーロッパがヨーロッパであり得た二十世紀前半までは――ゐなかつた。その頃のドイツには、ドイツ風演奏家の代りに、フルトヴェングラー、ヴァルター、エーリッヒ・クライバー、あるいはゲオルク・クーレンカンプ、フリッツ・ブッシュ、アルトゥール・シュナーベル、エトヴィン・フィッシャー、ヴィルヘルム・ケンプがゐたのである。

いはば彼らの骨の髄まで染み込んだ地方語的性格と自己の文体とは、楽曲の標準的な解釈を妨げることの方が多かつた。だが、それは逆に言へば、彼が楽曲によつて批評されることを拒んでゐないといふことであり、確実な距離感覚の中で、作曲家から見た自分が「他者」であることを受け入れてゐたといふことである。往年の演奏家の演奏が、時に出鱈目《でたらめ》に近いまでに奇矯なものであらうとも、一様に開放感を持つのはその為であり、作曲家との「会話」といふものは、さういふ開かれた音の中で初めて保証されたのである。

かうして保たれてきたヨーロッパ音楽の「会話」の感覚がどのやうにして崩れたかは、極めて大きな問題である。ヨーロッパの崩れが十九世紀から深い所で進行しつゝあつたと考へるのは常識かもしれないが、二十世紀前半までのヨーロッパは強靭な肉体を前提にして崩れつゝあつたので、ヨーロッパでないものだつた訳ではない。

シェーンベルクの試みは、明らかにヨーロッパ音楽の擁護であり、トスカニーニのアメリカ行――ファシズムの問題は今は措《お》く――は、彼が音楽家としてアメリカに何を求めたのでもなく、端的にはヨーロッパ音楽の輸出に他ならない。シェーンベルクは最もドイツ的な作曲家だつたし、トスカニーニは最もイタリア的な指揮者だつたのである。

ヨーロッパが何ものであつても、少なくともヨーロッパでなくなるといふことが起こつたのはそのあとであり、まさにチェリビダッケらの世代こそが、その崩れを自分の宿命として受け入れなければならなくなつた。――細かい議論は別にして、結果として見れば、このことに、まづ疑ふ余地はないであらう。

チェリビダッケは一九一二年生れで、――特殊な形ではあつたが――戦後にデビューした、いはゆる第二次大戦後第一世代に属する。近い世代の指揮者ではカラヤンが一九〇八年、バーンスタインが一九一八年に生れてをり、ラファエル・クーベリック、カルロ・マリア・ジュリーニ、ゲオルク・ショルティ、ギュンター・ヴァントらがチェリビダッケとほゞ同年だらう。この世代になつてその演奏から風土性が著しく欠落し始めた事は明白である。彼らが音楽学生だつた頃に受けたであらうノイエ・ザッハリヒカイトの影響は無論度外視する訳には行かない。が、トスカニーニやシゲティらのノイエ・ザッハリヒカイトは、母国語を持つてゐる者達の演奏様式上の運動である。だが、演奏様式の上で、バーンスタインやチェリビダッケをノイエ・ザッハリヒカイトの流れに位置付けることはできない。

それにもかゝはらずこの世代の演奏に共通するものを感じるのは、彼らが御国訛《なま》りといふ肉聲での語りを止め、皆標準語で語り始めてゐるといふ点に違ひない。「音」も窮屈になつてゐる。手放しの解放感がなくなつてゐる。表現や演奏様式以前の、音の無機性と呼んでもよい。少なくとも、その音に自然に発光するやうな輝きと歌ふやうな開放感が感じられなくなつてゐるのは、二十世紀初頭世代――ジョージ・セル、ジョン・バルビローリ、オイゲン・ヨッフムら――と較べてすら、直ちに感じ取れることである。この人達の語法は標準語に近付いてはゐるものの、その「音」は、作為のない輝きと骨太な肉筆の暖《ぬく》もりに満ちてゐる。厳格主義者とされるセルの音ののびのびと開かれた響きを、濃厚な表現主義を採るやうになつた晩年のバーンスタインの閉ざされた音と較べるがいゝ。いはば、急激に風土性を失ひ無機化する自分の「音」と、伝統的な様式、あるいは音楽としての「歌」をどう折り合ひつけるかが、新たに浮上した課題だつた。

さういふ意味で、この世代を代表する指揮者としては、平凡なやうだが、カラヤンとバーンスタインを挙げる考へに私は異存はない。

カラヤンは素質的にはオーストリアの風土に強く密着した、古いタイプの音楽家だつた。だが、彼はこの風土性を内側に向つて育ててゆくのではなく、この元手を利用して、緊密で豪奢でしかも標準的な解釈の確立を目指した。カラヤンの意匠は、風土性から乖離《かいり》しつゝあつた彼の音楽の肉体の弱さを補ふ一種の詐術だつた。研磨されるにつれ、無機的な光沢は、強度を増していつた。

チェリビダッケがカラヤンを執拗に批判し続けたことはよく知られてゐるが、それは私には、共通の運命に対してカラヤンが妥協したことへの苛立《いらだ》ちにも見える。カラヤンが独墺系の後期ロマン派的音響感覚を換骨奪胎《かんこつだったい》して作り上げたシャンデリアは、チェリビダッケには、自身の固有の宿命からも、ヨーロッパ音楽の運命からも、要領よく逃避したものに見えたに違ひない。無機性を意匠で補ひ巨大な成功を収めたあと、しかしカラヤンはやがて「回帰」を果す。別稿で触れたやうに、晩年のカラヤンはドイツの演奏伝統の内的な固有性に深く回帰し、信じられぬ程の深みから自らの歌を歌ふに至つたのだつた。

一方のバーンスタインは、晩年彼自身の風土である「アメリカ」に戻れなかつた。彼は後半生活躍の主舞台をヨーロッパに移し、その表現は急速に表現主義化してゆく。ハリウッドから抜け出てきたかのやうなアメリカのスターは、晩年、クナッパーツブッシュのやうに遅いテンポで、粘着質な重たい演奏を繰り広げるに至つた。だが、その意欲的な表現性は、彼が音楽に抱いてゐた夢——人間的共感を確保する上で不可欠な風土と肉体を持てなかつたバーンスタインの辿り着いた、苦汁のポーズ——だつたやうに、私には聞こえる。彼が、後半生、ヨーロッパを活動の主舞台としたのも、彼が竟《つい》にクラシック音楽を生きるアメリカ固有の「音」を獲得することが出来なかつた為だらう。

このバーンスタインの表現主義と、チェリビダッケ晩年の極端に重い音楽に、共通の運命を想像するのは、カラヤンとの類似を考へるよりも容易かもしれず、誤りだと言ふつもりは私もない。が、実際にこの二人の音楽を聞いてみると、それらの「重さ」は凡そ異質だと言ふ他はない。

バーンスタインの演奏は、表情や歌やテンポが「重い」。自己の音の「無機性」を補はうとする音楽家としての生理が、無意識裡に付加した音楽的な余剰物の「重さ」である。バーンスタインといふアメリカ生粋の英才が、ヨーロッパ音楽の歴史の重みに喘《あえ》いでゐる吐息が聞こえてくるやうだ。

一方、チェリビダッケの場合、寧ろ音楽からは、表情の揺れや歌が可能な限り削ぎ落とされてゐる。その「重さ」は諸々の表現が剥落し、あらはになつた「音」そのものの「重さ」として立ち現れる。その音楽は、本質的な無機性においてバーンスタインと同じ運命にある。が、チェリビダッケは無機性を回避も糊塗もしない。その「無機性」こそが、チェリビダッケの本来所有してゐる元手であることに、彼は向合ふ。そして、その無機性を徹底して自らの音楽として遇し、歌ひ切つた時に聞こえてくるのが、遠山の言ふあの「やり切れな」さなのではなかつたか。

Ⅳ

さて、やうやくチェリビダッケその人の「音」について語る順番が来た。

依然として私の中では、チェリビダッケが世代の運命をどう受け入れたのかといふ問題と、あの「やり切れな」さ、そして幾つかの映像の感動が一つになつてをり、しかも、常に揺曳《ようえい》してゐる。

今回筆を執つた直接のきつかけが晩年の映像を見たことだと既に書いたが、実は中で最も感銘を受けたのがドヴォルザークの〈新世界〉だつたといふと、驚かれるかもしれない。

この曲は正直のところ、私には苦手な曲で、大抵の場合、聴き続けるのは苦痛である。ドヴォルザークは嫌ひではないが、〈新世界〉の仮構されたドラマティックな身振は、聴き飽きがする。いつもは「自然」な彼のオーケストレーションも、この曲では浅薄に感じられてしまふ。セルのやうな立派な演奏であれば、確かに見事に響きはするが、それで曲のからくり自体が立派になる訳でもない。晩年のバーンスタインのやうに「劇的」で「深遠」に仕立て上げられた〈新世界〉となると、私には一層具合が悪い。

この映像で聴くチェリビダッケの演奏は、――恐らくかつて演奏された中でも最も遅い〈新世界〉であるが――特別な工夫を凝らして面白い曲に仕立て上げるといふ種類の演奏ではない。それは、私たちの知つてゐるあの〈新世界〉の真つ当な演奏に過ぎない。たゞ、いつも聴く演奏と違ふのは、チェリビダッケとミュンヘンフィルの楽団員が、どこまでも真面目に、どんな深遠な音楽とも同じ「態度」――「スタイル」ではない――で、この曲を演奏してゐることだけである。そして〈新世界〉のディスクが特に私に興味深かつたのは、その真面目さがどういふ音楽を生むのか、あるいは端的に真面目に音楽するとはどういふことかが、もともと「深遠」な音楽の場合よりも鮮明に見えたからに他ならない。チェリビダッケの「音」の、楽屋光景が、ブルックナーやブラームスの場合よりもはつきりと見えるのである。

それは冒頭から直ちに感じられる。遅い、緊張に満ちた演奏だが、音は自然でやはらかい。音の深みや歌は誇張されてをらず、暗く重いが流れのよい演奏だ。こゝでのチェリビダッケは曲にも、又、自己の音にも忠実だと言つていゝ。十小節からの弦とティンパニのフォルティシモを楽譜にない慣例的なストレッタ風の畳み掛けをせず、遅いテンポのまゝがつしり組み立てるのは、確かに普通の演奏とは違ふ。これはこの演奏の大事な点である。殆どの指揮者はこの曲の一つ一つの動機や主題を、かなり自由に――その実、通俗的なイメージに引き摺《ず》られて――エピソードとして扱ふ。部分部分は魅力的だが、演奏全体の印象は、親しみ易い旋律のメドレーに近くなる。一方、チェリビダッケは、主題や動機を、構造の一部として扱ひ、それらの持つ音楽的な意味に徹底的に従はうとする。その結果、〈新世界〉は〈新世界〉のまゝ、今まで聴いたことがないやうな濃密な音楽として鳴り出し、私は全く未知の啓示に出逢つたやうに、素直に驚く……。

　チェリビダッケの演奏では、十小節からのフォルティシモは、激情的な一エピソードではなく、これから始まる音楽世界を基礎付ける要石となつてゐる。こゝで、この曲が「形」としてまざまざと見えてくるのを感じる。実際、演奏はこの「礎石」の上に、無類の盤石さでアレグロに入る。言ふまでもなくさうして突入したアレグロでのチェリビダッケのテンポもやはり遅い。

が、それは自己の表現を詰め込むためではない。映像は、チェリビダッケと楽員とが、協働して、音楽の諸相を丹念に味はひ追つてゆく姿を見事にとらへてゐる。遅さは、表現によつて齎されるのでなく、音の姿を追体験する濃密な集中力によつて生れてゐる。それが、独特のアレグロ感覚となる。遅いが表情に塗り込められてはゐない。寧ろ、克明なアンサンブルと音楽的注意力の中から、アレグロの躍動感が沸き立つ。ドイツ語で言ふフモールの感覚に近い、新鮮な愉悦が演奏全体に漲《みなぎ》つてゐるのである。

　第二楽章の、全《まつた》き神聖さに生まれ変はつたやうな驚くべき演奏も、極限的な遅さにもかゝはらず表現の誇張とは感じられない。第一楽章のフモールとは違ふが、この新たに発見された神聖さも、神聖なまま、私には愉しかつた。

それは、音楽を聴くといふより、チェリビダッケや楽団員と一緒になつて、〈新世界〉の演奏に参加する愉悦だつたと言ふ方が私の実感には近い。チェリビダッケや楽団員のプレイに感心したり、笑つたり、驚いたり、感動しながら、「音」に向ひ、親密にその味はひを尋ねてゐる自分に、聴き進める内に気付くのである。私は彼らとともにプレイすることで、〈新世界〉の意外な奥行きを味はひ尽くす。

……それならこれを、会話としての音楽の楽しみと言ひ替へて悪い理由はないのではあるまいか。たゞし、遠山が音楽を会話ととらへてゐるのとはやゝ違ふ。古典的な詩文を碩学《せきがく》と読み合せる楽しさに近い。その位、こゝでのチェリビダッケの〈新世界〉は、言葉以上に精妙な言語だつた。音楽を読む愉悦に満ちてゐた。

これは、私が前節までに書いてきたチェリビダッケ像と、余りに隔つた肖像と思はれるかもしれない。しかし、前節まで書いた生演奏でのチェリビダッケの印象を偽れないのと同様、この映像による〈新世界〉の感動も私にとつて真だといふ他はない。

実際私は、この「幸福」を、あの「やり切れな」さや「無機性」がなくなつたあとに生じた、別の何かであると言ふつもりはないのである。

「無機性」は寧ろ剥き出しになりながら深い抒情を湛へてゐる。

「やり切れな」さと「幸福」とは、こゝでは寧ろ深く密通して、手を取り合ひながら、聴き手を照らす。

この〈新世界〉でのチェリビダッケの音楽は、意外な程、自他の意識に敏感な批評的音楽ではなく、楽譜の読みや音に対しては厳密に働くのに、それが生む結果に対しては、かなり寛大で無造作に聞こえる。強く感じられたのは、チェリビダッケの音楽が、共同体の音楽になつてゐることであり、共同体によつて生きられた「自由」の感覚を呼吸してゐることである。

かつて長い年月、チェリビダッケの精密な聴力や強烈なイマジネーションが、楽員をも音楽や聴衆をも、強く拘束してゐた。今、彼は聴力や体力を喪ひ、イマジネーションを寧ろ楽員に鷹揚《おうよう》に託してゐる。チェリビダッケは、こゝに至り、楽譜に書かれてゐる「言葉」を信頼し、楽団員を信頼し、聴衆を信頼し、そして何よりも、自分の音楽がその交感の中から生成しつつあることを信じるに至つたと思はざるを得ない。

それは明るく、風通しよく自由な、全く新鮮な音楽である。

こんなことは、風土に守られ、育まなければ極度に困難なことだつたに違ひない。音楽を巡つて形成される共同体へのチェリビダッケの志向は、間違ひなくフルトヴェングラー体験に遡るが、フルトヴェングラーが前提としてゐたドイツ教養主義的な風土をチェリビダッケは持つてゐない。しかも彼はカラヤンのやうに音楽共同体を棄てて録音といふ媒体に自らを賭けることも、バーンスタインのやうに「人間性」や「主観的表現」によつて、風土性の欠如を擬製することもしなかつた。チェリビダッケはそれを、オーケストラとの対話の中から生成しようとし続け、それが逆に彼の音楽を長年人工的で閉鎖的な美に閉ぢ込め続けてゐたのであつた。自らを美の煉獄の実験場と化しながら、自らを鍛へ、自らを厳格さの中に封じてきた。その彼も、今や、老年期の肉体的限界によつて、最後の「火をくゞつて」、晩年の「自由」に達したかのやうだ。

先に述べたフモールの感覚、碩学との古典読書といふ譬喩《ひゆ》を、共同体といふ単位に合はせてもう一歩拡大すれば、チェリビダッケの〈新世界〉は、今や、彼自身からこそ解き放たれ、壮大なヒューマンコメディの世界となつてゐると言ひ直してもよい。一節一節の意味を成心なく尋ねてゆくと、人生の綾なすあらゆる聲音が語り出す。今や、彼の演奏は、楽団員の各々が自らの音楽行為を通じてその聲音に出会ひつゝある集積となつてゐる。その様を固唾《かたず》を飲んで聞き入る私たちも、いつの間にか自分の言葉を語り出してゐる、つまりヒューマンコメディは解釈や意匠の中や、チェリビダッケの個性の中にではなく、彼とオーケストラとの対話の中にあり、聴き手もいつか参加者になつてゐる――。

繰返すが、彼の音楽が風土性を獲得したわけではない。寧ろ、チェリビダッケのあの「音」は、一層圧力を増し、遅いテンポもデュナーミクも、痛々しい程極端になつてゐる。その音楽の、内的な過剰さは、度を増すばかりだ。過剰は過剰であつて、あくまで豊饒《ほうじょう》とは異なる。そして、その過剰の中で、チェリビダッケの音楽はヒューマンコメディを実現してゐるのである。

その過剰さが、「他者と自己の距離を忘れ」た自意識の音楽に聞こえるのは無理もない。「過剰」の藝術にあつては、感情表現の適正な質量の感覚が失はれてゐるからだ。

だが、チェリビダッケは、この過剰さの中にはゐない。チェリビダッケの音楽の「過剰」とは、彼の「音」への異常に真剣《しんけん》なまなざしが、楽団員に、そして聴き手に感染しつゝ、そこに共同体が生成する過程そのものの表情なのである。ならば、この過剰さは自己の歴史的な宿命を受入れた彼の諦念を透して、共同体が蘇りを果たす場だつたといふべきなのではあるまいか。

チェリビダッケの音楽の、最も深く美しい瞬間が、「感傷」と呼ぶほかないものとして響くのは、おそらくその為である。これこそ、「過剰」の中で束の間の真実を保証されてゐる共同体の、内部から生れた歌だと言つていゝだらう。チェリビダッケは、手放しの感情表現を極端に嫌ふが、彼が徹底して歌謡性を排した果てに聞えてくるのは、思ひがけない程切ない、「音」そのものの「感傷」である。〈新世界〉で言へば、第二楽章や第三楽章の中間部での哀切な感傷は誰の耳にも明らかだらう。極度に遅いテンポで、「歌謡性」を取り除きながら、チェリビダッケは、風土から切り離された「音」の孤独にじつと見入つてゐる。その時のこの老人の静かで恍惚《こうこつ》たる表情に、やうやく達成された共同体の夢への微睡を見て、私は愕《おどろ》く。そして、自分でも思ひがけぬチェリビダッケへの愛憐に、胸を突かれる――。

＊

おそらく疲労と沈滞の色濃いヨーロッパの正統の側から見れば、異端の地から「共同体」の夢にまともに取組み、歴史が消滅した後に、その「共同体」が、歴史の残響を響かせながら、無機的な、それでゐて深く人間的な歌を歌つてゐるのは、如何にも不思議な光景かもしれない。かういふ感傷の重さが、チェリビダッケといふ最も男性的な性格から生れてくるところに、ヨーロッパの命脈を感じるべきなのか、終熄を見るべきなのかは、私には正直なところ分からない。たゞ、チェリビダッケの音楽が「過剰」な藝術に特有の、或る種の「狭さ」から免れ得ないとすれば、それが今日のヨーロッパの運命の「狭さ」を暗示してゐるのは間違ひあるまい。

勿論チェリビダッケが体現した「歴史」の本当の単位は、同時代に生きる私に分かる筈がない。彼の辿つた「狭き門」に拘《こだわ》らない所で、ヨーロッパが新しい生命を育んでゐないと断言するつもりはない。近年の若い音楽家達の自由で、国境を越えた、それでゐて伝統と断絶してはゐない姿には、単なるクラシック音楽の国際化ではなく、ヨーロッパを更新する新鮮な可能性が感じられる。「歴史」を「宿命」ととるよりも、「鏡」ととつて、自由に、そこから養分をとる行き方が拓けてきてゐるのであらうか。

それならば、ヨーロッパ世界の崩壊に対する、フルトヴェングラー、カラヤン、チェリビダッケらの、それぞれが「宿命」の犠牲となつての文化防衛は、新たな世代の自由を生み出す塩となつたといふことになる。

彼らの栄光と悲惨は祝されてよい。

註

(1)アラン著杉本秀太郎訳「文学論集」七九『戦争と平和』世界の名著続12 中央公論社1974年、278頁
(2)前掲遠山一行著作集四巻46頁
(3)【長編音楽記録映画 フルトヴェングラー──その生涯の秘密──】プログラム
(4)前掲遠山一行著作集第四巻50頁
(5)前掲遠山一行著作集第四巻48頁
(6)遠山一行著『日付のある批評』音楽之友社1998年所収「『巨匠』たちの現在〈いま〉」102頁

バレンボイム&ベルリン国立歌劇場の来日
——圧倒的な〈トリスタン〉

I

二〇〇七（平成十九）年九月二十八日

ダニエル・バレンボイム指揮ベルリン国立歌劇場のオペラ初日〈ドン・ジョヴァンニ〉を、東京文化会館で聴いた。バレンボイム主演と言ふ他のない巨匠の藝術に、私は圧倒され、完全に陶酔して、家に戻つたところである。近年のオペラ上演として優れた水準だつたといふよりも、公平に言つて、フルトヴェングラー、クレンペラー、カラヤンなどに劣らない偉大さの領域に達してゐる。それだけではない。バレンボイムの舞台は、このオペラから、かつての巨匠同様の、重たく暗い、デモーニッシュな感銘を引出してゐる上に、彼らの指揮では欠けてゐたこのオペラのジョコーソ＝喜劇の面もまた、自由に躍動してゐた。バレンボイムの指揮で聴いてゐると、この音楽は死の強迫観念によつて、ぐいぐいと地の底にまで聴き手を引きずる恐ろしさを持つ半面、生の讃歌でもあり、底抜けの陽気さにさへ欠けてゐない。何といふ多面性！　この人が、こゝで実現した、表現の幅の広さと自由なイマジネーションのあぢはひは、驚異的だつたと言つてゐゝ。
バレンボイムについての日本の批評は、露骨な軽視でなければ、腰の坐らないおざなりの讃辞ばかりが目につく。一体に、この人への微妙に冷淡な批評は、どうやら初来日の時からだつたらしい。だが、現在のバレンボイムの成熟と偉大！　これだけの大指揮者を、批評家が真正面から評価せずに、せいぜい裏通りで小聲で褒《ほ》めるだけといふやうな異常な状況は、何よりも、日本の聴衆にとつて、大きな不幸である。絵画や文学と違ひ、音楽の演奏は、後から振返つて、それが偉大だつたことに気づいても遅いからである。レコードは勿論大きな恩恵《おんけい》だが、飽くまでも生演奏の代用品に過ぎない。バレンボイムは、今、現に活躍してゐる。そのことの意味は、結局は、今しかあぢはふことはできないのだから。

今回バレンボイムとベルリン国立歌劇場は、十月二十日まで、三つのオペラと四つのプログラムによる管弦楽演奏会を披露する予定になつてゐる。私は、全ての公演のチケットを揃へて待ち構へてゐる。これは、私にとつては異例のことで、チェリビダッケの来日以来、絶えてなかつたことだが、現在のバレンボイムを聴くことは、たゞ音楽を楽しむといふ次元を超え、この人が体現してゐる、音楽思想上の叡智に触れ、多くを学ぶことでもある。聴いた時の印象を幾つか日記風に並べ、最後に総論とする変則のバレンボイム論になることを、許して戴きたい。

早速日記になるが、今日（十月六日）〈ドン・ジョヴァンニ〉の最終日の公演から帰宅したところである。四回の上演全てを聴いて、全く純一で揺がないバレンボイムの〈ドン・ジョヴァンニ〉像の核心が見えてきたと同時に、日によつて、即興や遊び、演技上の自由の度合が、極端に大きいことに、驚きを覚えてゐる。

遊びと言へば、今日は、演奏の途中で、バレンボイムが、舞台の上に現はれたのには、さすがに仰天した。二幕のをはり近く、ジョヴァンニの晩餐《ばんさん》で、マルティン・イ・ソレールやサルティ、〈フィガロ〉の「もう飛ぶまいぞ、この蝶々」など、当時流行してゐたオペラの一節を引用する場面での出来事である。いつの間にか指揮台を脱け出したバレンボイムは、演奏はオケに委せ、舞台の袖から、給仕のやうにうやうやしく、何と舟盛りを持つて登場したのである。そればかりではない、さつさと指揮台に戻るかと思つてゐたら、本物の給仕のやうに、その辺りをうろつき、ジョヴァンニやレポレロに刺身を食はせて歩く始末である。歌手たちは、歌はなければいけないし、演技もあるし、バレンボイムが箸で摘まんで、刺身は口に押込んでくるし、もう四苦八苦。だが、私には、これは面白かつた！

いたづらといつても、並のいたづらではない。何しろ、ベルリン国立歌劇場の引越公演、S席五万四千円である。指揮者がふざけてゐて、公演が台なしになりましたで済む話ではない。この引用部分は単純な音楽ではあるが、木管のみのアンサンブルで、指揮者がゐなくなれば、舞台上とは全くコンタクトが取れなくなる。しかも曲と曲の間には全休止が入る。案の定、「もう飛ぶまいぞ、この蝶々」に入るところでテンポをあはせられず相当ずれたけれど、バレンボイムは、慌てて指揮を取るでもなく、それでもまだレポレロにちよつかいを出してゐる。何て男だ。ところで、モーツァルトも、ドン・ジョヴァンニも太い男であつた。モーツァルトが天才で、大胆な男であり、人生を謳歌することを知つてゐたのなら、モーツァルトを再現するとはどういふことだらう？　虫眼鏡で、スコアのインキの種類や当時の演奏慣習の隅々まで調べさへすれば、理想の〈ドン・ジョヴァンニ〉が上演できるとでも？

勿論、バレンボイムが太い男だといふのは、彼がいゝかげんなおつちよこちよいだといふ意味ではない。この直後、エルヴィラが駆け込んできて、ジョヴァンニに最後の回心を迫るところでは彼も指揮台に駆け戻り、悲劇に向けて、音楽の緊張の手綱を締め直す、その全力投球の没入は凄じい。束の間の遊びから、悲劇の最高潮へと、殆ど一瞬にして、当り前のやうに音楽は猛りくるひ始める。

遊びが過ぎるといふ意見もあるだらう。しかし、この遊びは、歌手のアンサンブルが家族同士の暮しの一部と言へる程、徹底してこなれてゐて、その上、バレンボイムと共演者全員の信頼が並外れてゐること、特に彼への全幅の敬意がなければ、成立ちやうのないことだ。後にも書くが、このオペラは、喜劇と悲劇の二重性が全篇を覆つてゐるのだから、デモーニッシュで真面目一方な演奏態度が、正しい訳ではない。

今日のいたづらで、バレンボイムは、日本の聴衆にちよつとした謎を掛けた、私としてはさう言つてみたい気もする。オペラのものすごく高度な上演と、遊びや音楽に横溢する日常性は矛盾しないし、オペラの愉しみは、音楽が、人間の暮しの一部だといふ事実と切り離せない、さういふ風に、この、もう一つの「狂つた一日」を一緒に楽しみませんか、といふ謎を、である。

もつとも、幾らなんでもバレンボイムの舟盛、これは極端な話だが、もう少し細かい点で、日によつて、歌手同士が、歌唱や演技で即興を楽しみ、互ひに刺激し合つてゐる様子が覗《み》へたのは、引越公演では余り見ない事だ。少しだけ書くが、ツェルリーナの誘惑に成功したジョヴァンニが、彼女を自宅に連れ込まうとすると、エルヴィラに行き逢はせる場面。日によつて、物影から突然エルヴィラが出現して身体ごとぶつかつたり、後方から現れて、目と目が合つて慌てたり。別の場面では、三日目の上演で、エルヴィラがジョヴァンニとやり合ひながら横面にビンタを張るのだが、四日目には、エルヴィラは、別の場面で、レポレロにビンタを張つてゐた。夜に呑みながらでも出たアイディアか、あるいは、エルヴィラ役のアンネッテ・ダッシュには、この二人をぶつてやらなければならぬやうな個人的な事情でもあつたものか。それから、ジョヴァンニが、レポレロの女にちよつかいを出した自慢話の途中で、舞台前方に横になりながら、——あれは二日目だけだつたが——プロンプターの中の人の手を引つ張り出して接吻《せっぷん》してみせた時には、指揮台上のバレンボイムも思はず哄笑して、その聲が客席まで聞えてきたものである。とにかく、指揮者とジョヴァンニ役のペーター・マッテイ、レポレロのミューラー＝ブラッハマンは、顔もやることも悪童三人組といつた塩梅《あんばい》で、さて、今日はどんなくすぐりを入れるか、眼をきらきらさせながら、そんな事ばかり考へてゐたやうだ。無論、さうした自由を率先して愉しんでゐたのはバレンボイムだ。そこに彼が、この音楽のジョコーソとしての性格、或いはもつと素朴に、人間が歌芝居をやる原点を見てゐるのは間違ひない。トスカニーニ以下、こゝまで論じてきた先輩の指揮者たちにはない事である。クラシック音楽が、古楽イデオロギーによつて歴史的に相対化される事には決して与《くみ》さなかつたバレンボイムが、寧ろ、音楽そのものの自然な舞台のありやうに回帰してゐるのは興味深い。

しかし、さうした遊びとは別に、〈ドン・ジョヴァンニ〉そのものに対するバレンボイムのヴィジョンは、見事なまでに一貫してゐた。逆に考へればそれも当然なので、骨格を掴みきつてゐるといふ自信がなければ、オペラで遊ぶなど、空論でなければ、支離滅裂にをはるだけだらう。

では、バレンボイムは、このオペラをどうとらへてゐたのか？

一言で言へば、それは、徹底して音楽の側から読み込まれた演劇だつた。音が演ずる劇こそが、台本の演じてゐる劇よりも、遥かに精妙で確実な姿を持つてゐるし、どんな登場人物以上に、〈ドン・ジョヴァンニ〉のスコアこそが、最も雄弁な演技者だといふところから、バレンボイムは発想してゐる。

序曲は軽く流された。それは、すみずみまで歌に満ちた流れの太い充実であつて、取り立てゝ鮮烈な一撃ではない。リズムは清潔に刻まれ、音楽は淀みなく流れる。弦のたゆたひの美しさや、木管やホルンのごく僅かな強調が、音楽を生きたものにする。オペラのデモーニッシュな核心に、いきなり聴き手をひきずり込むフルトヴェングラーの方法とは、はつきりと違ふが、かと言つて、イタリア風に軽快な、割切れたアレグロでもない。この序曲は、もつと中性的で、性格が規定されないまゝ、幕が開くべきだと、バレンボイムは考へてゐるやうだ（後記＊この推断がたゞしかつたことは、次にやつた〈トリスタン〉の序曲でのバレンボイムの指揮が、オケの圧倒的な厚みとうねりでＮＨＫホールを隅々まで鳴らしきつてゐたことで、明らかになつた）。

その理由は、幕が開いて、徐々に分つてきた。バレンボイムは、このオペラの音楽そのものの演劇的な多様さを、丸ごと全て開示し尽さうとしてゐる。だから、序曲がオペラの性格を規定してしまつては困るのである。

音楽そのものが演じる演劇性――それは何と、モーツァルト自身が目指してゐたところに、忠実な姿勢である事だらう。モーツァルトはこのオペラを「ドラマ・ジョコーソ」と呼んだ。それが何を意味するかについて、専門家の見解はいろいろだが、バレンボイムが、それを、ドラマ＝悲劇と、ジョコーソ＝喜劇との二重性としてとらへてゐたのは、間違ひない。序曲に音楽的な重みを与へ過ぎれば、観客は悲劇としての抜き難い予断を持つてしまふ。軽快なイタリア風序曲にしてしまへば、この音楽に漂ふ不吉な予感がパロディになつてしまふ。序曲は、どこまで行つても、単純に割切れない二重性に揺れ続けてゐなければならない。バレンボイムは、微妙な明暗の干渉と揺曳に遊び続ける。予感が予感を呼び合ふ、この曖昧な自由を彼は決して手放さうとはしない。

〈ドン・ジョヴァンニ〉の二重性は、明暗のくつきりと分かれた二つの世界の対比ではない。〈トリスタン〉ならば、音楽は、昼の明るい公の世界と、夜の愛欲の世界とを、はつきりと描き分ける。その交替は、時として、数小節ごとに置かれる転調の連続で表はされはするが、いづれにせよ、両者が混在する事はない。夜の詩に昼の音楽が付く事も、その逆も、厳密に避けられてゐる。だが、〈ドン・ジョヴァンニ〉の場合、どこまでが喜劇で、どこからが悲劇なのか。

ジョヴァンニを象徴するやうな序曲がをはると、そこで歌はれるのは、レポレロの間抜けな愚痴である。この音楽は全く冗談のやうだが、一抹の怪しい気配が立ち込めてもゐる。ベッドのサイズを計るフィガロとスザンナによる、あの無垢な喜びの幕開けを持ち出すまでもなく、こゝには罪と深く隣接した暗さが既にある。レポレロの登場に悲劇を予見するのは大袈裟《おおげさ》なだけでなく間違つてゐようが、同時に、その予兆をまるで感じない聴き手もゐまい。

では、追ふドンナ・アンナと追はれるドン・ジョヴァンニが登場する次の場面は、悲劇なのか、喜劇なのか。音楽は殆ど女王の怒りのやうな威厳があり、心底誘惑されてしまつた者の、不覚の悔しさのやうに響く。だがその音楽に付けられたジョヴァンニの台詞と言へば、面倒に巻き込まれた者の身勝手な捨て科白に過ぎず、物蔭で怯《おび》へるレポレロの装飾的な絡みは喜劇そのものだ。

アンナとジョヴァンニが姦通したかどうかの議論は不毛だと、誰も分つてゐるはずなのに、その実、誰もが興味を持つてゐる。関係があつたとすれば、悲劇になるのか、それとも喜劇性こそが増すのか。現代ならば、強姦は、悲劇でも喜劇でもない犯罪に過ぎないが、ジョヴァンニが全篇で示す意気軒昂《いきけんこう》と男気に、矮小で陰惨なにほひはない。音楽が語つてゐる処以外に、答へはないが、音楽は、彼の性について、征服する喜びを超える程大きな、征服される者の喜び、或いは充実を語つてゐるだらう。〈ドン・ジョヴァンニ〉は、いはば、台本に潜《ひそ》んでゐたあらゆる局面の、この二重性を、モーツァルトの音楽が、最大限に拡大したものとも言へる。この二重の色彩は、音楽に絶えず滲透し続け、その目盛が、本当は、悲劇と喜劇のどちらに転じてゐるのか、誰にとつても謎のまゝ、前に進んでゆくのである。

バレンボイムの指揮は、徹底して、この音楽の微妙さの裡《うち》に寄り添ふ。悲劇と喜劇がどの場面にも二重写しになつてゐる音楽の状態を、演出的な読みで、外側からどちらかに傾けようとはしない。微妙な味はひのまゝ、聴き手にとゞけようとする。これは、最近の多くの指揮者たちのやうに、この作品をナンバーオペラとして扱ひ、全体の一貫性は、演出とお客の理解力とに委ねるといふ行き方とは正反対のものだ。それぞれのシーンは互ひに音楽的に滲透しあひ、交響的なアーチとなる。どんな事件も人物も、音で編まれたこの微妙な連続性のアーチから外に持ち出される事は決してない。全出演者は、音楽といふ精妙な主役の演劇性を完成させる為の狂言廻しに過ぎない。その結果、バレンボイムの指揮の下、ヴァーグナーのやうに、途切れぬ、無数の歌の滲透しあふ、大河としての〈ドン・ジョヴァンニ〉が出現するのである。

これは、どこもかしこも厚塗りの油絵風な、クレンペラーのやうな人の行き方とは違ふ。アバドのやうに、全体を精密にプランニングする行き方とも違ふ。古楽派以後の主流となつた、線のどぎつい音楽と、歌手たちの演劇的リアリズムによつて、割切れた起伏を作る行き方とは、とりわけ異なる。これら、知的に設へられたマニエールとしての一貫性からは、寧ろ、バレンボイムは、意識して遠ざかる。

突飛なやうだが、バレンボイムの〈ドン・ジョヴァンニ〉を聴きながら、私はふとレンブラントを思ひ出した。舞台のほの暗い色彩からの聯想もあつたかもしれない。が、何よりも、バレンボイムの指揮が、寸分の狂ひもない微妙な光と影の表現を積み重ねる事で、驚異的な統一感を実現してゐるところに、共通するものを感じたのである。劇的な緊張感は誇張を排した明澄さによつて生れる。色彩の多様な開発によるルーベンス流の輝きではない。いはゞ沈黙に近い雄弁であり、色彩を呑み込んで内側から輝くことによる、緊縮と壮大である。バレンボイムは、色彩の濫費を抑へる。色彩そのものの印象は静かに消えて、あらゆる細部が、かうとしかあり得ない必然のやうに生きて動き出すのを、バレンボイムは待ちつゝ促す。

その決め手は、オーケストラの、室内楽的と云つていゝほど濃密な味はひである。バレンボイムは、一瞬たりとも、単なる伴奏に過ぎないやうな、凡庸で不注意な弾き方は許さない。控へ目な音量で歌手の歌を支へる時こそ、このオーケストラは、最大限に自分たちの歌を歌ふのだ、自発的に、しかも思慮深く。管弦楽パートの演奏は、新鮮な発見の連続だつたが、それは、今までテクスチュアに埋もれてゐた音をこれみよがしに取り出すといふ、CD時代になつてよく見掛ける、あのやり口のことではない。彼らの注意力と音楽や表現への愛情が、今、この瞬間に生み出す新鮮なアンサンブル、新鮮なバランス、新鮮な歌の喜びだ。昔からある作品への新たな解釈ではなく、今経験され直してゐる新作オペラに立ち会ふ、生きた喜びである。

騎士長が決闘でたふれる場面の例のリタルランドの緊張感と、血も凍る長い沈黙！　レポレロがジョヴァンニの無事を確認する聲は、本当に震へてゐた。

或いは、カタログの歌の、何と陶然たるレガート！　レポレロ役のミューラー＝ブラッハマンは演技も聲も、そして何よりも歌そのものが、素晴しく、マッテイ演ずるジョヴァンニとのコンビネーションは、歴代の名演中でも特筆に値する。とりわけ精彩の点で、往年のウィーンアンサンブルのレポレロ——エーデルマンやクンツ——にさへ遜色はない。だが、何と言つても、バレンボイムの指揮である。あのカタログの歌をどれ程シンフォニックで色彩溢れる魔法のやうな音楽に変へてしまつてゐたことだらうか。それによつてこそミューラー＝ブラッハマンの歌は否応なしに立体的な豊かさを獲得してゆくのである。

ところで、このオペラの二重性と言へば、キュルケゴールの『あれかこれか』以来、ジョヴァンニとレポレロの二人が、同一人格の象徴的な二分化としてしばしば指摘される。この二人が、極端な性格と聲の対比を見せてゐたのは、フルトヴェングラー指揮の一九五四年の有名な映画である（演奏はＥＭＩ盤の生演奏の方がいゝ）。二十世紀最高のジョヴァンニ役とも言はれたチェーザレ・シエピのニヒルな美男子振りと、オットー・エーデルマンの、聲・風貌ともに異様にどすの利いたレポレロは、フルトヴェングラーの指揮と相俟つて、まるで、翌年作られたローレンス・オリビエの〈リチャード三世〉のやうな、邪悪な人間劇の様相を示してゐた。

バレンボイムとマッテイ、ミューラー＝ブラッハマンの描くジョヴァンニの世界は、遥かに明るい。オリビエとケネス・ブラナーのシェイクスピア映画に、五十年の経過だけでは説明できないやうな、大きな距離があるやうに、フルトヴェングラーとバレンボイムの断絶も実は深い。とりわけ大きな違ひは、二人の男の醸す邪悪な気配の喪失である。これは、バレンボイムのラテン気質のせゐばかりではあるまい。ヨーロッパの文化表現の裏聲として絶えず響いてゐたあの底知れぬ不安が、フロイディスム以後、露悪的、表層的な表現に解消され、内実に響く強迫性としては寧ろ喪はれてしまつた、大きな文化史の運命にかゝはつてゐるだらう。

オペラの時代設定を演出家があれこれいぢつて、いつにするかなど、茶番に過ぎない。ヨーロッパ近代にとつて、中世は、ホイジンガ以来の知的な復権運動によつては、決して覆へせない大きな暗闇であつた。そこではペストによる死の舞踊がいつも生活と隣合せてをり、修道会の廻廊は、天国よりも、黒々とした地底に近かつた筈である。魔女裁判は理性によつて一笑に付せるものではなく、悖徳者《はいとくしゃ》の地獄落ちは、近代のヨーロッパ人にとつても自分の心臓の鼓動と直《じか》に繋がつてゐたのである。モーツァルトが示したこの伝説への共感の直接性は、彼がペストではないにせよ、このオペラの作曲から程なく若死したことからも理解される、死の近さへの強迫観念と切り離せまい。フランス革命に人類の栄光を見るのは後世のフィクションで、当時が、どれ程不安な変化の時代だつたかは、今日ではよく知られてゐる。同時代を生きてゐた多くの人にとつては、革命とは、フィガロに代表される新しい予感と同じくらゐ、世界の関節が外れ、墓が題《あぎと》をあけて、亡霊が徘徊した中世の再現でもあつた。

フルトヴェングラーの〈ドン・ジョヴァンニ〉には、解釈以前に、さうした気配、中世的な死の舞踊の近みに作曲者も指揮者もゐることが、皮膚感覚として感じられ、それが聴き手を震撼させる。だが、かうした気配は、それから程なく録音されてゐるカール・ベームやオットー・クレンペラーのレコードからすら、既に失はれてゐる。ヨーロッパの精神風景の変貌に関して、一知半解なことを書くわけにはゆかないが、フルトヴェングラーの演奏を聴くと、彼が体現してゐたものは十九世紀のロマン派の伝統よりも、もつと複雑で、奥深い水脈であつたやうにも感じられてくるし、第二次世界大戦でヨーロッパが失つたものは、それまでのどんな戦争や疫病の危機によつて失つたものよりも、大きかつたのではないかといふ気にもなるのである。

バレンボイムの演奏も、また、フルトヴェングラーの、さうした根源的な不安の表現とは明らかに違ふ。が、私は、今挙げたベームやクレンペラーにはフルトヴェングラーの演奏から喪はれた空洞を感じるが、バレンボイムの演奏からそれは感じなかつた。バレンボイムが、ジョヴァンニとレポレロの二人を、人間喜劇の擔《にな》ひ手であり、生=性の横溢への率直な喜びの体現者としてとらへたその表現には、死と哄笑を易々と往復するしたゝかさがある。

第二次大戦以降ヨーロッパの表現が失つたものを埋め合せ得る、新しさの可能性がそこにあると言つてゐゝかもしれない。この曲の悲劇性を、性的な意味での瀆神《とくしん》の邪悪さから掘削すれば、フルトヴェングラーの演奏になるが、逆に、悲劇性に、無限のニュアンスを与へ得る行き方があるとすれば、それはこの曲の人間喜劇としての多面性を反射鏡とする道だらう。バレンボイムはその道を行く。ポスト・モダニズムの知的意匠の中での、ルネッサンス的/カーニバル的多面性としての〈ドン・ジョヴァンニ〉理解とは違ふ。バレンボイムは、それを、モーツァルトの音楽から、生け捕りして、音楽の中で生きてみせてゐる。

村人に伴はれて、ツェルリーナとマゼットが歌ふ舞曲が、彼の棒でどのくらゐ、民謡としての本来の生気を取り戻してゐたことか。同じくマゼットがジョヴァンニに怒りをぶつける「分りましたよ、お殿様」のやうなシンプルな音楽の伴奏が、どれ程千変万化する色彩の虹で織られることか。その最後を締めくくるストレッタの泡立つリズムはどうであらう。或いは、二幕の終盤、ジョヴァンニが楽士に演奏させる晩餐の場面での引用音楽を挙げてもいゝ。最終日は最初に書いた通りバレンボイムは給仕になつてしまつたが、三日目までの彼の指揮は、まるで魔法だつた。陳腐でしかないマルティン・イ・ソレールやサルティの音楽が、最上級のソースのやうに、あらゆる味の融け込んだ調和と活気と香気を放つてゐるのだ。私は危ふくイ・ソレールやサルティの音楽を傑作と錯覚しさうになつた程である。

中でも、私が今回、特に感銘を受けたのは、彼の指揮が、アンナとオッターヴィオの関係に新しい光を当ててゐた点である。周知のやうに、聲の役割上、この二人には出番が多く、与へられてゐるアリアも美しいが、人間像は類型的で、オペラを愉しむ上では、二人の多過ぎる登場は些か煩《わずら》はしい。

ところが、バレンボイムの指揮で聴いて、私は、退屈するどころか、オッターヴィオの懇願とアンナの擦れ違ひに異様な印象を受けた。初めての感覚だつた。オッターヴィオはどの場面で、どんな理由で舞台に出て来ても、必ず機会あらば、結婚の催促をする。そのことが、奇妙なリアリティを持つて、私の目に突如はつきり見えて来たのである。勿論、そんなことは、オペラ好きなら誰でも知つてゐる事である。アンナのつれなさが余りに異様なので、実はジョヴァンニにべた惚れだといふ説から、妊娠説まで、珍説が賑ふのである。だが、私はさうした台本の解釈の話をしてゐるのではない。彼らの人物としての音楽的リアリティーが、突如、厭《いや》になるくらゐ強烈に直知《ちよくち》されたのである。

それは演出のせゐでは全くない。良くも悪くも演出的な工夫など、殆ど見られない舞台だつたからである。では、何が、私にさう感じさせたのか。やはり、バレンボイムの指揮なのである。この二人に割り当てられたレチタティーボからアリアにかけての伴奏の、非常に念入りな、シューベルトのリートのピアノ譜を扱ふやうな繊細さが、二人を類型から、生々しい男と女の葛藤のたゞ中に引き摺り出す。二人は、殆ど血みどろの有様で、心魂傾けて、何かに徹底してこだわりあひ、異様な緊張のたゞ中にゐる。その音楽的な緊張の激しさの後で、オッターヴィオが歌ふアリアは、バレンボイムの深遠な伴奏によつて、殆どヴァーグナーのやうに響く。それは余りにも深い歌である。そして、その愛の歌が真率だからこそ、繰返されるこの男の懇願が、度外れて滑稽にも見えて来るのだ。モーツァルトは、こゝで私小説を書いたのか。それとも、初演のテナーの実生活をからかつたのか。正にこの音楽は、そのやうに読まれるのを待つてゐたのではなかつたか。

後日、バレンボイムの『自伝』を丁寧に読み返してみると、その中で彼がかう書いてゐるのを見て、私は得心した。

私は最初の最初から、オペラの演劇的な側面に惹かれてゐて、モーツァルトのオペラのリハーサルでは、長時間つひやしてレチタティーヴォの抑揚を考へ出せるだけ考へ出した。(1)

それから、もう一つ指摘しておきたいのは、序曲と対照的に、渾身の力で、オーケストラを煽り、音楽を剔《えぐ》つてゐた地獄落ちの場面のバレンボイムの指揮の凄じさ。歌唱とオケとの間に絶えず絶妙なバランスを作り続けてきたバレンボイムが、こゝだけは、聲を度外視して、強烈なカタストローフを作る。ジョヴァンニ役のマッテイは素晴しい歌手だが、この場面では、彼の如何なる絶叫も演技も、人形芝居のやうに遠景に退き、音楽の奔流こそが、前景となつてゐた。いはゞ、映像処理で言ふフェイドアウトを、バレンボイムは音だけで実現してゐたのである。

III

日程上では、前回の原稿と逆になるが、オペラ公演の網の目を縫ふやうに開催されてゐるシンフォニー・コンサート第二夜の感想を書いておきたい。演目はリヒャルト・シュトラウスの交響詩〈ドン・キホーテ〉とベートーヴェンの第五交響曲、会場はサントリーホールだつた(十月三日)。オペラの上演に先立つて行はれた、オーケストラ演奏会の初日は、バレンボイムお得意の、弾き振りのベートーヴェンのピアノコンチェルト〈第四番〉と〈エロイカ〉だつたが、些か集中力の欠けた出来だつた。今日はどうなるか、やゝ心配だつたが、初日の不確かさは払拭《ふっしょく》されてゐる。音楽の喜びが豊かに歌はれてゐて、気持いゝ。誇張された自己主張もルーティンもない。カラヤンやチェリビダッケに代表される演奏のマニエリスムの後に、これだけ柄の大きな指揮者が、自然な音楽を取り戻してゐる。古楽奏法の流行の中で、バレンボイムの演奏スタイルは守旧派と呼ばれる事もあるが、寧ろ、カラヤンの美学から古楽イデオロギーへの軽薄な有為転変《ういてんぺん》の中で、音楽に、本来の自然な情動を取り戻したに過ぎないと見るべきだらう。

たゞし、今日の演奏内容には、留保が付く。バレンボイムが、オペラで連日示してゐる絶対的な高みに較べ、何かが、少し足りないのである。こゝでは敢へてそのことを書いておきたい。

〈ドン・キホーテ〉は、来日公演の演目としては珍しい。独奏のチェリストに、有名な独奏者を迎へず、若手の団員が起用されてゐたのだから、尚更である。客の入りも、オペラが連日満席なのに較べ、多少空席が残つてゐる。最近、バレンボイムは、長年手を着けなかつたマーラーのチクルスに取り組み始めてゐるから、その為に、改めてシュトラウスの中でも問題の多い〈ドン・キホーテ〉に挑戦したのかもしれない。

この演奏は文句なしの素晴しさだつた。纏まりの感じ難いコンチェルタンテなこの曲から、一貫して歌はれる原旋律のやうな深い流れを浮き上がらせる指揮は見事である。演奏の細部より、一貫して流れる音楽的な緊張に注意が払はれてゐた。名技性に焦点を当てた派手なパフォーマンスと対極的な、室内楽的な内面の藝術と言つてゐゝ。バレンボイムは、もともと恰幅よく流れる音楽をやる人だつたが、この数年、音楽の流れといふ現象を、和聲的にも心理的にも楽器法的にも、以前よりも遥かに深く、掘り下げることに成功してゐる。その成果は明らかだつた。

そのことは、次の〈第五〉で、一層はつきりする。第一楽章からして、特に変つたことは何一つしないが、まるで楽章全体を一息で歌ひ切るやうな、並外れた一貫性がある。かつて指摘されることの多かつたフルトヴェングラーの模倣もなく、ピリオド奏法からの、スパイシーなアイディアの借用もない。マニエリスティックな解釈の精緻や、合奏の精度への腐心もない。バレンボイムの指揮は、さうした全てを棄てゝ、団員達の、自発的に音楽する心を信じようとする、高度の受容性に満ちてゐたと云つていゝ。ニコラウス・アーノンクール、パーヴォ・ヤルヴィ、ミハイル・プレトニョフ、サイモン・ラトルらのやうに、意匠上の差異を攻撃的に示す姿勢は微塵もない。

悠然とした豊かな流れと、緊張の糸で綿密に紡がれた音楽的な対話には、外側から付け加へられたものは何一つない。劇性に欠ける訳ではないが、寧ろ深々と歌はれる、しなやかで抒情的な第一楽章だ。第二楽章は、その歌が、一層内面化し、和聲の変化にたゆたふ愉悦に満ちてゐる。第三楽章は、低弦が唸りを上げて対位法的な構築の基礎を作るトリオが、抜群に面白かつた。そしてフィナーレ。こゝでも、音楽は何よりも歌はれる、豊饒な流れである。例へば第二主題が、息の長いクレッシェンドで壮大に歌はれる時、或いは展開部で、音楽が短調に迷ひ込み、対位法的な冒険の隅々までが、充分な歌で満たされる時、この音楽の、ともすれば忘れられてゐる抒情的な側面が、聴き手の胸を強く衝く。とは言へ、コーダに向けてのストレッタは、苛烈である。気品とコクは失はないが、うねるやうな独特のデュナーミクで、壮麗なクライマックスを現出してゐた。

だが、一緒に聴いた仲間達の間では、この演奏への賛否は、分れたやうである。最高の感銘を受けたといふ聲もあつた半面、もつと出来る筈だといふもどかしさを感じた人もゐた。それは理解できる。私も、腹の底から感動が衝き上げ、身体ごと拉《らつ》し去られたのではない。私は、この、劇性と抒情との独特の混淆に包まれて、幸福な喜びを感じる一方で、或る懐疑に、悩まされてもゐた。それは、一言で言つて、現代人にとつての、ベートーヴェンの〈第五〉のリアリティといふ問題である。楽団員たちが、この音楽に全身全霊で喰ひ附くのを、何かが妨げてゐるのではないかといふ感覚に、私は聴きながら、何度か襲はれた。〈第五〉が要求してゐることに対して、全身全霊で応じるとは、どういふことか、極めて微妙なところで、演奏家たちに、分らなくなつてゐるのではないか。

勿論、さうした懐疑が起ることこそが、バレンボイムの音楽家としての限界を示すといふ議論は、当然あり得る。或いは、単に少し出来が良くなかつただけなのかもしれない。十年前の来日でのベートーヴェンチクルスの〈第七〉は、第二楽章の痛切で壮大な悲劇の表現で、他に並ぶもののない感銘を与へる一方、四楽章では、ホール一杯にコクのある強烈なカタルシスの渦を作り出す事に成功してゐた。或いは、〈トリスタン〉と〈モーセとアロン〉といふ難曲を、後に控へ、そちらに全力投球をする必要から、無意識の抑制が働いたといふ事情もあつたかもしれない。

だが、さうした留保を付けてみても、ベートーヴェンの音楽が、レーゾン・デートルとしてのリアリティを失ひつゝあるのではないかといふ疑念が残つたのは事実である。私が、長年、生きる意味の根拠を求めてきたベートーヴェン＝フルトヴェングラーの世界から、遥か遠い時代に生きてゐるといふ実感が、フルトヴェングラーの優れた後継者であるバレンボイムの指揮によつて、かへつて露骨に炙《あぶ》り出されたと感じたのである。

バレンボイムは、極めて独自の多面性を生きてゐる。自己の天才、フルトヴェングラー＝ドイツ音楽の後継者、ブーレーズのよき理解者にして前衛音楽の庇護者、アルゼンチンに生れ、中東問題を深く憂慮するロシア系ユダヤ人、ピアニストと指揮者、現代といふ問題に満ちた時代の寵兒《ちょうじ》たることと内面的な藝術の擁護者——これらの交叉する、危ない橋を渡つてきた彼が、フルトヴェングラーの「情熱的なベートーヴェン」の誘惑を避けてゐることに、無自覚なはずはないだらう。そのことが、しかし、今日の〈第五〉では、音楽への飢餓感の消失として感じられ、逆に言へば、飢餓的な欲求がなければ、この音楽には真に力強い表現を与へられないといふ問題を、私に教へてくれたのである。

或いは、こんな風に考へることもできる。一体、ベートーヴェン指揮者の名に掛値なしに値するのは誰か。さう考へてみると、意外な事に、あれこれ考へて辿り著くのは、結局、フルトヴェングラーだけなのではあるまいか。それならば、ベートーヴェンのリアリティの喪失とは、実は、二十世紀を通じての話といふことになるのだし、実際フルトヴェングラー自身、二十世紀の初頭に、さういふ趣旨のベートーヴェン論を書いてゐる。

トスカニーニとカラヤンは、ベートーヴェンの指揮でこそ認められたいと目指した人達だが、彼らの名聲はベートーヴェンと一義的に結びついた形ではつひに定着しなかつた。ヴァルター、クレンペラー、ベーム、セル、バーンスタインとなれば尚更だらう。

私が生で聴いた〈第五〉は、無数にあるが、記憶に残つてゐるのは、朝比奈隆の超絶的な名演と、チェリビダッケの壮大な失敗、そしてティーレマンの冒険的な演奏だけだ。

実は、朝比奈のベートーヴェンの感銘について書いた、かなり長い評論が、私の評論活動の処女作なのだが、そこで私は、西洋文化の精髄の前にいきなり立たされた朝比奈といふ「日本人」が、それを様々なる意匠で擬装せず、ベートーヴェンをたゞ愚直に信じ、奏で続ける道を歩いたことが、彼の指揮の剛毅な美を生んだと書いた。ベートーヴェンの音楽は、バッハやモーツァルト、或いはヴァーグナーやブルックナーに較べてさへ、精神上の絶対的な忠誠を、特に演奏者に要求するものなのかもしれない。さもなければ、あの強烈な光輝のまばゆさは、現出しないのかもしれない。

私の実感としては、ベートーヴェンが要求する、自らの精神で彼に対峙する情熱や信頼、そしてそれを支へる深い意味でのナイーヴさは、この数十年、恐ろしい速度で、世界中の音楽人や聴衆の間で、失はれてきた。ポストモダンが風靡《ふうび》した時代には、マーラーが空前のブームを呼んだ。秩序や価値の崩落と信仰との間での神経症的な悶《もだ》えを極彩色に仕立てた彼の曲は、狂躁のコラージュの中に知識人としての自尊心と権力を温存しようとしたポストモダニズムと、よく共鳴したからだらう。その後、一切の価値の批判者であつた筈のポストモダニストが、近代の諸価値より先に退潮してしまふと、知識社会自体が溶解の様を呈し、バッハやモーツァルトがヒーリングの手段として重宝される時代になつた。

かうした風潮の中で、ベートーヴェンの音楽は、絶えず厳しい試煉に立たされ続けてきた。

だが、一方でベートーヴェンは、今日でも演奏家や聴衆を最も引き付ける作曲家であり続けてゐる。あらゆる挑発と実験の素材にもなり続けてきた。そこでベートーヴェンの受容は深まつたのか。深まつたのはベートーヴェンとの距離であり、謎の方だつたのか。

バレンボイムは風潮と無縁に己の道を歩み、それは今やベートーヴェン演奏において、ある決定的な段階に達してゐる。それは今日の演奏でもはつきり感じられる。バレンボイムがベートーヴェンに読み込んだ表現の豊富さ、特に和聲的、楽器法的な色彩感覚の開拓は、未聞のものだ。

この豊かさが、音楽への、人間の生の側からの、一回限りの、ぎりぎりの希求と結び付く時、ベートーヴェンは改めて、我々に予想も付かぬ新しい言葉を語り掛けてくれるだらう。

それが、戦後の繁栄とポストモダニズムの後、世界が金融と電脳、新たな帝国主義の中で不安定化し続ける私たちへの応答となる可能性は否定したくない。

IV

私は、今、初日を迎へたダニエル・バレンボイム指揮のベルリン国立歌劇場の〈トリスタン〉を聴き、完全に打ちのめされてゐる（十月八日）。今日の公演こそは、生涯忘れ得ぬものであり、真に希有な音楽体験だつた。幾つものディテールが鮮烈に甦る。たつた今の出来事なのに、遠い世界から戻つて来たやうにも思はれる。

だが、バレンボイムの〈トリスタン〉は、かつてのチェリビダッケ指揮のブルックナーの〈八番〉のやうな形で私を圧倒したのではない。あれ以来経験したことのない絶対的な音楽時間の経験だつたにもかゝはらず、音楽を開示する主体は、チェリビダッケの場合とは異なり、指揮者自身の異常な求心力、磁場ではなかつた。バレンボイムは、作品の途轍《とてつ》もなさに、自然に寄り添つてゆく。歌手やオーケストラの団員たちとともに、彼は、作品の世界に飛込み、実際に、その世界を生きてみせる。〈ドン・ジョヴァンニ〉の時と同様、現在では稀な、徹底して指揮者主導のオペラなのに、彼は主宰者ではなく、登場人物の一人なのである。

それに、指揮者主導の〈トリスタン〉と言つても、カラヤンやクライバーのレコードのやうに、あらゆる細部まで指揮者がコントロールしてゐる訳でもない。寧ろ、あらゆる細部まで、歌手と管弦楽のメンバー全員が、徹底して聴き合ふ演奏だつた。

勿論、それならば、カラヤンやクライバーだつて、さうだと言ふことになるだらう。だが、私の言ひたいのは、少し違ふことなのである。彼らの指揮で、お互ひの音を聴き合ふといふのは、いはば音楽上の注意力のことだが、バレンボイムの指揮では、互ひを聴き合ふことが、互ひに信頼し合ふことであり、共演者やオーケストラの団員が、それぞれのパーソナリティを喜んで受け容れ合ひ、ともに、作品に奉仕することになつてゐる。

作品に奉仕するといふ言葉も、余りにしばしば聞かれる言葉だが、演奏家が自分の音楽を大胆に打出す創造力を持たないのならば、それは作品への奉仕ではなく、楽譜への隷従《れいじゅう》に過ぎないだらう。かと言つて、演奏家の努力は、作品を或る意味で踏み越えてしまひ、演奏家の読みによつてまるで別の世界を作ることにもなり易い。

バレンボイムが作品に奉仕してゐると私が言ふ時、それは、彼が、自分が音楽に見出してゐる基底的な音調の次元で演奏を支配し、その流れさへ見失はなければ、後は、団員や共演者それぞれの、作品解釈者としての矜持を引出すことに専念してゐるといふ印象を指す。解釈の精到が共演者らへの信頼と委ねによつて生れる――この時代に！　全く不思議な人だ！

或いは、これは、音楽史の新しい夜明けの予感でもあるのだらうか。

それにしても、第一幕への前奏曲から、なんと味の濃い指揮であつたらう。重荷を負つた溜息のやうだ。ヴァーグナーがこの曲について「愛の苦悩と悲惨」の表現と書いたそのまゝだ。バスの野太い和聲感の上に弦が苦悩に体をぶつけるやうに歌ひ、前奏曲後半の高揚では、トロンボーンが底支《そこざさ》へから前面に出て唸り、ホルンの対旋律が強奏される。フルトヴェングラーの蕩《とろ》けるやうな陶酔や、クライバーの敏捷《びんしょう》で活力に満ちた音楽とは異質の、もつと素朴で、暗い世界である。バレンボイムは、クライバーのやうな、颯爽とした俊敏は、寧ろ、徹底して却《しりぞ》けてゐる。あれは、魅力的だが、指揮者の藝術に過ぎない。バレンボイムは、たゞひたすら〈トリスタン〉の、とらへ切れぬ暗がりへと降りてゆく。

幕開けの水夫の歌は、私が、いつもその演奏の出来を占ふ大切な部分だが、非常に入念な歌詞の発音とデュナーミクで繊細を極めてゐる。指揮者の意図の徹底した滲透は明らかだ。私は期待に身を乗出したが、実は、その後のことは呆然とした感動となつて渦巻き、正確には思ひ出せないのである。オケのパートが歌唱と対等に、対話的に刺戟し合ひながら、全ての細部に最高度の印象を与へてゐた、そんな陳腐な感想しか思ひ浮ばない。ハリー・クプファーの演出は中央に置かれた落ちた翅《つばさ》――イカロス失墜やキューピッドを聯想させる――のみで、舞台も演出も、簡素を極めてゐたが、高雅で洗煉されてゐるだけではなく、視覚的な凝縮力があり、しかも、それが音楽とよく共鳴する。ヴィーラント様式が、純粋化した代はりに失つた演劇性が、純粋性を失はずに恢復してゐる。かと言つてポネルのやうに説明的で、野暮つたいものとは違ふ。

イゾルデの告白やブランゲーネ（ミシェル・デ・ヤング）との掛合ひは寸分の隙もない。ワルトラルト・マイヤーのイゾルデは求心力の強い歌唱だ。聲の豊かさよりも、表現の深みへの理解によつて、ダイナミズムを生んでゐる。バレンボイムのテンポは重たげなのに、瞬時もだれることがない。重たさの中に、実に巧みにテンポの流動を作り、軽く流す部分を作つてゐるのである。イゾルデとブランゲーネの応酬は、極めて精妙な聲による演劇となつてゐる。歌唱として流れるやうな一貫性がありながら、芝居への聲による踏み込みが深い。冒頭イゾルデがトリスタンを指して「私に見られ、目を伏せて恥ずかしさうに内気によそをみてゐるあの男」と歌ふマイヤーの、情欲的な原初の力の籠つた歌唱！ブランゲーネが無邪気に応じながら次第にイゾルデの異様なトリスタンへの執着に引き込まれてゆく、凝縮された演劇空間！　第五場のイゾルデとトリスタンの応酬は胸が痛くなる程緊張に満ち、媚薬を飲む場面から、その後の陶酔、そして船の上陸が重なる一幕幕切れは、圧巻だつた。休憩中に会つた友人たちも既に呆然自失の態《てい》である。

二幕も、味の濃い響きによる歌に覆ひ尽くされて始まる。粘りのあるリズムだが、フルトヴェングラーの有名なレコードのそこゝにある停滞感と無縁の、強靭な流れが聴き手を押し流す。が、意外にも、二人の密会の瞬間の、胸高鳴る狂ほしさを、全く煽らない指揮である。こゝは、クライバーやフルトヴェングラーのライヴ録音は勿論、誰もがこゝぞとばかりの昂揚を作るところだが、バレンボイムは、寧ろ、管弦楽を抑へ、テンポも動かさずに、じつくり歌はせる。演奏は、その後、愛の二重唱に向けて、ひたすら密度を高めてゆくのである。カラヤンやクライバーのやうな流線形の演奏と対極に、二人の昼への憎悪と夜への賛美を重ねる対話もオーケストラの支へは極めて拍節的だ。踏みしめと前進力が同時に発生してゐる。さうやつて音楽は高揚や流動性に身を任せるより、濃密に編まれた歌の密度によつて前に進み、つひに広やかな夜の湖水のやうな愛の二重唱に流れ込む。バレンボイムはこゝにクライマックスを設定してゐたのである。その沈み込むやうな陶酔の強さが、逢引《あいびき》の現場に踏込んだ王の歎きのやり場のなさを引立てる。

バレンボイムは大きなアーチとして、第二幕全体を描いてゐる。このバレンボイム流の俯瞰は、音楽に大河のやうな壮大なゆとりを与へる。そのゆとりが、寧ろ、個々の場面の刺戟よりも、全体のもたらす感動の秘密であるやうだ。

第三幕こそは、そのことを端的に示すものだつたと言へるかもしれない。この三幕全体の今日の演奏こそは、音楽の奇跡だつた。前奏曲が心身の不如意なトリスタンの底知れない絶望の溜息を告げる。バレンボイムの指揮が醸《かもし》出《だ》すその真実味だけで、震へるやうな感動が来た。名盤揃ひのレコードでも、こゝまで深く沈み込む想念の重たさを湛へた音を感じさせるものは聴いた事がない。フルトヴェングラーのレコードでさへ全く及ばない。底知れぬ暗がりだつた。

音で全てを語らうとすると、かへつて音楽の底が浅くなる。この悲しみは、音で叫ぶのではない、諦念の底からなほ滲み出る、沈黙の絶叫である。

だが、これは序の口に過ぎない。ロマン・トレケルのクルヴェナールが荒涼たる孤独の島を見事に描き出す。トリスタンは覚醒し、徐々にこの世に戻り来る。長々しい独白が始まる。あの独白が、これ程本物の赤裸々な歌となつて迸《ほとばし》り出るのを、私は、今まで聴いたことがなかつた。精緻な心理劇は聞こえてきても、これ程、胸掻きむしられる恐ろしい慟哭の連続だと感じたことはなかつた。

イゾルデが島に来る近未来を幻視する「Isolde kommt! Isolde naht!」からの激情は、私の体験では空前のものだつたが、その前の場面でのトリスタンの逡巡や幻想の揺蕩ひの中でする身悶えが、今回の演奏ではとりわけ凄い。

これは、レコードに入りにくい音楽である。スコアをきちんと音にする立場からすれば、この部分で、殆ど取附かれたやうになるトリスタンの歌を、或る程度冷却して、音符にきちんと対応したものとして、提出しなければならない。ベーム以降の主要なレコードのみならず、フルトヴェングラーのズートハウスも、心身ともに追ひ詰められた人の、絶叫の音化とは程遠い。こまやかな味はひの音楽になる。まして二十世紀後半、この肺腑を剔る絶叫は、概して、精緻な心理劇に置き換へられてきた。バレンボイム指揮での二つの映像も、その点同様で、今日の演奏に較べれば、その影法師と呼ぶのさへためらはれる。その意味で、今回のトリスタン役クリスティアン・フランツの捨て身の歌ひ振りは、それに寸分の隙なく付けたバレンボイムの指揮とともに、圧巻だつた。

さて、かうしたトリスタンの告白にさんざ胸を掻きむしられた後に、その死とイゾルデの嘆き、遅れて到着したメーロトとクルヴェナールの果し合ひ、マルケの歎きに圧倒されるのは、レコードの名盤で聴いても毎度の事だ。だが、今回の演奏ではマルケの嘆きを引き取り、ブランゲーネがイゾルデに語りかけて「愛の死」が始まる、舞台が永遠の沈黙の中に「時」そのものが収斂したかのやうなあの瞬間！生者の側に留まつたマルケとブランゲーネが静謐な像のやうにその場に佇立《ちょりつ》すると、「時」が止まる。イゾルデ役のマイヤーの聲が底から湧くやうに会場を震はせる。会場は光に包まれたかのやうに聲に優しく照らされる。バレンボイムはオーケストラを抑へに抑へ、マイヤーの聲を慈しむやうに抱擁する。オケの優しい囁きに軽々と乗つて、マイヤーの聲は天空に舞ふ。それはどんな強奏も作り得ない壮大な音の伽藍《がらん》であつた。その後に、あの比類を絶したクレッシェンドの波が、会場を襲ひ、隅々までを涙でひたし、ゆつくりと消えてゆく。

ヴァーグナーは作曲しながら、詩神によつて作品を書かされてしまつた真の天才が口にする時だけ滑稽を免れる種類の告白を、手紙で書いてゐる。

この終幕！！！

このオペラが上演禁止になるのではないかと心配です。——へたな上演で全体がパロディになってしまわないかぎり——まずい上演だけが私に救いです！　完璧に上演すると聴衆は気が変になってしまうに違いありません。——そうとしか思えません。ここまでやらなければならなかったとは！(2)

V

さて、連日、バレンボイム指揮の公演に通ひつめて来たが、今日の〈モーゼとアロン〉が最終日であつた（十月二十日）。十五公演全てを聴いての、こちらの身勝手な感想を言へば、同じ釜の飯を食つてきたやうな気持になつてゐる。こちらは聴くだけなのに、家族や戦友ででもあるかのやうに、嗅覚で相手の存在を感じ始めてゐるのは、我ながら滑稽だ。これだけ濃密に聴くといふ経験を重ね、取逃さぬ内に原稿も書き続けるといふのは、初めての経験だつたが、官能と思考の限界を試されたやうで、さすがに、これ以上、詳細にわたる批評を書く気力は残つてゐない。

それにしても、今回の来日公演は、全プログラムが、最上級の質と重たさを備へた、いはゞクラシック音楽の粋である上に、過密なスケジュールにも関はらず、どこをとつても全く手抜なしといふ、もの凄じい気合ひであつた。どの公演でも、一瞬たりとも弛緩の気配はなかつた。といふことは、聴き続けた私もまた絶えず全神経を耳にして、精神の限りを尽くして対峙することを要求されたといふことにもなる。

全体としては、彼らの集中と絶頂とは、交響曲演奏会よりもオペラ上演において際立つてゐた。シンフォニーコンサートでは、詳述したベートーヴェンプログラム以外に、マーラーの〈第九〉一曲の日と、ブルックナー〈第七〉をメインとして、ウェーベルンなどを前に演奏するプログラムが用意されてゐた。前者は異例のマーラーで、春に出たレコードともずゐぶん印象が違ふ。普通死の予感として描かれるこの曲が、ソナタ形式の劇的な躍動を取り戻し、時には、まるで春の野のむんむんするやうな生命謳歌のやうにさへ響く。尖鋭的な理解だと言つてい〻。一方のブルックナー、これは何一つ文句の言へない驚異的な名演だつた。七番としては、私の生涯で体験した最高の演奏だつたかも知れない。第一楽章の何といふ鬱蒼と壮大、第二楽章の真実の慟哭、そしてあの第三楽章が、これ程愉悦と魅力に満ちた音楽だつたとは！

だが、それにもかゝはらず、今回の来日では、バレンボイムが、オペラにこそ、心血を注いでゐたのは、〈モーゼとアロン〉を含め、オペラの全演目を、暗譜で指揮してゐたことを見ても、はつきりしてゐる。これはもう、全く凄いことである。この人の身体は、一体どれ程の音楽消化能力に恵まれてゐるのか。その上、あの驚異的な〈トリスタン〉では、プロンプターさへなかつた！　つまり指揮者と全歌手との内、誰かひとりでも、大きなミスをすれば、差し違へて公演全体をぶち壊す可能性に、自らを追ひ込んでゐたわけである。事実三日目の〈トリスタン〉三幕をはり近く、マルケのルネ・パペが何小節も飛ばして出てしまひ、聴いてゐる私の方が顔色を失つたが、ブランゲーネが冷静に自分の出を歌ひ出した為に、事なきを得たこともあつた。

この極度の緊張は、毎日公演に付合つた私には、心にといふ以上に身体に異常を来たす程、張り詰めたものだつた。今の、重たい疲労感は想像以上である。聴くといふ受け身な行為が、かうも強烈な緊張や陶酔に、連日数時間も、晒され続けるといふのは、間違ひなく、不自然な事だ。椅子に坐つて、全身を耳にして、一方的に、過度の官能や激情や知的な挑発《ちょうはつ》を受け続けることに、終ひには感動を通り越して、疲労の極に至つたのも無理からぬことだらう。

さうした中でも、最もくたびれたのは、当然ながら、演目最後のシェーンベルクの未完のオペラ〈モーゼとアロン〉である。日本での上演は一九七〇年のベルリン・ドイツ・オペラ来日、一九九四年の秋山和慶指揮東京交響楽団の演奏会形式の上演に継ぐ三度目といふ希少な機会だつた。バレンボイム自身も、今回、このプロジェクトにこそ、最も力を入れてゐたことは、事前の記者会見でも、繰返し強調してゐる。

この作品は、目に見えぬユダヤの神を、目に見えぬまゝ信ずべきとするモーゼと、偶像によつてそれをはつきりと示さねば、民衆は付いてこないとするアロンの兄弟対立を主題としてゐる。目に見えぬと言つても、律法は書かれた人間の言葉である、そこまで認めて、何故偶像は認められないのか。簡単に言へばそれがアロンの言ひ分だらう。現代の政治状況の中で、また、イスラエルとパレスチナの打続く戦乱に対して、バレンボイムが、この上演を通じて、音楽の思想的な力をぶつけてゐたのは、疑へない。見えぬ神そのものを信じきれぬところに、宗教がむしろ暴力に転ずる決定的な転換点がある。歴史上のユダヤ教が——むろんキリスト教、イスラム教も——いつもそれぞれの時代の「偶像」によつてアロンとともに民衆の暴力を誘発してきたことへの音楽的な告発だと言つていゝ。

だが音楽的には、感動したとは言ひ難い。

これは、私が、十二音技法に共感できない為だけではないだらう。この作品は、ベルクやウェーベルンの先鋭な抒情や、割切れた新しい表現の感覚に乏しく、寧ろ、ドイツロマン派の感性を色濃く残しながら、新しい表現を摸索する、シェーンベルクの苦しさを、直《じか》に私に、感じさせてしまふ。しかもモーゼとアロンの対決が、耳で聴き分け難いほど、どちらも表情が暑苦しい。

バレンボイム指揮の管絃楽と合唱も、例へばブーレーズのレコードのやうに、無機的な抒情の地平から振返られた鋭角的な演奏ではなく、ロマン派的にうねる、濃厚な味付で、その傾向を助長する。

バレンボイムのイスラエル問題への取組みは、西東詩集オーケストラに見られるやうに、彼のライフワークの様相を示してゐる。〈モーゼとアロン〉への集中的な取組みも、それと同様の、バレンボイムの、自己確認と世界解釈の、根深い欲求の現れであるのだらう。しかし、それが表現主義的な濃厚さに傾斜するのは、このオペラの解釈として正当だつたのかどうか。

バレンボイムは歌ふ事でシェーンベルクを自家薬籠中の物に熟す。だが、シェーンベルクが離脱しようとした新しい美学の方向は遂にバレンボイムの資質である豊麗な歌の感覚とは相容れない。こゝには技法や思想、解釈上の差異以上の、もつとも深い音楽的対立があるのではないか。ロマン化し歌ふ〈モーゼとアロン〉は本来それが示してゐる思想的な亀裂を喪つてしまふ。ロマン派的なドビュッシーやストラヴィンスキーにはまだ可能性がある。しかしこのオペラは歌を拒絶し、モーゼとアロンとが、そして民衆の喧噪が、新たな対位法を通じて相容れない亀裂を示さない限り、オペラの世界そのものが成立しない。

バレンボイムは最も有力な十二音技法以後の新音楽の保護者だが、彼自身の資質との違和をどう自覚してゐるのか。少なくとも精力的なその著述ではアイデンティティの多様性の中に、その現代音楽の理解は自然に解消してしまつてゐる。

現に生きられてゐる類稀な音楽事象としてのバレンボイムを問ふ事は、西洋音楽の可能性そのものを問ひ続ける事だ。今回の公演が短期間にバレンボイムといふ現象の全体を凝縮して示してくれた事で、問ひの全体性そのものへと私を導いてくれたことに感謝したい。

註

（1）ダニエル・バレンボイム著蓑田洋子訳『バレンボイム自伝』音楽之友社2003年、235頁
（2）アッティラ・チャンパイ他編『名作オペラブックス7　トリスタンとイゾルデ』音楽之友社1988年、202頁、ヴァーグナー→マティルデ・ヴェーゼンドンク　1859年4月書簡

クリスティアン・ティーレマン

汲み尽し得ぬ喜び、甦るブラームス
――ティーレマン指揮のブラームス

I

　こんなに、隅から隅まで考へ抜かれた音楽的意味が充満してゐ、燃焼度とスケールの大きさに於て、ひしめく歴史的名盤群の一歩上をゆく途轍《とてつ》もない新しいレコードに出会つておきながら、その感銘をはつきり書いておかなかつたならば、後できつと不明を恥ぢることになるに違ひない。

　クリスティアン・ティーレマンとミュンヘンフィルのコンビによるブラームスの第一交響曲のことだ。

　このレコードを最初にかけた時、意外に控へ目な序奏に寧ろ驚きながら、徐々に、一音一音に賭されてゐる音楽的な冒険に引込まれ、引きずられ、気が付いた時には、虹のやうに輝く音彩で織りなされた、かつて聴いた事のないフィナーレコーダの威容に、全心身が呪縛されてゐた。レコードを聴いて、こんな全身的な共鳴と没頭を経験することなど、滅多にあるものではない。音楽は、最初の一音から、予測の付かぬ長大な生成の旅を続け、最後の和音が鳴り終つた時、一つの世界が閉ぢたかのやうであつた。

それにしてもこれがブラームスだらうか？　この無限に拡散し、波打つやうな、雄大な時の流れが。そして視覚的にも広大な、仰ぎ見るアルプス連山のやうなフィナーレが。

もちろん、ブラームスは素晴しい作曲家だ。その数々の室内楽。クラリネット五重奏、弦楽三重奏、五重奏、六重奏、ピアノ五重奏……。ヴァイオリン協奏曲だけでなく、二重協奏曲の晩夏のやうな気だるい焦躁と濃密なロマンも、他の誰からも聴ける世界ではない。彼の作品のどこをとつても、たちどころに引込まれる、親密な友情と対話の劇。抑へに抑へてゐた愛の、逆る渇望。戻らぬ過去への頑是《がんぜ》ない憧憬。老成と青春の、奇跡のやうな混淆。……

しかし、彼の視線は、自分の内側へと沈み勝ちで、たとひ大管絃楽を駆使した時でさへ、室内楽的な内向と凝縮の印象は避けられない――。

だが、こゝでのティーレマンのやうに、虚仮《こけ》おどしでない、本物の「大きさ」をブラームスから引出した演奏を聴くと、ブラームスを凝縮と内向の側からだけ見る見方が、どれ程一面的なものに過ぎないかが、痛い程感じられてくる。別の言ひ方をすれば、彼が、ヴァーグナーやブルックナーの「巨人趣味」と同じ時代の人なのに、それに批判的だつた事はよく知られてゐるが、その実、「本物」の巨大さを作ることには野心があつたし、この〈第一〉こそは、それに掛値《かけね》なしに成功してゐると、はつきり言ふべきなのではないか？　精緻な「箱庭」の拡大版としての〈第一〉ではなく、この曲は、私たちが、また歴代の大指揮者たちが考へてきたよりも、そもそもがもつと大きな世界を実現してゐるのではないのか？

さういふ問ひを、ティーレマンは、この演奏で、聴く者に突付けてゐる。それも、スコアを考へ抜き、ブラームスに固有の響きを追求した結果として。その事は、これからおひおひ書いてゆくが、何も、考証や原典研究に演奏家が付合ふことが、本当にラディカルな「批評」であるわけでも、過去の作品への新しい光の当て方なわけでもない。少なくとも私は、昔からあるオイレンブルク版のスコアを熟読して作品の本質に迫れなかつた人間が、ベーレンライターなど新たな校訂譜で本当の響きを探り当てられるなどといふお伽話《とぎばなし》を信じる気にはとてもなれない。

ティーレマンは、近年の傾向であるさうした「新しさ」とはまるで別の道をゆく。だが、音楽的には全く新しい演奏の出現だ。第一交響曲をこのやうに大胆な構造設計のもとで、それも、ヴァグネリズムに最高度に接近した絶対音楽派側の「前衛」として、ゐがききつた演奏を、私はこれまでに聴いたことはない。

そしてまた、これ程、この音楽が巨大に響いた例も……。

音楽から巨大さを引出すことは、決して容易なことではない。大音量や、超スローテンポが巨大さを生むわけではない。ヴァイオリン一本で無限大を表現したバッハの「無伴奏」が、マーラーの〈千人の交響曲〉より小さな音楽だといふ人はゐないだらう。コルトーの〈二十四の前奏曲〉の感情世界がショルティ指揮の〈ローマの松〉より小さいといふ人もゐないだらう。

ティーレマンは音量や誇張によつて〈第一〉に新たな巨大さを齎したのではない。彼は、この曲の本質的な要素としての「巨大さ自体」を発見してゐて、その上、外見の偉容を、内側から完全に支へきることにもまた、成功してゐる。

それにしても、ブラームスの曲に捧げるティーレマンの愛情の深さ！　どの一節にも曲への溺愛が滴つてゐるかのやうだ。私は、意匠の面白さや新しさに惹《ひ》かれてではなく、音楽の隅々まで行きわたつてゐるこの人の愛情に導かれて、何度も、この曲を調べ、考へ、聴き直し続けたと言つていゝ。実に楽しい仕事だつた。

＊

それに、その為に、随分たくさんのこの曲のレコードを棚から引つ張り出す羽目になつた。これも楽しかつた。何しろ、この曲には歴世の指揮者が悉《ことごと》く名演奏を残してゐるのである。それにしても何と良い曲だらう！　幾ら聴いても満腹にならない。

私の聴いたレコードは次の通りだ。ウィレム・メンゲルベルク指揮アムステルダムコンセルトヘボウ管弦楽団（一九四一）。アルトゥーロ・トスカニーニ指揮NBC交響楽団（一九五一）、同指揮フィルハーモニア管弦楽団（一九五二）。ヴィルヘルム・フルトヴェングラー指揮ウィーンフィルハーモニー管弦楽団、同指揮ベルリンフィルハーモニー管弦楽団（いづれも一九五二）。シャルル・ミュンシュ指揮パリ管弦楽団（一九六七）。レオポルド・ストコフスキー指揮ロンドン交響楽団（一九七二）。カール・ベーム指揮ウィーンフィルハーモニー管弦楽団（一九七五・日本公演）。レナード・バーンスタイン指揮ウィーンフィルハーモニー管弦楽団（一九八一）。ヘルベルト・フォン・カラヤン指揮ベルリンフィルハーモニー管弦楽団（一九八七）。セルジュ・チェリビダッケ指揮ミュンヘンフィルハーモニー管弦楽団（一九八七）。ロジャー・ノリントン指揮ロンドン・クラシカルプレーヤーズ（一九九〇）。クラウディオ・

アバド指揮ベルリンフィルハーモニー管弦楽団（一九九〇）。ダニエル・バレンボイム指揮シカゴ交響楽団（一九九四）。

その数十四枚。他にも勿論良い演奏はあるし、解釈史の方から重要なレコードもあるが、取り敢へず比較するにはこれで充分だらう。自分の感銘の記憶によつてふるひを掛けた名盤を中心に、比較の必要なものを若干交へてある。よほどのひねくれ者でなければ、これは、それ程偏向のない名盤リストになつてゐるはずだ。

そして、これらの歴世名盤を繰返し聴いた上で言ふのだが、ティーレマンの新譜は、過去の名盤を軒並み凌駕し、フルトヴェングラー＝ベルリンフィルと並ぶ。とにかく抜群なのだ、その品格、底力、巨大さ、熟慮、情熱、技巧、そして何よりも、虚飾のない真実性の、全てにおいて。

ティーレマンをじつくり聴いた耳で聴くと、日本では評判が高いミュンシュやバーンスタインの「熱演」は、外側から加へられた迫力に頼つた音楽作りに聴こえてくる。一言で言へば大袈裟である。それでゐて平板である。陰影を欠く。この曲に深入りして音楽の可能性の深遠さに挑むより、手頃なところで熱狂を作つておかうといふ通俗的な狙ひが見え隠れする。

逆に、両者をはるかに上回る誇張の藝を披瀝《ひれき》してゐるメンゲルベルクは、音の劣悪なライブ録音だが、その傍若無人なドライブ振りが、逆に、曖昧さの微塵もない真実に貫かれて聴こえるのが面白い。トスカニーニはフィルハーモニアのライヴの自然さよりも、彼らしいリゴリズムに貫かれたＮＢＣ盤が断然いゝ。かうして並べて聴くと、やはり桁も格も違ふ大指揮者だ。豪快とか破竹の進軍とかいふより、そんな瞬間にさへ漂ふこの人の歌の喜ばしさはどうだらう！　私は唸つた。それにまた、感情の真正と楽譜の読みの独創性。ストコフスキー晩年のライヴも、ミュンシュを推薦するくらゐなら、こちらをちやんと聴いてからにしてもらひたいものである。これは細部に拘泥《こうでい》しない一筆書きの演奏だが、低弦を前面に打出した骨太の音楽で、音と言ひ、音楽と言ひ、こんこんと溢れ出て尽きない泉のやうだ。それに、この人の棒だとオケがどんなに自在に歌ふことか！　聴きをへた後にくる本物の感銘は格別なのである。

かういふ人達を聴くと二十世紀後半の指揮者は軒並その審美主義の為に音楽の本当のメッセージを犠牲にした印象が強い。勿論その最大の原因はレコードの発達にあり、代表的なイデオローグはカラヤンだが、歴史といふものは奇妙なもので、時が過ぎ、今日から振り返つてみれば、戦後演奏史の中でカラヤンこそが、他を圧した高みに達してゐたことも疑へない。

そしてこのやうな人達の中に置いても、ティーレマンのレコードはまばゆいばかりの域に達してゐる。前述したトスカニーニら前世代の巨人たちの「藝」の強烈な押出しはない。だが、これらの巨匠が、ブラームスを組み敷く凄味で聴かせるのと対極に、ティーレマンはスコアにやはらかく緻密に寄り添ひながら、その可能性を極限まで引出してゐる。ティーレマンの演奏には、大指揮者たちの「藝」に勝る、「至純」があると言ひ直してもいゝかもしれない。

第一楽章の序奏部は、誰でも知つてゐるやうに、上行音型と下行音型が激しくぶつかり合ひ、大河の合流のやうな激烈さと壮大さを兼ね備へた出だしである。ティーレマンのテンポは、予想されるより速い。弦主体で奥行の深い音色だが、同時に、銀の波のやうな輝きと冴えがある。トゥッティで鳴りわたる時には、その響きだけで部屋の中に虹が架かりさうな気さへする。音で惚れ惚れさせる指揮者に出会つたのは、幾年ぶりのことだらう。

崇高なエロティシズムといふのは、吉田秀和がフルトヴェングラーの〈トリスタン〉を評した言葉だが、ティーレマンの「音」は、さういふ風には、聴き手を悩殺しない。夜の世界の官能ではない。逆に、新鮮な外光を思はせる。ティーレマンの「音」は、エロスの肉感的な世界から、自然の陽光と、濃緑と、白雪の山並の壮大なパノラマに、聴き手を思ひきつて解放する。何と広々とした世界だらう！　音の力だけで、壮大な山脈を現出させてしまふ天才など、現代にあつては、それだけでもう、大変な「事件」ではあるまいか。

この序奏は、最初に大きな山があり、その後、弦のピッツィカートと半音進行の動機の谷間を経て、もう一度同じやうな山と谷を繰り返し、悲劇的な下行旋律で消えるやうにをはる。小節数にすれば、たかだか四十小節足らずだが、音楽のスケールはやたらにでかい。ティーレマンはかういふダイナミズムのラインを、大きなアーチで描ききることにとりわけたけてゐる。それも単なる音量の調節ではない。音の圧力や光度を自在に操り、しかも、肺活量が途轍もなく大きな音楽をやる。七十年代のカラヤンやショルティのやうに、音量のダイナミックレンジはやたらに広いのに、音楽自体は平板になるといふことはない。特に、谷間の方での静かな音楽を入念に、彼自身があぢはひ尽くすやうに演奏するので、聴き手の耳と心が、否が応にも研ぎ澄まされてくる。だから、その後やつてくる大きな山の時にも音量で威圧する必要がないのである。

入念と言へば、序奏部一度目の谷で、あの印象的なピッツィカートに続いて弦に現はれる、ロマン的だが、不気味な半音進行のうねり、特にそれが低聲部で繰返されるところ（十五小節〜）。ティーレマンのかういふところの扱ひは、概して、彫琢鏤骨《ちょうたくるこつ》を極めてゐ、尋常でない没頭振りを示すが、それはフェティッシュなものでない。こゝで造形された「気分」が、この演奏では、以後、全曲にわたる基調となるのである。同じロマンティックな演奏でも、こゝは、フルトヴェングラーではより人間的な歌になつてゐるのに、この人のは、ずつと不気味で、性格の無限定な、喩へれば暗闇の中から響いてくる夜の波音のやうだ。

それはこゝでの音の強弱の波をどう解釈するかの相違でもある。この曲は、全体が、もの凄い数の強弱の波と半音進行とで出来てゐると言つていゝのだが、フルトヴェングラーとティーレマンの、この部分の印象の相違は、この半音進行の強弱の波が、全曲にわたる歌の原型なのか（F）、それとも剥出しの自然界から抽出されたライト・モチーフなのか（T）といふ、この曲の構造単位に対する読みの相違なのである。

私は、ティーレマンのこゝを二度目に聴いた時、即座に、第四楽章コーダを導く部分（三百六十七小節〜）を聯想し、それと同時に、ティーレマンの指揮は、ひよつとすると、この曲を、ベートーヴェン的なソナタ形式の側から以上に、実は、〈指環〉風の動機連関に近い線から感じてゐるのではないかと思つたものである。

こゝで、回り道をしたい。ティーレマンに触発され、ブラームスの〈第一〉そのもののことを、改めて、少し考へておきたくなつたからだ。

ブラームスの〈第一〉といふと、ベートーヴェンの〈第五〉や〈第九〉からの影響関係ばかりが話題になる。これは、無論、否定できない事実だが、それを指摘するだけでは、実は何も言つたことにはならないだらう。なるほど、ブラームスの〈第一〉は、よく言はれる第四楽章の主題と「歓喜のメロディー」との類似はもちろん、構成上のヒントを〈第九〉に得てゐるのは明らかだし、第一楽章の主題労作は、ベートーヴェンの〈第五〉のリズムをそのまゝ用ゐてゐる。この曲を、「ベートーヴェンの第十交響曲」とビューローが評し、ハンスリックがウィーン初演の批評で「この曲のフィナーレを書いたブラームス程、ベートーヴェン後期の様式に近づいた作曲家はかつてゐなかつた」と書いて以来、無数の批評と演奏は、この曲に、ベートーヴェンの圧倒的な影を見出すことに費やされてきたと言つてい ゝ。

それは、分る。

だが、話はさう簡単ではない。

そもそも、同時代の最も偉大で、最も極端な個性を持つた三人の作曲家——危険な新音楽の首唱者ヴァーグナー、異端の変人ブルックナー、保守派のブラームス——は、皆、ベートーヴェンの極めて強い影響下にあつたのである。ヴァーグナーは、バイロイトの定礎式で第九交響曲を演奏することで、

〈指環〉が、〈第九〉の理念の最も正統の展開だと宣言したのだし、ブルックナーの交響曲は、ほゞ全曲が、〈第九〉のヴァリアンテである。そのやうな中で、では、ブラームスの〈第一〉とは何者で、そこでは何が生起してゐたのか。ヴァーグナーやブルックナーが新音楽で、ブラームスが〈第一〉を以てベートーヴェンの影響下、絶対音楽の伝統を継承したといふ見取り図は本当に正しいのか。

なるほど、ブラームスの〈第一〉が、交響曲の歴史に於ける、ベートーヴェンの正当の嫡子として、保守的な聴衆層から期待されてゐたのは、事実である。だが、それが呼びさました波紋は、思ひの外《ほか》複雑であつた。ウィーンで初演された時には、拍手がろくになかつたといふ証言もあるし、親しい友人の聲も概して批判的だつたのである。ブラームス自身も、いつものほろ苦い調子の手紙で、自分をいたはるやうに、この曲が受け容れられなかつたことに触れてゐる。ブラームスが第一交響曲に賭けた野心と、作の受容の間には、今日、私たちが単純化して、思ひ込んでゐるよりも遥かに、陰影に富んだ事情があつた。

> 楽界全体が、これほどまでに切なる思いで、一人の作曲家の最初の交響曲を待ち望んでいたというのも、ほとんど例のないことだ。これはとりもなおさず、ブラームスがとてつもなく高度で、しかも複雑な形式を用い、飛び抜けた作品が書けると信じられていたことを、はっきり物語っている。(1)

これは、当時最も重要な評論家であり、ブラームスの友人でもあつたハンスリックの、ウィーン初演評の書き出しである。

大袈裟とは評すまい。このたつた四ヵ月前、ヴァーグナーはバイロイト祝祭劇場のこけら落しで〈指環〉の全曲初演を行つたばかりである。それに対する、交響曲陣営の熱い反駁――こゝに見られる気負つた調子は、ブラームスの〈第一〉自体の荘重極まる出だしにそつくり対応してさへ見える。

それには理由がある。交響曲が、クラシック音楽の中核的なレパートリーになつてゐる今日では、想像しにくいことだが、当時に立ち返つてみれば、ブラームスの〈第一〉発表以前の数十年間にわたる、交響曲ジャンルの低調は否定しがたいものがあつたからだ。一九世紀前半にメンデルスゾーンとシューマンが幾つかの佳作を残し、〈ライン〉交響曲が発表された一八五一年後の四半世紀といふもの、ドイツ楽界は、リストの新音楽とヴァーグナーの楽劇を中心に円転し、交響曲の領域で見るべき作はなかつた。しかし、かういふ言ひ方も、ブラームス、ブルックナー、チャイコフスキーらの手で交響曲が復活して以降、ショスタコーヴィチに至る華麗な交響曲史の照返しを受けた物の見方であつて、実際に、後続の傑作群がなかつた同時代の中に立つて眺めれば、メンデルスゾーンやシューマンの交響曲などは、ベートーヴェンの巨大な遺産のさゝやかな残り香《のこりが》にしか見えてゐなかつた。実際、この頃、書かれたシュポア、ゲーゼ、ヤーダスゾーン、ラフ、ブルッフらの数多の交響曲は、清澄、清潔で、個々の作やフレーズに魅力を感じさせる佳品はあるが、殆どがメンデルスゾーンの模倣を出ない。ヴァーグナーの〈トリスタン〉の後の作でさへ、和聲や楽器法、主題労作は単純で、そもそもベートーヴェンが体現してゐたダイナミズムがまるで習得されてゐないのである。さうした中に並べれば、ベルリオーズやリストの諸作は勿論、マイヤベーヤ、グノー、サン＝サーンスらの作品も別の時代のもののやうに新鮮で、目覚ましい。

この時期、楽界で、ヴァーグナーが宣告した通り、交響曲が時代遅れのジャンルと看做されてゐたのも当然だつたらう。絶対音楽の価値を擁護するアンチヴァーグナー陣営が、室内楽やピアノ曲の領域でいかに佳品を出さうとも、傑作交響曲の不在は覆ひがたく、日時の経過自体が、交響曲の不可能性を、実証してゆくかの様相を呈してゐたのである。

だから、引用したハンスリックの言葉は、型通りの賛辞ではなく、切実だつた危機の打開を喜ぶ叫びなのだ。

しかも、ブラームス自身にしても、この頃まで、主としてピアノと室内楽の作曲者であつて、この時点で発表済みの大作は、ピアノ協奏曲第一番と、〈ドイツ・レクイエム〉の二作に限られる。ところが前者は、初演に失敗してをり、発表時から称讃を浴びた後者は絶対音楽ではない。

一方反対陣営の総帥ヴァーグナーはと云へば、この年の夏にバイロイト祝祭大劇場がオープンし、〈指環〉三部作の初演を済ませたことで、〈パルシファル〉以外の全ての作の発表をへてゐる。〈さ迷へるオランダ人〉から始まり、〈ローエングリーン〉〈タンホイザー〉〈トリスタン〉〈マイスタージンガー〉〈指環〉三部作の作者として、その巨才はまばゆいばかりに輝いてゐた。歴史の針をこの時間に戻してみれば、ブラームスをヴァーグナーの対立教皇に祭り上げるなど、余りにも釣合が取れない話だつたのである。

ハンスリックらの党派的論争の為に、ヴァーグナーといふうさん臭い大物の対立教皇に仕立てられた迷惑気なブラームスといふ肖像は、今日一般的である。だが、実際には、室内楽の名匠の域を出なかつたブラームスにとつて、早くから、不釣合な対立教皇に祭り上げられたことによつてこそ、ヴァーグナーにバランスするレベルでの絶対音楽の可能性を証明するといふ、大きな指標が出来、それが彼をあそこまで大きくした、さう言つた方が、真実に近くはないだらうか？　ベートーヴェンの後で交響曲を書くといふプレッシャーはしばしば指摘されるが、歿後半世紀を経て神格化された巨匠との比較が現実的な圧力になるとは思へない。先程挙げた諸人の交響曲の低調さを考へれば尚更だ。寧ろ、現に生きて、作曲活動をしてゐるヴァーグナーといふ巨人との比較こそは、ブラームスにとつて、神経に直《じか》に響くやうなプレッシャーであつたらう。それに耐へ、その早過ぎる比較に、実質をもつて応へようとしたことが、後半生、偉大な交響楽作家としてのブラームスの大成の、より確かな土台となつたのではあるまいか。

ところで、先のハンスリックの評には、更にもう一つの、重大な屈折がある。それと言ふのも、絶対音楽の有効性を輝かに実証する筈だつたこの第一交響曲を、ハンスリックは実のところまるで気に入ることが出来なかつたからである。評論の書き出しこそ、期待に熱狂して見せてはゐるが、全文を読むと、その行文は、ためらひと留保とに、満ちてゐる。さうした彼の真意は、翌年、ブラームスが〈第二交響曲〉を発表した時の批評によつて、明らかになる。彼は、その中で、〈第二〉について「ベートーヴェンの後でも、古い形式や基盤の上に立ってりっぱな交響曲を（まさか誰でもと言えるわけはないが）書けるのだということを、この作品ははっきりと証明してくれている。」と述べ、更に「ブラームスの長きにわたって創作された一聯の器楽作品、そのなかでもこの第二交響曲ほど見事な作品はあり得ない。」と書いてゐる。(2) これが彼の本音だ。〈第二〉を最高だとわざわざ書いた底意ははつきりしてゐる。

〈第一〉は、陣営対立の都合上褒めたが、本当は認めたくなかつたのだといふ含みなのである。

ハンスリックが、リスト＝ヴァーグナー派に対抗し得る純粋器楽の傑作を〈第一〉ではなく〈第二〉に見出してゐたことは、見逃されるべきではない。今日絶対音楽として我々が真っ先に聯想するのは、高度な主題労作を伴つた作品の系譜であり、ベートーヴェンのピアノソナタ、弦楽四重奏のとりわけ後期に、その頂点を置く考へ方にすつかり慣れてゐる。従つて、その純粋な承継として、私たちが普通に聯想する作も、〈第一〉であつて、〈第二〉ではない。主題的な彫啄の限りを尽くした〈第一〉に較べれば、旋律の魅力に頼り、形式の複雑さや動機の展開に欠ける〈第二〉は、交響曲としては、寧ろ〈第一〉程、重要ではないと考へる、それが今日の通念である。

ハンスリックは、さう考へなかつた。彼は、今日一般に、絶対音楽の擁護の論陣を張つたと言はれてゐるが、実際には、純粋器楽全般を肯定したのではない。彼は、ロマン派の感情美学の病的な昂進を、リスト＝ヴァーグナー派の音楽にみて、これを批判した。彼が、純粋器楽に求めたのは、その逆のもの、即ち健康な明るさ、単純さ、明晰性と言ふ、アポロ的なものだ。彼にとつて、絶対音楽は、デュオニソス的な感情の氾濫から、音楽の健全性を守る砦であつて、言葉から自立した器楽でありさへすれば、良かつた訳ではない。ブラームスの交響曲に、彼が期待してゐたものも、さうしたアポロ的明晰であり、民謡的な素朴さや明朗さの中からおのづから紡がれる深みだつた。

だから、ハンスリックが〈第一〉の批評で、この作を「ベートーヴェン後期の様式にこれほど近づいた作曲家は、この終楽章を書いたブラームスをおいて他にはいない」と書いた時、彼はブラームスを賞讃したのではない。そもそもハンスリックは後期ベートーヴェンを認めてゐないのである。彼にとつてそれらは、巨匠晩年の衰への、謎めいた混乱や独善であつた。従つて、これもまた同じことになるが、ハンスリックが、〈第一〉を「強烈な感情表現」、「ファウストの如き苦悩」の表現と看做してゐるのも、やはり讃辞ではない。むしろ、この曲でブラームスが「感性の美しさを犠牲にしてまでも偉大なるもの、厳粛なるもの、重々しいもの、あるいは複雑なものをいささか好み過ぎる」ことへの、非難である。それが何故かははつきりしてゐる。この線を押してゆけば、ブラームスの試みは、結局、交響曲といふ形式を藉りたヴァグネリズムになる筈だからである。

事実、この〈第一〉評から、ハンスリックのブラームスへの好意を差つ引き、逆に、二年前に書かれたハンスリックによる〈マイスタージンガー〉評から、彼のヴァーグナーへの悪意を差つ引くと、二つの偉大な傑作へのハンスリックの、苦渋に満ちた礼讃と、激しい非難とは、実は、鏡像をなしてゐるとさへ見える。ハンスリックによれば、〈マイスタージンガー〉は、「一つの短い動機が、本来の旋律または主題に形が整へられないうちに、始まるとじきに曲げられ、折られ、不断に転調」が続く不自然な作である。「自然な全終止、半終止の〝陳腐さ〟を恐れるあまり、ヴァーグナーは……耳が終止の三和音を期待している所で、まるで規則でもあるかのように必ず不協和音へと身をそらす」、それが、この作品を、不明瞭で、単調なものにしてしまふ、ハンスリックはさう言ふのである。また、このオペラで、人聲から音楽が生まれるのではなく、管絃楽に人聲が従属してゐる点を、「自然的関係の顚倒《てんどう》」と難じてもゐる(3)。

ハンスリックが甚しい敵意を示してゐたもう一人の巨人、ブルックナーの第八交響曲の初演評をも、引合に出しておかうか(一八九二年)。ハンスリックによれば、この作は、「ヴァグナーの劇的様式を交響曲に移しかえたもの」だが、その特長は「短い半音階的な動機ではじめ、……それを拡大し、縮小し、反進行させ」、その単調さで聴き手を絶望させる。この長大な作品は、「無味乾燥な対位法」と「無際限な興奮とが、直接に併存している」だけなのだ。「すべてが見通しもつかず、秩序もなく、無理なかたちで、おそるべき長大さのうちに流れ込んでいる。」……。(4)

だが、それを言ふなら、ブラームスが、第一交響曲で試みたことを、ほゞ同じ口調で難ずることも、ハンスリックには出来たはずなのである。〈第一〉の第一楽章で、ブラームスは、調性自体は堅固なものゝ、半音進行を過剰に駆使してゐる。古典派以来の伝統的な交響曲としては異例のことに、「一つの短い動機が、本来の旋律または主題に形が整えられ」てゐない主要主題部は、和聲的にも旋律的にも不安定である。第二主題もまた、主題といふより半音を含む和聲と音型の断片的動機と言つた方がいゝ。この楽章では、聴き手は、絶えず、調性、リズム、旋律のフォームの上で、不安定な未決の状態に置かれ続ける。ブラームスも、また、ブルックナー同様、「短い半音階的な動機ではじめ、……それを拡大し、縮小し、反進行させ」てゐる。この曲に、楽器法から自づから生れた響きの自然ななだらかさのない点を、「自然的関係の顚倒」と難じるのは容易だらう。その上、今日の私たちには適度に快い複雑さと感じられる第四楽章は、当時の聴衆には、いたづらに複雑で、「すべてが見通しもつかず、秩序もな」い長大さと感じられたのは、まづ間違ひないのである。

その点で、極めて興味深い年譜上の符合が、二つある。

一つは、ブラームスの〈第一〉と同じ一八七六年、ブルックナーが、第五交響曲の初稿を完成してゐるといふ事実である（第二稿完成は一八七八年）。この全く独特の交響曲作家の作品は、最晩年まで認められず、演奏の機会も少なかつた上、ブラームスは、記録による限り、生涯、この人の作曲を頭から認めようとしなかつた。それにもかゝはらず、この二つの、同年に完成をみた交響曲の着想や構成は、極めて近似し、歴史の暗号かと思はれる程だ。双方とも、動機労作と、対位法技術の極限に咲いた花で、その点に関する限り、この二曲こそは、交響曲の歴史上、空前絶後の巨峰であらう。コラール風の主題の使用と、そこから楽曲のクライマックスを導く、宗教的或いは倫理的な昂揚感も、二人の交響曲中、この二作に際立つてゐる。細かい事を言へば、それぞれの第四楽章序奏部で、ピッツィカートに大きな役割を持たせてゐる点も、同様である。不思議な事に、二人とも、この手法を、他の交響曲では用ゐてゐないのである。第一楽章の執拗で大規模な未決性或いは断片性を、第四楽章で壮大に解決するといふヴィジョンまでも、この二曲は共有してゐる。二人が、直接的な影響関係にはあり得なかつたことが、この相似に、驚きを与へる。当時は、別の音楽思潮に属すると考へられてゐた二人を、内実、領してゐたのは、より深く作用する、時代精神だつた。そして、それが、歴史の偶然と呼ばれる様々な作用の重なりによつて、同じ一八七六年といふ年に完成した交響曲に、相同的なフォームを取らせた。

第二の年譜的な符合は、言ふまでもなく、ブラームスの〈第一〉が、バイロイト祝祭劇場での〈指環〉全曲初演の直後に発表されてゐることだ。尤もこちらの方は、偶然ではなく、ブラームスがはつきり意識してとつた行動であつたと思はれるから、符合といふのは当らないかもしれない。バイロイト祝祭劇場は、この年完成し、八月十三日、ヴァーグナー念願の〈指環〉全曲上演で、幕開けしたが、それは周知のやうに、ヨーロッパ中の名士のみならず、著名な音楽家も多数参集し、話題をさらつた華々しい事件だつた。ブルックナー、サン＝サーンス、グノー、チャイコフスキーらによる賛否こもごもの手記や手紙が、数多く残つてゐる。バイロイトへのニーチェやトルストイの反撥は、一層よく知られてゐるだらう。『ニーチェ対ヴァグナー』や『藝術とは何か』は、その憎悪の結実だが、それはヴァーグナー否定を超えて、ヨーロッパ近代そのものの否定の導火線となつた。〈指環〉はそのきつかけではなく、原因であると言つてよい。その意味では、この作品は、単なる音楽史の上の事件ではなく、世界史的な事件、それも影響の持続と根柢的な事を考へれば、マルクスの『資本論』や、ダーウィンの進化論に類するやうな、「事件」だつた。

勿論、さうした議論は、音楽家の関心する処ではなく、ブラームスにとつて、〈指環〉の意味は、ずつと静かなものだつた筈である。伝記によれば、ブラームスは、この年のバイロイトの上演に行くかどうかずゐぶん迷つた挙句、結局断念し、この後も、つひに生涯訪れることはなかつた。〈マイスタージンガー〉の初演でハンス・ザックスを歌つたジョージ・ヘンシェルは、ブラームスとの次のやうな会話を伝へてゐる。

昨日は、ブラームスに〈ニーベルングの指環〉の八月の開幕公演にバイロイトに行くつもりかたずねてみた。

「いやあ［チケット代が］高すぎるよ。〈ラインの黄金〉も〈ヴァルキューレ〉もミュンヘンで何度も観ているし……でも実はすごく興味があるんだ。まあ考えてみるか。」(5)

チケット代を口実に、出席を渋るのはブラームス一流の苦い冗談であらうが、実際には、ニーチェが現場に立会つて、憎悪にまで育てた、人間ヴァーグナーの毒の華としてのバイロイトを、ブラームスは知らずに済んだことになる。ブラームスは、ヴァーグナーのスコアは丹念に研究してゐた。彼が、ヴァーグナーとの交際を、純粋に音楽上のものに限つた事は、音楽史にとつて、幸ひなことだつたであらう。すぐ後の日付の回想で、ヘンシェルは、「正直に白状するけど、〈ヴァルキューレ〉と〈神々の黄昏〉にはまいった」といふブラームスの言葉を伝へてゐる。一体に、ブラームスはヴァーグナーについて辛《しん》辣《らつ》な言葉を吐いてはゐるものの、実は、ヴァーグナーの価値を測る能力のないアンチヴァーグナー派の事は、はつきり軽蔑してゐる。だが、その公平さは、彼がスコアの上でのヴァーグナーだけに接触を限つた為に、可能だつたとも言へるだらう。

いづれにせよ、ヨーロッパの文化界に、最大の激震を与へた〈指環〉初演を、ブラームスも又、全神経を集中するやうな関心と、冷淡さのポーズの間で迷ひながら、気に掛けてゐたことは確実である。さうである以上、二十年以上構想を温めてきた第一交響曲を、その直後に発表した時、ブラームスに、ヴァーグナーの最大作品に対して、自分はこゝでやうやく、初めて、充分対抗し得るアンチテーゼを提出するのだといふ野心と身震ひがなかつたとは考へられまい。ヴァーグナーはこの年六十三歳の老巨匠、ブラームスは四十三歳、これから高みに達しようといふ壮年の正念場を迎へつつあつた。

ブラームスは、純粋なアポロ的藝術や、穏やかな室内楽の延長で書かれたやうな交響曲が、ヴァーグナーの壮麗な世界に拮抗し得るとも、また、そのやうなナイーヴな作品を、交響曲で発表したいとも考へてゐなかつたらう。何しろ、交響曲といふ偉大なジャンルの長年の衰弱の後の、再生可能性がかゝつてゐるのである。その可能性の多年の検討を通じて、ブラームスには、――ハンスリックが受け容れがたかつた――ファウスト的な性格、ディオニュソス的性格、偉大さや厳粛さを追求する、複雑極まる音楽の構築物以外には、その歴史的再生の可能性がないことが、はつきりしてゐたであらう。先程列挙した当時の交響曲作家たちが揃つて、ベートーヴェンとは格闘さへせずに、メンデルスゾーンか精々シューマンの周囲、いやそれらからさへ後退した所で仕事をしてゐた事は、ブラームスの反面教師となつてゐたに違ひないのである。

それは、結果として表れた〈第一〉が、ヴァーグナーやブルックナーら、同時代の巨大な創造的精神と、はつきりと強い相同性を示してゐて、方法論に於てさへ、さして別の論理に従つてゐたわけではないことを見れば、明らかである。壮大な音の摩天楼、動機断片や和聲・リズムの複雑さの多用、管絃楽の名人藝的書法、あらゆる感情と音構造とを巡る、和聲と旋律の長大な旅を、たゞしヴァーグナーらと違ひ、時間と空間の甚しい濫費なしに、凝縮された絶対音楽の時空において実現すること――ブラームスの野心は、おそらく、そこにあつた。

自作についてヴァーグナーと対照的に寡黙だつたブラームスの口から、作意を直接聞くことは難しい。だが、指揮者ハンス・リヒターが第一交響曲を演奏した時に、ブラームスが叫んだといふ次の言葉は、当時、ブラームスがどんな風に受け止められてゐて、それが演奏にどんな風に反映してゐたか、そしてブラームス自身がそれをどう感じてゐたかを、短いながら、よく示してゐると思はれる。

ああ、私の交響曲が、リヒターが今日聴かせたような、退屈で灰色で、メゾフォルテだらけの代物だったなら、くよくよ思い悩むブラームスと皆が言うのが正解になるじゃないか。とにかく何か

ら何まで誤解されているんだよ！(6)

III

ティーレマンに戻る。呆れたことに、私はまだ、〈第一〉の序奏部で止つたまゝ、脱線し続けた事になる。しかし、もう一つだけ、この序奏部で、ティーレマンを考へる上で、触れておきたいことがある。ブラームス解釈を巡つても、見過ごされてい〻ことと思へないからだ。

テンポとダイナミズムの問題である。

ティーレマンの指揮が、よく言はれるやうにフルトヴェングラーから多くを学んでゐるのは事実である。それはこのレコードからもはつきり解る。だが、そんな事を言ふならば、彼はチェリビダッケからもカラヤンからも多くを学んでゐる。しかし、それは通り一遍の模倣とは程遠い。このレコードに聴く限り、彼にとつて、学ぶことは先人への挑戦であり、もつと正確に言へば、厳正な意味で批評的な富の奪還である。

それがよく解るのが序奏での、テンポとダイナミズムの設定なのである。

フルトヴェングラーは、この序奏を、ティンパニとコントラバスの強烈なペダリングの上に、これ以上なく荘重なテンポで演奏したものだつた。空間を引き裂き、激流が迸るやうな、圧倒的なダイナミズムで、のつけから聴き手は、胸倉を捉《つか》まれたやうな感情の激変を経験する。効果が圧倒的なだけではない。それによつて楽曲の堅牢なフレームが出来る。曲の冒頭を強く印象付けることで、全曲を大きな枠で纏めるのはフルトヴェングラーが他の曲でも使ふ、いはば典型的なやり方だ。

この、極度に荘重な序奏は、些か興味深いことに、ベルリンでのフルトヴェングラーの後継者達――チェリビダッケ、カラヤン、アバドによつて踏襲《とうしゅう》されてをり、他の多数の指揮者たちとの間で著しい対象をなしてゐる。この三人は、無論、性格も資質もまるで異なつてゐるが、この曲に関しては、多くをフルトヴェングラーに負つてゐる。カラヤンのサントリーホールでの最晩年のライブに至つては、この序奏を、奔放なまでのフォルティッシモと荘重さとで打出してをり、音楽は、殆どホールから溢れ出してしまつてゐる。荒ぶる神の乱舞さながらである。

ところが、案に相違して、ティーレマンの序奏は、かうした行き方に較べると、遥かに控へ目なのである。テンポもやゝ速く、ティンパニとバスとのペダル効果も彼らのやうに豪壮ではない。充分厚みのある響きだが、カラヤン晩年のやうな血塗られた大地の轟きのやうな暗い激しさはない。透明でさはやかでさへある。ティーレマンに強烈な音が出せないのではない、この曲の後の方では、地鳴のやうな猛烈な踏込みで聴く者を何度ものけ反らせてゐるのだから。要するに、こゝでティーレマンは、フルトヴェングラーや晩年のカラヤンに代表される頭敍《とうじょ》的な方法を、はつきり拒否してゐる。そのことを、巡つて、幾つか考へてみたい。

まづ、序奏のテンポとダイナミズムは、それぞれ、ウン・ポコ・ソステヌート――やゝ遅目に――とフォルテであつて、アダージョでもなければフォルティッシモでもない。作者の指示は、明らかに、中庸《ちゅうよう》を守れといふもので、激烈過ぎ、荘重過ぎる演奏を、予め避ける為の指示だつたと考へてよからう。このやうな指示は、畢竟《ひっきょう》、相対的なもので、作者は、実際に当時の演奏の風潮の中で、指示記号を決めてゐる筈である。リスト＝ヴァーグナー全盛期に、演奏のダイナミズムが誇張されてゐたことは想像にかたくない。

冒頭での指示にはさうした誇張されたダイナミズムへの作者の嫌悪が働いてゐたであらう。フォルティッシモが市民権を得てから、既に久しい。チャイコフスキーのやうに、ダイナミズム記号を極端な幅で用ゐるやうな行き方が登場する時代はすぐそこに来てゐた。

かうして、二つの解釈の可能性が導き出される。フォルテの指示に、当時の演奏慣習へのレジスタンスを読み、自分の趣味に従つて、音楽が要求してゐると考へられるダイナミズムを与へる行き方が一つである。フルトヴェングラーやカラヤンの道だ。ハンス・リヒターの指揮へのブラームスの苛立ちを解消する行き方と言つてもいゝだらう。

もう一つは、フォルテといふ指示そのものに、意味を見出し、これを尊重するといふ道である。ティーレマンは、この行き方を取る。しかし、この行き方には、前者に較べ、一層の危険がある。楽譜をその時代の実用的な指示から切り離して、記述そのものに無条件に従ふ、イデオロギーとしての原典主義に傾く危険である。

ティーレマンの、こゝでのフォルテは、さうした記述の下僕のやうなフォルテではなく、徹底的に読込まれたフォルテだ。ティーレマンは、深みのあるやはらかい音を生み出してゐる。フルトヴェングラーの荘重さを支へてゐるのは、その溢れるばかりの歌の豊かさだが、ティーレマンの厳正なフォルテを支へてゐるのは、圧倒的な非在の感覚である。感情量を持たない透明な、しかし何と豊かなフレージングの大きさだ。これほどまでに静かで、物を主張しない音が、しかし、どうしてあらゆる色彩の無限な語り掛けに聴き手を誘ふのだらう？

一方、序奏のテンポ設定にも、実は面倒な問題がある（ことになつてゐる）。ブラームスは、この序奏に、ウン・ポコ・ソステヌートといふ中庸な指示を与へてゐる。曲想の圧倒的な雄大さからすると、場違ひに見えなくもない指示である。その為、主部のアレグロとのバランスから割りだして、ブラームスの頭の中で思ひ描かれてゐた序奏のテンポは相当速かつたのではないかと考へる人もゐる。それに加へて、作曲当初、ブラームスが、楽章結尾に同じウン・ポコ・ソステヌートの指示を与へてゐて、それが序奏とのシンメトリカルな効果を予想させることも、序奏のテンポを速めに解釈する一つの根拠とされてゐる。

しかし、この説は採れない。後になつて、ブラームスは手紙で「第一楽章の最後がポコ・ソステヌートではまづいのです。演奏家たちが誤解して、序奏と同じテンポで演奏してしまひます。」と書き、より速いテンポを示唆するメノ・アレグロに書き換へてゐるからだ。この引用による限り、末尾のテンポを上げる指示はしてゐるが、指揮者たちの序奏のテンポが遅過ぎるとは、ブラームスは言つてゐない。

いづれせよ、この序奏のテンポが、解釈史上、議論の対象となつてきたことは事実で、トスカニーニとNBC交響楽団の最後のレコード――トスカニーニ自身は生涯、極端に速い序奏と極端に遅い序奏との間で迷ひ通した――や、ノリントンのレコードなどは、速い序奏といふ立場を可能な限り実現してみせてゐる。

トスカニーニについて云へば、その鋼のやうな張力みなぎる演奏力のお蔭で、音楽は小さくなつてゐない。しかし、雄大といふ印象は生じない。このテンポを採用した時のトスカニーニの狙ひは、こゝでアレグロの範囲内のウン・ポコ・ソステヌートの印象を与へることだつた筈だから、これは当然のことだ。

だが、このテンポを採ると、——少くとも私の感じでは——甚だぐあひの悪いことが生じる。それは序奏で谷間となつてゐるピアノの箇所での和聲的＝象徴的な「意味」機能がまるで働かなくなることだ。ピッツィカートや低弦半音進行を主な素材とする谷間の音楽で、ブラームスが、即自的な美でなく、「意味」としての和聲機能の表出を狙つてゐるのは明らかだが、快速調のテンポは、それを台無しにしてしまふのだ。序奏全体が、フォルテとピアノをあくせく繰返すだけの、単純なメドレーに変質してしまふ。

後述のやうに、この序奏がベートーヴェンの〈第七〉を踏まへてゐるのは明らかだが、〈第七〉ではフルトヴェングラーのやうに荘重にやらうと、トスカニーニやカルロス・クライバーのやうに駆足をしようと、音楽の大きさは打出せるやうな「作り」になつてゐる。だが、ブラームスではさうはゆかない。私は、テンポの選択の余地の余りない箇所だと思ふ。

ところで、ブラームスの先輩たちは、序奏のテンポを、どう記述してきたのか？ ハイドンの交響曲では、後期になつて荘重な序奏付きの四楽章制に落ち着くが、その場合の序奏の指示は、殆どがアダージョである。実際、それらは運動性に乏しく、文字通り序的な性格の音楽だ。聴衆をこれから始まる音のドラマに招くための心の籠つた前口上と言つたところであらうか。〈ロンドン〉交響曲の序奏の出だしを、こんな譬喩で描いてみせてくれた人もゐる。

人びとの視線は、王宮の正面の大扉に注がれている。しかしそれはまだぴったりと閉ざされている。人々の心は、これから始まろうとする祝典への期待でいっぱいである。だが人々には、今日の祝典がどのような性質のものであるか、まだ明確にはわからない。そのとき、突如として王宮の塔の上から太鼓とトランペットがあたかも号砲のごとくに響きわたる。[7]

日本を代表する音楽学者だつた谷村晃の著書の一節だが、ベートーヴェンの場合、初期の交響曲を除けば、序奏は、積極的に捨てられる方向に進んだ。ベートーヴェンは谷村のやうな寓喩《ぐうゆ》が通用する世界から遥かに観念的な世界へと飛立たうとしてゐた。序奏を採用した〈第四〉と〈第七〉でも、その事情に変はりはない。類型から遥かに遠い序奏が構想されてゐる。そこだけでもたつぷりと音楽的意味や謎に満ちてゐる。ベートーヴェンは、運動性のない〈第四〉にはアダージョの速度指示を与へ、多彩な運動性が組込まれてゐる〈第七〉には、ポコ・ソステヌートといふ表情記号を与へた。ところが、メトロノーム指定は、四分音符でそれぞれ六六、六九と殆ど変らないのである！　この数値自体にどれ程意味があるかとは別に、ベートーヴェンが、ほゞ同じテンポであつても曲想によつてアダージョとポコ・ソステヌートを書き分けてゐたことは、これによつてはつきりするし、こゝでは〈第七〉のポコ・ソステヌートといふ表情記号に対応する、事実上の速度記号はアダージョなのだ。

ブラームスが、先例に精通してゐたのは周知のことだ。まして、〈第一〉の序奏は、間違ひなくベートーヴェンの〈第四〉と〈第七〉の要素の統合を図つてゐたと、私は思ふ。この点は、ごく簡単に触れるにとゞめるが、ベートーヴェンの〈第四〉序奏は、動機上、楽曲全体と深い関聯性があり、しかも、有機的に主部に発展してゆく行き方を採つてゐる。〈第七〉の方は、壮麗さとダイナミックな運動性が持込まれてゐ、大きな山と谷を二度作つて、八分の六拍子の主部に運ぶ行き方。かうしてみると、この二曲の序奏でベートーヴェンが別個に打出した特長を兼ね備へた上、それをハ短調の激烈深刻な性格の元に統合することが出来たとしたら——それこそ、ブラームスの〈第一〉の序奏になると言つてもよいではないか？

つまり、ウン・ポコ・ソステヌートは、ベートーヴェンの先例に鑑みれば、〈第七〉と同傾向の運動性を含んでゐる為に採られた表情記号ではないかと推測できる。そして、少くとも〈第七〉では、対応する速度記号はアダージョなのである。……

ついでながら、古楽器演奏家の誰だつたか、この序奏が八分の六拍子なのに、アダージョの三拍子みたいに演奏されてゐることに異を唱へてゐる記事をどこかで読んだことがあるが、珍説であらう。ここに、八分の六拍子の「性格」を読むことは、どう考へても無理である。八分の六拍子の「性格」とは、大ざつぱに言へば、大きな二拍子の中に、細かい三拍子が含まれた舞曲だ。この序奏でブラームスが八分の六拍子を採用したのは、主部との連続性を示す為で、舞踏的性格の保持や、大きな二拍子に聞こえる意図など考へられもしない。

この〈第一〉のやうな、強烈なアタックと雄大な大河の印象を兼ね備へた序奏、悲劇的な荘重さに満ちてゐながら、内側では甚しい動きのある序奏——しかも動機的にも和聲的にも複雑を極めてゐる！——には、実は先例がない。書いたはいゝが、本当はどう響くべきかを、作者自身、決め兼ねてゐて、完全に納得ゆく解答を得ることはなかつたに違ひないのである。これだけ動機的和聲的にいろいろな要素が詰込まれてゐると、聴衆が、この音楽にどれだけなじんでゐるかや、どれだけ注意深い音楽的な聴き手であるかによつても、テンポは変つてくる。

少くとも、私は、この手の話に、鬼の首を取つたやうな顔をして、不用意な原典主義や歴史主義を持込まれると、鼻白んでしまふ。ブラームスは何も百年後の音楽学者たちに考証してもらふために、テンポを決めた訳ではない。

ブラームスなら、多分、かう言ふだらう、――へえ！　君たちの時代に私の曲がまだ必要とされ、愛されてゐるのかい？　そいつは驚いた。一体君らの時代の作曲家たちは何をやつてるんだ。才能の泉が枯れ果てでもしたのかね。でももし私の曲をやつてくれると言ふならば、テンポの問題など、君の時代の趣向で、決めてくれたらいゝさ。本当に音楽が解つてゐる人が演奏してくれるといふこと、肝心なことはそれだけだよ。僕自身、テンポにはとても自由だつた。いろいろなテンポを試しもしたし、大胆なテンポルバートを楽しむことはしよつちゆうだつたのだからね。

私は君らがどんな服を着て、どんな物を食べ、どんな世間を持ち、どんな政治と信仰とを生きてゐるのか、まるで知らないのだよ。君たちが、どんな「音」に取り巻かれて生きてゐるのか、私の後どんな音楽が生れ、それに馴染《なじ》んだ君たちの耳に私の音楽がどう響くやうになつてゐるか、何一つ知らないのだ。それなのに、自分の音楽がどう響くべきかだけを解るなんて藝当が、私にできるわけもないぢやないか！――

さて、音楽史の中でのこの曲の位置づけと序奏だけでも既にこれだけ複雑な問題を抱へてゐる事を考へた上で、ティーレマンの演奏を聴き直してみると、老獪とさへ言ひたいものが、こゝにはある。フルトヴェングラー達の重厚を極めた序奏と距離を置き、ウン・ポコ・ソステヌートの指示に注意深く従つてゐるのに、音楽は少しも小さくなつてゐない。物理的には中庸なテンポとダイナミクスでも、音楽の「谷」の部分を大事にし、また息の長いクレッシェンドの効果により、大きなスケール感を生みだすことに成功してゐるからだ。

そして、「谷」の微細な彫琢は、この序奏に潜《ひそ》んでゐる半音階進行やリズム、強弱の波などの断片が、これから、全曲にわたつて、徐々に根を張つて拡大してゆく、さうした生成の開始を感じさせる。さういふ意味では、これは、主題断片が原始霧から浮び上がり、ゆつたりと生成と消滅を続けてゆく、ブルックナーの時間感覚につながるブラームスである。

主部は、アレグロらしいテンポで始まるが、ティーレマンは始まつてすぐ、聴き手に殆ど気づかれぬくらゐそつとテンポを緩めてしまふ。これにも、深い意味がある。

この提示部は、そもそもが、奇態な音楽である。この楽章の闘争的、ベートーヴェン的な性格はしばしば指摘される。だが、それは見掛けに過ぎない。一見さう見えるフォームの中に、ブラームスは、あらゆる手段を駆使して、未決と逡巡と停滞を作り出さうとしてゐるからである。

出の、あの一撃にしたつて、楽器の組み合せも奇妙に空洞的である上、木管はフォルティッシモだが、トランペット、ティンパニ、ベースは例によつてフォルテになつてゐる。これは響きのバランスから木管を強く吹かせて、音の強い楽器は抑へて……といふ技術的な問題ではない。主部の開始での、決然たるハ短調の一撃である。仮にこの曲想を思ひ付いたとして、ベートーヴェンだつたら、こんな指示をするだらうか？　同じハ短調のベートーヴェンの〈第五〉の有名な出だしは、全楽器にフォルティッシモが付されてゐるのである。

一方ブラームスのハ短調交響曲では、この奇妙に逡巡の跡をとゞめる最初の一撃だ。その上、第一主題は、弱拍で第一ヴァイオリンに出て（四十八小節）、その後、音楽を推進させる特徴的な音型の多くも弱拍で始まるが、これも、この動機の闘争的な性格を内部から引き裂く。細かいやうだが、四十三、四十四小節の第一ヴァイオリンに付いてゐる強弱も、奇妙である。高まつてゆく自然な流れに、ブレーキを掛けるやうにデクレッシェンドが指示されてゐるからだ。四十八小節で二オクターブ上の最高点Aまでヴァイオリンが達したところにフォルティッシモの指示がなく、その後、五十一小節、減七の劇的な下降でフォルティッシモになる。これではダイナミズムがあべこべではないか。

意図は明瞭だらう。様々な要素を対立させ、対立によつて、外面的な光彩が相殺され、身悶《みもだ》えと、逡巡と、そして身を屈《かが》めてトンネルを掘削するやうな、抵抗的な前進のエネルギーが鬱積する事――ブラームスは全注意力を傾けて、そのやうな運動を、音楽に仕組んでゐる。

ティーレマンは、さうした意図を誰にも増して明確に取り出してくる。例へば、今の五十一小節の下降音型。フルトヴェングラーならば、こゝぞとばかり、音の束を掴みきつた鮮やかなフォルテッィシモで弾かせてゐる。その結果、フルトヴェングラーの指揮では、こゝまで曖昧さを残してゐた音楽が、このフォルティッシモを契機に、文字通り闘争的なアレグロ、ベートーヴェンの第十交響曲の様相を呈し出す。確かに、その迫力には抗しがたい魅力はある。

が、ティーレマンは、逆をゆく。彼は、同じところを、アタックのやはらかい粘着的なレガートで弾かせる。弦の出を揃へない。鋭さを微塵も出さないためだ。テンポも、少し引きずる。フルトヴェングラーとは逆に、こゝで、早くも、重たい、躊躇感《ちゅうちょかん》の強い音楽に変はり始めてゐる。

始め、如何にもアレグロの性格をもつて始まつた音楽が、フルトヴェングラーとは逆に、こゝで、早くも、重たい、躊躇感の強い音楽に変はり始めてゐる。

そして、私が、この人の指揮に最初に大きな衝撃を受け、身を乗出すやうになつたのは、八十小節辺りから、第一主題部の最も大きな山にかかるところである。ティーレマンのこゝでの踏込みは猛烈だ。うねる波のやうに繰返される弦のシンコペーションが、突如天にとゞかんばかりの大波に高まつたかと思ふと、フォルテッィシモで粘りに粘つて溜めた全体重を、附点音符に乗つけて、強烈に念を押し、踏み締めながら、音階を下つてゆく。この間たつた十五小節くらゐの出来事なのに、音楽のスケールは、突然倍にも三倍にも大きくなつたやうだ。大地が揺らぐやうなすごい音楽である。

そして、この後、音楽はこゝで大きく緩められたテンポを元に戻すことなく、徐々に弛緩し、悠然と湛へられた湖水のやうな第二主題部に入つてゆく。この第二主題部は、私の聴いた巨匠たちの至藝と較べても、ティーレマンの指揮は、楽器から楽器への音楽の線の移動が何ともいへず澄んでゐて、しかも歌の豊かなことで群を抜いてゐる。例へば、こんな処のトスカニーニをオペラティックな名人藝と呼ぶとすれば、ティーレマンのはもつとずつと微妙な藝術である。瞬時に無数の微積分の解析が繰返されながら、呼吸する夜光虫のやうに揺曳《ようえい》してゐる。とにかく、溜息が出るほど美しいのである。しかもその中でもまた、後半に入り、テンポは深呼吸を繰返しながら、一層緩められてゆく。湖水と言つたのは必ずしも譬喩ではない。アレグロで絶えず激しく悶え続ける第一主題部に対して、ティーレマンの演奏では、八十五小節から提示部の結尾が始まる一五九小節までの長大な部分全体が、壮大なたゆたひに溢れてゐる。

第二主題部で、若干のテンポ調整を行ふだけなら、どんな指揮者でもやる事だ。程度の差こそあれ、多くの指揮者は、一二〇小節の第二主題提示からのフレーズを通じてわづかにテンポを緩め、第二主題部がをはりを告げるホルンの信号の辺りでもう一段テンポを落とす。第一主題部と最も劇的な対象を作るのは、例によつてフルトヴェングラーだが、彼でもテンポを落とすのは興奮し切つてゐた音楽が急激に収縮する九十五小節辺りからである。

誰がどこでテンポを落とすかといふ好事家《こうずか》的些事《さじ》を書いてゐるのではない。煩雑になつて恐縮だが、ティーレマンは、とんでもないことをしでかしてゐる。だから、どうしても、細かく触れない訳にはゆかないのだ。

端的に言ふとかうだ、彼は、この提示部の中で、第二主題に関係する大きな部分全体を一つの孤とみて、第一主題部に対し、対等で対比的な集合を作り出してゐるのである。

これは大袈裟に言へば、交響曲の解釈上の「事件」であると云つてゐゝ。この曲の演奏史を通じてみても、第一主題のアレグロがテンポの基調をなし、第二主題部は、あくまでアレグロの音楽の一部がメタモルフォーゼされてゐるといふ点で、指揮者たちの見解は一致してゐる。といふより、古典的な交響曲では、それが常道なので、だからこそ、第二主題部での、メンゲルベルクやフルトヴェングラーのやうな人のテンポの変化が目立ちもするのである。それに対してティーレマンのやつてゐることは、主題の大きなグループ別に、全く別のテンポの「場」を作りだすといふ方法である。そのテンポの変化を大きな構造の中に融かし込んでゐる。そして、部分ごとのテンポ設定が、楽曲全体の大きな構造化の単位になつてゐる。入れ子構造のやうなものである。この俯瞰《ふかんてき》的な時間感覚が、どうやら、この人の演奏の巨大さの印象の、根本的な理由となつてゐるやうだ。

これは、しかし、文字通り、ヴァーグナーの〈トリスタン〉に最高度に達成をみた、無限旋律のテンポ感である。ブラームスで、こんなことをした指揮者は、私の知る限り一人もゐないし、それをディテールの誇張をまるで見せず、不注意な多数の聴き手たちに「ドイツの伝統に則つて安心して聴ける」などと寝言を言はせる程、自然な音楽として提出してゐる才の大きさ。舌を巻く他はない。

なほ、ティーレマンは提示部を繰返すが、彼の指揮だと全くだれることがない。繰返しが、音楽を一層大きくしてゐる。聴きをはつて考へてみると、この繰返しによつて、彼はこの第一楽章をフィナーレの、大河のやうな大きさと対応させてゐるのではないだらうか。第一楽章の序奏部そのものにウェイトを置くのではなく、第一楽章全体を第四楽章とシンメトリックにとらへることは、アレグロを基調としない時間感覚と並んで、この曲を、ヴァーグナー＝ブルックナー的なベートーヴェン継承に近づけてゐるやうに、私には思はれる。

そして、いよいよ展開部である。こゝは聴かせどころだから、力演が多いが、ティーレマンは何度も何度も築かれる山と谷とを大きなアゴーギグで乗り切る点、フルトヴェングラー、ミュンシュ、バーンスタインなどと同じ路線を採る。尤も後の二人のは、テンポ変化が和聲的、構造的な感覚に立つて準備されてをらず、継続曲のやうな継ぎはぎに聞こえてしまふ。私は昔から好きではない。聴いての不自然さとテンポ変化の物理的な激しさは比例しない。ティーレマンは、それこそ止りさうなテンポから、切迫したアレグロまでを、まつたく不自然な操作の感じを与へずに乗りこなす。このアゴーギグ技術の高度さは、既にフルトヴェングラーに匹敵し、他の有名指揮者群を抜いてゐる。

だが、又も、その頂点の作り方は、全くフルトヴェングラーとは違ふのである。フルトヴェングラーは、先にも書いたやうに、音楽の基調を闘争的なアレグロに置いてゐる。だから、一度沈潜した音楽が、低弦から沸上がつて見る間にクライマックスに上り詰める、二九三小節からの凄絶なアッチェルランドの後、三二〇小節から運命動機が高鳴る、例の一番の聴かせどころでも、音楽は嵐のやうに疾駆し続け、猛り狂ふことになる。

ティーレマンは、頂点まで加速して、攀《よ》ぢ登つてゆく迫力ではフルトヴェングラーにおさおさ劣らない。ところが、頂点に達した三二〇小節から、フルトヴェングラーのやうに疾駆するのをやめてしまふ。反対に、こゝで、オケが全重量をかけて音楽に急激なブレーキをかけてくるのだ！　このリズムの念押しは凄じい。これがフルトヴェングラーの、ハムレット風の葛藤劇に対して、ティーレマンの仰ぎ見る巨峯の印象を、聴き手にもたらすのである。

そして展開部の嵐のやうな頂点で、再現部に入るかと思はせて、フェイントのやうに再現への入りを遅らせるところ（三三五小節）での、ティーレマンの地唸りのするやうなフォルティッシモ！　こゝは、聴き手の予想に反して、一瞬、とんでもない方向に音楽の舵が切られるブラームスの工夫のしどころな訳だが、どんな大家の指揮でも、それが音になつて聞こえてくることは、かつてなかつた。こゝまでの嵐が凄じすぎて、その勢ひのまゝ、音楽は転がり込むやうに再現に突入してしまふからだ。ところが、ティーレマンは、見事、こゝで舵を突如大きく切つて見せて、船体の大揺れみたいな時間を作り出す。これもまた、この人の指揮で、ディテールが、構造的な働きを果してゐる例の一つである。

とにかく、この人の和聲的な構造感覚――これは私の思ひ付きの造語にすぎないが――には、何か、桁違《けたちが》ひの鋭敏さがある。ブーレーズの整数論的な楽曲分析能力や、チェリビダッケの倍音レベルの振動を聞き取る聴力に比肩するやうな、途方もない能力が。

そして、次に、コーダに入る前の、例の附点の動機で猛烈に追ひ上げてゆくところ。フルトヴェングラーのやうにストレッタで追ひ込む人もゐて、どうやらブラームス自身さういふ考へだつたやうだが、近年の主流は、逆に急ブレーキをかけるやり方のやうだ。

ティーレマンは後者だが、彼の場合、こゝまで、この附点の音型が繰返される節目毎《ごと》に、こゝぞとばかりに踏みしめて、音楽に垂直圧を掛ける例のやり方をしてきてゐたのだから、この部分は、あの足踏みの、集大成として私たちの耳にとゞく。他の指揮者たちのやうに突然やつてくる終結ではなく、充分準備された挙句、たうとう本当のをはりがやつてきた、さういふ否応ない崩壊感覚を聴き手の胸に突き刺してくるのである。

この瞬間私におとづれた、俯瞰の印象は圧倒的だつた。あたかも第一楽章全体の秘密が一挙に開示されたかのやうである。過ぎ去つてきたこゝまでの音楽が、私の背後に、山の尾根のやうに連なつてゐるのを、私は実際に見たやうに思つた。そして、今、この瞬間鳴り響いてゐる音楽は、必然の糸によつて、寸分の狂ひもなく追ひ込まれた、世界の瓦解なのだ。……

が、ロマン派の美学では、〈トリスタン〉に象徴されるやうに、一つの世界のをはりは、また、別の世界への甦りでもある。悲劇は冷厳で残忍な死の断弦の音とともに、をはりを告げるのではない。世界の瓦解は、新しい生の、静かな誕生でもある。ティーレマンは、メノ・アレグロからの結尾を、ピトレスクなまでに美しい荘厳な夕陽のやうに響かせ、この壮大な悲劇の第一幕を、仄かな明るさの予感で閉ぢて、夢見るやうである。

ブラームスはある時、こんな事を言つたと伝へられてゐる。

〈マタイ受難曲〉やら〈ドン・ジョヴァンニ〉やら〈フィデリオ〉〈第九〉を書いて生計を立てていたバッハ、モーツァルト、ベートーヴェンのような神様は一体全体どう思っていたのか！

われわれ一般人がどうすればうぬぼれることができるのか、まったくわからんよ。立って歩くわれわれ人間が、地べたを這っている生き物よりも上にいるがごとく、神様はその上におられるんだ。仲間が面と向かって、大袈裟にほめてくれるのは馬鹿みたいだし、胸がむかつくよ。(8)

ブラームスが、かう言つた時、それは、自分の創作についてだけではなく、自分の時代の創作全体の運命に思ひを馳せてゐたのは間違ひない。彼は、自分の音楽のみならず、ヴァーグナーの音楽も、あの神々の時代の、真の偉大さには達することのない、「立つて歩くわれわれ人間」による、「人間的な、余りに人間的な」模造物であると考へてゐた。だが、偉大さへの強烈な憧憬に突動かされたヴァーグナーの天才さへもが、どこまでも技術による偉大さの模造だと見えてしまふなら、ブラームスはどうしたらいゝのか。彼の苦く、沈黙がちな音楽は、彼の生きた時代そのものが「神々の黄昏《たそがれ》」であることへの、批評だつたに違ひない。

実際、ティーレマンの雄大な棒のもと、この楽章が不思議な仄明るさの中で、静かにをはる様を聴いてゐると、それこそ、一切鍍金《ときん》を用ゐずにゑがかれた、もう一つの〈神々の黄昏〉を聴いてゐるやうだ。第一交響曲の闘争的な性格の、あの逡巡や断片性は、藝術の歴史に於ける神々と人間との次元の相違について、どんな人間よりも冷厳に、実情を感じてゐた人間が自らに課した軛《くびき》のやうにも、聞こえてくる。

この楽章をはりに、ほんの一瞬垣間見える美しい夕景の、哀しみの射程は、おそらく、私たちの想像以上に、遠く且つ長い。何故なら、これは単に藝術や音楽の歴史の黄昏を越えた、文明の予感を伝へる聲でもあるからだ。この頃、ヨーロッパには、既に、機械文明と巨大都市と殺戮の時代の大波が、音もなく、すぐ目前まで来てゐた。ブラームスは、それを知らずに二十世紀を目前に亡くなる。だが、逆の言ひ方をすれば、第一次世界大戦が始まるのは、彼の歿後たつた十七年後の事なのである。

第一次世界大戦に端を発し、今日も、それ以来とぎれることのない恐るべき「現代史」の狂瀾《きょうらん》を生きる人間には、最早取戻し得ない心の無垢《むく》の、最後の証の一つのやうな美しい黄昏を、こゝでのブラームスは、辛うじて、まだ、書くことができた。……

もうをはりにしよう。私は、蛇行するばかりの雑文を、余りにも長く書き過ぎた。ティーレマンが第二楽章以降でも、第一楽章に負けず劣らず見事な歌を歌ひ続け、そして、つひに圧倒的な大伽藍を築く様は、幾ら書いてもきりのないことである。とりわけティーレマンの指揮する第四楽章には、今詳しく見てきた第一楽章以上に、豊かな読みの独創と、昂揚と、そして祈りがある。私は、このレコードを、何度か立て続けに聴き直したが、その度に、居ても立つてもゐられないやうな興奮に駆り立てられて、自分を制御《せいぎょ》するのに苦労した。

こゝには外側から付け加へられた「効果」は一切ない。音楽が、哲学以上の洞察だと言つたのは、ベートーヴェンだが、それは、ベートーヴェン一人のみならず、ドイツ音楽史を通底する深い確信だつた筈である。二十世紀は、ヴァーグナーの〈指環〉に象徴される十九世紀への憎悪と否定への衝動に端を発する前衛藝術思想が、沃野を焼野原にしてしまつた時代だつた。私は、ずゐぶん長い間、二十世紀の破壊は余りに凄じく、私の生きてゐる内には、新しい藝術による啓示は望めないかとさへ悲観してゐた。ティーレマンの指揮するブラームスが私に呼びさました圧倒的な興奮は、哲学以上の啓示としての音楽が、現在にさへも甦り得る事を証立てゝゐると言へば大袈裟であらうか。

註

（1）日本ブラームス協会編『ブラームスの「実像」』音楽之友社1997年、10頁、エドゥアルト・ハンスリック　一八七六年十二月七日、楽友協会でのウィーン初演の批評

（2）前掲『ブラームスの「実像」』14～15頁

（3）以上の〈マイスター・ジンガー〉評は、遠山一行著岡垣啓一編『ワーグナー変貌』白水社1967年、246～247頁

（4）『音楽手帖　ブルックナー』青土社1981年、122～123頁

（5）アルベルト・ディートリヒ他共著天崎浩二他共訳『ブラームス回想録集〈1〉ヨハネス・ブラームスの思い出』音楽之友社2004年、109頁
（6）リヒャルト・ホイベルガー他共著天崎浩二他共訳『ブラームス回想録集〈2〉ブラームスは語る』音楽之友社2004年、145頁、一八九五年十二月一日リヒャルト・ホイベルガー記
（7）谷村晃著『ウィーン古典派音楽の精神構造』39頁
（8）前掲『ブラームス回想録集〈1〉』117頁

ティーレマン&ミュンヘンフィルの来日公演

ティーレマンについては、ブラームスの〈第一〉のレコードを巡つて詳しく書いたが、その後の来日公演で、奇跡のやうな音楽場の生成に立会つた（二〇〇七年十一月三日、四日於サントリーホール）。サントリーホール初日のプログラムはリヒャルト・シュトラウスの〈ドン・ファン〉〈死と変容〉、ブラームスの第一交響曲、二日目がブルックナーの第五交響曲、いづれも信じ難い美の幻影であつた。以来、茫然として日常生活に戻れぬ困難を感じてゐる。ティーレマンの公演の後には、別の誰を聴いても、彼がミュンヘンフィルから出したあの響きが懐かしまれて、上《うわ》の空である。直後に聴いたワレリー・ゲルギエフやクリストフ・エッシェンバッハの音楽会は、耳も心も素通りしてしまひ、何一つ記憶にない。その後に聴いたヤンソンスとバイエルン放送交響楽団との公演も、出て来る音の、あまりの違ひに、欠伸《あくび》を噛み殺す思ひだつた。もちろん、これは公平な聴き方ではあるまい。ティーレマン病にかかつてしまつたと言ふべきだらう。実際、恋しいのだ、あの音が、あの時空が！

冷静に構へた言ひ方をするならば、私のコンサートゴアーとしての少なからぬ経験を振返つても、この体験は、比類がない。特に、ブルックナーは絶対的な高みに達してゐた。私は、たゞ感動し続け、一小節ごとに音楽の秘奥の啓示と昂揚とで揉みくちゃにされ続けた。稀有なことだ。私が生で聴いてきたカラヤンの〈第九〉でも、バーンスタインのマーラー〈第九〉でも、クライバーの〈第七〉でも、或いはチェリビダッケのブルックナー〈第八〉でさへも起らなかつた、ある奇跡が、今回、ティーレマンの棒の下、サントリーホールで起きた。ギュンター・ヴァントや朝比奈隆のブルックナーも、生で聴いてきたが、到底、ティーレマンの「奇跡」に比肩しようはない。

去年何かの記事で、ミュンヘン批評界の大御所で、チェリビダッケの宿敵だつたヨアヒム・カイザーが、バイロイトでのティーレマンの〈指環〉をフルトヴェングラー、クナッパーツブッシュ以来と評したのを、読んだ。私はカイザーと違ひ、これらの大指揮者を生では聴いてゐない。しかし、レコードで彼らを愛聴してきた気持を、今回の実演に照し合せる限り、このカイザーの評価は、誇張ではあるまい。レコードでは間違ふこともある、だが、公演の印象は余りにも大きい。ヨーロッパから見れば、遅《おく》ればせな評価かも知れないが、遅れたからと言つてうやむやな物言ひは、厭《いや》である、あへて言はう、「諸君、帽子を取り給へ！」

日本のコンサートゴーアーは、こと指揮者に関しては、敬老の精神厚く、さほどとも思へない人でも、高齢になると異常な熱狂を示す。逆に、若きカリスマには、カルロス・クライバーのやうにめくるめく覇気に溢れた軽快な熱狂を求めたがる。ティーレマンの場合、四十六歳と若いのに、音楽は、まるでクナッパーツブッシュやチェリビダッケ晩年のやうに重く巨大だといふことが、評価の上で不利に働いてゐるのは間違ひない。だが年齢をたてに評価に奇妙な留保を付けるのは、をかしい。

今回の、彼の指揮したブラームスについては、既にレコードで詳しく書いたが、作品の意味をヴァーグナー風に読み換へる大胆な演奏で、賛否両論があるだらう。だが、そんなことを言へば、フルトヴェングラーやカラヤンが、生前いつも絶讃されてゐたと考へるのは大間違ひなので、個々の楽曲解釈への賛否と、指揮者としての偉大さを認めるかどうかは全く別の話である。ティーレマンに関して云へば、まづ、その藝格の高さと大きさをきちんと認めた上でなければ、どんなに批評風のお喋りを繰り広げても意味はない。

ティーレマンのブラームス理解には、これから書くやうに、生で聴くと、レコードの時よりもむしろはつきり違和感を覚えた。が、演奏の偉大さは疑ひやうがない。

レコードで聴いて書いた時は、余り夢中になり過ぎて、第一楽章の分析に終始してしまつたから、ここでは、全曲にわたる印象を簡潔に書いておく。この人の指揮の生演奏での味はひで、私がとりわけ驚いたのは、当り前のことを当り前に流してゐるやうに見える時の音色の千変万化である。千変万化と言つても、パート毎に鮮烈な光沢を放つといふやうなものではなく、月に輝く銀の波が立てるやうな微細で絶えざる変化だ。微妙過ぎて、注意深い聴き方を要する。指揮者と一緒に音楽に踏込まうとしなければ耳に入らない。

バレンボイムにも同じやうなことを書いたが、バレンボイムの場合、そこには和聲の推移に対応する方向感覚が明確に働いてゐた。音楽がどこから出発し、どこを経由してどこに到達するかが、彼の指揮では、和聲的なパレットの多彩さと矛盾しない。バレンボイムの指揮には高度に精妙な方向指示機がついてゐる。

バレンボイムはモーツァルトとベートーヴェンのピアニストとして出発した人である。一方のティーレマンは、ヴァーグナーとリヒャルト・シュトラウスのオペラによつて自分の音楽人生を作り上げて来たと言つてよからう。バレンボイムがソナタ形式から出発してオペラに手を広げたのに対して、ティーレマンは、シンフォニーの解釈さへ、しばしばオペラの側から発想してゐる。その為、ティーレマンでは、和聲的な鋭敏さが、音楽から方向性を奪ふ場面が出て来る。彼はヴァーグナーだけでなく、ブラームスの〈第一〉のやうな作品にさへ「豊饒の海」を見出して、その海の放つ無数の光の反射と干渉に溺れようとするのだ。彼の〈第一〉は、時にまるで、巨《おお》きくうねり、方角を見失ひさうな和聲的微光に彷《ほう》徨《こう》する。

第一楽章は、詳しく書いたから繰返さない。たゞ、一点だけ、生で聴いて改めて驚いたのは、序奏部の出だしである。如何にも楽々と、しかし、驚く程絶妙精確なフォルテで、ティーレマンはこゝをやる。フルトヴェングラー、カラヤン、チェリビダッケからアバドまで、乾坤一擲の勝負に出るこの冒頭で、ティーレマンはまるで気負はず、充実したおほらかな流れをたちどころに作る。響きは充分に大きいが、曖昧であり、曖昧だが中途半端ではなく、中間色のあらゆる色彩で充溢してゐる。

第二楽章の一見むせぶやうに濃厚ながら、細密の限りを尽くした表現も一聴で聴き尽くせない。冒頭、和聲のたゆたひに歌ひ溺れてゐるやうに見えてホルンが三小節で小さく吹き鳴らす運命主題を明確に取り出したり、あのオーボエの可憐な歌に二十二小節で冒頭主題が絡む辺りのはつとさせられるやうな深い彩り、第二部のオーボエの懐かしい遠さ、クラリネットに橋渡しする辺りの室内楽的な自由……。木管に第一主題が再現して始まる第三部はフルトヴェングラーさながらで、アゴーギグもデュナーミクも最大幅で揺れるのに、歌の節々は繊細極まる。

第三楽章も、引き摺られた溜息のやうな憂愁に覆はれてゐる。さすがに驚かされた。もつと軽みと表情のコケットが欲しい。だが、ティーレマンはさうしない。中間部の切迫するクレッシェンドはあくまで内向的だがダイナミックに激昂する。その後も、音楽は優しく明るい慰めには戻らない。聞き映えする洗煉をあへて拒否して作られた世界である。

そして、第四楽章。第一主題が出るまでの長い長い序奏部、あらゆる細部が何と雄弁であることか！楽想の一つ一つが取り出され、徹底的に性格づけられてゐるのに、推移は自然である。シャルル・ミュンシュやレナード・バーンスタインの有名なレコードと較べれば、同じやうに振幅の大きな性格づけが、ティーレマンでは、抜群にやはらかくこなれてゐて、主題と主題の接合が、気づかれないくらゐ高度に融けあつてゐる。

アルペン主題が登場する直前の激情は大きく踏み込み、ティンパニの強打はまるで事件のやうだ。トレモロが予感のやうに轟き、それが精妙にディミヌエンドされ……。その中から朗々と響きわたるアルペン主題からコラールにかけてのまばゆい神々しさはどうであらう！

こゝで音楽はぐつと巨きさを増す。

そして、第一主題の前の大きな間。スコアを素直に読めば、かうはできない。私には完全に説得的とは言へなかつた。続く主題も、フォルテ指定を無視して、囁かれるやうに歌はれる。いづれも明らかに〈第九〉、それもフルトヴェングラーの〈第九〉の借用である。しかし何とも言へず美しい。そして、彼の指揮だと、これが再現部ではマーチ風の「威風堂々」に発展することになるのである。

ティーレマンの指揮は、こゝに限らず、後を聴いてみて、彼が全体をどう読んでゐるかが分る解釈が多い。第一楽章の序奏部の軽さ、展開部での対位法的な絡みも含め、金管を抑制して弦主体で内向きな燃焼を作つてゆくことは、楽章ごとに三度づつ調性を上げながら、第四楽章のコーダに昂揚の焦点を当てることを、形として象徴した解釈だらう。

第四楽章がアレグロになつてからも、熱気で音楽を煽るよりも、遅めのテンポで音楽が秘めてゐる色彩の夢幻を味はひつゝ進行する。アレグロで苛烈に進行するフルトヴェングラーと対極的で、和聲や歌の絡みを味はふやうな、割り切れたところの全くない演奏だ。

さうしておいて、コーダに入る三六七小節からは、まるで〈指環〉から脱け出て来たやうな世界が現出するのである。〈ラインの黄金〉の地底の世界に吸ひ込まれるやうな暗い情念に沈潜しながら、音楽は方向感覚を一瞬喪ふ。その中から徐々に高揚し、音楽はやうやく輝かしいコーダに入る。低音が唸りを上げる巨人の歩みだ。猛りくるふリズムに導かれたコラール主題は、これ又〈パルジファル〉の聖杯の動機のやうだ。流麗で深みのあるトゥッティが雄大に歌ふ。胸が巨きく開かれるやうな、堂々たるコーダである。

ところで、これははつきり書いておきたいのだが、このやうなブラームスに、私は、半年前にレコードで聴いた時程、完全に説得されたわけでは、実はない。アレグロを基軸に置いた方が生きる音楽に、ヴァーグナー的な無限旋律を読まうとすることの齟齬《そご》は、生演奏では、直《じか》に身体に来る。アレグロを軸に前進する、燃え立つ解放感はつひに来ない。割切れないものゝ底に残るやうな重たさを、聴き手にあづけたまゝ、演奏はをはつてしまふのである。だが、その重たさの感触の、何と鬱勃《うつぼつ》と真実味が籠つてゐたことか！　何と底深い美しさに輝いてゐたことか！

一方、リヒャルト・シュトラウスやアンコールでの〈マイスタージンガー〉前奏曲になると、最早、如何なる違和感や留保もない。感情の沈潜と自在なアゴーギグ、類例を見ない程色彩豊かな管弦楽、すすり泣く弦の陶酔とそれを邪魔せずに豊麗に融け合ふ金管やティンパニ、ロマン的な陶酔がこれでもかと打ち寄せる。

〈ドン・ファン〉、〈死と変容〉ともに、オペラティックな描写力で聴かせる。〈ドン・ファン〉では、嫋々と歌はれる弱音部分で、音楽がまるで詩語を語るやうに意味に満ちてゐた。アレグロの逞しい悦楽の嵐や、ドン・ファンの動機よりも、愛欲に苦悩し、溺れてゆく耽溺性の側に異様に重心をおいた解釈である。フルトヴェングラーのやうな覇気に満ちた誘惑者としてのドン・ファンでもなければ、カラヤンの華麗なサウンドの洪水とも違ふ。ティーレマンの描くドン・ファンは、ある種の憂悶に、絶えず苦しめられてゐる。征服の喜びは殆どなく、恋に溺れ、憂愁にとらはれがちなドン・ファンだ。クラリネットと弦とが愛の対話を交はして高まる場面の余情、チェロで出る求愛の動機の痙攣《けいれん》するやうな強弱、後半、オーボエが耽溺的な女性の主題を歌ふ箇所で、愛の動機が静まつてゆく時の、時間が停止してしまふやうな没入は、フルトヴェングラーやチェリビダッケでさへ聴いた事がない。しかも、このドン・ファンは、かうした耽溺から、行動へと颯爽と切り返しはしない。アレグロに戻るところで、カラヤンが典型的にやるやうな、鮮やかなサーヴィスはない。

異例の演奏だ。が、実は、これこそは、作曲者がスコア冒頭に掲げたレーナウの詩の精神に忠実なドン・ファン像なのである。レーナウのドン・ファンは、中世の伝説やそれを利用したモリエール、モーツァルトの旺盛で行動的なドン・ファンではない。真の愛を求めて得られぬ傷心のドン・ファンである。そして、シュトラウスの音楽は、ドン・ファンの行為よりは、観念の葛藤の表現だ。少くともレーナウの詩に触発された作者の音楽思想はさうなのである。ティーレマンの憂愁と異常な耽溺の官能は、まさにレーナウ＝シュトラウスの正統な、しかし殆ど前例のない絵解きだつたと言へる。〈死と変容〉も同様に、効果的なサウンドを徹底して排し、音詩として、比類ない深みに達してゐた。死の鼓動、苦悶、そして、少年時の回想の甘美な悲しみと、生への執着とに引き裂かれる辺りの真実性。絶えず微妙に呼吸し続けるアゴーギグ。ニュアンスの宝庫のやうなピアニッシモから、ありとあらゆる音のパレットが引出され得る極彩色のフォルティッシモまで、彼の音楽は、どんな細部もが詩情と歌、そして、吉田秀和がかつてフルトヴェングラーを評した「荘厳な熱狂」によつて満たされてゐた。

そんな人が、九十分——あのチェリビダッケより更に遅いのである！——も掛けて演奏したブルックナーの〈第五〉が、どんなに豊富で言語を絶する巨峯の有様を呈した事か。

とりわけブルックナーで如実にさう見えたのだが、ティーレマンはオーケストラにアンサンブルの指示をするのでもなければ、統率もしない。彼は、オーケストラ自らがそれを、自分のものとして感じとり、自分たちが率先して、音楽に熱狂し、沈潜し、没頭することを要求してゐる。ミュンヘンフィルは、さうしたティーレマンの、音楽を通じた求愛に、最後尾の楽団員まで一丸となつて答へる。あへて極論するが、私が舞台で見たところをそのまゝ云へば、この指揮者は、テンポすらオーケストラに与へてゐない。例へば、第一楽章の後半、音楽の集中力が、尋常ではないところまで昂揚し、それにつれてテンポが、殆ど止まりさうなまでに落ちる。だが、それはオーケストラが楽曲の進行の内部にゐて、各自の演奏を通じて洞察し、察知し、腹の底からの自信と喜びと感謝に満たされながら、自ら選んだテンポであつて、ティーレマンが指示したテンポではない。ティーレマンは彼らのそのテンポの選択を、心底嬉しさうに、後から追ひかけるだけである。それから、また、あるテンポから別のテンポに移行する時の、楽団員たちの注意深いが、嬉しさうな顔といつたら！　そして、例へば、ホルンのソロが信じ難いほど美しく表情豊かなピアニッシモに成功すると、コンマスがセカンドのトップと会心の笑みを交はすのである。オーケストラ全体にみなぎる、この一体感と酔ひしれるやうな幸福感は何だらう。

ホルンの千変万化するやはらかい響き！　無限の静寂に吸込まれるやうなディミヌエンド！　そして、特筆大写したいのは、途方もない重量を加へてゆく、息の長いクレッシェンドである。抑へに抑へたテンポで、微動だにせずに、腰をすゑて大きな山のいたゞきに至る。興奮の余り、ゐてもたつてもゐられなくなるやうな昂揚が、何度この曲で繰返されたことか。第一楽章のをはつた時に、私は既に余りの充実と感動でどうかなりさうだつた。こんなことをまだ一時間も耐へろといふのか、何といふ途方もない要求だ。

全ての小節、全ての音符に意味があり、無限のニュアンスが、その味はひを解いてみよと誘惑してくる。豊かさが生む緊張は、限界に達してゐた。こゝには、開放されたアルプスの高峰とどこまでも広がる空の紺碧《こんぺき》の厳しい美があり、一方で、精神的な糾問が祈りにまで高まつて、つひに、無我の法悦に至るといふ点で、キリスト教神秘派の秘儀に近い――。

もう書くのは止さうと思ふ。どのやうな讃辞も、その逆に、批評的な吟味も、とゞかない演奏といふものを、私は生涯始めて聴いた。私の中の批評は沈黙せざるを得ない。

3

「クラシック音楽」の成立と「演奏」の天才

存在するのはヘーゲル哲学だけであると言われる事があるが、それと似た意味で、西欧の音楽史に存在するのは、ひとりベートーヴェンにすぎない。

テオドール・W・アドルノ(1)

例へば、日本のクラシックファンが好きな――何を隠さう私も好きなのだが――名盤選びの様々なカタログを見ると、最近では、ベートーヴェンのシンフォニーで、フルトヴェングラー、トスカニーニ、カラヤンらと並んで、エリオット・ガーディナーやロジャー・ノリントンら古楽派のレコードが、歴史的名盤にかぞへられてゐる。

私には違和感の大きな光景だ。

知的な実験に過ぎない演奏が、新しい時代にふさはしい名演として推奨され、出版楽譜の版や校注にこだはり、楽器や奏法に古楽器風を取入れゝば、良心的で知的な、時代の先端をゆく新しい演奏家と評価される。

だが、そもそも過去の作品を演奏するとはどういふことか。

書かれたテクストの精度を上げ、楽器や奏法を研究する事と、演奏行為は、根本的に違ふ営みではないのか。

演奏とは、ある音楽家が、その音楽を必要としてゐ、それゆゑにこそ、彼の音楽家としての全力によつて、作曲家の時代と作曲家の個性とに対峙する、あくまで自分の表現の営みではないのか。時代が離れてゐても、確かに自分は、作者の魂を己のものとして語つてゐるといふ確信を持てるまで、作曲家と対話を重ねることではないのか。

演奏家は、当然、彼が生きた時代の色に染る。それはバッハやベートーヴェンが生きた時代の風俗とも慣習とも美学とも、まるで違ふものに違ひない。そして、己の時代の聲を、深いところから汲み出せることが、藝術の天才といふものである以上、演奏の天才も又時代の子であらねばならない。その意味で、優れた演奏とは、大作曲家の創造の不完全な速記録たる楽譜から、後代の演奏家が、自分の時代の聲で、最大限その意と美とを汲み尽さうとする対話であり、したがつて、歴史実証的には、寧ろ、必然的に、時代錯誤となるべきものなのではあるまいか。異なつた前提に立つ者同士の対話だからこそ、そこから絶えず、新たな美と真実とが生れる、それが演奏といふ行為の積極的な意味なのではないのか。

フルトヴェングラーが、二十世紀前半のヨーロッパの運命を最も深く所有してゐたからこそ、彼のベートーヴェンは切実な真実となつてゐる。フルトヴェングラーの演奏は、彼の生きた時代——西欧の没落、左翼と前衛の氾濫、新音楽の急激なイデオロギー化、ドイツの度重なる敗北、ナチスの台頭、「ドイツ的である事」の肯定と否定——との格闘の全記録だ。勿論、今は二十世紀前半のドイツではないから、彼のベートーヴェンをそのまゝ模倣しようはない。今日の演奏家は、今日のリアリティを、己の内部から、そして同時代との戦ひから汲み出すほかはない。

ところが、歴史実証主義的なアプローチは、音楽家がそのやうに己の聲に自ら耳を澄まし、それを練磨する道を、助けるより、しばしば妨げてしまひはしないだらうか。

実証できない部分への想像力を奪ふと言ひ換へてもいゝ。過去に人間が生きてゐたといふリアリティの殆どの部分は、実証で埋めることはできない。バッハ時代のチェンバロを熟知することはバッハとの対話の大切な回路だが、逆に、気をつけなければ、バッハの心の耳に鳴り響いてゐた「可能態」との対話を妨げる。

ハイドンやモーツァルトの時代のオーケストラの編成記録を見れば、当時の平均的なコンサート像を知ることはできる。だが、この二人が、とりわけ晩年の交響曲で、どれほど大編成のオーケストラを望んでゐたかは見過ごされてしまふ。ハイドンの今日的な実証研究の基礎を築いたロビンス・ランドンが最も推奨してゐたハイドン演奏は、フルトヴェングラーとカラヤンのものだつた。ランドンは、生で聴いたフルトヴェングラーの〈天地創造〉の第一部序曲「混沌」を「彼のもっとも傑出した演奏の一つであり、〈ヴァルキューレ〉の前奏曲あるいはベートーヴェンの〈第九〉の再現部に匹敵する」とまで評してゐる。[2] ランドンは、又、カラヤン晩年のハイドンの「並外れた威厳」をハイドンの本質を突くものとしたのだつた。言ふまでもなく二人とも、ロマン派以後に確立された現代のフル編成による演奏だ。

フルトヴェングラーは歴史実証主義を批判し続けた。彼のロマンティックなバッハは、無論彼の演奏家としての自然な流露であるが、他方で歴史的再現への意図的な抗議でもある。それは彼が、バッハの「不断の厳しい形成力」や「厳格な合法則性」を指摘する一方で、〈マタイ受難曲〉を「情緒の統一性」において〈トリスタン〉のみに比肩するとして、「現代人のバッハ像は、ロマン派に由来する」と判じてゐる事をみれば明らかだらう。(3)

カラヤンはさうした知的な批評行為とは別世界の人だが、やはり音楽の様式や適切なスケールをスコアから想像する、自分の想像力の確かさには強い自信を持つてゐたのは間違ひない。その自信は根拠のないものではなかつたらう。カラヤンの〈ロ短調ミサ〉の哀切な高貴さ、ハイドンのパリセットの豪壮、ロンドンセットの壮大は、彼のヴェルディの華麗な重厚さやシベリウスの清潔な抒情とは、全く異なる。

歴史は、それを読む側の、深い想像力を必要とする。演奏の天才たちが体現して来たのは、歴史と対話する想像力の華々しさと適切さだつた。

例へば、私の体験から言へば、ベートーヴェンの特異性、他の作曲家と決定的に異なる音楽の器の大きさは、真に偉大な生演奏を実際に経験してみなければ知る事はできない。レコードでフルトヴェングラーを聴くのは、美術全集の複製で、モネの色彩のあの揺らぎの無限性を想像するやうなものでしかないだらう。モネを実際に経験してゐない人にそれが全く不可能であるやうに、フルトヴェングラーを経験してゐない私達のレコード体験はあくまで「揺らぎの無限性」の遥か手前に留まらざるを得ない。

私がさう確信するのも、私自身、究極のベートーヴェンの生演奏の経験が何度かあるからだ。カルロス・クライバーや朝比奈隆、ダニエル・バレンボイム、クリスティアン・ティーレマンの指揮するベートーヴェンで、ベートーヴェンの絶対性といふ他のない経験をできたのは幸せだつた。偉大な演奏家がベートーヴェンから引き出す奇跡は、彼に続くロマン派の作曲家の、どんな精緻に編まれた交響曲よりも、広大な音響空間と精神風景とをもつてホールを圧する。これはレコードでは、体験しようがない。クライバーが、ベートーヴェンの〈四番〉と〈七番〉とで、どれだけ音楽空間上の差異を表出してゐたかは録音には入つてゐない。バレンボイムのベートーヴェンが〈第七〉の第二楽章で、どれ程高貴だつたか、その高峰がどれほど隔絶したものだつたかは録音では分らない。怒涛のやうな朝比奈の〈第五〉の魂震へる高揚、サントリーホールでのティーレマンとウィーンフィルの〈第九〉の沈潜と息を呑む大伽藍……。

「ベートーヴェンが鳴り響いた途端、直ちに私を襲ふあの恍惚！」とヴァーグナーが呼んだところのものは、おそらく、これらを指したものである。フルトヴェングラーが、ベートーヴェンのピアノソナタ二十八番（作品一〇一）を弾いた時、「シューマンでしょうか？」と言つた友人のカルラ・ヘッカーに、「こんな美しいものを作れるのはたった一人だけです。」と答へた。(4) その時、彼が言ひたかつたところも、また、そのことではなかつたか？

古楽器の演奏や、古楽器奏法を取入れたベートーヴェン演奏も、私は生で数多く聴いてきた。残念ながら私は、それらから「あの恍惚」を経験したことはない。

ベートーヴェンは、「音楽は人々の精神から炎を打出さなければならない」と言つた人である。(5) 楽器や歴史的条件の精査は、音楽をする上での幾つかの前提の一つに過ぎない。重要なのは、聴き手の「精神から炎を打出」せるだけの演奏家の天分と技量である。たつた今、ベートーヴェンのソナタから二十八番を引いたことで分つてもらへようが、私は、何もヴィブラートを掛け、大編成で、汗みどろの熱演をしろなどと言つてゐるのではない。楽器の研究、楽譜の精査や時代考証を否定してゐるのでもない。ベートーヴェンの音楽と内的に繋がるといふ緊張を捨て丶、時代様式や楽譜上のパズルを幾ら埋めても、ベートーヴェンの近似値にしかならない。ベートーヴェンが確かに「音楽になる」ことと、近似値を探ることは、全く違ふ営みだと言つてゐるのである。

＊

もうずゐぶん昔の話になるが、古楽器界の泰斗《たいと》故グスタフ・レオンハルトのインタビューを読んでひどく驚いたことがある。(6)

レオンハルトは古楽奏法の確立者の一人であるだけでなく、最も優れた音楽家の一人でもある。彼の〈平均律〉や〈ロ短調ミサ〉は、特に私の愛聴してきた盤だ。

ところが、インタビューの発言は、彼の演奏のしなやかさとは対極的な教条主義の決めつけに満ちてゐた。その口調に私は、何よりも驚かされたのだつた。

まづ、冒頭、音楽を楽しんでゐるかと聞かれたレオンハルトが、「楽しむ余裕なんてまつたくない。私にとつて音楽だけ、他に何もありません。」と答へてゐるところから、私は強く引つ掛かる。

余程不機嫌だつたのだらうか。

彼のライフワークだつたバッハの音楽する喜びは、生活のすみずみまで染みわたつてゐた。生活者としての感情が、これ程作品に反映されてゐる例も、バッハを措《お》いてあるまい。一世紀後、作曲家らは、自分の体臭に合つた、ある特定の情感のキーばかり叩く傾向を強めるが、バッハの作品世界は、シェイクスピアのやうに、あらゆる感情を担ふ壮大な星座をなしてゐる。

レオンハルトの来日公演は、生前、何度か聴いてきた。演奏者が「楽しむ余裕がない」だけあつて、聴き手にとつても、楽しめる演奏会だつたとは言ひ難い。と言つて、演奏がまづかつたのではない。レオンハルト指揮の〈ロ短調ミサ〉を愛聴してきたと書いたが、実際あれこそは、イデオロギー臭とは無縁の、唯美的幻想の極致をゆく名演だつた。この人には、あんなファンタジーを自由に描き出す天才があつたのである。

それではレオンハルトの晩年に何度か通つたチェンバロコンサートが、私にはなぜ面白くなかつたのか。

端的に言つて原因はプログラムにある。レオンハルトは、来日の都度、クープラン、フォルクレ、ベームに、バッハの小品を織り雑ぜ、音楽史的に凝つたプログラムを用意してゐた。文字通り音の博物学である。レオンハルトは、音楽史から割出された当時の日常的な音楽風景を演奏会で仮構し、バロック期の細密な絵画の中に、我々を誘はうとしてゐた。

如何にも知的な魅力を感じさせる試みである。

ところが、実際に聴くと面白くないのだ。

言ふまでもなく、私が公演を聴いたのは、当時の王宮や、好楽家揃ひの中産階級の居間ではない。機能的で殺風景な現代ホールである。知人が集ひ、自由に寛ぎながら聴く親密な空間とはまるで違ふ。

我々聴衆は、現代のコンサートシステムの通例に従つて、約二時間、前方に向かつて固定された数百の椅子の一つに縛り付けられ、沈黙を強ひられる。このやうなスタイルで音楽を聴くこと自体、十八世紀にはないことだつた。後に扱ふが、コンサートシステムは十九世紀を通じて出現した現象だからである。

レオンハルトがチェンバロの上で、どれ程、かつての時代を再現しても、それに纏はる条件、特に我々聴衆の側が、十九世紀に成立したシステムに乗つてゐるといふ大前提は動かせない。家で、寝る前に、上質なブランデーでも舐めながら、レコードでフォルクレのレコードを一曲か二曲聴くのは楽しい。実際、これらの音楽の聴き方としては、その方が、作曲された時代の実情に近い筈である。少くとも、そこには、寛いだ時間があり、身近な者だけの私的な空間はあるのだから。

要するにかういふ事だ——十九世紀以来慣習となつた音楽観や演奏法を批判するのならば、十九世紀に成立したコンサートシステム自体を棄てるべきではないのか。古楽奏法は、古楽が聴かれた時代の聴かれ方に対応してゐるのだし、歴史に埋もれてしまつた作品群は、十九世紀以来のコンサートには馴染まないがゆゑに埋もれたのだからである。この根源的な問ひを抜きにした古楽教条主義は、知的に中途半端な代物であり、その為に、実際には歴史を偽つてゐる。

ところで、レオンハルトの発言は、もう一カ所、私を驚かせた。彼は、モダン・ピアノによるバッハ演奏を「バッハの意図を全て無視する行為」として「まったく不道徳」とまで決めつけてゐるのである。

なるほど、バッハの時代と今日とで、同系統に見えながら、最も異質な楽器は、チェンバロとピアノである。

しかし、一方、成立も構造も違ふチェンバロからピアノへと、十九世紀以来、音楽家らが乗り換へ、過去のチェンバロ作品をピアノで弾く慣習もまた、歴史上の事実なのである。歴史は歴史学の下僕ではない。音楽や音楽家も、歴史学の下僕ではない。歴史は、その真実を一元的に同定することはできず、無数の要素が錯綜《さくそう》して全体をなす、時空のコスモスである。或る特定の視点だけが絶対的な真実で、それ以外を「不道徳」と決め付けるなど、良識ある人間のすべきことではないだらう。

バッハは、ピアノではなくチェンバロによつて、その鍵盤音楽の大半を作曲し、演奏した。その事実を尊重する立場を、勿論私は否定しない。

なぜか。

チェンバロによる、洗はれたやうに清潔で躍動するバッハを知つてゐるからだ。

少なくともカール・グレーベの次の言葉を否定できる者は誰もゐない。グレーベは言ふ、レンブラントを見たいのに、美術館員に「あなたは今日、彼の同時代人が見たのとは全く別の眼の習慣を持ち、レンブラントを全く違ってみているのだから、やはりこのレンブラントの現代的解釈をよく見る方がずっとよい」と言はれても困る、「私は現代画家にも関心を持つが、それでも私はオリジナルのレンブラントが見たいのだ」と。(7)

そして、確かにバロック時代の楽器と演奏スタイルの研究を通じて、バロック音楽の多くは蘇つたのだつた。

ウラディーミル・ホロヴィッツのクレメンティやヴィルヘルム・ケンプの〈イギリス組曲〉、ダニエル・バレンボイムの〈平均律〉を愛する私でも、彼らが輝かしいペダリングとタッチで奏するフォルクレやベームを聴きたいとは思はないだらう。

問題の核心は正にこゝにある。

レンブラントやベラスケスの絵に描かれてゐる楽器を、モダン楽器に描きかへたら絵は成り立たない。だが、バッハの鍵盤曲をピアノで演奏するのが美学的な破壊だといふのは、あくまでも「考へ」であつて、音楽的に生起してゐる「現実」ではない。現代楽器に置き換へようのない魅力や作曲家が多数存在する一方で、現代楽器や現代奏法によつてこそ明らかになる魅力も、また、実在する。

演奏行為を通じて生成と消滅を繰り返す音楽には、オリジナルと後世によるメタモルフォーゼとに完全に二分する事はできず、楽器や奏法に還元できぬ可能性の大きな領野が存在してゐる。

その可能性の領野の大きさこそが、過去の作品の演奏といふ行為を博物館の展示物たる事から救つてきたのではないのか、私が言ひたいのはその一事である。

十九世紀初期のピアノを楽器の側面から幾ら研究しても、ベートーヴェンと、シュポーアやフンメルの音楽のダイナミズムの差は明らかにならない。だが、両者は明らかに音楽的可能域の広さ、深さにおいて全く別物である。

バッハも同様だ。

バッハは、繊細なクラヴィコードを愛してゐたが、一方で、当時既に、今日とさして変らぬオルガンがあり、バッハは、同時代人の目には、まづ何より、その大ヴィルトゥオーゾと映じてゐた人だ。教会に響きわたるバッハのオルガンフーガの複雑魁偉《かいい》な壮麗さは、あらゆる近代管絃楽の絢爛に、優るとも劣らない。しかも残された「作品」よりバッハの即興の方が更に偉大、華麗、名人藝の極致だつたとの証言さへある。オルガンとともに成熟したバッハの音楽が内実孕んでゐる表現へのはち切れんばかりの張力が、小規模の室内楽や器楽の場合でも、さゝやかさの側に留まりがちだつたとは、私には考へにくい。〈マタイ受難曲〉を始めとする多くの宗教音楽に於て、音楽史上最も長大な昂揚と、大きな感情上のデュナーミクを描いたのも、バッハである。〈マタイ〉の劇性を、マーラーやリヒャルト・シュトラウスが超えたと思ふ者はゐまい。

ベートーヴェンは、若き日から、同時代の美学であるロココ、そして古典派よりも、ヘンデルとバッハとの激烈と壮大とを好んで、範としたことで、中期以降の様式を確立した。その彼は、ピアノを何台も弾き潰してゐる。バッハの鍵盤作品に、チェンバロによつて明らかになる時代の聲が響いてゐるのは事実である。だが、だからと言つてモダンピアノによつて始めて十全な表現となる世界をそれが含んでゐる可能性を、否定する理由はないだらう。

バッハの天才が、ベートーヴェンの場合と同様、楽器への愛と同じ位、楽器の不完全さへの焦躁と無縁だつたとは思へない。バッハの場合、楽器の指定がしばしば曖昧なことはよく知られてゐる。バッハは、楽器よりも理念によつて、創造の機微を深めてゆく傾向が強い作曲家である。後世から見れば、楽器の可能性を拡大する仕事を多くした人だが、それは、彼の美学が、楽器に限定を受けない性格のものであつたことを暗示してゐる。さうした、楽器から自由な、バッハの音楽の高度の抽象性こそが、十九世紀の作曲家らが、バッハの作品をつゑに、新しい時代の聲を築いてゆくことを可能にした筈なのである。バッハの作品は、無論、その時代のエートスを伝へてゐる。だが、一方、バッハの天才に導かれた十九世紀の側から歌はれてきたピアノによるロマンティックなバッハ伝統もまた、バッハの可能性に対する積極的で意味のある応答だつた、この考へのどこがアナクロニスムであらうか。

それにしても、何故十九世紀が再発見した音楽家は、バッハであり、クープランやフォルクレではなかつたのか。それは昨今の音楽史家が言ひたがるやうに、価値判断と無関係な、歴史の偶然に過ぎなかつたのか。さうではなからう。それらの音楽を聴き、率直に考へをすゝめてみるならば、それは次の一事に尽きる筈なのである、即ち、バッハは歴史超越的に偉大であつたが、クープランやフォルクレは、さうではなかつたからなのだ、と。

かう書けば嗤《わら》ふ人が多からう。十九世紀から二十世紀中葉にかけて、人々は、バッハやベートーヴェンを、偉大さや崇高さといふ自分たちの時代に特殊な美学の色眼鏡を通じて眺めることで、これを頂点とする権力構造――イデオロギー――を生み出した。「崇高」はエドモンド・バークが初めて定式化した観念であり、「天才」はエマニュエル・カントが『判断力批判』で初めて規定した概念であり、「偉大さ」はそれらに導かれた十九世紀の巨人趣味が、ボナパルティズムと化合して生じた、時代的な産物に過ぎないのだ、と。勿論、カール・ダールハウスが十九世紀を軸にした音楽美学の歴史的展望を精緻に描出してみせて以後、こゝまで雑駁な議論をする人がゐるとは思へないが、こゝではダールハウスの「絶対音楽」や「交響曲様式」の理念の展開を検討することが趣旨ではなく、「偉大さ」や「天才」を歴史相対主義に解消しようとするポストモダニズム以後の知的風潮を問題にしてゐるのだと、思つていたゞきたい。

バッハの「偉大さ」といふ観念が、歴史相対的であるのは、言ふまでもない。そもそも、人類の文明自体が、長く見積つて数千年しか辿ることが出来ない。それ自体、人類誕生以来から数へても、瞬間の幻でしかない。或る観念をどうしても相対化したいといふのならば、さうした観念を生み出した文明時代全てを相対化するに若くはあるまい。実際、価値そのものの重荷に対するヒステリックな叛逆《はんぎやく》は、ルソー以後のヨーロッパのリベラリズムを、間歇《かんけつ》的に襲ふ衝動である。ケンブリッジのエリート男女は、文明の欺瞞《ぎまん》を告発する「知的」運動と称して、全裸で共同生活を営んだことさへあつた。

だが、もし文明そのものの側にあくまで留まるといふのであれば、文明史を、多少の学術的な知見の集積などで、容易に相対化できるなどと思ひ上がらない方がいゝ。学問だけは歴史に対して、客観的な立場を採ることができ、価値の判定者たり得るなどと、思ひ上がらない方がいゝ。その短さのゆゑ、その一回性のはかなさのゆゑ、その弱さのゆゑにこそ、私たちは、文明の過去を愛惜《あいせき》し、これを大切にする。過ぎ去つたものが決して戻らず、同じ価値や美を再現し得ないがゆゑに、過去の暗がりの深さのゆゑに、歴史を敬し、愛する。

もし、人が西洋クラシック音楽といふ文明の産物の内部にとゞまるとすれば、バッハは抜きん出て偉大だといふ価値判断も、また、彼は責務として負はねばならない。曖昧に身をくねらせながら、バッハへの断乎たる評価から逃げてはならない。バッハによつてもたらされる美的経験の比肩しようのない質と、その後のあらゆる創造と演奏への最大の手引といふ遺産としての質とを、バッハの歴史超越的な「偉大さ」と呼ぶのは、ごく自然な事だらう。

バッハの作品の圧倒的な質は、彼が、同時代に一般的であつた美の基準を、遥かに超えてゐたがゆゑだと考へ、己の時代の歌ひ方でバッハに出会へると信じた十九世紀伝来のバッハ理解は、その点で、歴史への妥当な態度だつたと、私は思ふ。

繰り返すが、古楽奏法の研究によつて、新たに発見されたバッハの美を、私は喜んで受け入れてゐる。

レオンハルトの発言は批判したが、既に書いたやうに、私は彼のレコードをとりわけ美しい、古楽奏法によるバッハの新たな美の発見として、こよなく愛してきた。

この乖離は何なのか。

新たな美の発見と確立に、なぜ、イデオロギー的な硬直が伴はねばならないのか。

十八世紀を再発見する為には、十九世紀は否定されねばならないものだつたのか。

そもそも、二十世紀半ば以後の、音楽に於ける歴史実証主義は、何に原動力があるのか。

実は、それらは古楽そのものへの愛、バッハへの愛以上に、十九世紀的な諸価値と諸観念への根深い嫉妬と反感にこそ、原動力があつたのではないか。歴史実証主義を主唱する音楽学者らは、古典音楽の権威ある解釈者としての覇権を、フルトヴェングラー＝カラヤンといふ十九世紀的な美意識を継承する〝舞台藝人〟が握つてゐる事が、許せなかつたのではあるまいか。

フルトヴェングラーは、あまたの作品の意義を解釈し変えるのであって、彼は、自分がそれらの作品をディオニュソス的なものの領域へ導くことができる、または引きずり込むことのできる場合にのみ、あるいはそのような場合に最高に、それらの作品を愛するのである。……彼は〈マタイ受難曲〉すらも、彼がどんなにすばらしい個々の要素をそのなかに見出そうとも、音響的な面から見る。彼は、〈ヨハネ受難曲〉を勝手に二等分することをはばからない。彼は、このような作品の典礼的な由来と伝統を感じとる心を少しも持ち合せていないのであって、このような作品も、彼には他のあらゆる作品と同じような演奏会用作品なのである。(8)

『音楽に於ける偉大さ』といふ主著を持つアルフレート・アインシュタインにして、フルトヴェングラーの偉大さを理解できなかつたことを歎いても始まらない。何しろ、このフルトヴェングラー批判の中で、アインシュタインが、フルトヴェングラーと対照的に「総譜に書かれた音符」に忠実な指揮者として絶大な敬意を表してゐるのは、例によつてトスカニーニなのだから！

アインシュタインは言ふ、「ベートーヴェン、モーツァルト、ブラームスはどこで終はつて、どこでフルトヴェングラーがはじまるのだらうか？」

では聞きたい、モーツァルト、ベートーヴェン、ブラームスはどこで終はつて、どこでトスカニーニが始まるか、あなたは本当に答へられるのか？　モーツァルトがどこでをはり、どこでアーノンクールがはじまるのか、あなたは本当に答へられるのか？　何故、このやうな論難に於ては、決まつて、対象がフルトヴェングラーであらねばならないのか？

> ヴィルヘルム・フルトヴェングラーが一九五〇年と五四年のザルツブルクにおいてパテティックで過激、しかも壮麗かつ大きく引き延ばした演奏によって、〈ドン・ジョヴァンニ〉を再ロマン化しようと試みた。これはただ精神的にモーツァルトの意図に反した方向であるというだけでなく、実際にも歌手たちにも反行したものである。(9)

これは音楽之友社から刊行されてゐる「名作オペラブックス」の編者アッティラ・チャンパイのものだが、この手の決まり文句を音楽学者の文章から抜出してゐたらきりがない。

例へばバッハ学者の礒山雅は、ジャック・ルーシェのジャズ風バッハの「生命力」を絶讃し「これからのバッハはジャズだ！」といふフレーズを引用しておきながら、メンゲルベルクのロマン派的な〈マタイ〉については、「バッハの本質とは、あまりにかけ離れてゐる」と切つて捨てゝゐる。[10] ルーシェのジャズ風バッハが、そんなに生命力に溢れてゐるとは私には到底思へない。そもそも、この人のリズムや音色は、ジャズらしさに欠けたインテリピアニストのそれで、私などは、クラシックで言へばブレンデルなどを連想するが、差し当たりそんな事はどうでもいゝ。問題は、ジャズへのアレンジまで肯定するのに、バッハのロマン派風解釈＝十九世紀の美学だけは全面否定する、現代音楽学に広汎な「情念」である。

私が、この問題にこだはるのは、音楽学に難癖を付けたいからではない。以下に試論するやうに十九世紀的な美意識や諸観念の否定は、クラシックジャンルそのものの崩壊を論理的に導く。その危険が、音楽関係者らの間で、余りにも気づかれてゐないと思ふからだ。

＊

単純化して言へば、西洋クラシック音楽の最も目覚しい特殊性は、記譜の発達にある。ヴァルター・ヴィオラは『世界音楽史　四つの時代』で、「その特殊な創造物のひとつは総譜、すなわちポリフォニーの藝術作品をまとめて図式的に示す、読みやすい音符記帳である」[11] と書いてゐるが、この一事こそが、西洋音楽を、世界のあらゆる音楽から区別する最大の要素だと断じて大過あるまい。音楽は、古今東西どのやうな文化圏でも重要な役割を担つてゐるが、それは、主に、宗教、政治の重要な儀式を荘重にするか、流行り歌、踊り、宴席など身心の快事、効用の為の音楽である。

『論語』を読むと、孔子は或る面では、当時一流の音楽家でもあつた事が想像される。

　子、齊に在して韶を聞く。三月、肉の味を知らず。曰く、図らざりき、楽を為すことの斯に至らんとは。（先生は齊の国で数ヵ月のあいだ韶の音楽を聞き〔習われ、すっかり感動して〕肉のうまさも解されなかった。「思いも寄らなかった、音楽というものがこれほどすばらしいとは。[12]」）

かうした、数か月で習熟し、演奏に参加できるやうな「音楽」ならば、古今東西に満ち溢れてゐる。それに対して、西洋のクラシック音楽の歴史は、効用としての音楽から、極度に専門的で複雑なものへと展開し続けた。音楽は、単に、行為に付随し、感覚に効果を及ぼすものではなく、ルネサンス以後、記譜法の整備とともに、理論的に精緻化され、美の可能性の発展の系譜が展開されることになつた。厳密な記譜による音高と音価の確定がなければ、和聲も形式も発達しようがない。

かうして、ヨーロッパでは、音楽は演奏の一回性の中で絶えず死滅する「行為」ではなくなつた。それは、楽譜によつて定着され、発展する「記号」の連鎖となつたのである。音楽は演奏家のものではなく、作曲家と理論家のものとなつた。先人たちの作品といふ歴史的資産を、作曲家が更新することが音楽行為の中核を占めるといふ全く独自の音楽の地位が、かうして確立する。

さうした数百年にわたつて形成されてきた作曲優位を、いはば作曲の絶対化にまで一気に持ち込んだのがベートーヴェンである。ベートーヴェンは「音楽は一切の智慧・一切の哲学よりもさらに高い啓示である」と言つた。[13] この言葉は、ベッティーナ・ブレンターノが伝へるものだから、今日では信用に値しないとされてゐるのかどうか、私は知らない。だが、如何にもベートーヴェンの音楽、とりわけ後期に向かふにつれ明らかになる後の作品の姿と合致するではないか。しかも、カントの『判断力批判』でも、『ゲーテとの対話』が示すゲーテの数々の見解でも、ヘーゲルの『美学講義』でも、音楽の地位は概して低く、ゲーテとヘーゲルは明らかにベートーヴェンに強い反発を感じてゐた。さうした時代の知的状況を考へると、この言葉は、ベートーヴェンといふ現象がその後十九世紀の音楽をどう根底的に書き改めてしまふかを、極めて予言的に示してゐるといふべきであらう。

勿論、この思想が、記譜法の成立とともに、歴史の始めから予感されてゐたのは間違ひない。今日の観点から音楽史を遡り、モーツァルト、ハイドン、バッハ、モンテヴェルディ、ジョスカン・デ・プレらの作品が、「哲学以上の啓示」を、事実上実現してゐたと言ふことはできる。

だが、これら音楽史の内部に安んじて生きてゐた天才らとベートーヴェンとの間には、劃然《かくぜん》たる差異がある。バッハやジョスカン、あるいはハイドンやモーツァルトでも、音楽は「哲学以上の啓示」であつたかもしれないが、彼らはさう自覚してゐなかつた。彼らは、キリスト教や宮廷に従属する音楽といふ自明性を前提に仕事をしてゐたのである。

一方、ベートーヴェンにあつては「音楽」そのものを定義し直すことが、創造することだつた。何物にも従属せず、「それ自体」を目的とした絶対音楽の理念は、カントの「もの自体」を受け、ベートヴェンに心酔した、E・T・A・H・ホフマンのベートーヴェンの「第五交響曲論」で初めて言説化された。一方、同時代のヘーゲルは、その『美学講義』で同時代最高の名声を誇つてゐたベートーヴェンに

一言も言及せず、彼が齎した器楽の複雑化の傾向に強い警戒を示してゐる。(14)

ホフマンが絶賛し、ヘーゲルが言及を避けたベートーヴェンの音楽の特質――それまでの音楽とは冠絶して同時代人に感じられた特質こそはベートーヴェンが掴んだ、音楽の新たな価値の、中核をなすものである。

この中核が「哲学以上の啓示」であり、後に音楽学者カール・ダールハウスが述べた、〈第九〉の冒頭に現れてゐる「記念碑的様式」の発見だつた。(15)

ベートーヴェンは、音楽史に新たな美を付け加へたのではない。彼は、音楽の観念体系を、この「哲学以上の啓示」となり得る「記念碑的様式」を核に、「それ自体」において自立する音楽として、根柢から書き改めたのである。

かうして、ベートーヴェンによる音楽の意味の更新と、ベートーヴェンの拓いた道こそ我が道と信じた十九世紀の後継者らによつて、新たに誕生したのが、今日我々の言ふ「クラシック音楽」なのだ。「クラシック音楽」はベートーヴェン以前には存在しない。ベートーヴェンによつて成立した価値体系を遡つて適用することで、初めて、クラシックジャンルといふ歴史的俯瞰が可能になつたのである。

我々は、バッハはおろか、クープランも、モンテヴェルディも、ジョスカンも、ベートーヴェンによつて成立したクラシック音楽の価値規範の中に位置づけて理解してゐる。教会や宮廷の秩序の一部でしかなかつた音楽は、ベートーヴェンによるコペルニクス的転回によつて、コンサートで集中して聴くべき「啓示」となつた。

その結果、今や私たちは、ベートーヴェン以前のあらゆる音楽をも、コンサートホールで、自立した藝術音楽として、恭しく拝聴する。タリス・スコラーズの聲が、東京オペラシティで、当時の歌唱法に立ち返つてどれ程見事な純正律で響かうと、教会のミサで聴かれた本来の姿は、根本が改竄《かいざん》されてゐる。それは宗教体験ではなく、美的体験なのである。また、ハイドンのシンフォニーの途中で、音楽会に臨席された天皇が、気に入らないからと言つて演奏を中止させることは考へられない。ホール内では王よりも天皇よりも、音楽が最も偉いのである。そして、音楽がそんなに偉いものになつたのは、ベートーヴェンが出現したからだ。フランス革命期の理念と、ベートーヴェンの人間的な資質、そして、何よりもベートーヴェンの交響曲が生み出すコンサート体験の異常な感動――これらが輻輳《ふくそう》した特異な結晶によつてのみ、音楽の自立といふ価値規範は、普遍的な現象になり得たのである。

近年の音楽学は、市民社会の成立によつてコンサートシステムと市場が発生したことを実証してきた。演奏史は一九四二年の先駆的なフレデリック・ドリアンの『演奏の歴史』(福田昌作訳は一九六四年刊)以後、十八世紀前半までの研究が先行したが、日本では一九八九年の渡辺裕氏『聴衆の誕生』から後、翻訳も含め十九世紀の様相が幾つかの研究書によつて明らかにされてゐる。ドイツのオーケストラ成立を社会学的に明らかにしたC・H・マードック『オーケストラの社会史』や、オペラやポピュラーコンサートよりも、シリアスな音楽を集中して聴くことの価値を説く当時の音楽学の役割に光を当てた宮本直美『コンサートという文化装置』などの労作がある。これらはオーケストラコンサートといふ新たなシステムの成立を丹念に跡付ける貴重な仕事だが、言ふまでもなく、それらが指摘する外的な条件の整備だけで、今日に至るコンサートシステムの隆盛が齎された筈はないだらう。

さうした諸条件に先立つて音楽の質と絶対音楽の思想がベートーヴェンによつて確立されてゐなければ

ば、それが巨大ホールで演奏される安定した市場価値になることはなかつた。

なぜ人はコンサートに通ひ、十八世紀までのやうな娯楽や寛ぎではなく、わざわざ沈黙と集中の二時間半を「購買」するのか？

これが「問ひ」の核心である。

それは市民階級が成立した結果でもなく、音楽美学が絶対音楽や交響曲を音楽の殿堂として推奨した結果でもない。

話は逆だつた筈である。

ベートーヴェンの音楽が集中した聴取に値する強烈なコンサート体験を、初めて齎したからである。決定的な契機は美学でも社会的条件でもない。

それに先行する、ベートーヴェンの「ただちに私たちを襲ふあの恍惚」、それも交響曲といふ壮大な音による演劇空間が、実際に保証した強烈で深遠な「体験」にある。

この「体験」が、意欲的な聴衆を育て、それを自らも創作しようとする作曲家群を育て、絶対音楽といふ美学を育て、市民社会の総体的な成立の中で、つひにコンサートシステムが形成されるに至つたのである。

周知のやうに、ベートーヴェンは、音楽作品一つ一つの固有性を極限に迄高めた最初の作曲家である。よく引かれる例を出せば、ハイドンの交響曲は百四曲、モーツァルトの場合でも四十一曲を数へるのに、ベートーヴェンは、交響曲をたつた九曲しか残さなかつた。

シンフォニアといふ軽い組曲からシンフォニーへの展開を一身で生きたのは、ハイドンの類稀な天才である。それはまた、何と無理のない展開であつたことだらう。ハイドンの交響曲は、それ自体魅力的な「傑作の森」だが、各曲ごとの美質は隣接し、楽々とした筆致によつて、定型の上を滑らかに疾走してゆく。無限に豊饒な才能が、音楽のあり方などに一切労されることなく、無自覚に歌ふ喜びのまゝ、気が附いた時に作者が立つてゐた地点がザロモンセットだつたのである。

それに対して、ベートーヴェンの交響曲は、一曲一曲が、作者の、精神的な挑戦の限界値を示してゐる。一つの作品は、一つのイデーを伝へる事に徹され、完全な一回性を帯びるまで、彫啄の限りが尽くされる。メロディーや着想は、出発点に過ぎない。滾々《こんこん》と尽きない豊かな着想を、ベートーヴェンは研ぎ澄まされた視力で凝視する。その着想に含まれる最も本質的な言葉を聞き取るまで、ベートーヴェンは手を緩めない。第五交響曲の冒頭だけをとつても、対句やメロディー、ロマンティックな展開のヴァリエーションをどれだけ模索した挙句、今聴かれる凝縮された姿に結実したことだらう。ベートーヴェンは歌ふ音楽家ではなく、音によつて固有の思想を確定しようと努めた造形家であつた。

彼が到達した音楽美は、かうあるべきといふ音の必然性、その音の、その主題の、そのメロディーの最善の運命と呼ぶべきものであつた。かうして「音楽は哲学以上の啓示」となる。作品の絶対的性格が、彼の作品を高度に倫理的なものにした。

このベートーヴェンの倫理的性格については、近年ベートーヴェンの神話化といふ筋書に置き換へられ、肖像画が素朴で泥臭い写実的なものから、ロマンティックなヒーローのやうなものに劇的に変化してゆく様を軸に語られてきた[16]。

だが、それは社会イメージの拡散に過ぎず、本質的な問題の提出とは言へない。ベートーヴェンは生前、既に、音楽家として空前の「神話」となつてゐた。ベートーヴェンのウィーンでの葬儀には一万人が参列した。事実上公的行事だつた。死の前の十年来ベートーヴェンが書いてゐた作品は〈ハンマークラヴィーア〉、〈ミサ・ソレムニス〉、〈第九〉、後期弦楽四重奏曲などで、これらの楽曲の真の理解が進むのは、一世紀近く後だと言つてい丶。

それにもか丶はらず、ベートーヴェンは「神話」だつた。

革命による非宗教的社会の出現のとば口で、ベートーヴェンの音楽は、内実は理解されてゐなかつたにも関はらず、高度な倫理性の予感とともに、価値規範として直ちに機能してゐたのである。この事の全容を納得のゆくかたちで解明する仕事は歴代の重要な哲学者、音楽学者達――パウル・ベッカー、ロマン・ロラン、ハインリヒ・シェンカー、ヴァルター・リーツラー、テオドール・アドルノ、カール・ダールハウス、日本では近年の吉田寛氏――によつても、まだ充分達成されてゐるとは言ひ難いだらう。だが、ベートーヴェンが体現した、かうした倫理的な尊厳こそが、それ以後の、クラシック音楽の自立の地盤となつたのは間違ひない。

一回性の高みに達した美、精神の格闘による最善の形態に達した音の姿だからこそ、受け手も、全人格を賭して、これに向合はねばならない。かうしてベートーヴェン以後、音楽は、社会に奉仕することを止め、逆に、繰返し演奏し、徹底して深く受容することを、人々に要求する高所を占めるに至つた。

作品の深遠な独自性を味はひ尽くし、繰返し経験したいといふ聴き手の敬意と欲求が出現する。作品が高度な独創性を持てば、受容や理解も困難になる。登攀困難な山だが、登攀した時の精神的な充足と高揚とは比類がない。

繰り返すが、社会条件や市民社会の成熟が彼を「神話」にしたのではない。ベートーヴェンの作品は、確かにそれ自体、人類がかつて持ち得た最も強力な「神話」の一つだつたと言ふ方が、証明は困難にせよ、実情には遥かに近い筈なのである。

ベートーヴェンによつて、クラシック音楽はそれ自体が美と倫理の殿堂となつた。

興味深いことに、同時代に作曲された新作ばかりが聴かれてゐた時代から、過去の作品の偏重への受容転換は、殆どベートーヴェンの死を境にして、瞬時に行はれてゐる。例へばライプツィヒ・ゲヴァントハウスコンサートでは一七八〇年代のプログラムに占める故人作曲家の割合は11%程度だつたが、一八四〇年代半ばには四十八パーセントに上昇してゐる。ヨーロッパ各地の主要コンサートでの故人の割合も概して同傾向にあつた。(17)

十九世紀初頭までコンサートの売りは「新作」だつた。(18)

それがごく短期間に、故人の再演の比率が急増し、定着することになつた。この過程は、同じ過去の巨匠でも端的に、ベートーヴェンによつて生じた現象と見てよいであらう。このやうな短時日の自発的な転換が、音楽ハイドン重視からベートーヴェン重視への転換とも重なる。市場としての成熟が、音楽会を娯楽から集中聴へと転換させる原動力になる筈がない。過去の作品が、現代の作品を差し置いてでも再演されるべきなの美学のイデオロギー的地平の変化で起きる筈がない。

は、それが、「啓示」であり、「偉大」な作品だからだ。実際のベートーヴェンの作品が、再三聴き、理解されるべき「記念碑」として現実に大きな感銘を多くの好楽家に与へた、それこそが決定的だつた。

勿論、故人の尊重は懐古趣味でもなければ、十九世紀の楽壇や聴衆が、新作を軽視した事を意味しもしない。

オーケストラコンサートの新作のあるべき基準が突如、ベートーヴェンと同等といふ線に上がつてしまつた。その為、作曲家の才能が全く付いてゆけなくなつたのである。ベートーヴェン以後、一八五〇年までにシューベルト、メンデルスゾーン、シューマンが優れた交響曲を書いたが、充分な質量だつたとは言ひ難く、その後、一八七七年にブラームスが第一交響曲を発表するまで、交響曲のジャンルに目ぼしい作品の発表はない。シューベルト、ウェーバーは早逝し、リスト、ヴァーグナーは交響曲を選択しなかつた。その間交響曲を多作したヤーダスゾーン、ラフ、ゲーゼ、ブルッフらの作品はメンデルスゾーンの亜流に留まり、ハイドン、モーツァルト、ベートーヴェンの再演が習慣化する中でレパートリー化するのはどう見ても不可能だつた。この間、ブルックナーの偉大な交響曲群は既に〈五番〉まで書かれてゐたが、余りに新しい音楽言語と本人の奇矯な人柄の為、全く認められない状況が続いてゐた。

かうして、突如、ベートーヴェンといふ「基準」が出現し、過去の作品の再演が潮流となり、作曲家らは、この規範価値に挑戦し続けることとなつたのだつた。メンデルスゾーン、シューマンを経て、ブラームス、ブルックナーの世代がやうやくこの課題を消化し、一八七〇年代には何とかベートーヴェン的規範を高水準で継承する図柄が見えてきた。

ルネサンス以後の全音楽史の蓄積が、ベートーヴェンといふ個性にぶつかり、砕けた時に、全く新しい音楽のシステムが誕生した。ベートーヴェンの第一交響曲が書かれたのが一八〇〇年、十九世紀の幕開けであつたといふのは、その意味からも、まことに興味深い。ベートーヴェンの交響曲とともに幕を開けた十九世紀の音楽史は、ベートーヴェンの展開史だつた。シューマンの死からブラームスの第一交響曲への難産の時期を経て、十九世紀から二十世紀初頭の天才たちが生み出した作品こそが、今日でも、クラシックジャンルの基本台帳を成してゐる。

そして、そのことが、作品の価値を最大限に表現できる偉大な演奏家の出現を促すことになつたのである。

作品の偉大さを表現するには、偉大な再現藝術家でなければならない。メンデルスゾーンのマタイ受難曲の再演、ベルリオーズ『オーケストラ指揮法』での指揮者への絶望、リストの強烈なヴィルトォージティ、ヴァーグナーの〈第九〉上演と論文「指揮について」、そしてハンス・フォン・ビューローの登場――。ビューローが、現在でも困難を極める〈トリスタンとイゾルデ〉の上演の成功によつて、偉大な指揮藝術といふジャンルを成立させ、後年ブラームスの交響曲の演奏法をも確立したのだつた。

過去の偉大な作品の、当代の巨匠による偉大な再現といふ鏡像的なクラシック音楽の構造は、かうして十九世紀に成立した。そこで展開された美学と、音楽が獲得した社会的な意味と位置との綜合的な構造が、私たちが、日頃クラシック音楽と漠然と呼び倣はしてゐるものの、総体だ。

つまり、音楽の自律性といふ思想と、独創的で高度な一回性を帯びた作品と、さうした作品を生むことの出来る天才、そして偉大さを追体験させ得る偉大な演奏家と敬虔《けいけん》な聴衆――これらは、ベートーヴェンによつて開示された新しい音楽のあり方から生じた一聯の円環だつた。

もし、ベートーヴェンが、交響曲といふジャンルを、九曲に絞る程極端な、創造上の濃縮を行はなかつたならば、ヴァーグナー、ブラームス、ブルックナーも、それ以後の音楽史も、出現しようがなかつたのである。

が、ことはそれだけでは済まされない。

もし、ベートーヴェンが交響曲を九曲に凝集しなかつたならば、ハイドンの一〇四曲も、今日まで歴史に残ることはあり得なかつた。ベートーヴェンの労作により、音楽の意味が、圧倒的な精神重量を帯びたからこそ、音楽史は遡つて吟味され始めたのだ。もし、ベートーヴェンが音楽といふ観念を、整備し直してゐなかつたならば、モーツァルトの遺産も、その殆どが散佚《さんいつ》することになつたらう。ベートーヴェンの価値や感銘の強制に対する反撥から、人々は、モーツァルトの、慰謝の雫《しずく》の美しさに気が付いた。ベートーヴェンへのアンチテーゼ以外の場所で、モーツァルトの魅力が、歴史の怒濤の中から掬《すく》ひ上げられる機は、恐らくなかつたに違ひあるまい。

今日、あらゆる立場の音楽人から、西洋音楽最大の源泉とされてゐるバッハも、バッハに源泉を見るといふ歴史意識そのものを、ベートーヴェンによつて定礎されたクラシック音楽といふ制度に負つてゐる。もし、それがなければ、十九世紀の初頭までさうであつたやうに、バッハは結局歴史の中に埋もれたまゝであつたことだらう。メンデルスゾーンによる〈マタイ受難曲〉再発見は、無論、信仰恢復の神学運動ではなく、ベートーヴェンの「音楽は哲学以上の啓示である」の延長上にある、美学上の事件である。バッハの再発見はベートーヴェンの美学の内部でなされたのである。先のアインシュタインのフルトヴェングラー批判は、その点で、実は歴史認識の上でも誤まつてゐる。

更に付け加へれば、言語的知性が、音楽を、作曲家の高度な表現と看做して、本格的に論述、研究の対象にし始めたのも、ベートーヴェンが、音楽に「哲学以上の啓示」を齎した為に違ひない。ルネサンスからモーツァルトの時代まで、知識人らによる作曲家の崇拝は、殆どない。ベートーヴェンへの、

Ｅ・Ｔ・Ａ・Ｈ・ホフマンらの言及が、楽理とは別の意味での音楽批評の原型だと言つて構ふまい。ゲーテが賞賛してゐたのは、モーツァルトと並び、ツェルターだつたのであり、ヘーゲルが夢中だつたのはベートーヴェンではなくロッシーニだつた。彼らの次の世代の音楽家——シューマン、ヴァーグナーらが音楽家であると同時に、音楽批評家、音楽思想家として、新しい音楽思想を形成してゆく。その意味で、音楽批評、音楽学も、ベートーヴェンによつて成立したクラシック制度の内部における現象である。音楽史の体系的な研究が始まるのもこの後だ。ベートーヴェン抜きには、「音楽史」そのものも又、成立しなかつた筈なのである。

　つまり、音楽学も音楽美学も、ベートーヴェンとその受容といふ現象の内部にある。五百年一貫して続いた藝術音楽といふ歴史像は錯覚である。その錯覚さへ、十九世紀から贈られた恩寵なのである。

　それはまた、十九世紀を通じた、哲学、文学、音楽、絵画といふ人文諸分野による共同作業としての文化創造の覇権的な地位の確立でもあつた。その最も巨大な存在の一人だつたレフ・トルストイが最晩年『藝術とは何か』で、自らの存立基盤である近代藝術といふイデオロギーを全否定したのはよく知られてゐる。それは間違ひなく、二十世紀の藝術、人文学が、前衛の名のもとに、一般の読者や聴衆、鑑賞者から離れ、独善的なイデオロギーと化してゆく運命の予言だつた。皮肉なことに、トルストイの十九世紀批判は、素朴な民衆の聲への回帰など全く呼ばず、寧ろ二十世紀といふ異様な韜晦《とうかい》の時代の呼び水となつたのである。

　ところが、二十世紀西洋の全文化現象が、一般の受容者を急激に疎外してゆく中で、クラシック音楽のみは特異な位置を占めてきたことに私たちはもつと注目せねばならないだらう。

十九世紀に成立したクラシックジャンルの傑作を、大演奏家たちが再演するといふシステムの中で、それのみは「現代の藝術」として一般の受容と市場とを成立させ続けて今日に至つてゐる。フルトヴェングラーやトスカニーニよる圧倒的なベートーヴェン演奏、陶酔の極を生み出すバレンボイムやティーレマンのヴァーグナー演奏、ショルティの豪壮なマーラー、最初の手がそつと楽器に触れた途端、会場全体を陶酔に引込むホロヴィッツやゾフィ・ムターらの魔法、シャリアピン、カラス、ドミンゴを始めとするオペラのスーパースター達が、過去の音楽を、今日の聴衆の情熱に繋ぎ留めてきたからだ。

逆に言へば、もし、これらの魔的、神的な力がコンサートホールから消え、使用楽器や校訂楽譜といふマニエラの研究発表が、それに取つて代はりでもしたら、クラシック音楽そのものが、立ちどころに社会から消えるだらう。

もし、クラシックの演奏会を一七五〇年以前に成立した作品と、一九五〇年以後に発表された作品だけに限定すれば、その場合もクラシック音楽は社会から消えるだらう。

あらゆる刺激的で多様な音楽が世界中の市場を飽和させ続けてゐても、なほ、ヨーロッパの伝統音楽に過ぎぬクラシック音楽が、なぜ世界規模で、多くの聴衆を保ち続けてゐるのか——。

トスカニーニ、フルトヴェングラー、カラヤンらのベートーヴェン、ヴァーグナー、ヴェルディだから、クラシック音楽は二十世紀を辛うじて乗り切れた。演奏の巨人による「神話」の現前があつたから、ドビュッシー、ストラヴィンスキー、バルトーク、ベルクは、冒険に羽搏《はばた》けた。

ベートーヴェンの「偉大さ」「崇高」の圧倒的な高さをホールに放射できる演奏家は、クラシック音楽ジャンルシステムの円環を機能させる絶対条件であつて、不随した一条件などではない。

演奏が衰微し、信じ難いサウンドを実現できる演奏の天才による「神話」の再生がコンサートホールから消えた時、クラシック音楽は過去のものとなる。

そして、さうなれば、再びいつか作曲の天才の時代に戻る為の回路をも同時に失ふことになる。

クラシック音楽も古楽奏法も音楽学もベートーヴェン神話の外部に、その拘束から自由に存在してゐるのではない。あくまでもその内在的な展開に過ぎない。

ベートーヴェン神話による拘束の意義を深く弁《わきま》へぬイデオロギーに、音楽界が凌略されると、クラシック音楽そのものが終《を》はりかねない。それは決して、過去から未来に向かつて直線的且つ自然に継続し、新たな音楽状況に向かつて発展してきたのではなく、今後もさうはならない。

以上、私の指揮者論の背後に、どのやうな音楽観があるかを、かうして跋《あとがき》に置き、補論としておく。

註

（1）テオドール・W・アドルノ著大久保健治訳『ベートーヴェン　音楽の哲学』作品社1997年、16頁
（2）前掲クラウス編『フルトヴェングラーを讃えて』297頁
（3）前掲フルトヴェングラー『音と言葉』所収「バッハ」（1951）232、233、235頁
（4）カルラ・ヘッカー著薗田宗人訳『フルトヴェングラーとの対話』音楽之友社1967年、29頁
（5）ロマン・ロラン著片山敏彦訳『ベートーヴェンの生涯』岩波文庫1938年、135頁
（6）以下のレオンハルトの発言引用は全て『音楽の友』2007年9月号掲載インタヴュー記事より引用

(7) W・ヴィオラ編福田達夫訳『演奏とは何か』東海大学出版会1981年、106頁
(8) アルフレート・アインシュタイン著佐藤巖訳『音楽と音楽家』白水社1937年所収「ヴィルヘルム・フルトヴェングラー」247頁
(9)『名作オペラブックス　ドン・ジョヴァンニ』1988年所収アッティラ・チャンパイ「ディスコグラフィーへの註釈」327頁
(10) 磯山雅著『J・S・バッハ』講談社現代新書1990年、引用は184～185頁、16～17頁
(11) ヴァルター・ヴィオラ著柿木吾郎訳『世界音楽史　四つの時代』音楽之友社1970年、167頁
(12) 金谷治訳注『論語』岩波文庫1963年、94～95頁
(13) 前掲ロラン『ベートーヴェンの生涯』135頁
(14) G・W・F・ヘーゲル著長谷川宏訳『美学講義』(下) 作品社1996年、139頁にモーツァルトの交響曲への絶賛、167頁にロッシーニへの絶賛が書かれてゐるが、172～173頁に器楽についての曖昧な見解がおずおずと述べられてゐるのみで講義時期（1818年～1828年）と同時代現象としてのベートーヴェンに全く触れられてゐない。後に編集された1820～1821年の『美学講義』(法政大学出版局2017年)でも、ヘーゲルは音楽については「門外漢である」とした上で、「メロディーや歌だけを問題にするといってイタリアの音楽を非難する」ドイツの風潮を退け、イタリア音楽を絶賛してゐる。
(15) カール・ダールハウス著杉崎陽一訳『ベートーヴェンとその時代』西村書店1997年、134頁以下
(16) 渡辺裕著『聴衆の誕生―ポスト・モダン時代の音楽文化』中公文庫2012年、61頁「ベートーヴェンの顔」、『鳴り響く思想　現代のベートーヴェン像』東京書籍1994年所収　平野昭「ベートーヴェン神話の形成とその背景」、石井宏『ベートーヴェンとベートホーフェン』七つ森書館2013年等
(17) 宮本直美著『コンサートという文化装置――交響曲とオペラのヨーロッパ近代』岩波書店2016年、138～139頁
(18) 前掲宮本『コンサートという文化装置――交響曲とオペラのヨーロッパ近代』165頁

主要参考文献

【ヴィルヘルム・フルトヴェングラー　Wilhelm Furtwängler】
ジョン・アードイン著、藤井留美訳『フルトヴェングラー　グレート・レコーディングズ』音楽之友社、2000年
飯田昭夫著『フルトヴェングラーの地平―行き交いの断片に垣間見るドラマを追って』現代書館、2015年
ベルント・W・ヴェスリンク著、香川檀訳『フルトヴェングラー――足跡―不滅の巨匠』音楽之友社、1986年
クリス・ウォルトン編、野口剛夫訳『チューリヒのフルトヴェングラー　シンポジウム講演録と作品目録』音と言葉社、2017年
宇野功芳著『フルトヴェングラーの全名演名盤』講談社、1998年
宇野功芳編『フルトヴェングラー（学研ムック音楽シリーズ）』学習研究社、2004年
奥波一秀著『フルトヴェングラー』筑摩書房、2011年
音楽之友社編『フルトヴェングラー　時空を超えた不滅の名指揮者』音楽之友社、1984年
ベルタ・ガイスマール著、筒井圭訳『フルトヴェングラーと共に』東京創元社版、1978年
ベルタ・ガイスマール著、日本フルトヴェングラー協会訳『指揮棒と軍靴　フルトヴェングラー VS ヒトラー』日本フルトヴェングラー協会、1976年
クラウス・カンツォーク著、三浦淳訳『フルトヴェングラーとトーマス・マン　ナチズムと芸術家』アルテスパブリッシング、2015年
ダニエル・ギリス編、仙北谷晃一訳『フルトヴェングラー頌』音楽之友社、1969年
セバスチャン・クラーネルト著編、野口剛夫訳『フルトヴェングラー研究』アルファベータブックス、2015年
ゴットフリート・クラウス編、野村美紀子訳『フルトヴェングラーを讃えて―巨匠の今日的意味』音楽之友社、1988年
ドリームライフ・クラシックス著『フルトヴェングラー家のアルバム』ニホンモニター株式会社ドリームライフ事業部、2012年
ハンス・フーベルト・シェンツェラー著、喜多尾道冬訳『フルトヴェングラーの生涯』音楽之友社、1998年
志鳥栄八郎著『人間フルトヴェングラー――エリザベット未亡人にきく素顔の巨匠』音楽之友社、1984年
ジェラール・ジュファン著、下澤和義訳『ヴィルヘルムフルトヴェングラー　権力と栄光』音楽之友社、2007年
エバーハルト・シュトラウプ著、岩淵達治／藤倉孚子／岩井智子訳『フルトヴェングラー家の人々――あるドイツ人家族の歴史』岩波書店、2011年
サム・H. 白川著、藤岡啓介／斎藤静代／加藤功泰訳『フルトヴェングラー　悪魔の楽匠〈上巻〉〈下巻〉（叢書・20 世紀の芸術と文学）』アルファベータ、2004年

フランク・ティース著、編、仙北谷晃一訳『フルトヴェングラーの手紙』白水社、2005年
野口剛夫著『フルトヴェングラーの遺言』春秋社、2014年
ヘルベルト・ハフナー著、最上英明訳『巨匠フルトヴェングラーの生涯』アルファベータ、2010年
ディートリヒ・フィッシャー＝ディースカウ著、野口剛夫訳『フルトヴェングラーと私—ユピテルとの邂逅』河出書房新社、2013年
ピーター・ピリー著、横山一雄訳『レコードのフルトヴェングラー』音楽之友社、1983年
フレート・K・プリーベルク著、香川檀／市原和子訳『巨匠フルトヴェングラー』音楽之友社、1998年
ヴィルヘルム・フルトヴェングラー著、芦津丈夫訳『音楽ノート』白水社、1971年
ヴィルヘルム・フルトヴェングラー著、芦津丈夫訳『フルトヴェングラー　音と言葉』白水社、1978年
ヴィルヘルム・フルトヴェングラー著、芦津丈夫／石井不二雄訳『フルトヴェングラーの手記』白水社、1983年
ヴィルヘルム・フルトヴェングラー著、門馬直美訳『音楽を語る』河出書房新社、1966年
エリーザベト・フルトヴェングラー著、仙北谷晃一訳『回想のフルトヴェングラー』白水社、1982年
カルラ・ヘッカー著、薗田宗人訳『フルトヴェングラーとの対話』音楽之友社、1967年
山下山人著『フルトヴェングラーのコンサート（叢書・20世紀の芸術と文学）』アルファベータブックス、2015年
横田庄一郎著『フルトヴェングラー幻の東京公演』朔北社、2002年
クラウス・ラング著、野口剛夫訳『エリーザベト・フルトヴェングラー　101歳の少女　フルトヴェングラー夫妻、愛の往復書簡』芸術現代社、2013年
クルト・リース著、八木浩、芦津丈夫訳『フルトヴェングラー—音楽と政治』みすず書房、1998年
脇圭平・芦津丈夫著『フルトヴェングラー』岩波書店、1984年
『フルトヴェングラーと巨匠たち（音現ブックス2）』芸術現代社、1981年
日本フルトヴェングラー協会編『ヴィルヘルム・フルトヴェングラー指揮　1947年～1954年全公演記録』改訂版、1986年
John Ardoin, John Hunt, *“The Furtwangler Record”*, Amadeus Pr. 1994
Wilhelm Furtwangler, *“Briefe”*, Brockhaus,Wiesbaden. 1965
Wilhelm Furtwangler, *“Ton und Wort : Aufsatze und Vortrage 1918 bis 1954”*, F. A. Brockhaus. 1982
Wilhelm Furtwangler, *“Gesprache uber Musik: zwischen Wilhlem Furtwangler und Walter Abendroth”*, SCHOTT MUSIC GmbH & Co KG, Mainz. 1993
Elisabeth Furtwangler, *“Uber Wilhelm Furtwangler”*, Brockhaus. 1979

Berta Geissmar, Vorwort geschrieben von Fred K. Prieberg, *"Musik Im Schatten Der Politik"*, Atlantis. 1985
Karla Hoecker, *"Die nie vergessenen Klaenge. Erinnerungen an Wilhelm Furtwaengler"*, Arani- Verlag GmbH. 1999
Sam H. Shirakawa, *"The Devil's Music Master: The Controversial Life and Career of Wilhelm Furtwangle"*, Oxford Univ Pr. 1992
Henning Smidth, Complier Olsen, *"Wilhelm Furtwangler A Discography"*, Mr. L. Schipper and the North American Wilhelm Furtwaengler Society. 1973
Peter Muck, *"Einhundert Jahre Berliner Philharmonisches Orchester: Bd. Die Mitglieder des Orchesters, die Programme, die Konzertreisen, Erst- und Uraufführungen"*, Hans Schneider, 1982
Fred K.; Prieberg, *"Kraftprobe. Wilhelm Furtwangler im Dritten Reich"*, F.A. Brockhaus. 1986

【アルトゥーロ・トスカニーニ　Arturo Tosconini】
ハーヴェイ・サックス著、高久暁訳『トスカニーニの時代』音楽之友社、1998年
H. タウブマン著、渡辺暁雄訳『トスカニーニ―生涯と芸術』東京創元新社、1966年
サミュエル・チョツィノフ著、石坂廬訳『身近で見たマエストロ　トスカニーニ』アルファベータブックス、2017年
フーゴー・ブルクハウザー著、芹沢ユリア編訳『ウィーンフィルハーモニー―ファゴットは語る　トスカニーニとの出会い』文化書房博文社、1986年
諸石幸生著『トスカニーニ―その生涯と芸術』音楽之友社、1989年
山田治生著『トスカニーニ―大指揮者の生涯とその時代（叢書・20世紀の芸術と文学）』アルファベータ、2009年
Harvey Sachs, *"Toscanini"*, Piper Verlag GmbH. 1986
Howard Taubman, *"The Maestro, the Life of Arturo Tosconini"*, Simon and Schuster. 1951
Arturo Toscanini, Translated by Harvey Sachs, *"The Letters of Arturo Toscanini"*, University of Chicago Press. 2006

【ヘルベルト・フォン・カラヤン　Herbert von Karajan】
アレクサンダー・ヴィテシュニク著、芹沢ゆりあ訳『カラヤン、ウィーン・フィルとの旅』まほろば書房、1991年
ロジャー・ヴォーン著、堀内静子訳『カラヤン―帝王の光と影』時事通信社、1987年
フランツ・エンドラー著、吉田仙太郎訳『カラヤン自伝を語る』白水社、1989年
フランツ・エンドラー著、高辻知義訳『カラヤンの生涯』福武書店、1994年
フランツ・エンドラー／カール・ミヒャエル・フリットフム著、浅野洋訳『カラヤンとウィーン国立歌劇場―ひとつの時代の記録』アルファベータ、2004年

リチャード・オズボーン著、木村博江訳『ヘルベルト・フォン・カラヤン（上）・（下）』白水社、2005年
エリエッテ・フォン・カラヤン著、松田暁子訳『カラヤンとともに生きた日々　エリエッテ・フォン・カラヤン回想記』アルファベータ、2008年
川口マーン惠美著『証言・フルトヴェングラーかカラヤンか』新潮社、2008年
ヴェルナー・テーリヒェン著、高辻知義訳『フルトヴェングラーかカラヤンか』音楽之友社、1998年
中川右介著『カラヤンとフルトヴェングラー（幻冬舎新書）』幻冬舎、2007年
西村弘治著『落日の交響楽―フルトヴェングラーからカラヤンへ（FM 選書）』共同通信社、1983年
ローベルト・C・バッハマン著、横田みどり訳『カラヤン　栄光の裏側に』音楽之友社、1998年
クラウス・ラング著、村上彩訳『カラヤン調書（叢書・20 世紀の芸術と文学）』アルファベータ、2001年
ポール・ロビンソン著、横山一雄訳『カラヤン―奇跡の人』音楽之友社 1977年

【セルジュ・チェリビダッケ　Sergiu Celibidache】

クラウス・ヴァイラー著、相沢啓一訳『評伝 チェリビダッケ』春秋社、2001年
クラウス・ウムバッハ著、斎藤純一郎／カールステン・井口俊子訳『異端のマエストロ チェリビダッケ』音楽之友社、1998年
フリードリヒ・エーデルマン著、中村行宏／石原良也訳『巨匠チェリビダッケの音楽と素顔』アルファベータ、2009年
セルジュ・チェリビダッケ著、石原良哉訳『増補新版 チェリビダッケ　音楽の現象学』アルファベータブックス、2017年
クラウス・ラング著、斎藤純一郎／カールステン・井口俊子訳『チェリビダッケとフルトヴェングラー』音楽之友社、1998年
Sergiu Celibidache, *"La musique n'est rien"*, Actes Sud. 2012

【ダニエル・バレンボイム　Daniel Barenboim、クリスティアン・ティーレマン Christian Thielemann】

エドワード・W・サイード著、二木麻里訳『サイード音楽評論 1』みすず書房、2012年
ダニエル・バレンボイム著、蓑田洋子訳『音楽に生きる　バレンボイム自伝』音楽之友社、1998年
ダニエル・バレンボイム、エドワード・W・サイード、アラ・グゼリミアン編、中野真紀子訳『バレンボイム / サイード　音楽と社会』みすず書房、2004年
ダニエル・バレンボイム著、蓑田洋子訳『バレンボイム音楽論――対話と共存のフーガ』アルテスパブリッシング、2008年
Daniel Barenboim, *"A Life in Music"*, Scribner. 1992

Christian Thielemann, *"Mein Leben mit Wagner"* Beck C. H. 2012

【その他の指揮者関連】

青沢唯夫著『名指揮者との対話』春秋社、2004年
エルンスト・アンセルメ、クロード・ピゲ著、遠山一行／寺田由美子訳『アンセルメとの対話』みすず書房、1970年
エーファ・ヴァイスヴァイラー著、明石政紀訳『オットー・クレンペラー』みすず書房、2011年
デイヴィド・ウルドリッジ著、小林利之訳『名指揮者たち』東京創元社、1981年
奥波一秀著『クナッパーツブッシュ――音楽と政治』みすず書房、2001年
小石忠男著『世界の名指揮者』音楽之友社、1974年
小石忠男著『続世界の名指揮者』音楽之友社、1975年
小石忠男著『続々世界の名指揮者』音楽之友社、1980年
J・M・コレドール著、佐藤良雄訳『カザルスとの対話』白水社、1967年
ジョン・カルショー著、山崎浩太郎訳『レコードはまっすぐに―あるプロデューサーの回想』学習研究社、2005年
ルーペルト・シェトレ著、喜多尾道冬訳『指揮台の神々　世紀の大指揮者列伝』音楽之友社、2002年
シュテファン・シュトンポア編、野口剛夫訳『クレンペラー指揮者の本懐』春秋社、1998年
アルトゥール・シュナーベル著、和田旦訳『わが生涯と音楽』白水社、1974年
ディーター・ダーヴィット・ショルツ著、蔵原順子／石川桂子訳『指揮者が語る！―現代のマエストロ、29 人との対話』アルファベータ、2008年
ハロルド・C. ショーンバーグ著、中村洪介訳『偉大な指揮者たち―指揮の歴史と系譜』音楽之友社、1980年
ハロルド・C. ショーンバーグ著、野水瑞穂訳『ショーンバーグ音楽批評』みすず書房、1984年
ジャック・ティボー著、粟津則雄訳『ヴァイオリンは語る』白水社、1992年
遠山一行著『遠山一行著作集（第3巻）現代と音楽；古典と幻想；美術と音楽』新潮社、1987年
中川右介著『国家と音楽家』七つ森書館、2013年
福永陽一郎著『世界の指揮者たち　私のレコード棚から』音楽之友社、1983年
フランツ・ブラウン著、野口剛夫訳『クナッパーツブッシュの想い出』芸術現代社、2000年
ピーター・ヘイワース編、佐藤章訳『クレンペラーとの対話』白水社、1976年
カール・ベーム著、高辻知義訳『回想のロンド』白水社、1970年
カール・ベーム著、井本ショウ二訳『私の音楽を支えたもの』シンフォニア、1982年
クリスチャン・メルラン著、神奈川夏子訳『偉大なる指揮者たち～トスカニーニからカラヤン、小澤、ラトルへの系譜～』ヤマハミュージックメディア、2014年

山崎浩太郎著『名指揮者列伝―20 世紀の 40 人（叢書・20 世紀の芸術と文学）』アルファベータ、2005年
吉井亜彦著『演奏と時代　指揮者篇』春秋社、2017年
吉田秀和著『吉田秀和全集〈5〉指揮者について』白水社、1975年
ノーマン・レブレヒト著、河津一哉／横佩道彦訳『巨匠神話　だれがカラヤンを帝王にしたのか』文藝春秋、1998年
ノーマン・レブレヒト著、喜多尾道冬／斎藤道彦／田崎研三／稲垣孝博訳『だれがクラシックをだめにしたか』音楽之友社、2000年
ポール・ロビンソン著、横山一雄訳『ストコフスキー――音の魔術師』音楽之友社、1978年
ワインガルトナー著、伊藤義雄訳『指揮の芸術』音楽之友社、1981年
ブルーノ・ワルター著、内垣啓一／渡辺健訳『主題と変奏―ブルーノ・ワルター回想録』白水社、1965年
『名指揮者 50 人―私の指揮者論（音現ブックス（6））』芸術現代社、1982年
『クラシックジャーナル 028　ドイツ・シャルプラッテン』アルファベータ、2007年

【オーケストラ及び第三帝国関連】

ミーシャ・アスター著、松永美穂／佐藤英訳『第三帝国のオーケストラ―ベルリン・フィルとナチスの影』早川書房、2009年
ハンス・ヴァイゲル著、信岡資生訳『ウィーン・フィルハーモニー讃』白水社、1972年
ウェルナー・エールマン著、福原信夫訳『ベルリン・フィル物語』立風書房、1977年
ジョージ・クレア著、兼武進訳『ベルリン廃墟の日々』新潮社、1994年
マイケル・H. ケイター著、明石政紀訳『第三帝国と音楽家たち―歪められた音楽（叢書・20 世紀の芸術と文学）』アルファベータ、2003年
ヴォルフガング・シュトレーゼマン著、香川檀訳『ベルリン・フィルハーモニー――栄光の軌跡』音楽之友社、1984年
オットー・シュトラッサー著、芹沢純子訳『栄光のウィーン・フィル―前楽団長が語る半世紀の歴史』音楽之友社、1977年
エゴン・ゼーフェルナー著、山崎睦訳『ウィーン―わが都　ウィーン音楽界回想録』音楽之友社、1986年
長木誠司著『音楽選書（77）第三帝国と音楽家たち』音楽之友社、1998年
野村三郎著『ウィーン・フィルハーモニー――その栄光と激動の日々』中央公論新社、2002年
ブリギッテ・ハーマン著、吉田真監訳、鶴見真理訳『ヒトラーとバイロイト音楽祭　ヴィニフレート・ワーグナーの生涯　上・下』アルファベータ、2010年
ヘルタ・ブラウコプフ他著、芹沢ユリア訳『ウィーン・フィルハーモニー　その過去・現在・未来―オーケストラは語る』文化書房博文社、1989年
エリック・リーヴィー著、望田幸男／中岡俊介／田野大輔（訳）『第三帝国の音楽』名古屋大学出版会、2000年

【作曲家関連】
テオドール・W・アドルノ著、大久保健治訳『ベートーヴェン――音楽の哲学〈改訂版〉』作品社、2010年
石井宏著『ベートーヴェンとベートホーフェン―神話の終り』七つ森書館、2013年
ハーヴェイ・サックス著、後藤菜穂子訳『〈第九〉誕生：1824年のヨーロッパ』春秋社、2013年
アントン・シントラア著、柿沼太郎訳『ベートーヴェンの生涯』角川書店、1954年
カール・ダールハウス著、杉橋陽一訳『ベートーヴェンとその時代（大作曲家とその時代シリーズ）』西村書店、1997年
ヴァルター・リーツラー著、筧潤二訳『ベートーヴェン』音楽之友社、1981年
ロマン・ロラン著、片山敏彦訳『ベートーヴェンの生涯』岩波書店、1965年
ロマン・ロラン著、佐々木斐夫／片岡美智訳『ロマン・ロラン全集 第23巻（ベートーヴェン研究 第1）』みすず書房、1959年
ロマン・ロラン著、吉田秀和／蛯原徳夫／片山敏彦訳『ロマン・ロラン全集 第24巻（ベートーヴェン研究 第2）』みすず書房、1959年
ロマン・ロラン著、蛯原徳夫／片山敏彦訳『ロマン・ロラン全集 第25巻（ベートーヴェン研究 第3）』みすず書房、1966年

＊

テオドール・W・アドルノ著、高橋順一訳『ヴァーグナー試論』作品社、2012年
カール・ダールハウス著、好村冨士彦／小田智敏訳『リヒャルト・ワーグナーの楽劇』音楽之友社、1998年
遠山一行著、内垣啓一編『ワーグナー変貌』白水社、1971年
ディートリヒ・フィッシャー＝ディースカウ著、荒井秀直訳『ワーグナーとニーチェ』筑摩書房、2010年
三宅幸夫著『シシュフォスの神話―ワーグナー試論』五柳書院、2014年
吉田真著『ワーグナー（作曲家・人と作品シリーズ）』音楽之友社、2004年
リヒャルト・ワーグナー著、三光長治監修、三光長治／池上純一／高辻知義訳『ワーグナー著作集 1 ドイツのオペラ』第三文明社、1990年
リヒャルト・ワーグナー著、杉谷恭一／谷本慎介訳『ワーグナー著作集 3 オペラとドラマ』第三文明社、1993年
リヒャルト・ワーグナー著、三光長治監修、山地良造／高辻知義／宇野道義訳『ワーグナー著作集 5 宗教と芸術』第三文明社、1998年

＊

アルベルト・ディートリヒ／ジョージ・ヘンシェル／クララシューマンの弟子たち、天崎浩二／関根裕子訳『ブラームス回想録集〈1〉ヨハネス・ブラームスの思い出』音楽之友社、2004年
リヒャルト・ホイベルガー／リヒャルト・フェリンガー著、天崎浩二／関根裕子訳『ブラームス回想録集〈2〉ブラームスは語る』音楽之友社、2004年

オイゲーニエ・シューマン／カール・ゴルトマルク／エセル・スマイス／ヨーゼフ・ヴィトマン／チャールズ・ヴィリアーズ・スタンフォード／グスタフ・イェンナ著、天崎浩二／関根裕子訳『ブラームス回想録集〈第3巻〉ブラームスと私』音楽之友社、2004年
西原稔著『ブラームス（作曲家・人と作品シリーズ）』音楽之友社、2006年
ウォルター・フリッシュ著、天崎浩二訳『ブラームス４つの交響曲』音楽之友社、1999年
諸井誠著『ブラームスの協奏曲と交響曲：作曲家・諸井誠の分析的研究』音楽之友社、2013年

＊

ハンス・クリストフ・ヴォルプス著、尾山真弓訳『大作曲家　メンデルスゾーン』音楽之友社、2004年
岡田暁生著『リヒャルト・シュトラウス（作曲家・人と作品シリーズ）』音楽之友社、2014年
ヴォルフガング・シュライバー著、岩下真好訳『マーラー』音楽之友社、2001年
ヴォルフガング・デームリング著、長木誠司訳『大作曲家　ストラヴィンスキー』音楽之友社、2001年
福田弥著『リスト（作曲家・人と作品シリーズ）』音楽之友社、2005年
エーベルハルト・フライターク著、宮川尚理訳『大作曲家　シェーンベルク』音楽之友社、1998年
エヴェレット・ヘルム著、許光俊訳『大作曲家　チャイコフスキー』音楽之友社、1998年
根岸一美著『ブルックナー（作曲家・人と作品シリーズ）』音楽之友社、2006年

＊

アッティラ・チャンパイ／ディートマル・ホラント編、高木卓（リブレット）、須藤正美、尾田一正（本文）訳『トリスタンとイゾルテ（名作オペラブックス）』音楽之友社、1998年
アッティラ・チャンパイ他編『モーツァルト　フィガロの結婚（名作オペラブックス）』音楽之友社、1987年
アッティラ・チャンパイ他編、竹内ふみ子／藤本一子訳『モーツァルト　ドン・ジョヴァンニ（名作オペラブックス）』音楽之友社、1988年
アッティラ・チャンパイ他編、三瓶憲彦／山地良造訳『マイスタージンガー（名作オペラブックス）』音楽之友社、1998年
アッティラ・チャンパイ他編、宇野道義／尾田一正訳『パルジファル（名作オペラブックス）』音楽之友社、1998年
アッティラ・チャンパイ他編、海老沢敏訳『アイーダ（名作オペラブックス）』音楽之友社、1998年
アッティラ・チャンパイ他編、大津陽子／檜山哲彦訳『オテロ（名作オペラブックス）』音楽之友社、1998年

【音楽学関連】
アラン著杉本秀太郎訳世界の名著続12『アラン／ヴァレリー』中央公論社 1974年
ニコラウス・アーノンクール著、樋口隆一／許光俊訳『古楽とは何か―言語としての音楽』音楽之友社、1997年
ニコラウス・アーノンクール著、那須田務／本多優之訳『音楽は対話である　モンテヴェルディ・バッハ・モーツァルトを巡る考察』アカデミア・ミュージック、2006年
アルベルト・アインシュタイン著、大宮真琴訳『音楽史』ダヴィッド社、1956年
アルベルト・アインシュタイン著、男沢淳／福田達夫訳『音楽の偉大さ』紀伊国屋書店、1965年
アルベルト・アインシュタイン著、浅井真男訳『音楽と音楽家』白水社、1968年
アルベルト・アインシュタイン著、浅井真男訳『音楽と文化』白水社、1969年
テオドール・W. アドルノ著、渡辺裕編集、村田公一／吉田寛／舩木篤也訳『アドルノ　音楽・メディア論集』平凡社、2002年
テオドール・W・アドルノ著、岡田暁生／藤井俊之訳『アドルノ音楽論集　幻想曲風に』法政大学出版局、2018年
ヴァルター・ヴィオラ著、柿木吾郎訳『世界音楽史―四つの時代』音楽之友社、1970年
ヴァルター・ヴィオラ編、福田達夫訳『演奏とは何か―演奏解釈における今日の問題』東海大学出版会、1981年
岡田暁生著『西洋音楽史―「クラシック」の黄昏』中央公論新社、2005年
ネヴィル・カーダス著、篠田一士訳『近代の音楽家』白水社、1969年
ゲルノート・グルーバー著、山地良造訳『モーツァルト受容の200年史』音楽之友社、1998年
佐々木節夫著『古楽の旗手たち―オリジナル楽器演奏のめざすもの』音楽之友社、1999年
ハインリヒ・シェンカー著、野口剛夫訳『ベートーヴェン第5交響曲の分析』音楽之友社、2000年
ハインリヒ・シェンカー著、西田紘子／沼口隆訳『ベートーヴェンの第9交響曲　分析・演奏・文献』音楽之友社、2010年
エミール・シュタイガー著、芦津丈夫訳『音楽と文学』白水社、1967年
谷村晃著『ウィーン古典派音楽の精神構造』音楽之友社、1983年
カール・ダールハウス著、杉橋陽一訳『絶対音楽の理念：十九世紀音楽のよりよい理解のために』シンフォニア、1986年
カール・ダールハウス著、森芳子訳『ダールハウスの音楽美学』音楽之友社、1989年
カール・ダールハウス／ハンス・ハインリヒ・エゲブレヒト著、杉橋陽一訳『音楽とは何か』シンフォニア、2012年
カール・ダールハウス著、角倉一朗訳『音楽史の基礎概念』白水社、2015年
竹内敏雄編『美学事典 増補版』弘文堂、1974年
寺西肇著『古楽は私たちに何を聴かせるのか』東京書籍、2000年
フレデリック・ドリアン著、福田昌作／藤本黎時訳『演奏の歴史』音楽之友社、1964年

西田紘子著『ハインリヒ・シェンカーの音楽思想　楽曲分析を越えて』九州大学出版会、2018年
ハリー・ハスケル著、有村祐輔訳『古楽の復活』東京書籍、1998年
ヴァルター・ベンヤミン著野村修訳『ボードレール 他五篇　ベンヤミンの仕事2』岩波文庫 1994年
C.H. マーリンク／大崎滋生著『オーケストラの社会史―ドイツのオーケストラと楽員たちの歩み』音楽之友社、1990年
前田昭雄他著『鳴り響く思想：現代のベートーヴェン像』東京書籍、1999年
三浦信一郎著『西洋音楽思想の近代』三元社、2005年
宮本直美著『コンサートという文化装置――交響曲とオペラのヨーロッパ近代』岩波書店、2016年
ハンス・メルスマン著、野村良雄／原田義人訳『西洋音楽史〈第1〉～〈第3〉』みすず書房、1959年～1960年
モーニカ・メルトル著、小谷民菜訳『ニコラウス・アーノンクール　未踏の領域への探求者』音楽之友社、2002年
イェルク・ユンカー他著、三輪晴啓／今村晋一郎訳『ドイツ文化史―100年（1860―1960）の総合像』サイマル出版会、1975年
吉田寛著『ヴァーグナーの「ドイツ」―超政治とナショナル・アイデンティティのゆくえ』青弓社、2009年
吉田寛著『音楽の国ドイツの系譜学（1）〈音楽の国ドイツ〉の神話とその起源：ルネサンスから十八世紀』青弓社、2013年
吉田寛著『音楽の国ドイツの系譜学（2）民謡の発見と〈ドイツ〉の変貌：十八世紀』青弓社、2013年
吉田寛著『音楽の国ドイツの系譜学（3）絶対音楽の美学と分裂する〈ドイツ〉：十九世紀』青弓社、2015年
P.H. ラング著、酒井諄訳『西洋文化と音楽（上）（中）（下）（ノートン音楽史シリーズ）』音楽之友社、1998年
ヘンリー・レイノア著、城戸朋子訳『音楽と社会―1815年から現代までの音楽の社会史』音楽之友社、1990年
渡辺護著『ウィーン音楽文化史（上）（下）』音楽之友社、1998年
渡辺裕著『西洋音楽演奏史論序説―ベートーヴェン　ピアノ・ソナタの演奏史研究』春秋社、2001年
渡辺裕著『聴衆の誕生―ポスト・モダン時代の音楽文化』中央公論新社、2012年

後書き

私の母は、声楽家である。

音楽は子供の頃より身近なものであつたと言つてい〻。

学校から帰れば母が教へるピアノや声楽のレッスンの音が私を迎へてくれ、父も休日にはレコードを楽しんでいた。

だが、専門教育は受けなかつた。

母からピアノの手ほどきは受けてゐたが、才能も興味も全く欠如してゐたといふべきだらう。

私が音楽に本当に夢中になり始めたのは、小学校六年生の時に、父に連れられ、普門館でカラヤンの〈第九〉を聴き、中学校一年生の時にフルトヴェングラーの〈第九〉をラジオで偶然聴いた事による。

フルトヴェングラーとカラヤン――や〻自己戯画化して言ふなら、本書は、小学生以来の課題に中年男がやうやく出した中間報告書とも言へよう。

この二人と私の邂逅が〈第九〉だつたのは偶然だが、大きな意味では必然だつたのであらう。

そして私がピアノを弾くことに没頭するより、子供の頃から演奏の大家を聴くことに夢中になつたことも――。

そして、中学時代、どういふ訳か私は実演で聴いて感動したカラヤンを選ばず、フルトヴェングラーの熱烈なファンになり、その古ぼけた音のレコードのみならず、フルトヴェングラーの著作や諸々の伝記は漱石、鷗外、直哉、龍之介ら近代日本文学と並ぶ私の愛読書となつた。

音楽家を目指した時期もあつたが、専門教育が遅れ、才に乏しく、結局、私が選んだのは文学であつた。その道も、蛇行に蛇行を重ね、本書に至る私の著作一覧を見ても、私が何者かの全体像は結ばれまい。主著だけを辿つても、『約束の日　安倍晋三試論』、『一気に読める「戦争」の昭和史』、『小林秀雄の後の二十一章』、『天皇の平和　九条の平和』、『平成記』、そして本書『フルトヴェングラーとカラヤン』……。

私にとつてライトモチーフは「国家」といふ情念と、人類とは何か或いは人類の霊的進化との相克と調整、調和である。

これまでの著作はその一端さへまだ表現し得てゐない。

齢、知命を越えてこの有様では、己の愚鈍を嘆く他ないが、本書は、いはば、私にとつて最も長きにわたる愛情と関心の対象だつた指揮の藝術を初めて正面から扱つたものである。

執筆も平成十八（二〇〇六）年頃に纏めて初稿が書かれ、その後、音楽批評の出版が困難な中で頓挫する一方、私は論壇の仕事に忙殺されることとなり、平成二十七（二〇一五）年に『小林秀雄の後の二十一章』を上梓《じょうし》した後、本書のもととなつた初稿の手直しに着手、以来何度かの中断を挟みながら、やうやくこゝに完成を見た。

表記は、本来仮名遣ひ・漢字ともに、批評作品としての前作『小林秀雄の後の二十一章』の正統表記を踏襲したかつたが、本書が音楽書である事に鑑み、仮名遣ひのみに限定した。表記の古典性を守る事は私の重大な信条である。読者のご了解を戴ければ幸ひだ。

吉田秀和、遠山一行ら、私が模範としてきた文藝としての音楽批評の時代が遠ざかり、音楽関係書は啓蒙書でなければ学術書といふ有様の中で、遠山がかつて唱へた「純粋批評」の夢を守ることは、本書ではできなかつた。世の趨勢に妥協したといふわけではない。クラシック音楽そのものがジャンルとしての根拠を問はれ、古楽の隆盛とともにイデオロギー上の更新が起き、音楽学の発言権が批評を遥かに超えて高くなつてゐる中で、批評が、音楽学抜きに、思惟の純粋や文藝としての純粋性を守つてゐる訳にはゆかない。

新たなイデオロギーを問ひ返し、音楽学や伝記研究の成果とも、可能な限り対話をしつつ、新たな言葉を紡ぎ出す道を採ることになつた。

その成果には、何らの自負も抱いてゐない。

「純粋批評」の夢を追つてゐた青年が、時代の変化の中で、若干の音楽学や伝記記述の手法を採り入れ、イデオロギー批判に踏み込むことを余儀なくされ、中年に至つてやうやくまとめた仕事は、批評と学問の中間地帯で、不完全なものに終つたと言へるかもしれない。

が、本書最終章でごく僅かだが論じたやうに、クラシック音楽の成立の特異性と、偉大な演奏家、そして音楽学、音楽美学は、切り離せない相互鏡像的な現象であり、そのことの一端なりを明らかにし得たことには意義があつたと思ひたい。

そこでも書いたが、この鏡像的構造を解体すれば、ジャンルそのものが消えるといふ慮りは、現代の音楽関係者皆が共有すべき最低限のエチケットであらうと思ふ。

本書は、フルトヴェングラーとカラヤンを議論の軸に置いたが、二十世紀が遠ざかつた今日、この二人が文字通り二十世紀の音楽の運命を最も大きく代表し得た演奏家だつたことは、そろそろ定説としてよいだらう。

他方、それ以外の指揮者として、トスカニーニ、チェリビダッケ、バレンボイム、ティーレマンを選んだことには、多くの日本の音楽ファンや音楽関係者に違和感があるかもしれない。

ブルーノ・ヴァルター、オットー・クレンペラーは充分論じるに値する。

フランス系の指揮者が一人もゐない。

カール・ベーム、ゲオルク・ショルティ、レナード・バーンスタインはどうしたといふ聲もありさうである。

バレンボイム、ティーレマンの日本での評価が低いことも承知してゐる。

しかし、私には最初の演奏家試論として、これ以外の顔ぶれは考へられなかつた。

自分の体験の上で、レコードと実演双方を含み、これらの指揮者たちは、一等地抜いた存在だからである。

とりわけ、チェリビダッケのブルックナーの第八交響曲、バレンボイムの〈トリスタンとイゾルデ〉、ティーレマンのブルックナー第五交響曲の生演奏は、いづれも絶対的な経験だつた。

彼らには、残念ながら録音に良いものが少なく、チェリビダッケは死去してゐるし、バレンボイムはもう来日がなささうなので、直接経験して頂くことも難しい。

だが、チェリビダッケならグラモフォンに入つてゐるブラームス交響曲全集、フランス音楽集や、晩年のチャイコフスキーの〈第四〉〈第五〉〈悲愴〉などを虚心に聴いてみてほしい。また、バレンボイムならば何といつてもワーナークラシックスから出てゐるヴァーグナーのオペラ全集を聴いてほしい。バレンボイムのヴァーグナーは本文でも何カ所かで触れたが、歴史的に冠絶してゐる。大体においてショルティ、ベーム、カラヤン以上の名盤揃ひと言つていゝ。〈トリスタン〉盤ではフルトヴェングラー、カルロス・クライバーをも凌駕してゐることは明らかだと私には思はれる。

ティーレマンは例年のやうに来日してゐる。出来不出来もあり、概して最終日が圧倒的に出来のよい指揮者なので、少し回を重ねて実演に付き合つて頂ければと思ふ。

現在、演奏家は全般に、ポストカラヤン症候群と古楽イデオロギー支配を脱して、非常にいゝ状態にある。

指揮者に限つて言へば、本書で取り上げた二人の現役以外にも、エサ・ペッカ・サロネンが、今やカラヤン全盛期に匹敵するサウンドと表現主義的な解釈の踏み込みで聴き手を圧倒する巨匠だ。アンドリス・ネルソンスはまだ四十歳だが、ゲヴァントハウス管弦楽団とボストン交響楽団の音楽監督を兼任してゐる。アルトゥール・ニキシュ以来の事である。それに値する大才であり、しかも彼の場合、レコードも丁寧に作り込まれてゐる。

フィラデルフィア管弦楽団の監督を務めるヤニック・ネゼ＝セガンも四十四歳、体でオーケストラにぶつかり、あの黄金時期のフィラデルフィアサウンドを一瞬で取り戻したコンサートの輝きは忘れ難い。

他にも、ケント・ナガノ、アントニオ・パッパーノ、フィリップ・ジョルダン、グスターヴォ・ドゥダメルら、柄の大きな優れた指揮者が出現し始めてゐる。演奏の天才の出現が続けば、それは必ず作曲の新たな時代を切り開く契機となるだらう。

本書が一見保守的な美学に立つてゐるのは、新たな可能性を夢見てのことだ――この逆説を理解していただければ著者としての幸ひである。

本書は多くの方のご尽力で成つたものだ。

何よりも先に挙げねばならないのは、大学時代、大阪大学美学科音楽学でお世話になつた先生、諸先輩である。私は、大学で、本文でも引用した当時の日本音楽学の泰斗、故谷村晃先生のゼミに所属してゐた。授業に碌に出ず、偶に出ると喧嘩つ早く、酒席やゼミ旅行にだけは必ず顔を出す、箸にも棒にも掛からぬ馬鹿学生であつたが、谷村先生は寛大にも放逐せずに、放置しておいてくれた。ありありと甦るあの頃の生活が、もう三十年以上前になるかと思ふと只茫然とするばかりである。本書は音楽学とは距離を置いてゐるが、実際には、谷村ゼミ、後任の山口修大阪大学名誉教授、ゼミの先輩だつた伊東信宏大阪大学教授、岡田暁生京都大学教授、ベートーヴェン研究家の横原千史氏を始めとする諸先輩の学恩なくして成り立たない仕事だつたことは疑ひ得ない。みんな私のことなど覚えてないだらうなあ。……

詩人で畏友の石村利勝君には、大学から大学院時代に、齋藤景君も含め、三人で出してゐた同人誌『一粒の麥』所収の対談「最後のヨーロッパ人」の収録を快諾いたゞいた。二十五年前、互ひに二十代半ばでの対談だ。今日の眼から不要な箇所は削除し、整理は施したが、さほどの修正はしてゐない。同人誌

『一粒の麦』時代の知的な共同作業は今の私の仕事を支へるバックボーンとなつてゐる。その記念の意味も込め収録した。今回の収録の恩返しに、この本が上梓されたら、今度は石村君の詩集を刊行するつもりだ。彼は恬淡とした男で、世に全く知られてゐないが、歴史的な詩人である。

又、妻の紘子には、ドイツ語資料の読みや翻訳で助けてもらつた。私は大学時代語学を全く重んじなかつた為、今になつてそのツケを四六時中払ふ羽目になつたが、妻の語学力にはその都度世話になつてゐる。演奏家らについての議論にもよく付き合つてくれた。

㈳日本平和学研究所の理事、平よお氏にはいつもながら、資料整備でお世話になつた。彼女にとつてクラシック音楽は専門外なので、眼を白黒させながら専門書や洋書の羅列を整理させることになつたが、大いに助かりました。有難う。

また、啓文社の漆原亮太社長には、現在の厳しい出版状況の中、本書の刊行を引き受けていただき、音楽が専門外であるにも関はらず、丁寧な本作りをしていただいた。内外多事の中推敲が遅れ、当初の約束から二年遅れの刊行となり、御迷惑を御掛けした。

奇しくも本書の重要な登場人物であるヘルベルト・フォン・カラヤンの没後三十年に合はせた刊行も漆原氏、啓文社編集部の荒井南帆氏の尽力の賜物である。

心から御礼申し上げたい。

令和元年六月　ダニエル・バレンボイム指揮の〈トリスタンとイゾルデ〉の興奮冷めやらぬベルリンにて稿了す。

小川榮太郎（おがわ・えいたろう）
文藝評論家。一般社団法人日本平和学研究所理事長。昭和42年生まれ。大阪大学文学部卒業、埼玉大学大学院修了。専攻は音楽美学。論壇を代表するオピニオンリーダーの一人としてフジサンケイグループ主催第十八回正論新風賞受賞。アパグループ第一回日本再興大賞特別賞受賞。専門の音楽をテーマとした著作は本作が初となる。
著書に『約束の日　安倍晋三試論』『小林秀雄の後の二十一章』『戦争の昭和史』『平成記』ほか多数。

フルトヴェングラーとカラヤン　クラシック音楽に未来はあるのか

■発行日　令和元年7月14日　初版第一刷発行
　　　　　令和元年8月16日　初版第二刷発行
■著者　小川榮太郎
■発行者　漆原亮太
■発行所　啓文社書房
〒160-0022　東京都新宿区新宿1-29-14　パレ・ドール新宿7階
電話03-6709-8872
■発売所　啓文社
■DTP・カバー　関谷和美
■印刷・製本　光邦

ISBN 978-4-89992-065-6　C0095　Printed in Japan

◎写真（帯）：GRANGER.COM／アフロ